**선을 지키는
사회,**

**선을 넘는
사회**

선을 지키는 사회,

RULE MAKERS, RULE BREAKERS

선을 넘는 사회

미셸 겔펀드 지음
이은진 옮김

시공사

Rule Makers, Rule Breakers by Michele Gelfand

이 세상을 탐험하라고 격려를 아끼지 않으신 아버지 마틴 겔펀드와

세상을 이해할 과학적 도구를 내 손에 쥐여준 스승 해리 트리안디스에게

차례

─────

베를린, 밤 11시. 차는 한 대도 보이지 않는다. 그런데도 보행자는 횡단보도에서 신호등이 녹색으로 바뀔 때까지 끈기 있게 기다린다. 한편 베를린에서 6,400킬로미터 떨어진 보스턴에서는 러시아워에 쏟아져 나온 통근자들이 '무단 횡단하지 마시오'라는 푯말을 무시하고 택시 앞으로 쏜살같이 달려간다. 남아메리카 상파울루, 저녁 8시. 주민들이 공원에서 손바닥만 한 비키니를 입고 즐겁게 뛰논다. 북아메리카 실리콘밸리 오후 3시 무렵, 티셔츠를 입은 구글 직원들이 탁구를 한다. 한편 취리히에서는 44쪽에 달하는 복장 규정을 수년째 지키고 있는 스위스 금융 그룹 UBS의 실무자들이 야근할 때가 되어서야 간신히 넥타이를 푼다.[1]

이런 이야기를 들으면, 우리는 "독일인은 지나치게 법을 잘 지켜"라거나 "브라질인은 노출이 너무 심해"라고 웃어넘긴다. 그러면서 정작 이런 차이가 어떻게 생겨났는지는 잘 생각하지 않는다. 사람들의 사회적 차이는 복장 규정과 보행 패턴을 넘어 정치에서 육아, 경영, 종교, 직업, 휴가에 이르기까지 다방면에 깊고 넓게 퍼져 있다. 지난 수천 년 동안 인류는 진화했고, 지금 지구상에는 195개국,[2] 7,000개가 넘는 언어,[3] 수천 개의 종교[4]가 존재한다. 심지어 미국과 같은 단일 국가 안에서도 패션, 사투리, 도덕, 정치 성향에서 무수한 차이가 존재한다. 때로는 아주 가까이 사는 사람들 사이에도 이런 차이가 나타난다. 인간의 행동은 믿기 힘들 정도로 다양하다. 인간 게놈과 96퍼센트 일치하는[5] 침팬지는 인간과 달리 공동체 간 생활방식이 훨씬 더 유사하다[6]는 점을 고려하면, 이러한 다양성은 특히 더 놀랍다.

우리는 다양성을 찬양하면서도 분열을 규탄하지만, 이 둘의 기저가 되는 '문화'에 관해서는 충격적일 정도로 무지하다. 문화는 인간 경험의 풀기 힘든 수수께끼이자 마지막 미개척지 중 하나다. 우리는 커다란 뇌를 이용하여 과학기술 면에서 믿기 힘든 위업을 달성했다. 중력의 법칙을 발견하고, 원자를 쪼개고, 인터넷으로 지구를 하나로 연결하고, 치명적인 질병을 퇴치하고, 인간게놈지도를 만들고, 아이폰을 발명하고, 개를 훈련해서 스케이트보드를 탈 수 있게 만들었다. 그러나 어떻게 된 일인지, 이 모든 기술력에도 불구하고 우리의 문화적 차이를 이해하는 중요한 면에서는 놀랍게도 거의 진전을 보지 못했다.

과학기술 덕분에 그 어느 때보다 서로 연결되어 있는데도, 우리는 왜 이렇게 나뉘는 걸까? 이 분열의 핵심에 문화가 있다. 따라서 우리는 문화에 관해 더 알아야 한다. 정책 전문가와 민간 연구자 모두 제멋대로 복잡하게 뻗어 나가는 문화적 특성과 차이를 설명할 근본 요인을 밝히려고 수년 동안 애써왔다. 대부분 우리는 '문화 증상'이라는 피상적인 특성에 초점을 맞췄다. 우리는 사람들이 민주당 텃밭에 살아서 또는 공화당 텃밭에 살아서, 시골에 살아서 또는 도시에 살아서, 서양에 살아서 또는 동양에 살아서, 개발도상국에 살아서 또는 선진국에 살아서 이러저러하게 행동한다고 생각하고, 문화 차이를 지리적으로 설명하려 한다. 우리는 종교나 '문명'의 차이로 문화를 설명할 수 있는지 궁금해한다.[7] 그러나 대개 이런 차이는 '다름'의 더 깊은 기저를 놓치기 때문에 답을 준다기보다는 의문을 더 많이 남기게 마련이다. 종교 또는 문명 차이로는 문화의 기저가 되는 본바탕을 밝히지 못한다.

뻔히 보이는 곳에 더 설득력 있는 답이 숨겨져 있다. 물리학, 생물학, 수학 같은 분야에서 간단한 원리로 많은 걸 설명할 수 있듯이, 수많은 문화적 차이도 간단한 관점의 전환을 통해 설명할 수 있다.

우리의 행동은 빡빡한 문화에서 사느냐, 느슨한 문화에서 사느냐에 따라 크게 달라진다. 즉 사회 규범이 얼마나 강하고 단속이 얼마나 엄격한지에 따라 문화 차이가 생긴다.[8] 모든 문화에는 구성원들이 당연하게 받아들이는 사회 규범, 즉 용납할 수 있는 행동에 관한 규칙이 존재한다. 우리는 어린 시절부터 타인의 물건에 손대지 않기, 우측통행(사는 지역에 따라 좌측통행)하기, 매일 옷 챙겨 입기 같은 사회 규범을 수백 가지 배운다. 그렇게 평생 새로운 사회 규범을 계속 흡수한다. 장례식에 갈 때 어떤 옷을 입을지, 로큰롤 콘서트에 갔을 때와 교향악 연주회에 갔을 때는 어떻게 다르게 행동해야 하는지, 결혼부터 장례까지 각종 예식을 진행하는 적절한 방법은 무엇인지 배워나간다. 사회 규범은 집단을 하나로 만드는 접착제와 같다. 우리에게 정체성을 부여하고, 우리가 전에 없던 방식으로 조화를 이루게 돕는다. 사회를 하나로 만드는 이 접착제가 얼마나 강력한지에 따라 문화가 달라지고 우리의 세계관, 환경, 뇌에 심오한 영향을 끼친다.

빡빡한 문화는 사회 규범이 강하고 일탈을 거의 용인하지 않지만, 느슨한 문화는 사회 규범이 약하고 매우 관대하다.[9] 전자가 규칙 제정자라면, 후자는 규칙 파괴자다. 비교적 느슨한 문화인 미국에서는 조금만 길을 걷다 보면 쓰레기 투기부터 무단 횡단, 치우지 않은 개똥까지 사소한 규범 위반을 목격하게 마련이다. 이와 대조적으로, 규범 위반이 드문 싱가포르에서는 보도가 아주 깨끗하고 무단 횡단을 하는 사람도 찾아볼 수 없다.[10] 느슨한 문화인 브라질은 어떨까? 브라질 거리에 있는 시계는 시간이 다 다르고,[11] 업무 회의에 늦는 일은 예외가 아니라 규칙에 가깝다. 어쩌다 한 번 생긴 실수가 아니라 늘 있는 일이다. 실제로 브라질에서 누군가와 약속을 잡을 때 상대방이 반드시 제시간에 도착하게 하려면, "콩 폰투알리다지 브리타니카com pontualidade britanica"라고 말하라.[12] 영국인처럼 시간을 정확히 지켜달라는 뜻이다. 한편 빡빡한 나라 일본에서는 시간 엄수를 엄청나게 강조한다. 일본에서는 열차가 늦게 도착하는 법이 거의 없다.[13]

아주 드물게 열차가 지연되는 날에는 열차 회사에서 승객들이 상사에게 지각한 이유를 해명할 수 있도록 지연 사실을 증명하는 카드를 나눠준다.[14]

수 세기 동안, 사람들은 이런 문화적 변형과 균열을 설명할 이론이 실제 사례만큼이나 많다고 생각했다. 그러나 나는 문화 차이의 기저를 이루는 심층 구조가 존재한다는 사실을 이 책에서 밝히려 한다. 핵심은 문화 규범의 힘이 무작위로 혹은 우연히 생기지는 않았다는 점이다. 여기에는 이치에 완벽하게 맞는 논리가 숨겨져 있다.

흥미롭게도 국가 간 차이를 설명하는 '빡빡함-느슨함 논리'로 주州, 조직, 사회 계층, 가정 간의 차이도 설명할 수 있다. 회의실, 교실, 침실, 협상 테이블, 저녁 식탁에서도 빡빡함-느슨함의 차이가 나타난다. 대중교통이나 체육관을 이용할 때 우리가 어떻게 행동하는지, 친구나 파트너나 자녀와 어떤 종류의 갈등을 겪는지를 비롯하여 얼핏 특이해 보이는 일상생활의 특징들은 모두 기본적으로 빡빡함-느슨함의 차이를 반영한다. 당신은 규칙 제정자인가, 아니면 규칙 파괴자인가? 당신이 이쪽으로 기울 수도 있고 저쪽으로 기울 수도 있는 이유를 몇 가지 보여주겠다.

빡빡함-느슨함의 차이로 가까운 지역 사회를 넘어 갈등, 혁명, 테러, 포퓰리즘의 세계적 패턴을 설명할 수 있다. 빡빡함-느슨함은 세계 곳곳에서 보편적인 단층선으로 작용하여, 문화 화합이 틀어지고 틈이 벌어지게 만든다. 그 틈은 단순히 신문 머리기사만 장식하고 마는 것이 아니라 일상의 상호작용 가운데 모습을 드러낸다.

빡빡함-느슨함은 우리 주변 세상을 설명해줄 뿐 아니라, 실제로 곧 폭발할 갈등을 예측할 수 있게 해주고 피할 길을 알려준다. 건설 노동자가 소맷부리에 금장 단추까지 한 월가의 증권 중개인에게 눈을 부라리는 가벼운 충돌이든, 성서 교리에 따라 사는 사람들이 성서를 완전히 무시하는 사람들과 만났을 때처럼 좀 더 치명적인 충돌이든, 빡빡함-느슨함은 분열과 충돌을 예측하는 열쇠가 된다. 많은 사람이 이 책을 통해 '매트릭스'에 들어가서 세상을 완전히 다른 방식으로 보게 될 것이다.

근거:
근본적인
사회력의 힘

1

혼란의 해결책

사람들이 항상 늦는 세상을 상상해보자. 기차도 버스도 비행기도 운행표를 지키지 않는다. 대화 도중에 너 나 할 것 없이 말을 끊기 일쑤고, 안 지 얼마 되지도 않았는데 자꾸 더듬으려 하고, 절대 눈을 맞추지 않는다. 아무 때든 내키는 시간에 일어나 출근한다. 옷은 입을 때도 있고 입지 않을 때도 있다. 식당도 아무 때든 내키는 시간에 문을 연다. 사람들은 메뉴판에도 없는 음식을 주문하고, 입을 벌린 채 음식을 쩝쩝거리고, 자꾸 트림하고, 묻지도 않고 남의 접시에 담긴 음식을 집어 먹는다. 붐비는 엘리베이터를 타면 노래를 부르거나, 타인을 향해 젖은 우산을 탈탈 털거나, 앞을 안 보고 뒤를 보는 사람 투성이다. 학교에서는 학생들이 수업 도중에 전화 통화를 하고, 선생에게 장난을 치고, 시험 볼 때 대놓고 부정행위를 한다. 도로에서는 신호등에 신경 쓰는 사람이 한 명도 없고, 정해진 차선과 상관없이 내키는 방향으로 차를 몬다. 행인들은 아무 생각 없이 길에 쓰레기를 버리고, 세워둔 남의 자전거를 훔치고, 목청껏 욕을 한다. 침실 같은 개인 공간에서만이 아니라 대중교통 시설과 공원 벤치, 영화관에서도 아무렇지 않게 성관계를 갖는다.

사회 규범이 없는 세상, 사회적으로 합의한 행동 기준이 존재하지 않는 세상은 아마도 이럴 것이다. 다행히 (다른 종보다 개체 수가 훨씬 많은) 인간에게는 위에 나온 시나리오를 피하고자 사회 규범을 개발하고 유지하고 단속할 비상한 능력이 있다. 사실 우리는 규범을 무척이나 좋아하는 종이다. 우리는 알지 못하는 사이에 사회의 규칙과 관습을 따르느라 엄청나게 많은 시간을 허비한다. 심지어 그 규칙이 이치에 맞지 않더라도 말이다.

몇 가지 예를 들어보자. 매해 마지막 날 뉴욕시에서는 매섭게 추운 날씨에도 수백만 명이 밖에 나와 거대한 공 모양의 물체가 아래로 떨어지는 모습을 보며 미친 듯이 손뼉을 친다.[1] 다른 나라에도 이에 못지않게 기이한 새해 관행이 있다. 스페인에서는 12월 31일 자정에 아주 열정적으로 포도 12알을 먹고,[2] 칠레에서는 행운이 깃들길 바라며 렌틸콩 한 숟가락을 먹고,[3] 스코틀랜드에서는 가연성 물질을 가시철사로 감아서 머리 위로 흔든다.[4] 게다가 해마다 수천 명이 잔뜩 들뜬 채 경기장에 모여 다른 이들이 서로 태클을 걸거나 곡을 연주하거나 개그를 하는 모습을 보면서 환호하고 고함치고 심지어 괴성을 지른다.

이런 관행은 대부분 무리를 지어 행하지만, 무리를 짓지 않고 하는 행동 중에도 똑같이 기이한 것들이 많다. 왜 여성들은 인생에서 가장 행복한 날에 재미없는 흰색 드레스를 입는 걸까? 왜 사람들은 12월만 되면 더할 나위 없이 좋은 나무를 베어다가 이런저런 장식을 매단 다음 거실에서 말라 죽게 놔두는 걸까? 평소에는 모르는 사람과 이야기하지 말라고 자녀들에게 신신당부하는 미국인들이 10월 31일에는 자녀들에게 맞춤 의상까지 챙겨 입히고 거리를 돌아다니며 어른들에게 사탕을 구걸하라고 권하는 이유는 뭘까? 우리는 세계 곳곳에서 영문 모를 행동을 접하게 된다. 예를 들어, 왜 인도에서는 쿰브멜라Kumbh Melā(성스러운 강이 흐르는 네 군데의 성지를 찾아 목욕 의식을 치르고 죄를 씻어내는 힌두교 축제-옮긴이)에 수백만 명이 기쁜 마음으로 강가에 모여, 차갑고 더러운 강물에 몸을 씻는 걸까?[5]

외부자의 눈으로 보면 우리의 사회 규범이 기이해 보일 때가 많지만, 내부자인 우리는 그런 규범을 당연하게 여긴다. 어떤 사회 규범은 규정과 법률로 성문화되어 있고(정지 신호를 지키시오, 자전거를 훔치지 마시오), 어떤 사회 규범은 굳이 말하지 않아도 이심전심으로 통한다(기차에서는 사람을 빤히 쳐다보지 마시오, 재채기할 때는 입을 가리시오). 옷을 입는 행동, 전화를 받을 때 "여보세요"라고 하고 전화를 끊을 때는 "들어가세요"라고 하는 인사 등 일상생활에서 하는 평범한 행동에서 사회 규범이 드러나기도 한다. 그런가 하면, 쿰브멜라나 핼러윈처럼 색다르고 특별한 날에 우리가 하는 의식 절차상의 학습된 행동을 통해 사회 규범이 드러나기도 한다.

사회 규범은 우리 주변 어디에나 있고, 우리는 끊임없이 사회 규범을 따른다. 인간이 사회 규범을 따르는 것은 연어가 물살을 거슬러 헤엄치는 것만큼이나 자연스러운 일이다. 그런데 아이러니하게도 사회 규범은 대개 눈에 잘 보이지 않는다. 우리 대부분은 우리가 하는 행동 중 얼마나 많은 행동이 사회 규범에서 비롯된 것인지 거의 알아채지 못하고, 사회 규범이 얼마나 많이 필요한지도 잘 모른다.

이는 인간의 커다란 수수께끼다. 이렇게 강력한 힘의 영향을 받으며 평생을 살면서, 어떻게 그 영향을 이해하지도 알아채지도 못하는 걸까?

달리려고 태어났거나, 따르려고 태어났거나

아이들이 언제부터 사회 규범을 익힌다고 생각하는가? 어린이집에 들어가는 3살 무렵, 아니면 유치원에 들어가는 5살 무렵? 규범을 따르려는 인간의 본능은 그보다 훨씬 일찍 모습을 드러낸다. 연구에 따르면, 영아들도 규범을 따르며 정식 언어를 익히기도 전에 규범을 위반한 자를 기꺼이 처벌한다.

한 획기적인 연구에서 연구자들은 유아들이 반사회적으로 행동하는(다른 손가락 인형이 딸랑이가 든 상자를 열지 못하게 막거나 다른 손가락 인형이 떨어뜨린 장난감 공을 빼앗는) 손가락 인형보다 사회 규범에 맞게 행동하는(다른 손가락 인형이 상자를 열 수 있게 도와주거나 다른 손가락 인형이 떨어뜨린 장난감 공을 돌려주는) 손가락 인형을 확실히 더 좋아한다는 사실을 입증했다.[6]

실제로 3살만 되어도 규범을 위반하는 자들을 적극적으로 꾸짖는다. 이런 연구가 있었다. 2살 유아와 3살 유아가 그림을 그리거나 찰

흙 조각을 만드는 두 인형 옆에서 자기들도 그림을 그리거나 조각을 만든다. 두 인형 중 한 인형이 자리를 비우자 다른 인형이 자리를 비운 인형이 만든 그림이나 조각을 망가뜨리기 시작했다. 2살 유아는 그 모습을 보고도 전혀 동요하지 않는 듯했지만, 3살하고 3개월쯤 된 유아는 무례한 그 인형에게 "하지 마. 그러면 안 돼!"라고 크게 소리쳤다.[7] 어린아이들은 자기에게 윤리적 책임이 없는 상황에서도 그런 행동은 하면 안 된다고 분명하게 말한다. 임의로 어떤 행동을 배운 뒤 그 행동을 잘못 흉내 내는 인형을 보고 3살 유아는 강력하게 항의했다.[8] 아이들은 확실히 주변 환경을 통해 사회 규범을 해석하는 법을 배울 뿐 아니라, 사회 규범을 적극적으로 만들고 단속하는 법도 배운다.

인간은 아주 정교한 규범 심리를 갖춘 존재로 진화했고, 이 심리는 자궁에서 나오자마자 발달하기 시작한다. 사실 이 규범 심리가 우리 인간을 여타 종들과 다른 독특한 존재로 만든다. 훌륭하게도 많은 종이 아주 정교한 사회 학습에 참여한다. 예를 들어, 청가시고기는 되도록 다른 물고기가 별로 없는 장소에서 먹이 활동을 한다.[9] 시궁쥐는 다른 쥐가 탈 없이 음식을 먹는 걸 확인하고 음식을 먹는다.[10] 새들은 먹이를 찾을 때 자기 무리의 가르침을 예민하게 잘 듣고 따른다.[11] 그러나 동물들이 사회적 이유로, 즉 무리와 어울리거나 무리에 끼기 위해 다른 동물의 행동을 모방한다는 증거는 아직 없다.

독일 연구자들은 바로 이 점을 실증하는 매우 창의적인 실험을 진행했다.[12] 우선 3개의 칸으로 이루어진 미로 상자를 설계했다. 각 칸에는 위쪽에 작은 구멍을 하나씩 뚫었다. 실험이 시작될 때 피험자들(어린아이들과 침팬지들)에게 상자에 있는 칸들 중 하나에 작은 공을 떨어뜨리면 맛있는 간식을 받는다고 알려주었다. 그 후, 피험자들은 다른 아이 또는 다른 침팬지가 상자에 공을 떨어뜨리는 모습을 보았고, 그 칸이 아니라 다른 칸에 공을 떨어뜨려야 간식을 받을 수 있다는 걸 알게 되었다. 피험자들이 자기 차례가 되어 미로 상자에 공을 떨어뜨릴 때 실험자 한 사람이 공이 떨어진 위치를 기록했다. 아이들은 다른 아이들이 공을 떨어뜨린 칸에 자기도 공을 떨어뜨리려고 일부러 칸을 바꾸었다. 다른 아이들이 자기를 보고 있을 때는 이런 경향이 특히 더 강하게 나타났다. 아이들이 전략을 바꾼 이유는 단순히 또래의 전략이 자기 전략보다 낫다고 생각하기 때문만은 아니라는 뜻이다.

아이들은 '사회적인' 이유, 즉 친애와 동조의 표시로 그렇게 행동하기도 한다. 이와 달리, 동료 침팬지의 행동에 맞춰 전략을 바꾼 침팬지는 거의 없었다. 많은 일반 동물과 마찬가지로, 침팬지는 서로 보고 배우는 능력을 갖추고 있을지는 몰라도 일반적으로 물질적 이득이 없는 사회 학습은 하지 않는다. 오직 인간만이 집단의 일원이 되고자 사회 규범을 따르는 것으로 보인다.

사회 규범의 힘

당신이 심리 실험에 참여한다고 상상해보자. 실험실에 도착했더니 다른 참가자 8명과 한 방에 앉아 있으라고 한다. 연구자가 들어와

서 각 사람에게 종이를 1장씩 나눠준다. 자료 1.1에 나온 것처럼, 종이 왼쪽에는 선이 하나만 있고 오른쪽에는 각각 A, B, C라고 적힌 길이가 다른 선 3개가 있다. 연구자는 모든 참가자에게 옆 사람과 상의하지 말고 오른쪽에 있는 3개의 선 중에 왼쪽에 있는 선과 길이가 같은 것을 고르라고 요청한다. 딱 봐도 A가 정답이다. 연구자는 참가자들에게 차례로 답변을 듣는다. 다른 참가자들은 모두 B라고 답한다. A라고 답한 사람은 아무도 없다. 당신 차례는 끝에서 두 번째다. 당신은 끝까지 A를 고수할 텐가, 아니면 B로 바꿀 텐가?

당신이 정말로 이 실험에 참여했다면, 어느 순간 자신의 판단에 의문을 품고 집단의 의견에 동조했을 확률이 높다. 1956년 사회심리학

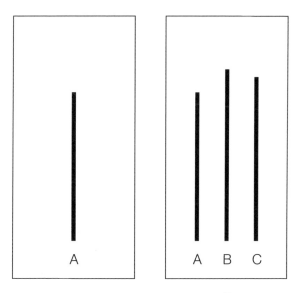

자료 1.1. 솔로몬 애시의 선 판단 실험 과제.[14]

자 솔로몬 애시Solomon Asch가 이제는 고전이 된 이 실험을 진행하고 밝혀낸 결과다.[13] 애시가 진행한 연구에서 각 참가자는 가짜 피험자로 구성된 그룹에 배정되었다. 가짜 피험자들은 실험을 여러 번 진행하는 동안 명백히 틀린 답을 말하라는 지시를 받았고, 당연히 진짜 실험 참가자는 나머지 피험자가 가짜라는 사실을 알지 못했다. 결과에 따르면, 여러 그룹에 배정된 총 123명의 참가자 중에서 4분의 3이 적어도 한 번은 집단의 의견에 동조했다. 즉, 대다수 참가자가 대중이 선택한 틀린 답에 맞춰 자신의 답을 바꾸었다.

작은 규모로 진행된 이 기발한 실험 결과는 폭넓은 진실을 말해준다. 우리는 모두 옳고 그름에 대한 감각을 무시할 수도 있는 집단 규범을 자기도 모르게 따르는 경향이 있다는 점 말이다.

실험실 밖에서도 우리는 누가 봐도 엉뚱해 보이는 규범들을 따른다. 세상에서 가장 흔한 인사법인 악수를 예로 들어보자. 학자들은 악수가 기원전 9세기에 고대 그리스에서 새로 알게 된 사람에게 자신이 어떤 무기도 숨기고 있지 않다는 점을 보여주고자 고안한 동작이라고 추측한다.[15] 요즘 소맷자락에 도끼나 칼을 숨기고 돌아다니는 사람은 거의 없다. 그런데도 우리는 여전히 다른 사람과 인사할 때 악수를 한다. 본래의 목적은 사라졌지만, 악수는 그대로 남았다.

더 이해하기 힘든 수수께끼는 우리가 가끔 아주 위험한 사회 규범까지 따른다는 점이다. 전 세계 타밀 공동체가 참여하는 힌두교 축제 타이푸삼Thaipusam을 예로 들어보자. 참가자들은 축제 의식의 하나로 '짐의 춤'이라는 뜻의 '카바디 아탐Kavadi Attam'에 참여한다. 이 의식

자료 1.2. 아시리아의 왕 샬만에세르 3세와 바빌로니아의 통치자가
악수하는 장면으로 기원전 9세기 부조에서 발견되었다.[16]

을 '짐의 춤'이라고 부르는 데는 그만한 이유가 있다. 전쟁을 관장하는 힌두교 신 무루간을 향한 헌신을 증명하기 위해 사람들은 어깨에 짊어질 '짐Kavadi', 즉 고통을 스스로 선택해야 한다.[17] 보통은 피부나 혀나 뺨, 또는 세 군데 모두를 신성한 꼬챙이로 뚫는 방식을 선택한다(무루간이 어머니 파르바티 여신에게 건네받은 무적의 창 '벨'을 들고 아수라를 물리쳐 천상의 신들을 보호하고 세상을 지킨 데서 유래한 의식이다─옮긴이).[18] 피부를 뚫는 벨을 108개까지 몸에 달고 자기 몸을 휴대용 사당祠堂으로 만드는 이들도 있다. 타이푸삼 축제의 주요 장소로 쓰이는 모리셔스섬에서는 참가자들이 산을 올라가 무루간 사원에 도착해야 한다.[19] 사원에 도착하려면 4시간 넘게 걸리는데, 그동안 참

가자들은 짐을 어깨에 지고 울퉁불퉁한 산길을 맨발로 걸어가야 한다. 어떤 이들은 고통을 더하기 위해 못이 박힌 널빤지를 발에 묶은 채로 걷기도 한다.[20]

고문과도 같은 '카바디 아탐'에 견줄 만한 의식은 별로 없지만, 다른 의식들도 고단하기는 마찬가지다. 예를 들어, 스페인 산 페드로 만리케에서는 6월 23일에 하지夏至 의식이 시작된다.[21] 600명의 주민이 사는 작은 마을에 매년 약 3,000명의 구경꾼이 모여 자원자들이 7미터에 달하는 벌건 석탄 위를 맨발로 걷는 모습을 지켜본다.[22] 이것은 오래된 지역 전통의 하나로, 지역 사회가 한 맹세를 지키기 위해 걷는 이들도 있지만 단순히 흥분에 사로잡혀 걷는 이들도 있다.[23] 어떤 자원자들은 이 섭씨 648도에 이르는 아주 뜨거운 길 위를 친척을 등에 업고 걷기도 한다.[24] 의식이 끝나면 사람들은 크게 기뻐하면서 남은 밤 동안 즐겁게 뛰어논다.

여기에서 질문, 그들은 왜 그런 짓을 하는 걸까?

하나로 묶어주는 끈

악수처럼 단순한 의식이든, 쿰브멜라처럼 복잡한 의식이든 사회 규범은 무작위로 생기지 않는다. 오히려 아주 기능적인 이유로 발달한다. 사회 규범은 우리를 지구상에서 협동을 가장 잘하는 종으로 만들었다. 공동체를 결속시켜 위업을 달성할 수 있는 협동적이고 조직적인 집단을 만드는 데 사회 규범이 아주 중요하다는 점이 수많은 연구를 통해 밝혀졌다.

사실상 사회 규범은 우리를 하나로 묶는 끈이다. 과학자들은 이 점을 증명할 증거를 모아왔다. 예를 들어, 인류학자로 구성된 한 팀은 산 페드로 만리케에서 벌겋게 달아오른 석탄 위를 걷는 의식에 자원한 사람들의 실제 생리를 연구할 귀한 기회를 얻었다.[25] 연구자들은 의식에 참여하는 동안 심박 수를 측정하기 위해 자원자들과 일반 참가자들의 몸에 전송기가 달린 벨트를 묶었다. 놀랍게도 벌건 석탄 위를 걷는 의식에 자원한 사람들의 심박 수가 이를 옆에서 지켜보는 친구들과 가족들의 심박 수와 일치하는 결과가 나왔다. 특히 자원자들의 심장이 빠르게 뛰기 시작하자 친구들과 가족들의 심장 박동도 빨라졌다. 벌건 석탄 위를 걷는 의식은 말 그대로 많은 사람의 심장 박동을 하나 되게 했다. 이런 의식을 통해 지역 사회의 결속이 강해질 수 있다는 뜻이다.

벌건 석탄 위를 걷는 동안의 심박 수를 조사했던 인류학자 중 몇몇은 카바디 아탐에 참여하는 사람들도 연구했다.[26] 행진 직후에 실험자 한 명이 참가자들에게 다가가서 익명으로 사원에 얼마나 기부할 생각이 있느냐고 물었다. 그 결과, 의식이 사회를 하나로 만드는 접착제 역할을 한다는 강력한 증거가 나타났다. 카바디 아탐에 참여한 사람들이 사흘 전에 사원에서 기도한 사람들보다 훨씬 더 많은 돈을 기부했던 것이다. 전자는 약 130루피, 후자는 80루피로 미숙련 노동자의 한나절 임금에 해당하는 50루피나 차이가 났다.

의식에 참여하는 등 사회 규범을 따르는 일이 집단의 결속과 협동을 얼마나 증진할 수 있는지를 확인하려고 굳이 멀리 갈 필요도 없다. 일련의 실험에서 심리학자들은 사람들을 그룹으로 묶고 불쾌한 일을 함께 경험하게 했다.[27] 물론 참가자들에게 벌겋게 달아오른 석탄 위를 걸어보라거나 꼬챙이로 가슴을 뚫어보라고 할 수는 없었다 (그랬다면 단순히 윤리위원회에 불려가고 끝나지 않았을 거다!). 대신 함께 얼음물에 손을 집어넣거나 괴로운 운동 동작을 하거나 매운 고추를 먹으라고 요청했다. 괴로운 일을 함께 경험한 그룹이 괴로운 일을 함께 경험하지 않은 그룹보다 유대감이 훨씬 높게 나타났다. 이후 같은 그룹 안에서 각자 이기적인 행동으로 돈을 벌 기회를 주는 경제 게임을 진행했는데, 이때도 괴로운 일을 함께 경험한 그룹이 훨씬 더 협동적이었다.

다른 사람들과 정확히 똑같은 일상을 경험하는 것만으로도 협동이 증진된다는 연구 결과도 있다. 뉴질랜드 오타고대학교에서 진행한 연구에 따르면, 보조를 맞춰 경기장 주변을 함께 행진했던 그룹이 각자의 속도대로 걸었던 그룹보다 '그룹 과제(경기장 바닥에 떨어진 동전 줍기)'를 해결하기 위해 더 열심히 노력했다.[28] 다른 사람들과 보조를 맞추면, 복잡한 과제를 수행하기 위해 실제로 협동하게 된다.[29] 한 연구에 따르면, 보조를 맞춰 움직인 참가자 한 쌍이 그렇지 않은 참가자 한 쌍보다 나중에 복잡한 미로로 공을 옮기는 과제를 해결하기 위해 협동을 더 잘했다. 이런 결과들은 사회 규범을 따르는 일이 인간 집단에 얼마나 중요한지를 말해준다. 사냥, 수렵 채집, 전투와 같이 합동이 필요한 단체 활동에서 성공하길 원한다면 특히 더 중요하다.

사실 본래의 기능을 수행하려는 것이 아닐 때조차도 인간 집단은 대개 사회 규범을 따른다. 악수를 다시 예로 들어보자. 하버드경영 대학원 연구자들은 악수하는 협상가들이 악수하지 않는 협상가들보다 협상 상대에게 더 호의적이고 더 나은 결과를 끌어낸다는 사실을 밝혀냈다.[30] 악수의 본래 목적은 이제 쓸모가 없어졌지만, 악수는 협력을 촉진함으로써 매우 중요한 사회적 기능을 담당한다.

초대형 합동

과거에는 규범이 아주 작은 집단 안에서 우리를 다른 사람들과 하나로 묶는 역할을 했다. 그러나 오늘날에는 엄청나게 큰 규모, 전 세계적으로 수백만, 수천만 명을 하나로 통합하는 데 아주 중요한 역할을 한다. 매일 우리는 조직된 규범 안에서 거대한 활동에 단체로 참여한다. '규범 자동 조정 장치'가 내장된 것처럼 이런 활동에는 힘이 전혀 들지 않기에 우리는 이 일을 아주 당연하게 받아들인다. 예를 들어, 신호등이 빨간색일 때는 멈추고 초록색으로 바뀌면 간다. 줄이 있으면 새치기하지 않고 맨 뒤에 가서 선다. 도서관 또는 영화관에 들어가거나 엘리베이터 또는 비행기에 타면, 주변 사람들처럼 조용히 한다. 이는 대규모로 이루어지는 합동이고, 사회 규범은 우리가 합동하게 하는 메커니즘이다.

사회 규범은 사회질서를 이루는 기본 요소다. 사회 규범이 없으면 사회는 무너지고 말 것이다. 사람들이 사회가 기대하는 규칙을 따르지 않으면 사람들의 행동을 예측하기가 굉장히 어려워질 것이다. 장소를 옮기는 일부터 의미 있는 대화를 나누는 일, 그리고 큰 조직을 운영하는 일까지, 어떠한 일이든 그 일을 수행하기 위해 행동을 조율하기 어려워질 것이다. 학교도 잘 굴러가지 않을 것이다. 법을 준수하고 경찰의 권한을 존중할 공통의 기준과 규칙이 없다면, 경찰도 쓸모가 없을 것이다. 정부 서비스도 중단될 테고 그러면 도로, 하수 처리, 상수도, 국방 서비스 등을 국민에게 제공하지 못하게 될 것이다. 직원들의 행동을 통제할 수 없다면 회사들도 금방 폐업할 것이다. 공통된 행동 기준이 없으면 가족들도 뿔뿔이 흩어질 것이다.

사회 규범을 준수해야 우리에게 이득이라는 점은 확실하다. 인류학자 조지프 헨리히Joseph Henrich에 따르면, 실제로 인간이라는 종의 생존은 사회 규범을 얼마나 잘 준수하느냐에 달렸다. 솔직히 말해서, 인간은 여타의 많은 종보다 신체적으로 상당히 약하다. 헨리히가 《호모 사피엔스, 그 성공의 비밀The Secret of Our Success》에서 지적한 대로 우리는 그리 빠르지도 않고, 위장술이 뛰어나지도 않으며, 높은 곳을 잘 타고 오르지도 못하고, 청력과 시력이 특히 뛰어나지도 않다.[31] 먹을 것이 별로 없거나 포식자에게 무방비로 노출된 섬에 갇혀 오도 가도 못 하게 되면, 우리는 곧 죽어 없어지고 말 것이다. 그런데 대체 어떻게 우리는 다른 동물에게 잡아먹히지 않고 오히려 다른 동물을 잡아먹게 된 걸까?

헨리히는 중요한 점을 지적한다. 그저 인간이 지능 지수가 높기 때문이 아니다. 먹을 것이 별로 없거나 포식자에게 둘러싸인 섬에 혼자 좌초했다면, 이성을 활용할 줄 아는 고등 능력도 우리를 구하지 못할 것이다. 인간이 역경 속에서도 번성했다면, 그 이유는 다른 사람들이 있었기 때문이고 함께 만든 사회 규범이 있었기 때문이다. 사회 규범은 우리 인간이 수천 년 동안 협동하게 도왔다. 협동한 집단들은 가장 혹독한 환경에서도 살아남을 수 있었을 뿐만 아니라 인간 이외의 다른 종들은 하지 못한 방식으로 지구 곳곳에서 번창하고 번성할 수 있었다. 사실 우리는 집단의 문화 규범을 따르지 않으면 심각한 곤경에 처한다는 사실을 학습했다. 사회 규범을 무시하면 평판이 나빠질 뿐 아니라 사회에서 매장당할 수도 있고 심하면 정말로 죽을 수도 있다. 진화론적 관점에서 볼 때, 사회 규범을 따르는 기민한 능력을 개발한 사람들이 생존하고 번성할 확률이 높다. 이 강력한 사실 때문에 우리는 놀랍도록 협동적인 종이 되었다.[32] 그러나 이것은 어디까지나 같은 기본 규범을 공유하는 사람들 사이에 상호작용이 이루어질 때만 가능한 일이다. 문화적 사고방식이 근본적으로 다른 집단들이 만나면 갈등이 많이 생긴다.

바로 여기에 역설이 있다. 규범은 인간이라는 종이 성공을 거둔 비법이기도 하지만, 세계 곳곳에서 엄청나게 심각한 갈등을 일으키는 원인이기도 하다.

2

과거와 현재,
결국 본질은 같다

　1994년, 오하이오주 데이턴 출신의 10대 소년을 둘러싸고 국제
논쟁이 벌어졌다. 절도 및 공공 기물 파손 혐의로 기소당했을 당시
18살이었던 마이클 페이Michael Fay는 싱가포르에서 어머니, 새아버지
와 함께 살면서 국제 학교에 다니고 있었다.[1] 마이클 페이는 다른 외
국인 학생들과 함께 열흘간[2] 자동차 18대에 스프레이 물감을 뿌리고
달걀을 던지는 행위[3]에 가담했다고 범행을 인정했다. 싱가포르 법
원은 그에게 징역 4개월,[4] 벌금 3,500싱가포르달러,[5] 교도관이 힘껏
내려치는 태형 6대[6]를 선고했다. 싱가포르에서는 통상적인 처벌이
었다.

　〈뉴욕타임스〉,[7] 〈워싱턴 포스트〉,[8] 〈로스앤젤레스타임스〉[9] 등 미국
언론은 격한 분노를 표출하며 야만적인 처벌을 비난하는 기사를 쏟
아냈다. 엎드린 자세로 죄수를 묶어놓고 시속 160킬로미터로 볼기
짝을 내려친다니,[10] 미국인이 보기에는 너무도 야만적인 처벌이었

다. 강력 범죄로 태형을 선고받은 죄수들은 매를 맞다가 엄청난 양의 피를 흘리고 살점이 뜯겨나가기 일쑤고,[11] 몸과 마음에 남은 상흔은 쉽게 지워지지 않는다. 클린턴 대통령과 수많은 상원 의원이 나서서 마이클 페이에게 관대한 처분을 내리라고 싱가포르 정부를 압박했다.[12] 그러나 싱가포르는 낮은 범죄율과 정연한 질서를 자랑스럽게 여겼고, 싱가포르 관료들은 미국의 압박에 반발했다. 그들은 싱가포르가 뉴욕시보다 범죄율이 낮은 이유는 태형 덕분이라고 주장했다. 무질서와 혼란으로 골머리를 앓는 뉴욕시에서는 "공공 기물을 파손하는 자들이 경찰차까지 파손하는"[13] 상황이라면서 말이다. 결국 싱가포르 정부는 태형을 6대에서 4대로 줄여주었다.[14] 그러나 이 사건으로 문화 간에 커다란 균열이 생겼고, 오랜 동맹이었던 양국 간에 한동안 긴장이 고조되었다.

마이클 페이 사건은 규범과 처벌이 엄격한 나라와 일탈 행동에 관대한 나라 사이에 생긴 근본적인 문화 충돌을 널리 알리는 계기가 되었다. 선사시대부터 현대에 이르기까지 다양한 인간 집단이 존재했던 가장 중요한 이유 중 하나는 규칙을 정하고 따르는 일을 대하는 태도가 이렇게 다르기 때문이다.

살기 좋은 나라부터 날지 못하는 새까지

인구 560만 명의 작은 나라 싱가포르는 우수한 규율과 질서를 자랑한다.[15] 실제로 싱가포르는 과중한 벌금 덕분에 '살기 좋은 도시 국가'로 알려져 있다.[16] 사소해 보이는 경범죄에도 과중한 벌금을 부과

한다. 길에 침을 뱉으면 최대 1,000달러의 벌금을 문다.[17] 국내로 껌을 반입하다 걸리면 10만 달러 이하의 벌금 또는 2년 이하의 징역에 처한다.[18] 오후 10시 30분부터 오전 7시까지는 공공장소에서 술을 마실 수 없고, '주류 통제 구역'에서는 시간을 불문하고 주말 내내 술을 마실 수 없다.[19] 불법 약물을 밀반입하다 잡히면 최대 사형에 처한다.[20] 공공장소에서 너무 시끄럽게 떠들거나[21] 음란한 노래를 부르거나[22] 저속한 사진을 유포하면[23] 징역형이나 벌금형, 또는 징역형 겸 벌금형에 처한다. 방뇨도 조사 대상이다. 공중화장실에서 물 내리는 것을 깜박하면 최대 1,000달러의 벌금을 문다.[24] 술에 취한 어느 날 밤 엘리베이터에서 오줌을 누고 싶어지면, 싱가포르 엘리베이터에는 소변 감지 장치가 달려 있다는 점을 기억해야 한다.[25] 소변 감지 장치가 작동되면, 파렴치한 방뇨자의 신원을 확인하기 위해 당국자가 도착할 때까지 엘리베이터 문이 열리지 않는다.

정부 규칙은 사람들의 개인 생활에까지 손을 뻗친다. 커튼을 열어둔 채 알몸으로 집 안을 돌아다니다 걸리면 벌금을 내야 한다. 동성애 행위가 발각되면 최대 징역 2년에 처한다.[26] 온라인에 반대 의견, 특히 정부에 대한 반대 의견을 게시했다가는 징역을 살 수도 있다. 전직 배우 아모스 이Amos Yee가 16살에 싱가포르 총리를 가리켜 "권력에 굶주린 데다 악랄하다"라고[27] 말하는 동영상을 인터넷에 올렸다가 4주간의 징역형을 선고받았던 것처럼 말이다. 국가에서 중매쟁이 역할을 자처하기도 한다. 1984년에 싱가포르 정부는 '사회개발청'을 [28] 설립하여 시민들 간에 데이트를 주선하는 한편, 이들에게 훌륭한 결혼 생활의 구성 요건에 관해 교육했다.

그렇다고 싱가포르의 빡빡한 문화가 시민들의 나라 사랑을 방해하는 것 같지는 않다. 정부 정책에 항상 동의하는 건 아니지만, 주민의 80퍼센트 이상이 정부를 지지한다.[29]

이제 비행기를 타고 싱가포르와는 달라도 너무 다른 뉴질랜드로 건너가 보자. 이곳의 문화는 아주 관대하다. 뉴질랜드에서는 혈중 알코올 농도가 법정 한계치만 넘지 않으면 술병을 끼고 차를 운전해도 괜찮다.[30] 또한 뉴질랜드는 세계에서 성적으로 가장 개방된 사회에 속한다. 동성 결혼이 합법이고,[31] 1994년부터 게이와 레즈비언에 대한 차별을 금지해왔다. 뉴질랜드 여성들이 평생 살면서 성관계를 갖는 파트너 수는 평균 20.4명으로 세계에서 가장 많다(세계 평균은 7.3명이다).[32] 매춘은 오래전부터 처벌 대상이 아니었다.[33] 독특한 '뉴질랜드 모델'에 따르면, 18살이 넘으면 누구나 매춘을 할 수 있고, 직장 보장과 의료 혜택도 받을 수 있다. 포르노그래피는 합법이고 번창하고 있다. 뉴질랜드 사람들은 '포르노허브Pornhub'라는 웹사이트를 자주 이용한다.[34] 2015년에는 미국, 영국, 캐나다, 아일랜드 다음으로 주민 1명당 시청 시간이 길었다. 미디어에서는 일탈 행동을 방영한다. 인기 있는 뮤직비디오 3편 중 1편에는 싸움이나 총격, 전투, 자살, 살인, 폭탄 폭발 같은 폭력 사건이 하나 이상 등장하고, 5편 중 1편에는 공공 기물 파손부터 쓰레기 투기에 이르기까지 반사회적인 행동이 등장한다.[35] 이런 행동을 엄격하게 규제하는 싱가포르와는 아주 대조적이다.

뉴질랜드 사람들은 스스럼없이 자기들을 (날지 못하는 이 새의 이름을 따서) '키위'라고 부른다. 이들은 아주 빨리 친해지는 경향이 있고, 서로 호칭할 때도 공식 직함으로 부르지 않는다.[36] 뉴질랜드 사람들은 길거리, 식료품점, 은행을 맨발로 걸어 다니기로 유명하다.[37] 대중의 반대와 시위가 잦다.[38] 뉴질랜드 대학들에서는 소파를 불태우는 장면을 흔히 볼 수 있다.[39] 1970년대에는 한 남자가 마법사 옷을 입고 이 도시 저 도시를 다니며 럭비 시합 때 기우제 춤을 추고, 도서관 옥상에 커다란 둥지를 만들고, 미술관에서 사람 크기만 한 알을 깨고 나오는 등 다양한 기행을 일삼았지만,[40] 뉴질랜드 사회는 그를 일탈자라 비난하지 않았다. 오히려 1990년 뉴질랜드 총리 마이크 무어Mike Moore는 그 남자를 "정부를 보호하고, 새로운 산업을 축복하고, (…) 주민들의 기운을 북돋고, 관광객을 유치할" 임무를 띤 국가 공식 마법사로 선포했다.[41]

빡빡함-느슨함 스펙트럼 만들기

어떤 문화에서나 사회 규범은 집단을 하나로 묶는 접착제 역할을 한다. 그러나 싱가포르와 뉴질랜드는 이 접착제의 강도가 확연히 차이 난다. 규칙이 많고 처벌이 엄격한 싱가포르가 빡빡한 사회라면, 덜 엄격하고 훨씬 더 관대한 뉴질랜드는 느슨한 사회다.

나는 쥐 죽은 듯 조용하고 살균한 듯 깨끗한 도쿄의 기차부터, 고함에 놀라 움찔할 정도로 시끄럽고 무질서한 맨해튼의 기차까지 전 세계를 다니면서 이런 차이를 직접 관찰했다. 그러나 이것은 어디까지나 개인적인 관찰에 불과하다. 좀 더 객관적인 시각이 필요했다. 그래서 오스트리아, 홍콩, 네덜란드, 한국, 멕시코, 노르웨이, 우크라이나, 베네수엘라 등등 다양한 나라 출신의 연구자들과 문화 규범에 관한 대규모 연구를 진행하기 위해 힘을 합쳤다.[42] 나는 다양한 문화에서 사회 규범의 강도를 직접 비교하고, 사회 규범의 진화적 뿌리를 탐구하고, 규범이 상대적으로 강한 사회와 상대적으로 약한 사회의 장단점을 확인할 방법을 개발하고 싶었다. 처음에는 국가 간 차이에 초점을 맞추었지만, 결국에는 범위를 더 세분화하여 주州, 사회 계층, 조직, 지역 사회 간에 빡빡함과 느슨함의 차이를 조사했다.

우리는 5개 대륙에서 30개가 넘는 국가 출신의 7,000명가량의 표본을 조사했다. 표본은 직업, 성별, 나이, 종교, 종파, 사회 계층 면에서 다양하게 분포되어 있었다. 이 조사는 아랍어부터 에스토니아어, 중국어, 스페인어, 노르웨이어, 우르두어까지 20개가 넘는 언어로 번역되었다. 우리는 사람들에게 태도와 세계관에 관해 질문했을 뿐만 아니라, 다양한 사회적 상황에서 얼마나 자유로운지 또는 얼마나 제약을 느끼는지 질문했다. 무엇보다 자국의 규범과 처벌의 전반적인 강도를 직접 평가해달라고 요청했다. 그중 몇 가지를 예로 들면 다음과 같다.

▶ 이 나라에는 사람들이 지켜야 할 사회 규범이 많은가?
▶ 대다수 상황에서 마땅히 이러이러하게 행동해야 한다는 기대가 아주 명확한 편인가?

▶ 이 나라에서는 어떤 사람이 부적절하게 행동하면, 다른 사람들이 심하게 못마땅해하는가?

▶ 이 나라 사람들은 대다수 상황에서 어떻게 행동할지 마음대로 선택할 자유가 있는가?

▶ 이 나라 사람들은 거의 항상 사회 규범을 준수하는가?

연구 결과는 2011년 〈사이언스〉에 게재되었고, 전 세계 언론이 보도한 바 있다. 조사 결과, 이 질문들에 대한 대답에서 근원적인 패턴이 나타났다. 어떤 나라 사람들은 자국의 사회 규범이 명확하고, 사회 곳곳에 규범이 자리하고 있으며, 규범을 따르지 않는 사람들을 강력하게 처벌한다고 답했다. 이런 나라는 빡빡한 나라에 속한다. 그런가 하면 또 어떤 나라 사람들은 자기네는 사회 규범이 그리 명확하지도 않고, 많지도 않으며, 사람들이 사회 규범을 덜 따르고 규범을 지키지 않아도 별로 처벌받지 않는다고 답했다. 이런 나라는 느슨한 나라에 속한다.

이 조사 결과는 우리에게 사회 규범의 강도를 토대로 여러 문화를 정리하는 직접적인 방법을 제공했다. 질문에 대한 대답을 바탕으로 우리는 33개국에 빡빡함-느슨함 점수를 매겼다(자료 2.1). 조사 결과에 따르면, 표본 가운데 가장 빡빡한 나라는 파키스탄, 말레이시아, 인도, 싱가포르, 한국, 노르웨이, 터키, 일본, 중국, 포르투갈, 독일(옛 동독) 등이었다. 가장 느슨한 나라는 스페인, 미국, 오스트레일리아, 뉴질랜드, 그리스, 베네수엘라, 브라질, 네덜란드, 이스라엘, 헝가리, 에스토니아, 우크라이나 등이었다. 빡빡함-느슨함 스펙트럼은 양쪽 끝에 극단적인 나라가 있고, 그 사이에 다양한 정도의 국가가 자리한 '연속체'다.

또한 우리는 문화 지역에 관해 밝혀진 사실을 확인하고자 자료를 자세히 검토했다. 동남아시아 국가가 가장 빡빡하고, 중동 국가와 북부 게르만계 유럽 국가가 그 뒤를 이었다. 이와 대조적으로, 라틴 유럽(유럽에서 로망스어군의 언어를 쓰는 나라와 지역-옮긴이) 국가, 영어권 국가, 라틴아메리카 문화가 훨씬 덜 빡빡하고, 동유럽과 옛 공산 국가들이 가장 느슨했다.

또한 이 자료는 공원, 식당, 도서관, 은행, 엘리베이터, 버스, 영화관, 교실, 파티장을 포함하여 수십 가지 일상적인 사회 환경에서 사람들이 얼마나 제약 또는 자유를 느끼는지 통찰하게 해주었다. 응답

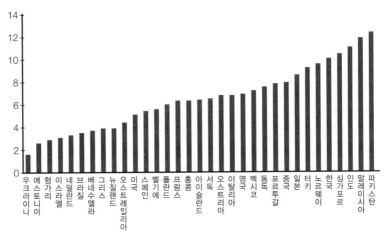

자료 2.1. 세계 각국의 빡빡함-느슨함 점수(2011).[43]

자들은 각각의 환경에서 어떻게 행동할지를 얼마나 자유롭게 선택하는지, 적절한 행동에 대한 명확한 규칙이 있는지, 본인의 행동을 돌아보고 '언행을 조심하라'라는 압박을 받는지 답변했다. 또한 다양한 환경에서 말싸움하고, 욕하고, 노래하고, 웃고, 울고, 음악 듣고, 먹는 등 이러저러하게 행동하는 것이 얼마나 적절한지, 또는 얼마나 부적절한지도 답변했다.

이 자료는 빡빡한 문화의 경우 용인되는 행동이 훨씬 적다는 사실을 분명하게 보여주었다. 입사 면접장, 도서관, 교실에 있을 때처럼 어떤 문화에서든 행동의 제약이 있는 특정한 상황(도서관에서 노래를 부르거나 면접장에서 춤을 추는 사람이 얼마나 되겠는가?)이 있다. 그런데 흥미롭게도 느슨한 문화에서는 이런 상황에서도 용인되는 행동의 폭이 더 넓다(나는 미국 대학에서 파자마를 입고 강의를 듣거나, 수업 시간에 문자를 보내거나, 이어폰을 꽂고 음악을 듣거나, 음식을 먹는 등의 무분별한 행동을 여러 번 보았지만, 베이징에서 학생들을 가르칠 때는 이런 행동을 거의 보지 못했다). 마찬가지로 어떤 문화에서든 공원이나 파티장, 보행 도로에서는 행동의 제약을 덜 받는 것이 보편적이지만, 빡빡한 문화에서는 이런 환경에서도 제약이 더 많은 편이다.

말하자면 가장 빡빡한 문화권에 사는 사람들은 삶의 대부분을 도서관에서 보내는 듯한 기분을 느낀다. 반대로 가장 느슨한 문화권에 사는 사람들은 하고 싶은 대로 할 자유를 훨씬 더 많이 만끽하며 공원에 있는 듯한 기분을 자주 느낀다.

물론 보통의 국가들은 이 두 극단 사이에 자리하되 계속 한 자리를 지키지는 않는다. 문화의 정신은 깊디깊지만, 문화는 '빡빡함-느슨함' 스펙트럼의 연속체에서 자리를 이동할 수 있고 실제로도 자리를 이동한다. 마키아벨리 부류를 비롯한 여러 세력이 한 나라의 빡빡함-느슨함의 평형을 아주 극적으로 기울일 수 있다. 게다가 일반적으로 외향적인 사람도 가끔 내향적인 순간이 있을 수 있듯이, 다는 아니라도 대다수 국가에는 빡빡함을 풀거나 느슨함을 조일 여지가 있다.

예를 들어, 빡빡한 나라에서도 시민들이 규범에 대한 울분을 발산할 수 있는 영역을 선정한다. 이런 경우에는 느슨함을 허용할 영역을 신중하게 지정하는 편이다. 도쿄의 다케시타도리가 대표적인 예다.[44] 이 좁은 쇼핑 골목 안에서만큼은 획일성과 질서를 요구하는 일본의 문화가 전부 유예된다. 다케시타도리에서는 사람들이 애니메이션 캐릭터부터 요염한 하녀, 펑크 음악가까지 익살맞은 복장으로 잔뜩 멋을 내고 돌아다닌다. 일본 젊은이들과 전 세계 유명인들(레이디 가가, 리아나, 니키 미나즈, 케이팝 스타 지드래곤 등등)이 이런 기행에 동참하고 독특한 의상과 액세서리, 기념품을 사려고 이곳에 모여든다. 또한 일본 문화는 엄격한 회사원들에게 극심한 업무 부담을 술로 풀면서 일정한 휴식을 취하라고 권면한다.[45] 그러다 보면 가끔 과음하기도 한다.

가장 빡빡한 사회에도 숨통을 풀어줄 느슨한 지하 공간이 있게 마련이다. 이란의 수도 테헤란은 가혹한 검열 속에서도 활기찬 예술 문화를 발전시켰다.[46] 연극, 노래, 소설, 영화에서 정치적·종교적·성적 소재에 관한 엄격한 규정을 지킬 방법을 찾다 보니 그것 자체가 창의적인 예술로 발전했다. 연극계와 음악계는 외딴 들판이나 터널, 동굴에서 대규모 군중을 상대로 쇼를 진행한다. '몰래 누리는 자유My Stealthy Freedom'라는 페이스북 페이지는 공공장소에서 히잡을 벗고 사회의 금기로부터 해방을 만끽하는 이란 여성들의 사진을 올려서 100만 개가 넘는 '좋아요'를 받았다.[47]

마찬가지로, 느슨한 사회라도 엄격하게 규제할 영역을 따로 정한다. 언뜻 무작위로 정한 듯 보이지만, 이 영역은 시민들에게 몹시 중요한 가치를 반영하므로 절대 사라지지 않도록 규제해 나간다. 예를 들어, 미국에서는 '프라이버시'라는 가치를 중시하기에 이 가치를 침해하지 않도록 엄격하게 규제한다. 미국인은 개인 공간을 침범하고 시간을 너무 많이 빼앗고 연락도 없이 집에 찾아오는 사람들을 낮춰보고, 타인의 프라이버시를 침해해서는 안 된다는 사회 규범을 어기는 사람들을 처벌한다. 행동을 제약하는 규정을 혐오하고 규범에 순응하지 않는 자를 추어올리는 분위기가 일반적인 이스라엘에서도 대가족을 이룬 부부 중심으로 강력한 규범이 발달했고,[48] 지금도 모든 이스라엘 사람들은 군 복무를 당연한 의무로 여긴다.[49] 행동 규율이 전반적으로 느슨한 오스트레일리아에서도 '평등주의'라는 강력한 가치를 엄격하게 지킨다. 자신의 부나 지위를 과시하는 사람을 'tall poppies(직역하면 '키 큰 양귀비'라는 뜻으로 오스트레일리아에서 으스대기 좋아하는 고액 봉급자를 깔아뭉갤 때 쓰는 말-옮긴이)'라며 비꼬는 이들이 많다.[50] 어느 나라에나 빡빡한 영역과 느슨한 영역이 있는 것은 사실

1부 근거: 근본적인 사회력의 힘

이지만, 전반적으로 빡빡함이나 느슨함을 강조하는 정도는 나라마다 다르다.

'빡빡함-느슨함' 렌즈는 세계 지도에서 문화를 바라보는 새로운 방식이다. 예를 들어, 각국의 빡빡함-느슨함 점수와 경제 발전 사이에는 선형 관계가 존재하지 않는다. 빡빡한 나라인 싱가포르와 독일은 경제적으로 크게 성공했지만, 똑같이 빡빡한 나라인 파키스탄과 인도는 여전히 경제적으로 어려움을 겪고 있다. 느슨한 국가인 미국과 오스트레일리아는 부유하지만, 똑같이 느슨한 나라인 우크라이나와 브라질은 국내총생산(GDP)이 비교적 낮은 편이다. '빡빡함-느슨함' 렌즈는 집단주의와 개인주의(집단주의 문화는 가족관계를 강조하고, 개인주의 문화는 자립을 강조한다)로 문화를 분류하던 예전 방식과도 다르다.[51] 각 사분면에는 많은 나라가 있다. 빡빡한 집단주의자(일본과 싱가포르), 느슨한 집단주의자(브라질과 스페인), 느슨한 개인주의자(미국과 뉴질랜드), 빡빡한 개인주의자(오스트리아와 독일).

오래된 패턴

우리가 진행한 문화 비교 조사는 현대 국가가 이토록 다양한 모습을 보이는 중요한 이유가 빡빡함-느슨함에 있음을 보여준다. 물론 수천 년 동안 사회 규범의 상대적 강도는 변화를 거듭했다. 인류 문명이 발달함에 따라 사회 규범의 내용은 수 세기에 걸쳐 변화했다. 그러나 빡빡한 문화와 느슨한 문화로 분류되는 문화의 기본 틀은 변하지 않았다. 초기 사회 중에는 질서정연하고 규칙을 중시하는 현대 싱가포르와 비슷한 사회도 있었고, 규칙도 사람들도 느슨한 뉴질랜드와 비슷한 사회도 있었다.

싱가포르가 건국되기 2,000년도 더 전인 기원전 5세기 후반, 고대 그리스에서 엄격한 군사 문화를 일구었던 스파르타에 여러분이 살고 있다고 상상해보자. 눈앞에 어떤 광경이 펼쳐질까?

교육부터 직업, 결혼, 옷차림, 개인의 신념에 이르기까지, 한마디로 요람에서 무덤까지 타협할 수 없는 엄격한 요건이 스파르타 시민들의 삶을 통제한다.[52] 스파르타 소년의 삶을 예로 들어보자. 소년은 7살에 국가에서 운영하는 15년짜리 신병 훈련소에 들어가 용맹한 전사로 성장한다.[53] 혹시라도 전장에서 두려워하는 기색을 보이면, 겁쟁이를 상징하는 표식으로 수염 절반을 깎는 수치를 견뎌야 한다. 만약 실제 전투에서 정말로 겁쟁이처럼 굴면, 스파르타 시민권을 완전히 잃게 된다. 전장 밖에서는 대중이 그에게 채찍을 휘두르며 고통을 어디까지 참아내는지 시험한다.

스파르타인의 일상생활도 군영 생활을 똑 닮았다. 스파르타 남녀는 규율이 엄격한 식단을 따라야 하고, 건강한 체격을 유지하기 위해 운동도 자주 해야 한다.[54] 스파르타인은 비만을 기괴하다고 여긴다. 그래서 과체중인 자들은 도시 국가에서 추방당한다.[55] 신체검사를 통과하지 못한 남녀는(불법 활동에 가담하거나 결혼하지 않은 자들과 함께) 지탄의 대상이 되거나 시민권을 박탈당하거나 사회의 망신거리라는 표시로 특별한 옷을 입어야 한다.[56] 스파르타에서는 무자비한 신체 기준을 신생아에게까지 적용한다. 몸이 약하거나 기형인 갓

난아이는 산기슭에 버려서 죽게 한다.[57]

스파르타인은 어렸을 때 어떤 버릇을 몸에 익혀야 하는지 기준이 명확하고 어릴 때 익힌 버릇을 커서도 잘 지킨다. 근엄한 표정을 짓고 간결하게 말하는 법을 훈련한다.[58] 절대 울지 않고, 공공장소에서 소리 내지 않고, 겁이 나도 내색하지 않도록 아이들을 훈육한다.[59] 웃음과 유머를 높이 평가하지만, 용인할 수 있는 유머와 용인할 수 없는 유머에 대한 규칙을 엄격히 지켜야 한다.[60] 농담은 세련되고 재치 있어야지 절대 수선을 떨어서는 안 된다. 스파르타 시민들은 스스로 우수한 전사 종족이라 자부하기에 비非 스파르타 문화에 오염되지 않는 것이 중요하다.[61] 복장, 머리 모양, 행동 양식 면에서 모두 통일성을 갖춰야 한다.[62] 외국인은 스파르타에 들어올 수 없고 외세의 영향도 철저히 배격한다.[63] 스파르타 시민들도 외국을 여행할 수 없다.

빡빡한 생활양식이 조금 답답해 보일지 모르지만, 스파르타는 자부심이 강한 문화였고 스파르타의 관행은 군사적으로 큰 성과를 거두었다. 시민들의 철저한 훈육 덕분에 스파르타는 그리스 전역에서 군사적으로 우위를 차지할 수 있었다. 플라톤부터 아우구스투스 황제에[64] 이르기까지 고대 그리스와 로마의 유명인들은[65] 스파르타의 전설적인 군인들, 특히 국가에 절대적으로 헌신하는 스파르타 군인들의 태도에 매료되었다.

이제 스파르타에서 240킬로미터 정도 떨어진 곳, 스파르타의 군사적 맞수이자 문화적 강적인 아테네로 가보자.[66] 아테네는 스파르타의 엄격한 생활양식과 대조적으로 실컷 먹고 마시는 것을 즐기는 관대한 사회다.[67] 아테네 거리를 걷다 보면, 북적거리는 시장 '아고라'에서 파는 장신구를 걸친 다양한 옷차림을 볼 수 있다. 예술가, 제빵사, 배우, 작가, 다양한 학파 출신의 사회 참여 지식인이 자기 생각을 마음껏 표현하는 모습도 볼 수 있다. 어쩌면 아테네 젊은이들에게 세상에 대한 선입관과 세상의 관습을 모두 재고하라고 촉구하는, 소크라테스 같은 유명인과 마주칠 수도 있다. 혹은 아고라 거리에 버려진 통에서 살면서 예의 따위는 내다 버리라고 설파하던 철학자, 시노페의 디오게네스를 만날 수도 있다.[68] 디오게네스는 사람들이 예의를 차리느라 진짜 자신이 되지 못한다고 믿었다. 그래서 아테네 사람 아무에게나 다가가 더 진실한 영혼을 찾는다며 사람들 얼굴에 촛불을 들이밀었다.

활발한 무역 활동을 뒷받침하던 에게해와 가까웠던 덕분에, 아테네인들은 지리적으로 고립되어 있던 스파르타인들과 달리 문화 교류가 많았다.[69] 아테네인들은 외부 문화에서 새로운 사상과 예술 기법을 들여와 연극, 도예, 조각 예술을 혁신했다. 열흘에 한 번씩 각계각층의 아테네 사람 수천 명이 모여 활발하게 정치 토론을 벌였다.[70] 마치 현대의 뉴질랜드처럼 현안에 대해 서로 반대되는 의견이 쏟아져 나왔다. 모범 시민이라면 누구나 공개 토론회에서 열정적이고 유창하게 자신의 의견을 표현할 줄 알아야 한다. 따라서 아테네 학교에서는 전투 기술만이 아니라 문학, 음악, 수사학에 역점을 두고 학생들의 지적 기량과 창의력을 키운다.[71] 급진적이고 새로운 사상은 정치를 변화시켰고,[72] 궁극적으로는 서구 문명에 최초의 민주주의를 확립할 길을 다졌다.

새로운 사상과 사상이 격돌하고 해체되고 바뀌는 곳, 반대 의견을 찬양하는 곳. 아테네는 그렇게 느슨한 사회다. 질서와 규율을 귀하게 여기는 스파르타인들은 아테네를 보고 비루한 기행이 펼쳐지는 위험한 광경이라 생각할 것이다.[73]

빡빡한 문화와 느슨한 문화의 차이는 인류 사회의 역사를 통해 계속 반복된다. 1900년대 초반부터 중반까지 멕시코 중부에서 살았던 나우아족 문화가 얼마나 빡빡했는지 생각해보자. 위대한 아스테카왕국에서 파생한 고대 나우아족 문화는 규제와 규율을 중시했다. 민족지학자들이 나우아족과 함께 살면서 그들의 규율과 엄격한 처벌을 상세히 기록했는데, 그중에는 스파르타나 싱가포르와 무척 비슷한 부분이 많다. 신중하고 속마음을 잘 드러내지 않는 나우아족은 자제하는 버릇을 길러야 한다고 믿었다. 자제력은 나우아족 사회에서 격렬한 농사일을 해내는 데 도움이 되었다.

나우아족은 아들딸에게 어렸을 때부터 규범을 지키고 순종하라고 가르친다. 아이들은 6살만 되어도 동생을 돌보고, 밭일과 집안일을 돕고, 장을 보는 등 잡다한 가사를 척척 해낸다. 15살이 되면 여자아이들은 성인 여성이 하는 집안일을 도맡고, 남자아이들은 쟁기질하면서 농작물을 심고 거두는 한편 가축을 기른다. 나우아족은 아이들에게 '착한' 행동을 매우 강조한다. 어렸을 때부터 성생활을 터부시하고 신체 기능에 호기심을 품지 못하게 한다. 나우아족 부모들은 자식을 자제력이 부족하게 키우면 가난한 노동자가 되어 집안 망신을 톡톡히 시키리라고 굳게 믿는다. 이를 막기 위해 기대에 어긋나는 자식을 엄하게 벌한다. 자식이 물건을 잃어버리거나 불평을 늘어놓는 사소한 잘못이라도 저지르면, 채찍으로 후려치기도 하고 두들겨 패기도 하고 발로 차기도 하고 밥을 안 주거나 잠을 안 재우기도 한다.

결혼할 나이가 찼는지는 기꺼이 규칙을 따르려는 마음이 있는지에 달렸다. 만약 아들이 결혼하려는 상대가 게으르거나 반항기가 있다는 소문이 들리면, 어머니는 아들의 결혼을 반대할 것이다. 성인 여성들과 어린 소녀들은 공공장소에서 잘난 체하지 말고 늘 얌전하게 굴어야 했다. 그러지 않으면 창피한 줄도 모르고 교태나 부린다는 소리를 듣기 십상이다. 여성들은 결혼 전까지 순결을 지켜야 한다. 따라서 어떤 식으로든 성욕을 드러냈다가는 평판이 땅에 떨어질 뿐 아니라 부모에게 엄한 벌을 받는다. 일단 결혼하면, 아내는 남편에게 순종하고 충실해야 한다. 그 무엇도 새로 이룬 가정을 흔들지 못하게 하려고 결혼 후에는 되도록 친구도 만나지 못하게 한다. 친구들이 부인과 외간남자 사이에 다리를 놓을 여지를 없애기 위해서다. 아내가 남편 친구와 친밀한 관계로 발전하는 일을 예방하려고 남성들도 결혼 후에는 되도록 친구들과 만나지 않는다. 누가 이혼했다고 하면 대놓고 눈살을 찌푸리며 언짢아한다. 누군가가 잘못을 저지르면 목격자가 공동체에 신고한다.[74] 부적절한 짓을 저지르면 끊임없는 험담에 시달리거나 주술로 저주를 받고, 심하면 공동체에서

1부 근거: 근본적인 사회력의 힘

추방당하므로 행동을 조심해야 한다.[75]

이제 나우아족을 이누이트 코퍼 지파와 비교해보자. 이누이트 코퍼 지파는 캐나다 중앙 북극 지역에서 3,000년 넘게 수렵과 채집을 하며 살았다. 민족지학자들은 20세기 중반에 이누이트 코퍼 지파도 관찰했다. 이 사회는 뉴질랜드 사람들마저 당황해서 얼굴을 붉힐 정도로 느슨하다.

코퍼 지파 아이들은 격식에 얽매이지 않고 체계도 없는 생활방식을 즐기며 자란다. 코퍼 지파는 자유방임적 태도로 자녀를 양육한다. 조금도 과장하지 않은 사실이다. 캐나다 인류학의 선구자 다이아몬드 제네스Diamond Jenness는 아이들이 사춘기 때까지 '야생 식물'처럼 자란다고 설명했다.[76] 혼자 마음대로 돌아다니고, 또래들과 난장판을 벌이며 시끄럽게 놀고, 망설임 없이 부모의 말을 끊고 실수를 지적한다. 아이들은 등교를 비롯한 모든 일정을 자기가 알아서 한다. 부모는 자녀에게 어떤 형태의 체벌도 가하지 않는다. 버릇없는 행동을 봐도 그냥 무시하기 일쑤고, 도를 넘는 행동을 봐도 잠시 짓궂게 괴롭히는 것이 전부다.

나우아족과 달리, 이누이트 코퍼 지파는 성적인 문제에도 태평하기로 유명하다. 청소년들 사이에서 성행위는 꽤 흔한 일이다. 심지어 부모님 집에서 성관계를 가질 정도다.[77] 혹시 커플이 결혼에 이른다 해도 격식에 얽매이지 않는 편이다.[78] 따로 집을 마련하긴 하지만, 결혼 생활이 뜻대로 되지 않으면 각자 원래 집으로 돌아간다.[79] 가끔은 부부끼리 짝을 바꿔 성관계를 갖는 것을 포함한 개방 결혼(배우자가 다른 이성과 혼외 관계를 갖는 것을 인정하기로 상호 합의하는 결혼 방식-옮긴이)을 허용하는데,[80] 개방 결혼은 혈연관계가 없는 가문의 구성원들 간의 결연을 활성화한다. 남성과 여성은 가정에서 고유한 역할을 맡지만, 남녀의 역할이 비교적 유연한 편이다. 때때로 여성이 사냥을 나가고 남성이 요리와 바느질을 배운다. 법인류학자 애덤슨 회벨Edward Adamson Hoebel에 따르면, 더 넓은 공동체 안에는 '원시적인 법'만 존재한다.[81] 공동체 구성원들 사이에 생긴 갈등을 해결할 중앙 권력이 존재하지 않는다. 개인이 스스로 갈등을 해결하는 구조이다 보니 이누이트 코퍼 지파에서는 살인과 피의 복수가 자주 발생할 수밖에 없다.[82]

시대도 장소도 관습도 다르지만, 스파르타와 아테네부터 나우아족과 이누이트에 이르는 이 집단들은 현대 사회와 마찬가지로 다양한 모습을 보인다. 어떤 집단은 느슨하고 어떤 집단은 빡빡하다.

20세기에 들어 인류학자들은 여러 다른 문화 집단에서 이러한 차이를 발견하기 시작했다. 1930년대에 미국 인류학자 루스 베니딕트Ruth Benedict는 제우스의 두 아들 이름을 따서 문화를 '아폴로적인 것'과 '디오니소스적인 것'으로 대조했다.[83] 이성과 합리성의 신 아폴로처럼, 빡빡한 '아폴로적' 문화는 규제와 질서를 중시한다. 아메리카 원주민 주니족이 대표적이다. 반면에 방종, 해방, 무절제를 강조하는 술의 신 디오니소스처럼, 느슨한 '디오니소스적' 문화는 무모하고 억제력이 부족한 경향이 있다. 평원 인디언 부족들이 대표적이다. 1960년대에는 핀란드계 미국인 인류학자 페르티 펠토Pertti Pelto가 전통

1부 근거: 근본적인 사회력의 힘

사회를 구별하기 위해 '빡빡함'과 '느슨함'이라는 용어를 공식적으로 사용했다.[84]

우리는 인류학 기록에서 나온 자료를 분석하여 이 오래된 문화 틀의 역사적 증거를 찾아냈다. 표준교차문화표본(SCCS)은 전 세계 186개의 산업화 이전 사회에 대한 정보를 제공한다.[85] 이 자료집에 실린 사회는 현대의 수렵·채집인(쿵족)부터 역사 초기 국가(아스테카 왕국)까지 무척 다양하다. 인류학자들은 현장 조사를 통해 수년 동안 다양한 특징에 대하여 각 사회를 꼼꼼하게 관찰하고 점수를 매겼다. 이를테면 아이들에게 얼마만큼의 자제심과 순종을 기대하는지, 사회가 아이들의 행동을 얼마나 통제하려 하는지, 아이들이 사회의 규칙을 따르지 않았을 때 얼마나 엄하게 벌하는지 등을 평가했다. 우리는 이 수백 개의 사회가 빡빡함-느슨함 스펙트럼에 흩어져 있다는 사실을 알아냈다.[86] 남아메리카 잉카족과 와유족, 중앙아프리카 아잔데족은 모두 빡빡함 점수가 높았다. 반대로 남아메리카 테웰체족, 서남아프리카 쿵족, 캐나다 이누이트 코퍼 지파는 느슨함 점수가 높았다.

현대 국가를 대상으로 우리가 진행했던 연구에서 빡빡한 문화와 느슨한 문화의 차이를 볼 수 있는데, 이 문화 틀은 고대에도 그대로 적용된다. 사회 규범은 수 세기에 걸쳐 변하지만, 그 안에 깊게 뿌리내린 구조(빡빡한 사회인가 느슨한 사회인가)는 세월이 흘러도 변하지 않는다.

3

빡빡함과
느슨함의 음양

2013년, 나는 연구 조교들에게 색다른 일을 부탁했다.[1] 조교들에게 각각 일시적인 문신, (가짜) 피어싱, 자주색 붙임머리, 얼굴용 인조 사마귀를 부착하게 했다. 그런 다음, 이들을 14개국에 보내 길거리에서 모르는 사람에게 길을 묻거나 상점에서 물건을 사면서 점원에게 도움을 청하도록 했다. 결과는 명확했다. 얼굴과 머리에 낙인을 찍은 조교들은 빡빡한 사회보다 느슨한 사회에서 모르는 사람에게 도움을 받는 비율이 높았다.

문화 차이를 찾아내려고 환경을 조정한 심리학자는 나 말고도 또 있다. 2008년에 네덜란드 흐로닝언대학교 연구원들이 이런 일을 벌였다.[2] 그들은 연구 조건을 만들기 위해 쇼핑 구역 근처 골목에 일시적으로 낙서를 했다. 즉석에서 '느슨한' 환경을 만든 것이다. 또 다른 조건에서는 티끌 하나 없도록 골목을 깨끗하게 치워서 '빡빡한' 환경을 만들었다. 그런 다음, 두 조건 모두에서 주차된 자전거 핸들에 "모두 행복한 주말 보내세요"라고 쓰인 전단을 걸어두었다. 기발한 실험이었다. 자전거 주인이 자전거를 타려면 핸들에 걸린 전단을 치워야 하는데, 주변에는 쓰레기통이 없었다. 자전거 운전자는 전단을 가져갈까, 바닥에 버릴까? 낙서로 뒤덮인 골목에서는 약 70퍼센트가 전단을 바닥에 버렸고, 깨끗한 골목에서는 약 30퍼센트만 전단을 바닥에 버렸다.

이런 연구들에서 알 수 있듯이, 보기에 따라 빡빡한 문화와 느슨한 문화 둘 다 장단점이 있다. 느슨한 문화는 대체로 개방적인 편이지만 훨씬 더 무질서하다. 반면에 빡빡한 문화는 예측할 수 있고 질서가 잡혀 있어서 안심은 되지만 덜 관대하다. 빡빡한 문화와 느슨한 문화는 상호보완적이다. 한쪽의 장점과 다른 쪽의 단점이 공존한다.

빡빡한 삶 살기

2017년 미국 공영 라디오 방송(NPR)의 주간 코미디 쇼 〈잠깐만, 말하지 마!Wait, Wait... Don't Tell Me!〉에서는 진행자 피터 사갈Peter Sagal이 패널에게 이런 질문을 던졌다.[3] "미국처럼 일본도 경찰에 문제가 있습니다. 일본에서는 많은 경찰이 이것을 절실히 필요로 합니다. 이건 뭘까요?" 새로운 제복이나 더 빠른 차, 급여 인상, 휴식 시간 연장 등을 예상했겠지만, 정답은 당신의 예상과 달랐다. 오히려 정반대였다. 피터 사갈은 이렇게 설명했다. "그들에게 필요한 건 범죄입니다. (…) 일본에서는 지난 13년간 범죄율이 뚝 떨어져서 경찰들이 말 그대로 소일거리를 찾고 있습니다." 〈이코노미스트The Economist〉에 따르면,

2014년 일본은 세계에서 살인율이 가장 낮은 나라에 속했다.[4] 10만 명당 0.3명에 불과했다. 일이 없는 경찰관이 도둑질을 부추기는 사례가 더러 있을 정도로 일본 거리는 아주 안전하다. 가고시마 경찰들은 행인들이 맥주를 훔쳐 가는지 보려고 차 안에 맥주 상자를 둔 채 차 문을 잠그지 않고 놔두었다. 그러나 이 함정 수사의 결과는 실망스럽기 짝이 없었다. 불운한 범죄자를 처벌할 기회가 생기기까지 무려 일주일이나 걸렸던 것이다.

이 우스꽝스러운 사례 외에도, 조지 토머스 쿠리안George Thomas Kurian의 《그림으로 보는 세계 순위Illustrated Book of World Rankings》에 나온 통계를 분석한 결과, 빡빡한 나라가 인구 10만 명당 범죄율이 훨씬 더 낮았다.[5] 일본처럼 중국도 범죄율이 낮기로 유명하다. 인도와 터키도 마찬가지다. 뉴질랜드와 네덜란드, 미국처럼 좀 더 느슨한 나라에서는 범죄가 훨씬 더 흔하다. 저명한 심리학자 스티븐 핑커Steven Pinker가 《우리 본성의 선한 천사The Better Angels of Our Nature》에서 증명했듯이,[6] 수십 년 동안 폭력 범죄가 감소하고는 있지만, 예측 가능한 양상대로 전 세계의 살인율은 여전히 아주 다양하다. 느슨한 나라가 빡빡한 나라보다 살인율이 높다.

빡빡한 문화는 어떻게 사회질서를 지키고 살인율을 낮게 유지하는 걸까? 첫 번째는 엄중하게 처벌하겠다는 위협을 통해서다. 국제 앰네스티가 보고한 사형제 유지 국가와 빡빡한 국가 순위는 상관관계가 깊다.[7] 예를 들어, 싱가포르에서는 마약을 소지하고 있다가 적발된 사람을 사형에 처한다.[8] 이에 비해 네덜란드에서는 대마초를 커피숍에서 합법적으로 판매한다.[9] 흥미롭게도 미국의 일부 주에서도 대마초를 합법적으로 살 수 있다.[10] 사우디아라비아에서는 마약 소지, 절도, 강간, 간통, 동성애 행위를 포함하여 최소 16개 범죄에 대해 사형을 선고할 수 있다.[11] 술을 마시다가 걸리면, 감옥에 갈 수도 있고[12] 심하면 공개 태형을 당할 수도 있다.[13] 당신이 태형 관행에 동의하든 안 하든, 이런 억제 장치가 싱가포르를 비교적 범죄가 없는 나라로 만드는 데 도움이 된 듯하다.[14]

광범위한 감시 체제도 당연히 범죄를 억제한다. 빡빡한 문화는 인구 한 명당 경찰 수도 더 많고,[15] 공공장소에서 발생할지 모를 부적절한 행동을 살피기 위해 보안 요원도 더 많이 고용하는 편이다.[16] 빡빡한 나라에는 대중에게 행동을 조심하라고 상기시키는 감시 카메라가 무수히 많다. 사우디아라비아에는 '깨어 있게 하는 자'라는 뜻의 첨단 카메라 '사헤르saher'가 고속도로, 출구 구간, 교차로 여기저기에 흩어져 있다.[17] 사헤르는 통화하거나 문자를 보내거나 안전띠를 착용하지 않거나 제한 속도를 위반하는 운전자는 물론이고, 다른 차 뒤를 바짝 따라 달리거나 차선을 너무 자주 바꾸는 운전자를 정확히 담아낸다. 마찬가지로 일본에는 거리, 건물, 상점 입구, 택시, 기차역에 수백만 대의 감시 카메라가 있다.[18]

영국 뉴캐슬대학교 심리학자들은 규범을 준수하는 행동을 육성하는 데 '지켜보는 눈'이 얼마나 효과가 있는지 실험했다.[19] 연구자들은 대학교 커피숍에 커다란 눈 모양의 이미지를 인쇄한 현수막을 커피 끓이는 기계 위에 걸어두었다. 커피 기계 옆에는 커피나 차, 우유를 마시는 사람들이 알아서 돈을 넣는 '정직 상자'가 있었다. 커피 기계 위에 눈 모양의 이미지를 인쇄한 현수막을 걸어둔 몇 주 동안, 사람들은 단순한 꽃 그림을 인쇄한 현수막을 걸어두었을 때보다 평균 3배나 많은 돈을 정직 상자에 넣었다. 또 다른 연구에서는 대학교 구

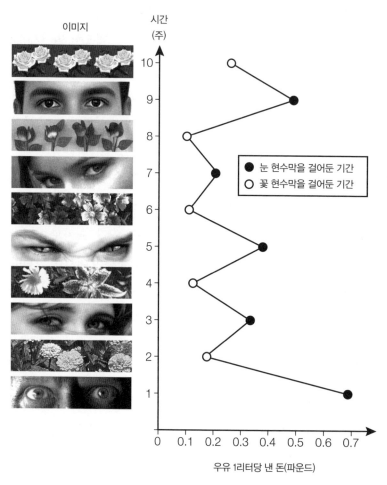

3.1. 정직 상자에 넣은 기부금.[20]

1부 근거: 근본적인 사회력의 힘

내식당 주변에 눈이 그려진 포스터를 걸어두었더니 학생들이 버리는 쓰레기의 양이 절반으로 줄었다.[21]

또 다른 실험에서는 설교자, 예언자, 성인, 교회와 같은 종교적 개념('독실함' 항목에서 높은 점수를 받은, 빡빡한 문화에서 떠올릴 확률이 높은 생각 습관)에 관하여 생각하도록 유도당한 사람들이 사기를 치는 비율이 낮았다.[22] 우리 이웃의 눈이든, 정부의 눈이든, 신의 눈이든, 감시하는 눈은 우리가 일반 규범을 따르게 한다. "보는 눈이 있으면 언행을 삼간다"라고 한 문화심리학자 아라 노렌자얀Ara Norenzayan의 말이 맞았다.[23]

빡빡한 나라는 범죄가 적을 뿐만 아니라 더 체계적이고 더 깨끗한 편이다. 강력한 규범과 감시 체계는 체계적이고 깨끗한 사회를 이루는 데도 이바지한다. 나는 2014년 다른 나라에 있는 연구 조교들에게 공공장소의 청결도를 가늠하는 징후를 조사하게 했다.[24] 각국의 경제력을 고려하더라도, 빡빡한 나라일수록 거리를 청소하는 인원을 더 많이 두는 경향이 있었다. 청소부는 거리를 깔끔하게 유지할 뿐 아니라 시민들에게 거리를 깔끔하게 유지하는 일이 얼마나 중요한지 일깨우는 역할을 한다.

빡빡한 나라에는 도시를 깨끗하게 유지하는 오랜 전통이 있다. 예를 들어 독일과 오스트리아는 거리가 깔끔하기로 유명하다. 오스트리아 빈에서는 '쓰레기 감시자들'이 공공장소에 쓰레기를 버리는 사람들에게 막대한 벌금을 매긴다.[25] 독일 남부에 사는 아파트 주민들은 '케어보헤Kehrwoche'라는 청소 시스템을 철저하게 지켜야 한다.[26] 이

시스템에 따라 주민들은 건물 계단과 보도를 책임지고 청소해야 한다. 흠잡을 데 없이 깔끔하게 손질된 싱가포르 거리와 유일하게 어깨를 나란히 할 수 있는 곳이 노르웨이의 오슬로다. 도로에 티끌 하나 없는 오슬로에서는 쓰레기 투기를 방지하는 마스코트가 쓰레기를 버리지 않도록 사람들을 일깨우고, 자원봉사자 20만 명이 참여하는 '대청소의 날'을 준비한다.[27] 2014년 월드컵에서 패한 일본은 청소에 집착하는 모습으로 세계 언론의 머리기사를 장식했다. 당시 일본 축구 팬들은 파란색 쓰레기봉투를 들고 브라질의 아레나 페르남부쿠 경기장을 돌며 버려진 쓰레기를 주워 담았다.[28] 자국에서 경기가 끝나면 쓰레기를 치우던 전통을 브라질에서도 그대로 지켰던 것이다.

이와 대조적으로, 느슨한 행동의 극단을 보여준 사례가 있다. 아이스하키 팀인 밴쿠버 캐넉스가 2011년 스탠리컵에서 패하자 밴쿠버시는 한순간에 '구역질 나는 만취자들의 소굴'로 변했다.[29] 블로거 이샤 애런Isha Aran에 따르면, 복구비용만 400만 달러가 들었다. 일반적으로 이런 지저분한 행동은 느슨한 문화에서 더 흔하게 볼 수 있다. 75퍼센트의 미국인이 지난 5년 동안 공공장소에 쓰레기를 버린 적이 있다고 답했다. 그 덕분에 미국에서는 청소 작업에 매년 110억 달러를 쓴다.[30] 브라질 정부는 거리와 해변에 버려진 쓰레기를 수거하기 위해 리우데자네이루 한 곳에서만 매년 수억 달러를 쓴다.[31] 그리스에서는 주민들이 임시변통으로 만든 쓰레기매립지에 쓰레기를 투척해서[32] 화재를 일으키고 건강과 안전에 심각한 위험을 초래하여[33] 국가 재정 위기를 악화시키고 있다.

흥미롭게도, 깔끔하지 못한 환경에 노출되면 규범 위반과 무질서를 더 조장하는 강력한 악순환 회로가 만들어진다. 공공장소에 쓰레기를 버리거나 쇼핑 카트를 반환하지 않거나 건물 한쪽에 낙서를 휘갈기는 어떤 사람을 목격했다고 상상해보자. 그런 장면을 목격할 경우 당신이 다른 규범이나 규칙을 어길 확률이 더 커질까? 연구 결과에 따르면, 그렇다. 근처에서 불법으로 불꽃놀이를 하는 모습을 목격하거나 다른 사람이 쇼핑 카트를 반환하지 않는 모습을 목격했을 때 사람들은 쓰레기 투기를 더 많이 하는 것으로 나타났다.[34] 애초에 규범 위반 사례가 적은 빡빡한 문화에서는 이런 식의 '행동 전염'이 일어날 확률이 훨씬 낮다.

빡빡한 문화는 일반적으로 더 깨끗할 뿐 아니라 소음 공해도 덜한 편이다. 독일은 일요일과 휴일 저녁에는 의무적으로 조용히 해야 한다.[35] 이 시간에는 잔디를 깎거나 곡을 크게 연주하거나 세탁기를 돌릴 수 없다. 독일 법원은 소음 제한을 아주 심각하게 취급한다. 쾰른에 거주하는 한 시민이 이웃집 개가 요란하게 짖는 문제로 고발하자 판사는 그 개에게 10분 간격으로 하루 30분만 짖을 수 있게 했다.[36] 일본에서도 소음을 엄격하게 규제한다. 통근자들은 대중교통에서 전화 통화를 자제하고 음악을 들을 때는 헤드폰을 끼어야 한다.[37] 이와 대조적으로, 네덜란드 통근자들은 달리는 기차 안에서도 큰 소리로 수다를 떨기 일쑤다.[38] 심지어 '침묵 구역'으로 지정된 자동차 안에서도 시끄럽게 떠든다. 이스라엘에서는 교통부가 "조금만 더 영국인처럼" 되자고 이스라엘 사람들에게 애원하는 동영상을 제작하자 2016년부터 지하철에서 고함치는 사람이 사라졌다.[39] 한편 〈뉴욕타임스〉는 뉴욕시를 가리켜 '절대 입을 다물지 않는 도시'라고 이름 붙였다. 뉴욕에서는 2016년에 42만 건의 소음 신고가 들어왔다.[40] 2011년보다 2배 증가한 수치다. 보도에 따르면, 뉴욕의 소음 데시벨은 위험한 수준이다.[41] 내 연구에 따르면, 느슨한 문화에서는 조용한 안식처의 전형이라 할 수 있는 도서관조차도 빡빡한 문화에 비해 훨씬 더 시끄러운 것으로 나타났다.[42]

도심 거리의 시계탑

뛰어난 동조성은 빡빡한 문화에서 질서를 유지하는 데 도움이 되는 또 다른 요소다. 동조성은 수영, 행진 악대, 군사 훈련 등등 여러 활동에서 찾아볼 수 있다. 이는 인간 외에 다른 종들에게서도 찾아볼 수 있는 특징이다. 반딧불이는 때를 딱딱 맞춰 반짝이는 동조성 선수들이다.[43] 귀뚜라미 우는 소리는 아주 정확해서 온도를 예측하는 데 사용할 수 있을 정도다.[44] 동조성은 우리 주변 어디에나 있다. 인간의 경우 심박조율기, 뉴런 발화, 장 활동, 손뼉 치는 청중 모두 동조성을 반영한다.[45] 어느 나라나 어느 정도의 동조성이 필요하다. 동조성이 없으면 무너지고 만다. 그러나 국가마다 행동을 일치시키는 능력은 매우 다양하고, 이 일은 빡빡한 문화가 느슨한 문화보다 더 잘한다.

거리의 시계탑처럼 단순한 것을 예로 들어보자. 당신은 모든 나라가 주요 시계를 제시간에 딱 맞춰두었으리라 생각하겠지만, 심리학자 로버트 레빈Robert Levine이 진행한 기발한 연구에 따르면 이 일을 다른 나라보다 더 잘하는 나라가 따로 있다.[46] 로버트 레빈은 연구 조교들에게 30개가 넘는 나라의 수도 여기저기에서 15개의 다른 시계에 표시된 시간을 측정하게 했다. 오스트리아, 싱가포르, 일본(모두 빡빡한 나라다)을 포함한 일부 국가에서는 각 시계의 편차가 30초를 넘지 않을 정도로 도심 곳곳의 시계가 상당히 일치했다. 그러나 브라질과 그리스 같은 느슨한 나라에서는 시계가 거의 2분 가까이 차이 났다. 레빈의 연구 자료를 분석한 결과, 아래 자료 3.2에 나와 있듯이 일반적으로 빡빡한 나라에서는 도심 곳곳의 시계가 일치하는 경향이 있다.

빡빡한 문화가 교통도 더 잘 조정하는 편이다. 빡빡한 문화에서 살

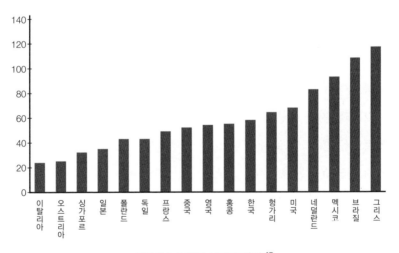

자료 3.2. 나라별 시계 편차(초).[47]

면 대중교통을 이용할 때 운행표를 신뢰해도 되지만, 느슨한 문화에서 살면 정해진 시간보다 늦게 도착하는 것쯤은 예상해야 한다. 시속 320킬로미터로 달리는[48] 일본의 신칸센 '탄환 열차'는 2013년에 평균 지연 시간이 54초밖에 되지 않았다.[49] 마찬가지로, 시간을 잘 지키기로 유명한 스위스의 기차는 97퍼센트의 시간 엄수율을 자랑한다.[50] 2014년에 싱가포르의 주요 철도망 가운데 30분 이상 지연된 사례는 14건에 불과했다.[51] 열차 운행이 지연되면, 철도 사업자는 최대 100만 싱가포르달러를 벌금으로 내야 한다.[52] 기차가 지연되면 빡빡한 나라일수록 사과와 해명이 쇄도한다. 싱가포르에서는 전류 급증 현상으로 기차가 2시간 지연되자 교통부 장관이 직접 공식으로 사과했다.[53] 독일에서 기차가 늦으면, 차장이 승객들에게 늦은 이유를 자세히 설명한다.[54] 이와 대조적으로, 느슨한 나라에서는 기차가 지연되는 상황에 직면할 확률은 더 높되 사과나 설명을 들을 확률은 더 낮다. 교통이 혼잡한 뉴욕-뉴저지 구간을 운행하는 뉴저지트랜싯은 'njtranshit.com'이라는 친근한 이름이 붙은 웹사이트를 이용하도록 승객들을 유도한다. 이 웹사이트는 늦는 게 일상이라 거의 예측 가능한 지연 현황 및 운행 취소 현황을 추적해 올린다. 미국 철도 암트랙은 혼잡하기로 유명한 노선 일부에서 약 20~30퍼센트의 열차가 지연 운행된다.[55]

빡빡한 문화에서 일치하는 건 비단 시계만이 아니다. 사람들은 똑같은 옷을 입고, 똑같은 물건을 사고, 독특한 개성을 경시하는 경향이 강하다. 왜 그럴까? 모두가 다른 이들과 똑같이 행동하면 질서를 유지하고 조화를 이루기가 훨씬 수월하기 때문이다. 얼핏 평범해 보이는, 어느 쪽 손으로 글씨를 쓰는가를 예로 들어보자. 연구에 따르면, 빡빡한 문화권에서는 '왼손잡이'가 훨씬 적은 것으로 나타났다.[56] 예를 들어, 미국에서는 인구의 약 12퍼센트가 왼손으로 글씨를 쓰는데 터키에서는 왼손으로 글씨를 쓰는 사람의 비율이 겨우 3퍼센트에 불과하다. 또한 빡빡한 나라일수록 교복을 착용하는 비율이 더 높다.[57] 심지어 자동차에까지 이런 획일성이 드러난다. 나는 연구 조교들에게 전 세계 주차장에도 가보게 했다.[58] 조사 결과, 빡빡한 문화가 느슨한 나라보다 차 종류와 색깔이 덜 다양한 것으로 드러났다.

일치시키는 관행은 빡빡한 문화에 많다. 일본에는 집단 행동을 뜻하는 '슈단 코도'라는 관행이 있다.[59] 슈단 코도에 참여하는 일본 학생들은 밴드와 군대의 행진을 흉내 낸 굉장히 복잡한 동작을 기계처럼 딱딱 맞춰 일사불란하게 걷는다. 중국 국영 기업에서는 라디오 방송과 음악에 맞춰 몸을 움직이는 라디오 체조를 의무적으로 실시한다.[60] 라디오 체조를 교과과정에 집어넣은 초등학교와 중등학교도 많고,[61] 나이든 여성들이 밤에 광장에 모여 태극권을 본뜬 체조를 함께 하는 모습도 자주 볼 수 있다.[62] 다른 문화권에서는 사람들을 일치시키기 위해 종교 관습을 이용하기도 한다. 중동에서는 하루에 5번, 기도 시간을 알리는 아잔adhān 소리가 거리에 울려 퍼진다.[63] 아잔 소리가 들리면 지역 사람 전부가 한마음으로 기도한다. 시계를 통해서든, 옷차림이나 자동차를 통해서든, 아잔 소리를 통해서든 행동을 일치시키는 관습은 예측 가능한 심리적 결과, 즉 1장에서 말했듯 단

결과 협동을 강화하는 결과를 불러온다.

동조성은 가장 예기치 못한 장소에서도 일어난다. 바로 주식 시장이다. 증권 분석사들은 주식 시장에서 보이는 행동이 그 나라의 경제력이나 정보의 투명성 같은 경제적·정치적 변수들과 주로 관련이 있다고 오래전부터 추정해왔다. 그러나 미국 교수진은 여기에도 문화가 한몫을 할 수 있다고 직감했다. 〈금융경제학저널Journal of Financial Economics〉에 발표한 논문에 따르면, 철 은Cheol Eun과 동료들은 빡빡한 문화권의 투자가들이 비슷한 매도·매수 결정을 내릴 확률이 더 크다는 사실을 알아냈다.[64] 연구진은 이것을 '주가동조성株價同調性'이라 불렀다. 1990년부터 2010년까지 47개국의 주가 변동을 조사한 결과 중국이나 터키, 싱가포르처럼 빡빡한 나라들이 미국이나 뉴질랜드, 브라질처럼 느슨한 나라보다 주가동조성이 훨씬 높은 특징이 있었다. 빡빡한 지역 출신 투자자들은 아무래도 공통된 시각과 경험을 갖추고 있는 경향이 강하고, 일반적으로 동료 집단의 영향(떼거리 행동 또는 쏠림 현상)에 더 민감해서 비슷한 거래 결정을 내린다.

허리띠 졸라매기

사회 규제가 많은 빡빡한 문화권 사람들이 느슨한 문화권 사람들보다 '자제력'이 더 뛰어나리라는 예상은 꽤 타당해 보인다. 독일 사회학자 노르베르트 엘리아스Norbert Elias가 1939년에 출간한 책《문명화 과정The Civilizing Process》에서 사회적 제약과 자제력의 상관관계를 처음 지적했다.[65] 엘리아스는 다른 사람들의 행동에 자기 행동을 맞춰

1부 근거: 근본적인 사회력의 힘

야 할수록 충동을 제어할 능력이 강해진다고 주장했다. 내 연구 결과도 이 주장을 뒷받침한다. 실제로 빡빡한 문화권 사람들이 더 강한 자제력을 보였다. 예를 들어 미국과 뉴질랜드, 그리스, 베네수엘라 사람들이 인도, 일본, 파키스탄, 싱가포르처럼 빡빡한 문화권 사람들보다 몸무게가 훨씬 많이 나간다.[66] 국가의 경제력과 국민의 평균 키를 고려해도 결과는 같다(하나 더, 내가 키우는 개 페퍼를 포함하여 미국에서는 50퍼센트가 넘는 개와 고양이가 과체중이거나 비만이다).[67] '인구 한 명당 알코올 소비' 항목에서 가장 높은 점수를 받은 나라도 스페인, 에스토니아, 뉴질랜드 등 느슨한 나라에서 나왔다.[68] 싱가포르, 인도, 중국처럼 빡빡한 나라의 거주자들은 알코올 소비율이 낮았다. 빡빡한 문화와 느슨한 문화는 소비 습관도 무척 다르다. 미국, 헝가리, 에스토니아처럼 느슨한 나라의 거주자들이 한국과 싱가포르처럼 빡빡한 나라의 거주자들보다 도박에 손을 댈 확률이 더 높다.[69] 국가의 경제력과 소득 분배를 고려하더라도, 느슨한 나라는 국민총소득에서 공공 지출과 민간 소비를 뺀 총저축률(GNS)도 더 낮았다.[70] 이 말은 곧 느슨한 문화의 경제는 자기들이 생산하는 것에 비해 더 많은 소득을 소비하고 있다는 뜻이다.

이런 차이는 비단 학술 연구에서만 나타나지 않는다. 세계 언론의 머리기사에서도 같은 내용을 확인할 수 있다. 세계 시장에 2008년 금융 위기가 닥쳤을 때 느슨한 나라 그리스는 수년에 걸친 엉성한 재정 관리에 결국 발목이 잡혀 3,000억 유로라는 빚더미에 올라앉았다.[71] 빡빡한 나라 독일의 은행들은 그리스의 부채를 상당량 떠안

아야 했고, 허튼짓을 용납하지 않는 부모처럼 독일 정부는 그리스에 긴축 재정을 더 강화하라고 요구했다. 방법을 모르면 "슈바벤(독일 남서부의 부유한 지역. 이곳 사람들은 근검절약하는 습관을 가졌다고 알려졌다-옮긴이) 주부들에게 물어보면 됩니다"라고 앙겔라 메르켈 총리가 꾸짖었다.[72] "그녀들이 세상 사는 지혜를 알려줄 겁니다. 계속 분수에 넘치게 살 수는 없습니다." 놀랍게도, 독일어에서는 부채를 뜻하는 단어와 죄를 뜻하는 단어가 같다. '슐트schuld'라는 단어다.[73] 그리스인들은 거리로 뛰쳐나와 이런 엄격한 조치에 강력히 항의했다. 독일이 그리스를 향해 유로존에서 나가라고 제안한 2015년 7월에는 긴장이 최고조에 달했다.[74] 결국 또 다른 구제 금융을 지원했지만, 빡빡한 문화와 느슨한 문화의 단층선은 사라지지 않고 건재하다.

느슨한 삶 살기

빡빡한 문화는 일반적으로 범죄가 적고, 동조성이 높고, 자제력이 강하다. 반면에 느슨한 문화는 체계적이지 못하고 자기관리에도 실패해서 곤경에 처하곤 한다. 그러나 느슨한 문화는 개방성에 관한 한 상당히 우위에 서 있다. 느슨한 문화는 '새로운 아이디어', '자기와 다른 사람들', '변화'에 열려 있다. 빡빡한 문화는 이 자질이 몹시 부족하다. 이 지점에서 빡빡한 문화와 느슨한 문화의 장단점은 서로 균형을 이룬다.

인간은 혁신하는 능력을 바탕으로 자신을 다른 종과 차별화했고, 바퀴 모양 기구부터 전구, 인터넷에 이르기까지 수많은 업적을 이루어냈다. 틀에서 벗어나는 생각을 하고, 기존 규범을 어길 수도 있는 발상을 수용하는 환경에서 창의력은 빛을 발하는 법이다. 그런 점에서 느슨한 문화는 분명히 혁신에 이점이 있다.

경영학 교수인 로이 추아Roy Chua, 옌닝 로스Yanning Roth, 장 프랑수아 르무앙Jean-Francois Lemoine은 가장 멋진 아이디어를 낸 사람에게 큰 상금을 주는 창의력 대회를 공개모집 방식으로 진행한 뒤, 99개 대회에서 나온 1만 1,000개의 답변을 분석했다.[75] 창의력을 시험하는 과제로는 스페인에 새로 지을 쇼핑몰 설계, 이집트 문화에 맞춘 텔레비전 광고 제작, 오스트레일리아인을 대상으로 하는 인스턴트커피 이미지 쇄신 전략, 철저하게 '프랑스다운' 물병 디자인 등을 제시했다. 빡빡한 나라 출신들은 이런 대회에서 우승할 확률이 낮을 뿐 아니라, 대회에 참가할 확률도 낮다. 심지어 빡빡한 문화의 심사위원들은 외국인 참가자가 낸 아이디어를 수상작으로 채택하는 경우가 적었다. 아마도 자기들에게 익숙한 생각과 비교할 때 외국인 참가자들이 낸 아이디어가 너무 급진적이어서 그랬을 것이다.

이 연구는 빡빡한 문화와 느슨한 문화의 장단점이 서로 균형을 이루는 흥미로운 측면을 보여준다. 느슨한 문화는 빡빡한 문화보다 질서가 부족할 수 있다. 그러나 틀에서 벗어나는 생각을 하는 데는 어느 정도의 무질서함이 실제로 도움이 된다. 자료 3.3의 왼쪽 사진과 같이 아주 깨끗한 책상이 있는 잘 정돈된 방에서 심리 실험에 참여한다고 상상해보자. 그런 다음에는 오른쪽 사진과 같이 종이, 펼쳐진 책, 볼펜, 연필이 책상과 바닥 여기저기에 어지럽게 흩어져 있는

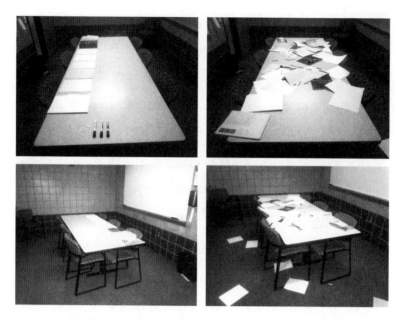

자료 3.3. 보스와 동료들이 연구에 사용한 정돈된 방과 어수선한 방.[76]

어수선한 방(내 사무실이 딱 이렇다)에서 심리 실험에 참여한다고 상상해보자. 이런 실험 환경은 당신이 창의력을 발휘하는 데 어떤 영향을 끼칠까?

심리학자 캐슬린 보스Kathleen Vohs와 공동 연구자들이 알아낸 바에 따르면, 어수선한 방에서 시간을 보낸 사람들이 브레인스토밍 작업, 그중에서도 특히 탁구공을 혁신적으로 사용하는 방법을 열거할 때 더 좋은 성과를 냈다. 또 다른 연구에서는 어수선한 방에 있던 사람들이 '클래식'이라는 꼬리표가 붙은 메뉴보다 '새로운'이라는 꼬리표가 붙은 메뉴(창의적인 선택지)를 주문하는 경향을 보였다.[77] 빽빽한

1부 근거: 근본적인 사회력의 힘

방과 빡빡한 문화는 '현상유지'를 강화한다. 이와 달리, 느슨하고 어수선한 환경은 혼란스러워 보일 수는 있으나 관습에 얽매이지 않는 색다른 사고를 장려한다.

마찬가지로 빡빡한 문화에서는 동조하는 특성이 협동을 장려하는 데 도움이 되지만, 느슨한 문화에서는 동조하지 않는 특성이 이점으로 작용한다. 한 연구에서 나는 공동 연구자 조슈아 잭슨Joshua Jackson, 나바 칼루오리Nava Caluori, 모건 테일러Morgan Taylor와 함께 몇 그룹의 사람들을 보조를 맞춰 걷는 그룹과 각자 속도대로 걷는 그룹으로 나누어 대학 교정을 걷게 한 뒤에 각 그룹에 창의력 과제를 수행하라고 요청했다. 그랬더니 보조를 맞춰 걸은 그룹이 각자 속도대로 걸은 그룹보다 창의력이 떨어졌다.

또 다른 연구에서는, 어떤 그룹에는 동시에 같은 단어를 외치게 하고 어떤 그룹에는 동시에 다른 단어를 외치게 했다. 그 결과, 같은 단어를 외친 그룹에서는 다양한 의견이 실질적으로 도움이 되는 '집단 의사결정' 과제를 수행할 때 그룹 구성원이 반대 의견을 낼 확률이 낮았다.[78]

고대 아테네부터 현대 네덜란드에 이르기까지, 느슨한 문화는 다문화를 접한 덕분에 훨씬 뛰어난 창의력을 보인다. 연구 결과에 따르면, 다문화를 많이 경험한 사람들(다른 문화권을 여행했거나 다른 문화권 출신 사람들과 폭넓게 교류한 사람들)이 그렇지 않은 사람들보다 더 창의적인 편이다. 예를 들어, 실험실에서 진행한 연구에서 다문화 경험이 풍부한 사람들은 선물에 대해 관습에 얽매이지 않는 엉뚱한

아이디어를 더 많이 내놓았고,[79] 기발한 해법이 필요한 과제를 해결하는 비율도 더 높았다.[80]

성냥 한 갑, 양초 하나, 압정 한 상자를 주고, 양초를 벽에 고정하되 촛농이 바닥에 떨어지지 않게 하라는 과제를 받았다고 상상해보자.[81] 자료 3.4에 해답이 나와 있다. 해답을 찾으려면 창의적으로 사고하는 능력이 많이 필요한데, 다양한 문화를 경험하면 할수록 이런 능력은 더 강해진다.

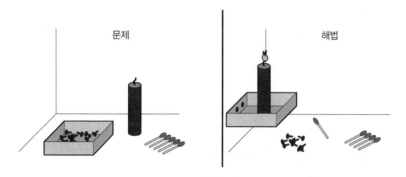

문제   해법

자료 3.4. 카를 던커Karl Duncker의 촛불 문제.[82]

경제학자들은 경계를 넘고 규범을 벗어나는 이런 능력을 가리켜 '가변성'이라 부른다.[83] 경제학자들은 기업가로 성공하고 싶으면 가변성이라는 핵심 능력을 갖춰야 한다고 주장한다. 하버드대 심리학자 하워드 가드너Howard Gardner가 지적했듯, 느슨한 자질의 전형이라 할 수 있는 "적합성 결여, 특이한 패턴, 변칙"에 창의력을 자극하는 힘이 있다.[84] 실제로 120개국이 넘는 나라에서 국민의 태도를 조사한 '2015 글로벌 기업가정신 모니터(GEM)'의 자료를 분석한 바에 따르면, 한국과 독일처럼 빡빡한 문화 사람들보다 브라질과 그리스처럼 느슨한 문화 사람들이 사업가를 좋은 직업이라 여기고, 자기 사업을 시작할 능력을 갖추고 있을 확률이 더 높았다.[85]

느슨한 문화는 자기와 다른 생각에 더 열려 있을 뿐 아니라 자기와 다른 사람에게도 더 열려 있다. 숭배자들에게 역사의 아버지로 추앙받는 헤로도토스는 기원전 450년경에 여러 지역을 여행하고 나서 모든 문화는 자기 민족 중심으로 생각한다고 말했다. 다시 말해, 다들 자기네 방식이 다른 방식보다 훨씬 우월하다고 믿는다는 뜻이다. "모든 인류에게 이 세상에서 가장 좋은 규칙을 선택하라고 주문하면, 각 집단은 충분히 고려한 끝에 자기네 관습을 선택할 것이다. 집단마다 자기네 관습을 단연 최고로 여긴다."[86]

헤로도토스는 요점을 분명히 하기 위해 다리우스 왕의 이야기를 들려준다.[87] 페르시아의 통치자 다리우스 1세가 사망한 부친의 시신을 화장하고 있는 그리스인들에게 물었다. "얼마를 주면 당신들 아버지의 시체를 먹을 수 있겠는가?" 충격을 받은 그리스인들은 얼마를 주든 그런 일은 할 수 없다고 대답한다. 그러자 다리우스 왕은 부모의 시체를 먹는다고 소문난 인도의 갈라티아이 부족에게 물었다. "얼마를 주면 부모의 시신을 화장하겠는가?" 갈라티아이 부족은 겁에 질려 울부짖으며 그런 끔찍한 소리는 하지 말라고 답한다.

어느 민족이나 어느 정도는 자민족 중심주의를 보이지만, 느슨한 문화가 빡빡한 문화보다 덜한 편이다. 일반적으로 느슨한 문화 사람들은 심리학자들이 말하는 '세계주의 사고방식'을 받아들인다.[88] 느슨한 문화 사람들은 빡빡한 문화 사람들보다 세계를 한 덩어리로 여긴다. 자신을 세계 사회의 일원으로 여기는 사람들은 외국인도 선뜻 잘 받아들인다. 세계 각국의 사람들에게 이민자를 당신의 이웃으로 용인할 테냐고 물었을 때 가장 따뜻하게 환영 의사를 밝힌 사람들은 브라질, 오스트레일리아, 뉴질랜드, 네덜란드를 포함한 느슨한 문화 사람들이었다. 반면에 말레이시아, 한국, 터키처럼 가장 빡빡한 문화 사람들은 이민자를 그리 달가워하지 않았다.[89] 실제로 느슨한 문화에서는 국가도 개방적인 태도를 지지한다.[90] 느슨한 국가들이 훨씬 더 많은 이민자에게 제2의 고향이 되어주었다.

일반적으로 빡빡한 문화 사람들은 자기네 문화가 우월하다고 여기고,[91] 외국의 영향으로부터 자국 문화를 보호해야 한다고 믿는 비율이 높다.[92] 예를 들어, 중국은 외국인에게 부정적인 태도를 보이는 국가 순위에서 상위 10퍼센트에 들었다.[93] 외국인이 전체 인구의 2퍼센트에 불과한[94] 일본에서는 많은 집주인이 '외국인 사절' 방침을 고수하고 있고,[95] 특정 목욕탕과 상점, 식당, 호텔에서는 외국인 손님을 받지 않는다.[96] 〈가디언The Guardian〉의 보도에 따르면, 2016년 오사카 철도의 한 기차 차장은 "오늘은 외국인 승객이 많이 탑승했습니다. (…) 이로 인해 열차 안이 몹시 혼잡하여 일본인 승객들이 불편을 겪고 있습니다"라고 안내 방송을 하기도 했다.[97] 역시 빡빡한 문화에 속하는 오스트리아의 사정도 별반 다르지 않다. 인종적으로 다양하지 않은 오스트리아에서는 시민의 30퍼센트가량이 유대인에게 적대적인 태도를 보인다는 조사 결과가 나왔다.[98] 오스트리아는 지금도 비非 유럽연합 이민자들에게 정치적으로 가장 배타적인 나라 중 하나다.[99] 전하는 바에 따르면, 유럽연합 밖에서 온 이민자들은 투표권도 없고 귀화 요건도 무척 까다롭다.

느슨한 문화 사람들은 세간의 낙인이 찍힌 사람들에게도 더 관대한 편이다. 19개국에서 3만 3,000명이 넘는 사람들을 대상으로 조사한 바에 따르면, 느슨한 문화 사람들은 동성애자, 자기와 인종이나 종교가 다른 사람, 외국인 노동자, 비혼 커플, 에이즈 환자를 포함한 다양한 사람들과 같은 동네에 사는 것에 훨씬 더 흔쾌히 동의했다.[100]

갤럽Gallup이 진행한 국제 조사에서도 한국, 파키스탄, 말레이시아, 터키, 중국처럼 빡빡한 나라는 동성애자들이 살기 가장 힘든 곳으로 나타났다. 반면에 오스트레일리아, 뉴질랜드, 네덜란드처럼 느슨한

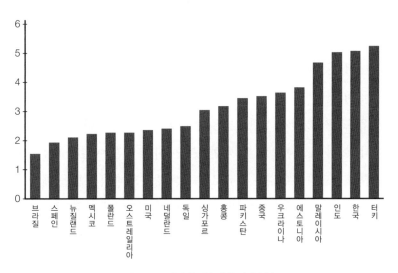

자료 3.5. 빡빡함 지수가 올라갈수록
낙인찍힌 집단 옆에 살지 않으려는 마음도 강해진다.[101]

나라는 동성애자를 더 흔쾌히 받아들이는 것으로 나타났다.[102] 2015년에는 샌프란시스코, 바르셀로나, 암스테르담, 상파울루, 텔아비브가 가장 동성애자에게 친화적인 여행지 중 하나로 꼽혔다.[103] 그런가 하면 포르투갈과[104] 터키에는[105] 동성애자 학생을 괴롭히고 차별하는 관행이 널리 퍼져 있다. 심지어 이란과 아프가니스탄에서는 목숨까지 위태로울 수 있다.[106] 동성애 행위가 발각되면 이슬람교 율법을 위반한 죄로 최대 사형에 처하기 때문이다.

눈에 확 띄지는 않는, 또 다른 낙인을 예로 들어보자. 바로 혼인 여부다. 당신은 독신인가, 기혼인가, 아니면 이혼했는가? 느슨한 문화에서는 이런 차이가 그리 중요하지 않다. 네덜란드에서는 정식으로 결혼하지 않고도 함께 사는 방법이 여러 가지다. '등록된 동반자 관계', '동거 협약' 같이 결혼과 유사한 가족제도가 마련되어 있기 때문이다.[107] 네덜란드 아이들의 절반가량은 비혼 부모 사이에서 태어난다. 뉴질랜드와 스페인도 비슷한 수준이다.[108] 느슨한 문화는 성적으로도 더 관대하다.[109] 성관계 상대도 더 많은 편이고, 진지하게 사귀지 않으면서 가볍게 성관계를 갖는 행동에 대해서도 더 긍정적인 편이다. 이와 대조적으로, 빡빡한 문화에서는 미혼 여성과 미혼모가 관습을 따르지 않는다는 이유로 수치를 당하고 배척을 받을 때가 많다. 중국에서는 정부가 20대 후반의 미혼 여성이나 이혼 여성을 가리켜 '남은 여자'라는 뜻의 '셩뉘剩女'라고 부르고,[110] 국영 텔레비전 프로그램에서는 이들을 '중고 무명 저고리'라고 조롱한다. 결혼하지 않으면 구직 시장에서도 불리하다. 〈뉴욕타임스〉는 편집자 직에 지원했다가 고배를 마신 36살의 중국 미혼 여성의 사례를 언급했다. 이 여성 지원자가 자격이 충분한데도 탈락한 이유는 아직 결혼하지 않은 걸 보니 '성격에 심각한 결함'이 있든가 '심리적으로 문제'가 있는 것이 틀림없다는 채용 담당자의 판단 때문이었다. 한국에서는 입양 대기 중인 아동의 90퍼센트 이상이 미혼모에게서 태어난 아이들이다.[111] 엄마가 아이를 포기하는 주된 이유는 여자 혼자 자식을 키울 때 맞닥뜨릴 낙인이 두렵기 때문이다.

타성의 문화적 뿌리

기원전 500년경에 살았던 고대 그리스 철학자 헤라클레이토스는 이 세상의 유일한 상수常數가 '변화'라고 했다.[112] 그로부터 수 세기가 지난 1992년, 철학자는 아니지만 늘 진실을 꿰뚫는 코미디언 빌 힉스Bill Hicks가 칭찬이 자자한 스탠드업 코미디 공연에서 비슷한 말을 했다. "세상은 놀이공원에서 타는 놀이 기구와 비슷해요. (…) 놀이 기구는 올라갔다가 내려오고 빙글빙글 돌면서 전율과 오싹함을 선사하죠. (…) 그리고 우리가 원하면 언제든 바꿀 수 있어요."[113] 그러나 이 변화가 전 세계에 고르게 분배되지는 않는다. 열린 마음과 관대함을 갖춘 느슨한 문화는 변화를 수용한다. 그리고 그 변화에 딸려오는, 새롭고 어쩌면 더 좋을 수도 있는 사상에 더 잘 적응한다. 반면에, 사회 통제도 강하고 동조성도 높은 빡빡한 문화는 안정과 현상유지에 집착하는 까닭에 새로운 환경에 적응하기까지 훨씬 오래 걸린다.

예를 들어, 느슨한 문화 사람들에게 탄원서에 서명하는 일부터 시위하는 일까지 어떤 유형이든 집단적인 정치 행동에 참여해본 적이 있거나 참여할 계획이 있느냐고 물었을 때 압도적 다수가 그렇다고 답했다. 반면에, 빡빡한 문화 사람들은 그렇지 않다고 대답하는 비율이 더 높았다.[114] 느슨한 문화는 검열 없이 반대 의견을 표현할 수 있는 아주 개방적인 언론을 자랑할 뿐 아니라, 대단히 불쾌한 생각을 표현하는 것까지 지지한다. 2007년, 컬럼비아대학교를 방문한 이란 대통령 마무드 아마디네자드Mahmoud Ahmadinejad에 반대하는 시위 현장에서 한 시위자는 "누구에게나 언론의 자유가 있다. 그가 멍청한 얼간이라도!"라는 팻말을 자랑스럽게 들고 "누군가의 입을 막는 건 모두의 입을 막는 겁니다"라고 말했다.[115]

반면에, 빡빡한 문화는 공개적으로 할 수 있는 말에 제한이 많다. 빡빡한 나라에는 반대 의견을 엄중히 단속하거나 언론을 검열하는 독재 정부가 들어서 있을 확률이 높다.[116] 당연히 각국의 느슨함 지수는 전 세계 언론 개방성을 평가하는 프리덤 하우스Freedom House의 언론자유지수와 상관관계가 높다.[117] 뉴질랜드, 벨기에, 오스트레일리아 같은 나라들은 언론 환경이 매우 개방적이고, 폭넓은 사상을 논쟁의 여지 없이 허용한다. 이와 달리 중국, 말레이시아, 싱가포르 같은 나라들은 자국민이 온라인과 오프라인에서 하는 말을 단속한다. 트위터 분석부가 보고한 바에 따르면, 2017년에 터키 정부와 여타 관계자들은 터키 국민이 트위터 계정에 올린 내용을 삭제해달라는 요청을 다른 어떤 나라보다 많이 했다.[118] 심지어 불손한 내용을 잡아내려고 수시로 트위터를 감시하는 것으로 악명이 높은 러시아를 능가할 정도였다. 중국은 200만 명의 '웹 경찰'에게 디지털 행동을 감시하고 불온한 사상을 삭제하는 과업을 맡겼다.[119] 전하는 바에 따르면, 중국 정부는 시민들이 정부 입장을 지지하도록 장려하기 위해 '사회 신용' 시스템을 운영하고 있다.[120] 채무 상환 현황부터 운전 이력, 부모를 대하는 태도까지 시민 개개인의 행동에 관한 자료를 수집해서 점수를 매기는 제도다. 신용 점수와 비슷하다고 보면 된다. '소란'을 일으키는 자들은 점수를 잃고 제재를 당한다.

느슨한 문화 사람들은 이러한 규제가 과하다고 여기고, 정부가 언론에 간섭하면 안 된다고 생각할 것이다. 그러나 빡빡한 문화 사람들은 대개 이러한 규제를 순순히 받아들인다. 퓨리서치센터Pew Research Center가 진행한 2008년 조사에 따르면, 중국인 응답자의 80퍼센트 이상이 정부가 인터넷을 관리하거나 통제해야 한다고 생각한다.[121] 빡빡한 문화 사람들은 질서를 유지하는 것이 정부의 가장 중요한 임무라고 믿고, 질서를 유지하는 강한 지도자를 지지하는 경향이 있다. 설사 그것이 개인의 자유를 어느 정도 희생해야 한다는 뜻이라 할지라도 말이다.[122]

느슨한 문화는 현상現狀에 도전하라는 격려와 사상의 거대한 시장이 마련되어 있기에, 빡빡한 문화보다 문화 변혁이 훨씬 더 빨리 일어날 수 있다. 사실 나는 인공지능 전문가 다나 나우Dana Nau, 소함 드Soham De와 함께 컴퓨터 시뮬레이션을 통해 이를 증명한 바 있다.[123] 모든 주민에게 더 많은 혜택을 주는(경제 여건이나 사회 여건을 개선하는

것과 비슷한) 새로운 규범을 도입했을 때 빡빡한 집단이 느슨한 집단
보다 훨씬 오랫동안 변화에 저항했다.

인위적인 실험실 시뮬레이션의 범위 밖에서도, 빡빡한 문화는 변
화에 격렬히 저항한다. 나는 테러를 연구하기 위해 요르단에 자주
간다(빡빡함-느슨함과 테러의 연관성에 관해서는 10장에서 더 다룰 생각이
다). 2016년에 요르단 교육부는 자국 청소년들이 관대함은 키우고
과격성은 줄였으면 하는 바람으로 새로운 교과과정을 도입했다.[124]
비 이슬람교도를 포용하는 능력을 기르기 위해 고안한 변화였다. 이
슬람 중심의 시각이 고스란히 담겨 있던 교과서에 히잡을 쓰지 않
은 여성들, 수염을 깎은 남성들, 진공청소기를 돌리는 남성들의 사
진을 추가했다. 정부 대변인 모하메드 모마니Mohammed Momani는 이번
에 수정된 교과서로 인해 요르단 청소년들이 극단주의 이념에 휘둘
리지 않게 되기를 바란다고 말했다. 그러나 정부의 노력은 역효과만
냈다. 많은 사람이 이 변화를 이슬람 가치에 대한 공격으로 받아들
였다.[125] 교원 협회는 교사들에게 이번 변화를 무시하라고 말했고,[126]
암만시에서는 일부 교사들이 "우리가 가르치고 싶은 것을 가르칠 것
이다"라고 외치며 새 교과서를 불태웠다. 이 빡빡한 문화에서 교과
서를 수정하는 건 기존 사회질서를 지나치게 위협하는 일이었다.

빡빡한 사회는 사회질서, 동조성, 자기 통제로 시장을 장악해왔
다. 느슨한 사회는 관용, 창의력, 변화 개방성을 통해 이득을 얻었다.
자료 3.6처럼 둘 다 잠재적 자산과 부채가 있다.

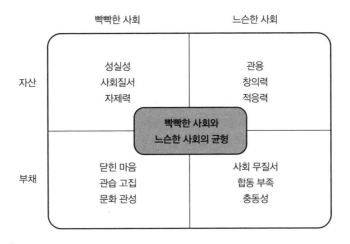

	빡빡한 사회	느슨한 사회
자산	성실성 사회질서 자제력	관용 창의력 적응력
	빡빡한 사회와 느슨한 사회의 균형	
부채	닫힌 마음 관습 고집 문화 관성	사회 무질서 합동 부족 충동성

자료 3.6. 빡빡한 사회와 느슨한 사회의 균형.

물론 빡빡한 사고방식과 느슨한 사고방식의 다양한 장단점을 탐구한다고 해서 모든 문화에 이런 각각의 특성이 있다는 의미는 아니다. 키와 몸무게를 예로 들어보자. 대개 키가 더 큰 사람이 몸무게도 더 많이 나간다. 그러나 우리 주변에는 큰 키에 삐쩍 마른 사람도 있고, 작은 키에 몸집이 큰 사람도 있다. 빡빡함-느슨함의 역학도 같은 방식으로 작용한다. 모든 빡빡한 문화와 모든 느슨한 문화가 전부 이런 장단점을 드러내지는 않지만, 이런 경우가 많다는 뜻이다.

그런데 애초에 이런 차이는 왜 존재하는 걸까? 빡빡한 나라들 또는 느슨한 나라들을 하나로 묶는 명확한 특성은 존재하지 않는다. 지리적 위치도 비슷하지 않다. 빡빡한 나라인 일본, 독일, 노르웨이, 싱가포르, 파키스탄은 세계 곳곳에 흩어져 있다. 느슨한 나라인 네덜란드, 브라질, 그리스, 뉴질랜드도 마찬가지다. 빡빡한 나라들끼리, 또는 느슨한 나라들끼리 같은 언어를 사용하는 것도 아니다. 공통의 종교나 전통을 공유하는 것도 아니다. 빡빡한 나라들끼리, 또는 느슨한 나라들끼리 같은 시기에 건국된 것도 아니다. 스파르타와 싱가포르, 뉴질랜드와 아테네처럼 건국 시기가 2,000년 넘게 차이 나는 경우도 있다. 그렇다면 이들에게는 대체 어떤 공통점이 있는 것일까?

4

재난, 질병, 다양성

문화 규범과 처벌의 강도는 무작위로 정해지지 않는다. 놓치기 쉬운 곳에 은밀한 논리가 숨겨져 있다.

비록 거리상으로 수 킬로미터 떨어져 있고, 수십 또는 수백 년이라는 시간에 가로막혀 있지만 스파르타와 나우아족, 싱가포르의 빡빡한 문화는 같은 운명에 직면했다. 재난, 질병, 식량난 등을 통해 거듭 분노를 표출하는 대자연 때문이든, 침략과 내분으로 혼란을 일으키는 인간 본성 때문이든, 이들 세 사회는 강도 높은 위협에 대처해야 했거나 대처해야 하는 상황이다. 그런데 뉴질랜드, 아테네, 이누이트 코퍼 지파의 느슨한 문화에서는 정반대의 양상이 나타난다. 이 집단들은 위협에 훨씬 적게 노출되는 호사를 누렸거나 누리고 있다. 일반적으로 이 집단들은 새로운 사상을 탐구하고, 새로 온 사람을 받아들이고, 광범위한 행동을 용인할 수 있을 만큼 안전한 편이었다.

인간 집단이 빡빡한 문화 또는 느슨한 문화를 갖게 된 원인을 바로 여기서 찾을 수 있다. 아주 옛날에 존재했던 집단이든, 현재 존재하는 집단이든, 생태적으로나 역사적으로 위협에 직면할 일이 많은 집단은 혼란에 맞서 질서를 창출하기 위해 할 수 있는 일이 있다면 뭐든 해야 한다. 생존을 위해 농업에 크게 의존하는 나우아족 같은 사회를 예로 들어보자.[1] 농작물이 풍족할 때는 살 만하지만 가뭄이 계속되면 삶이 팍팍해지고 예측하기 어려워진다. 사람들은 고통받다 죽어간다. 이런 상황에서는 당연히 규율이 잘 잡혀 있고 규범을 따르지 않는 사람들을 강력히 처벌하는 집단이 작물을 효과적으로 재배하고 생존 기회를 높이기 위해 일사불란하게 움직일 확률이 더 높다. 이와 대조적으로 이누이트 같은 수렵·채집인들은 매우 자립적이어서 가정마다 자기들이 알아서 식량을 구한다.[2] 그러니 구태여 활동을 조율할 필요가 없다. 사실 강력한 규칙과 처벌이 필요하지 않은 것이다. 나우아족과 이누이트 외에도 다른 많은 집단이 이와 똑같은 문화 논리를 보여준다. 예를 들어, 시에라리온에 사는 템네족은 농업 생산량에 생존이 걸려 있기에 엄격한 규칙 준수를 중시하지만,[3] 배핀섬에 사는 에스키모인은 수렵으로 먹고사는 까닭에 구성원들에게 행동의 자유를 훨씬 폭넓게 허용하는 편이다.

물론 식량은 인간 집단의 생존을 좌우하는 여러 자원 중 하나일 뿐이다. 인간 집단은 기아 외에도 자연재해, 테러, 인구 과잉, 천연자원 부족, 병원균 등 여러 가지 위협으로부터 자신을 보호해야 한다. 사실 그동안 일어났던 수많은 전쟁과 빈번하게 표출되었던 대자연의

1부 근거: 근본적인 사회력의 힘

분노, 역사적으로 존재했던 전염병 수를 고려하면 인간이 지금까지 살아남은 것만도 용하다. 어떻게 그럴 수 있었을까?

이 진화의 퍼즐을 풀 열쇠는 인간의 특별한 발명품인 사회 규범에서 찾을 수 있다. 몹시도 힘든 환경에서 생존하는 데 필요한 사회질서를 구축하려면 강한 규범이 필요하다. 위협이 적어서 조직적으로 움직일 필요성도 덜한 환경에서는 강한 규범이 출현하지 않는다.

좁은 곳에서 복작이며 살기

붐비는 엘리베이터에 몸을 욱여넣었을 때를 떠올려보자. 기분이 어땠는가? 어떻게 행동했는가? 아마도 자신의 행동을 점검하거나, 너무 꼼지락거리지 않으려고 애쓰거나, 우스운 생각이 들어도 웃지 않으려고 안간힘을 썼을 것이다. 어쩌면 같이 탄 승객들에게 짜증이 났을 수도 있다. 헤드폰을 끼고 노래를 부르거나, 자리를 너무 많이 차지하거나, 친구랑 통화하면서 굳이 듣고 싶지 않은 개인사를 시시콜콜 떠드는 사람들 말이다.

어떤 나라는 이렇게 붐비는 엘리베이터와 많이 닮았다. 사람들은 북적이는 거리를 오가고 버스와 기차에서 다른 사람과 어깨를 부딪치지 않으려고 진땀을 빼면서 좁은 공간에서 이웃과 아주 가까이 산다. 2016년 기준, 1제곱마일당 인구밀도가 2만 명이 넘는 싱가포르와[4] 1제곱마일당 인구밀도가 8명밖에 안 되는 아이슬란드를[5] 비교해보자. 아니면 1제곱마일당 인구밀도가 800명이 넘는 일본과[6] 사람보다 양이 더 많고(더 정확히 말하자면 사람 1명당 양 6마리 정도)[7] 1제곱마일당 인구밀도가 45명 정도인 뉴질랜드를[8] 비교해보자.

전 세계 인구밀도는 정말 제각각이다. 대개는 지형이나 그 밖의 지리적 특성이 인구밀도를 좌우한다. 인도가 대표적이다. 인도는 1제곱마일당 1,000명이 넘을 정도로 인구밀도가 아주 높다.[9] 인도 영토의 16퍼센트를 차지하는 히말라야산맥은 너무 추워서 사람이 살 수 없다.[10] 사람이 살기 좋은 곳은 그보다 평평한 지역이다. 평지일수록 물을 구하기 쉽기 때문이다. 따라서 평지에 사람이 가장 많이 산다. 마찬가지로 영토의 약 70퍼센트가 사람이 살 수 없는 산으로 덮여 있고,[11] 농사를 짓기에 알맞은 영토는 전체의 15퍼센트도 채 안 되는[12] 까닭에 일본 주민들은 아주 좁은 공간에서 복작이며 살아야 한다. 유럽에서 산이 가장 많은 나라로 알프스산맥이 영토의 5분의 3을 차지하는[13] 스위스는 1제곱마일당 인구밀도가 500명이 넘는다.[14]

높은 인구밀도는 기본적으로 인간의 생존을 위협한다. 개인 공간을 얻기 어려운 사회에서는 혼란과 갈등이 생길 위험이 크다. 심지어 실험실 쥐들도 비좁은 공간에서 살게 하면 스트레스를 받는 것으로 나타났다.[15] 암컷 쥐는 가임기에도 임신하기가 더 어려워지고, 수컷 쥐는 성적 일탈부터 동족을 잡아먹는 이상 행동까지 다양한 증상을 보인다.

다행히도 쥐와 달리 인간은 비좁은 공간에서 복작이며 살 때 갈등을 최소화하고 혼란을 정리하기 위해 강한 사회 규범을 창출하도록 진화했다. 그래서 동족을 잡아먹거나 반사회적 행동에 의지할 필요가 없다. 한편 (오스트레일리아, 브라질, 베네수엘라, 뉴질랜드처럼) 인구

1부 근거: 근본적인 사회력의 힘

자료 4.1. 인도 콜카타의 붐비는 거리.[16]

밀도가 낮은 사회는 훨씬 더 느슨해질 수 있다. 내가 알기로 국가는 이런 식으로 진화했다. 파키스탄과 인도처럼 1500년에 인구가 많았던 지역은 오늘날 더 빡빡하지만, 1500년에 인구가 가장 적었던 지역인 오스트레일리아와 브라질은 현재 가장 느슨한 국가 중 하나다. 현재의 인구밀도뿐 아니라 미래의 예상 인구압人口壓도 그 나라의 빡빡함 지수와 관련이 있다. 한마디로 여러분의 나라에 사람이 북적이면 북적일수록 여러분 나라는 규칙을 더 강화한다.[17]

인구밀도의 영향은 상류층에서 하류층으로 내려가고, 얼핏 별로 상관없어 보이는 측면에까지 영향을 끼친다. 껌 판매를 금지한 싱가포르로 다시 가보자. 대다수 외부인에게는 터무니없어 보이지만, 싱가포르의 높은 인구밀도는 껌 판매 금지가 타당한 이유를 말해준다. 1980년대에 도시 노동자들은 껌 자국을 없애는 데 애를 먹었고, 이는 곧 사회 문제가 되었다.[18] 우체통과 엘리베이터 버튼에도 씹던 껌이 끈적하게 붙어 있었고, 심지어 아파트 열쇠 구멍과 통근열차의 문 센서에까지 씹던 껌을 쑤셔 넣어 오작동을 일으키게 하기 일쑤였다. 1제곱마일당 인구밀도가 높은 싱가포르에서 찾아낸 해결책은 간단했다. 유혹을 없애버린 것이다. 1992년에 싱가포르는 껌 판매를 금지했고, 껌을 팔다 걸린 사람들에게는 무거운 벌금을 물렸다.[19] 처음에는 불만을 토로하는 이들도 있었지만, 지금은 대부분 이 정책을 지지한다. 아마 당신도 1제곱마일당 인구밀도가 2만 명이 넘는 곳에 살게 된다면 이 정책을 지지할 가능성이 크다.

문 앞의 야만인들

세계지도를 보면, 장기간에 걸쳐 침략 위협을 받았던 나라와 그렇지 않았던 나라 사이에는 현저한 차이가 있다. 《지리의 복수The Revenge of Geography》라는 책에서 로버트 캐플런Robert Kaplan은 두 대양이 아메리카 대륙과 다른 대륙들을 안전하게 갈라놓은 덕분에 미국이 역사를 통틀어 외세의 위협을 거의 받지 않았다고 지적한다.[20] 뉴질랜드와 오스트레일리아도 마찬가지다.[21] 물론 이들도 대단히 충격적인 충돌을 경험하긴 했지만, 전반적으로 보면 문을 부수려 애쓰는 외세의 위협에 상습적으로 시달리지는 않았다.

그러나 다른 현대 국가들은 수 세기 동안 자기네 영토에서 물리적 충돌을 경험했다. 독일을 예로 들어보자. 17세기 초에는 30년 전쟁으로 독일(당시 프로이센) 국민의 20퍼센트가 목숨을 잃었다.[22] 19세기에는 프로이센-프랑스 전쟁으로 독일군 수만 명이 사망했다.[23] 20세기에는 소련이 동독을 점령하면서 1950년까지 1,100만 명에 달하는 독일인이 쫓겨났고, 60만 명 이상이 살해당했으며, 200만 명 이상이 아직 행방불명 상태다.[24]

아시아에서는 물리적 충돌이 특히 더 잦았다. 중국은 역사를 통틀어 대규모 충돌을 경험했다. 한나라가 들어선 기원전 206년에 시작된 수많은 전투는[25] 원나라와 명나라를 거쳐 청나라(1644~1912년) 때까지 이어졌다.[26] 그 후 중일전쟁(1937~1945년)을 겪으며 중국에서는 수백만 명이 죽었고, 전국에서 대다수 인구가 기아에 시달렸으며, 사회 기반 시설이 파괴되었다.[27] 지금도 중국은 지리적 위치 탓에 영토 분쟁에 휘말릴지 모른다는 불안에 끊임없이 시달린다. 중국은 14개국과 국경을 접하고 있으며 각국과 분쟁을 겪었다.[28]

한국도 이웃 국가들에 여러 번 얻어터졌다. "고래 싸움에 새우 등 터진다"라는 유명한 속담은[29] 수 세기에 걸쳐 이웃 나라들이 서로 치고받는 과정에서 부수적 피해를 볼 수밖에 없었던 한국의 처지를 잘 보여준다. 1500년대 후반에는 일본이 한국을 침략했고,[30] 1600년대 초반에는 만주족이 쳐들어왔다.[31] 1890년대 중일전쟁이 시작될 무렵에도 중국과 일본은 한국 땅에서 싸움을 벌였다.[32] 좀 더 최근 역사를 보아도, 한국은 1910년부터 1945년까지 일본에 강제 점령되어 고통받았다.[33] 이후 1950년부터 1953년까지 이어진 한국전쟁으로

100만 명이 넘는 민간인과 군인이 사망했다.[34]

중동 국가들도 반복되는 외세의 침략과 식민지화에 맞닥뜨렸다. 수 세기 전 파라오가 쇠퇴한 이래로 이집트는 터키인, 페르시아인, 아랍인, 그리스인, 프랑스인, 영국인의 분노를 온몸으로 받아내야 했다.[35] 파키스탄과 인도도 자국 영토 안에서 수시로 분쟁에 휩싸인 역사가 있다. 인도는 분쟁 지역을 놓고 파키스탄, 중국과 아주 격렬하게 충돌했고,[36] 파키스탄은 아프가니스탄과 국경 분쟁을 수없이 벌였다.[37]

이들 나라의 국민은 이토록 적대적인 환경에서 어떻게 살아남을 수 있었을까? 나는 외국과 충돌했던 역사가 있는 나라들은 필시 더 빡빡한 사회로 진화할 수밖에 없지 않았을까 하는 생각이 들었다.

영토 분쟁에 휘말릴 위험에 처하면, 국가는 적에 맞서 통일된 전선을 일사불란하게 편성하기 위해 내부 질서를 강화해야 한다. 방어 체제를 구축하려면 반드시 엄격한 사회 규범이 필요하다. 아마도 과거에 사회 규범이 강하지 않았거나 규범 위반자를 강력하게 처벌하지 않았던 집단이라면, 고도의 긴장이 장기간 계속되는 상황에서 굴복하고 말았을지도 모른다. 1906년에 미국 사회학자 윌리엄 그레이엄 섬너William Graham Sumner는 "외부 세력과의 전쟁이라는 위급 상황이 발생하면 내부에는 평화가 찾아온다. 우리-집단이 내분으로 약해지면 안 되기 때문이다"라고 말했다.[38] 다윈도[39] 외부 세력과 전쟁이 벌어질 상황이 되면 진화론적으로 협동과 단결에 대한 압박이[40] 생겨나리라 추측했다.

나는 실제로 한 나라의 빡빡함 지수와 그 나라의 영토 분쟁 역사 사이에 상관관계가 있는지 알아보기로 했다. 국제위기행동(ICB) 데이터베이스를 활용하여 1918년부터 2001년까지 국가 간에 벌어진 영토 분쟁에 관한 자료를 찾아냈다. 나의 가설은 매우 구체적이었다. 한 나라가 외국과 휘말린 분쟁의 총량이 아니라, 지난 세기 동안에 그 나라 영토에서 생긴 분쟁 위협과 사회 규범의 강도 사이에 연관성이 있으리라는 것이었다.

국가의 경제력을 고려하더라도, 지난 100년 동안 영토 분쟁 위협에 더 많이 시달린 나라가 덜 시달린 나라보다 실제로 더 빡빡한 문화를 가진 것으로 나타났다.[41] 인도, 중국, 파키스탄은 영토 분쟁에 휘말릴 위험이 컸고, 조사한 국가 중에서 가장 빡빡한 사회에 속했다. 한편 뉴질랜드와 미국은 영토 분쟁에 휘말릴 위험이 낮았고 느슨함 지수가 높았다. 특히 미국은 자국 영토 밖에서 벌어진 국제 분쟁에 개입하는 지수가 높은데도 불구하고, '세계 경찰'을 자임하는 이런 성향과 빡빡함 지수는 전혀 관련이 없었다.

대자연의 분노

내외 분쟁에만 대처하면 되는 것이 아니다. 인간 집단은 가뭄, 홍수, 산사태, 쓰나미, 태풍, 사이클론, 화산 폭발, 지진 등 자연의 위협에도 대처해야 한다. 예를 들어, 중국은 지난 50년 동안 약 45만 명이 자연재해로 목숨을 잃었다(미국보다 25배나 많은 수치다).[42] 그중 일부는 긴 해안선을 타고 몰려온 태풍 탓이었다. 인도는 가뭄, 산사태,

돌발 홍수, 사이클론 등의 자연재해로 매년 약 100억 달러의 손실을 본다.[43] 인도네시아의 섬 1만 7,000개는[44] 세계에서 지진 활동이 가장 활발한 지역인 환태평양조산대와 알프스-히말라야조산대[45] 사이에 있어서 지진을 비롯해 세계 최악의 자연재해를 당할 위험이 아주 크다.

일본도 대자연이 가장 좋아하는 표적 중 하나다. 일본은 역사를 통틀어 자연재해의 맹렬한 습격을 받아왔다. 추운 날씨에 화산 활동까지 덮치는 바람에 1229년부터 1232년까지 '간기寬喜 기근'이 이어졌다.[46] 에도 시대(1603~1868년)에는 150번이 넘는 기근이 닥쳐 최소 수십만 명이 사망했다.[47] 현대에 들어서도 파괴력이 엄청난 지진을 여러 번 겪었다. 2011년에는 진도 9의 도호쿠 지진과 쓰나미로 수천 명이 사망하고 2,000억 달러 이상의 손실을 보았다.[48] 수백만 명의 생존자가 물과 난방, 식량 없이 며칠을 버텨야 했다.[49]

일본과 같은 나라가 만성적인 자연재해에서 회복하려면, 질서를 세우고 일사불란하게 움직이기 위해 더 강한 규범이 필요하다. 강력한 규범이 없으면, 사람들은 그런 끔찍한 상황에서 자기와 자기 가족만 생각하고 약탈을 일삼는 등 제멋대로 굴고픈 유혹을 느낄 테고, 그러면 총체적인 혼란에 빠질 수 있다. 따라서 이런 국가들은 위기에 대처하고 살아남을 발판을 다지기 위해 강한 규범과 일탈에 대한 강력한 처벌을 도입한다.

예를 들어, 1995년 고베 지진 이후 100만 명이 넘는 사람이 곤궁에 빠진 사람들을 도우려고 팔을 걷어붙였다.[50] 2011년 도호쿠 지진 이후에는 돕고 싶다고 나선 일반 시민의 수가 너무 많아서 일부는 돌려보내야 할 정도였다.[51] 일본 야쿠자들까지 오도 가도 못 하는 피해자들에게 구호물자를 실은 트럭을 보내거나 피난처를 제공하는 등 구호 활동에 힘을 보탰다.[52] 자연재해 앞에서 시민들끼리 연대하는 이런 감동적인 장면은 일본 말고 다른 곳에서도 볼 수 있다. 홍수, 쓰나미, 산사태, 산불, 사이클론이 잘 발생하는 또 다른 빡빡한 나라 말레이시아를 비롯한 여러 나라들 역시 재난 앞에서 일사불란하게 움직이기 위해 함께 힘을 합쳐야 했다.[53] 이 목표를 이루는 데는 강력한 규범과 처벌이 도움이 된다.

이와 대조적으로 재난을 자주 겪지 않는 국가는 그렇게 일사불란한 문화를 갖출 필요가 없고, 따라서 느슨해질 여지가 있다. 내가 분석한 자료는 다음 가설을 뒷받침한다. 국가의 경제력을 고려하더라도, 환경지속성지수(ESI)로 측정한 자연재해에 대한 취약성과 빡빡함 지수 사이에는 강한 상관관계가 있다.[54] 재난이 잦은 국가인 일본, 한국, 파키스탄은 빡빡함 지수도 높은 편이다. 이와 대조적으로 비교적 자연재해가 적은 우크라이나, 헝가리, 그리스는 사회 규범이 더 느슨한 편이다.

자원 부족

잦은 재난은 또 다른 재앙을 부르는 법이다. 경작지와 식수를 비롯한 천연자원을 고갈시키기 때문이다. 우리가 분석한 자료에 따르면, 천연자원이 부족한 문화는 천연자원이 풍부한 문화보다 더 빡빡하다. 이유는 간단하다. 천연자원이 부족할 때는 자원을 세심하게 관리하고 통제하는 일이 국가의 생존을 좌우하기 때문이다.

역시나 빡빡한 나라 싱가포르가 대표적인 사례다. "우리는 생존 확률이 희박할 정도로 지독한 역경에 직면했다. 싱가포르는 자연이 만든 나라가 아니라 사람이 만든 나라였다."[55] 현대의 싱가포르를 있게 한 리콴유李光耀가 자서전에서 한 말이다. 리콴유는 싱가포르에 천연자원이 부족하다는 점을 지적하면서 '긴밀하고 빡빡한' 사회를 만드는 일이 정말 중요했노라고 말을 이었다. "생존을 위해 우리가 채택한 지도 원리는 간단했다. 싱가포르는 이 지역에 있는 다른 어떤 나라보다 더 엄격하고, 더 체계적이고, 더 효율적인 나라가 되어야 했다."[56]

리콴유가 비교문화심리학자는 아니었지만 그의 직관은 옳았다. 경작지, 식량 생산, 식량 공급, 단백질 및 지방 공급, 식량 부족, 공기 질, 수질에 관한 유엔 자료와 그 밖의 자료를 토대로, 우리는 정말로 빡빡한 문화에 천연자원이 부족한지 확인할 수 있었다. 그 결과 농경지부터 식량과 물에 이르기까지 천연자원 부족에 계속 시달린 나라가 천연자원이 풍부한 나라보다 훨씬 더 빡빡한 것으로 나타났다.[57] 내가 조사한 나라들 가운데 파키스탄, 인도, 중국이 자국 영토에 천연자원이 가장 적었다. 식량 부족 지수는 높고, 안전한 물 접근성 지수는 낮았다. 이들 국가는 모두 빡빡한 나라에 속한다. 노르웨이와 홍콩, 싱가포르도 농경지가 가장 적은 나라에 속한다. 반면에 우리 자료에서 느슨한 나라에 속하는 헝가리는 농경지가 아주 많

1부 근거: 근본적인 사회력의 힘

았다. 이스라엘 영토는 뉴저지보다 살짝 큰 정도에 불과하지만, 식량 부족 지수는 가장 낮다. 인간 사회는 사회 규범을 더 꽉 조임으로써 천연자원 부족에 합리적으로 대응한다. 혼란이 생길 여지가 있는 사회일수록 더 많은 규칙을 세운다.

질병의 위협

〈컨테이젼Contagion〉이라는 영화를 본 사람이라면, 작은 병원균이 퍼져 사람들이 대량으로 죽어 나간다는 생각만 해도 더럭 겁이 날 것이다. 당연하다. 이 플롯은 단순히 할리우드 시나리오 작가들이 지어낸 허황한 이야기가 아니다. 인류가 이 지구상에 존재한 이래 전염병은 늘 우리를 위협했다. 수천 년 동안 질병은 인구의 상당수를 정기적으로 지구상에서 쓸어버렸다. 14세기에는 흑사병이라는 전염병으로 7,500만 명이 넘게 죽었다.[58] 1600년대에는 발진티푸스로 1,000만 명 이상이 목숨을 잃었다.[59] 나폴레옹 시대에는 황열병으로 수만 명이 죽었다.[60] 18세기 말에는 천연두로 수십만 명이 죽었고,[61] 20세기 초에는 스페인 독감으로 5,000만 명이 사망했다.[62] 비평가들에게 극찬을 받은 재레드 다이아몬드Jared Diamond의 《총, 균, 쇠Guns, Germs, and Steel》에 나온 대로, 실제로 역사를 통틀어 특정 집단이 새로운 영토에 들여온 병원균 탓에 그 병원균에 면역력이 없는 원주민 전체가 몰살당하는 일이 종종 벌어졌다.[63]

오늘날에는 현대 의학이 발전한 덕분에 병원균에 감염되어 사망할 위험은 크게 줄었다. 그렇다고 해서 인류 사회가 바이러스성 질병과 싸워 매번 이기는 건 아니다. 에이즈로 사망한 사람이 약 3,500만 명에 달하고,[64] 1993년에 세계보건기구(WHO)가 비상사태를 선포한 이래 결핵 관련 질환으로 사망한 사람이 전 세계적으로 3,000만 명이 넘는다.[65] 지금까지도 말라리아에 걸리는 사람이 수백만 명이다. 2016년 한 해에만 감염 사례가 2억 건이 넘을 정도로 말라리아는 여전히 전 세계의 골칫거리다.[66]

진화론적 관점에서, 인간은 이러한 위협에 맞서 살아남을 방법을 찾아야 했다. 우리 몸은 정교한 생리적 면역 반응을 수행함으로써 질병에 맞설 방법을 찾아냈다. 또한 현대에 들어서면서 우리는 병원균을 억제하기 위해 항생제, 물 처리, 전염병 모형 연구, 유전체학, 전자 감시 시스템을 비롯한 최첨단 기술을 개발했다. 전염병이 유행했던 나라에서는 음식 관습도 진화했다. 이를테면 강력한 항생제 역할을 할 수 있는 향신료를 음식에 뿌리는 식이다.[67]

강력한 사회 규범 역시 세균을 막는 또 다른 방패막이로 밝혀졌다. 예를 들어, 질병에 취약하다고 느낄 때 사람들은 자기 문화에 대한 우월감이 강해지고 다른 인종 집단에 부정적인 견해를 갖는 경향이 있다.[68] 짐작건대 전염을 피하려는 심산일 것이다. 또한 연구에 따르면 질병 위험과 영아 사망률이 높은 시대에는 부모들이 자식들에게 순응하고 순종하라고 가르친다.[69] 강한 사회 규범은 허용되는 행동의 범위를 제한함으로써 질병 확산을 막고, 질병이 사회를 덮쳤을 때 사람들이 일사불란하게 움직이도록 돕는다. 이와 대조적으로 자유방임과 탐험을 허용하는 느슨한 규범은 사람들을 치명적인 병원균에 노출되게 하는 한편, 효과적인 대응을 방해하는 위험한 행동을 조장할 수 있다.

2003년, 중증급성호흡기증후군(SARS)에 대한 싱가포르의 대응이 대표적인 예다. 사스가 발병한 직후, 싱가포르 정부는 사람들의 이동을 제한하는 엄격한 규칙과 조금 불쾌할 수도 있는 조기 발견 조치를 신속하게 실행했다.[70] 학교, 직장, 가정에서 사람들의 체온을 일일이 확인하는 식이었다(100만 명이 넘는 사람들에게 체온계를 나누어 주었다). 격리된 시민들의 가정에는 웹캠까지 설치했다.[71] 그런 다음, 낮에 무작위로 전화를 걸어 외출하지 않고 집에 있다는 사실을 카메라 앞에 서서 증명하게 했다. 일본에 '2009년 인플루엔자(일명 신종플루)'가 발생했을 때도 비슷했다. 일본 관료들은 바이러스 확산을 감지하고 예방하기 위해 의료 상담 및 외래 환자 센터를 신속히 설립했다. 또한 도시 곳곳에서 학교 임시 폐쇄, 공항 검역 강화, 인플루엔자 감시 시스템 등의 조치를 시행했다.[72]

외부인이 보기에는 이런 식의 감시와 제한이 과도해 보일지 모른다. 그러나 병원균이 발생했던 전력이 있는 나라가 전염병 유행을 피하려면 이런 고강도 조치가 도움이 된다. 1940년대까지 거슬러 올라가 지정학적으로 중요한 230개 지역을 조사한 결과, 파키스탄, 인도, 터키, 말레이시아처럼 빡빡한 나라가 오스트레일리아, 그리스, 헝가리, 폴란드처럼 느슨한 나라보다 말라리아부터 발진티푸스, 결핵에 이르기까지 전염병에 더 자주 시달린 것으로 드러났다.[73]

자료를 통합해볼 때, 영토 분쟁부터 대자연의 분노까지 인간과 자연이 가하는 여러 가지 위협이 빡빡함-느슨함 지수와 관련이 있다는 걸 알 수 있다. 사실 위협과 빡빡함의 연관성은 현대 국가에서만 나타나는 것이 아니다. 우리는 전통 사회에서도 이 둘의 연관성을 발견했다.[74] 물론 물리적 위협이 빡빡함을 유도하는 유일한 요인은 아니다. 순전히 영적인 요인이 사회질서를 독촉하는 '위협'으로 작용하는 사례도 있다. 거의 모든 종교 전통에는 신자들이 자신의 정결함과 사후의 삶을 위험에 빠뜨릴 수 있는 행동을 하지 않도록 막는 광범위하고 자세한 금지 규정이 있다.[75] 우리 자료에 따르면 종교는 고대에도,[76] 현대에도 빡빡함을 낳는 경향이 있다.[77] 전능하신 신을 믿는 신앙은 옳고 그름을 율법으로 정해 신자들의 행동을 단속하는 역할도 하지만, 그게 아니더라도 공공장소에 설치된 보안 카메라처럼 사람들에게 엄격한 책임감을 심어준다.[78]

일시적으로 빡빡하게 조이기

사회는 오랜 세월에 걸쳐 만성적인 위협에 시달릴 때 더 빡빡한 사회로 진화하지만, 갑작스러운 집단 위협에 직면할 때도 더 빡빡해지는 것으로 나타났다. 설사 그 위협이 단기간에 끝날지라도 말이다. 3명의 사망자와 100명 이상의 부상자를 낸 2013년 보스턴 마라톤 대회 폭탄 테러 직후, 보스턴 사람들은 믿기 어려울 정도로 단결된 모습을 보였다.[79] 많은 주민이 사상자를 돕기 위해 테러 현장으로 달려갔다. 마라톤 참가자 중에는 헌혈하려고 결승선을 지나 가장 가까운 병원까지 계속 달리는 이들도 있었다.[80] 이 비극적인 사건이 있고 나서 사람들 사이에 유행한 '보스턴 스트롱Boston Strong'이라는 구호는 보스턴시의 단결과 힘, 자부심을 상징했다.[81]

　나는 이 사건을 계기로 보스턴시의 문화 규범이 빡빡해졌는지 확인하기 위해 보스턴에서 현장 조사를 진행했다.[82] 실제로 폭탄 테러에 영향을 많이 받았다고 답한 사람일수록 미국에 더 강력한 사회 규범이 필요하다고 답하는 비율이 높았다. 또한 그들은 외국의 영향으로부터 미국식 생활방식을 보호해야 하고, 미국에 입국하는 사람들을 더 엄격히 제한해야 하며, 미국이 다른 나라보다 우월하다고 답했다. 이는 모두 오랜 세월에 걸쳐 계속 외세의 침략에 시달린 나라에서 볼 수 있는 태도다.

　심지어 연구자들이 실험실에서 인위적으로 위협 공포를 조장했을 때도 사람들은 전보다 더 빡빡해지는 경향을 보였다. 한 연구에서 나는 뉴스 기사 2개를 허구로 지어낸 다음, 피험자들에게 하나씩 무작위로 배분했다.[83] 어떤 이들은 테러 표적이 될 수도 있는 수도와 그들이 다니는 대학교가 가까운 관계로 학교에 새로운 테러 경보 시스템을 시행하기로 했다는 기사를 읽었다. 또 어떤 이들은 외국의 한 대학교에서는 새로운 테러 경보 시스템을 시행하고 있지만, 자기네 대학교에서는 학교가 테러의 표적으로 부상하고 있다는 주장에 반대되는 핵심 증거가 있기 때문에 새 경보 시스템 실행을 거부했다는 기사를 읽었다. 자기네 대학이 테러 공격의 표적이 될 수 있다는 기사를 읽은 학생들은 자기네 학교가 안전하다는 기사를 읽은 학생들보다 '일탈자'로 비치는 사람들에 대한 편견이 훨씬 더 강했고, 자기네 문화가 다른 문화보다 우월하다고 평가하는 비율이 높았다.

위협에 대한 공포는 뇌를 조정하여 사람들이 서로 합동하도록 돕기도 한다. 중국에서 진행한 연구에서, 나는 연구자들과 함께 3개의 기사를 지어냈고 피험자들은 그 기사가 진짜라고 믿었다.[84] 중국인 피험자 중 일부는 향후 10년 안에 일본이 어떻게 중국에 심각한 위협을 가할지에 관한 기사를 읽었다. 또 일부 피험자는 다른 두 나라(에티오피아와 에리트레아) 간의 충돌에 관한 기사를 읽거나, 외세의 위협을 전혀 언급하지 않은 중국 관련 기사를 읽었다. 기사를 읽은 뒤, 각 그룹의 피험자들은 일사불란하게 움직여야 하는 과제를 하나 받았다. 여러 번에 걸친 시험에서 정확히 입을 맞춰 큰 소리로 숫자를 세는 것이었다. 피험자들이 과제를 수행하는 동안, 우리는 함께 작업하는 파트너들의 뇌파를 동시에 기록하기 위해 '하이퍼스캐닝'이라는 최신 신경과학 기술을 이용했다. 뇌파 자료를 분석해보니, 일본의 위협에 관한 기사를 읽은 중국인 피험자들에게서 신경 동조 현상이 더 강하게 나타났다. 특히 두려움을 나타내는 감마파 활동이 동시에 감지되었다. 또한 이들은 과제를 함께 해결하기 위해 더 신속하게 움직였다. 외부의 위협이 있을 때는 사람들의 뉴런도 동시에 움직이는 것으로 보인다.

자신의 인근 환경이 (싱가포르처럼) 인구밀도가 높다고 느끼도록 유도당한 사람들마저도 일시적으로나마 평소보다 더 빡빡해졌다. 또 다른 실험에서, 우리는 메릴랜드대학교 학생들에게 대학 신문에 실린 허위 기사를 하나씩 제시했다.[85] 두 기사에는 미국 대학 10개 중

인구밀도가 가장 높은 대학부터 가장 낮은 대학까지 순위가 자세히 실려 있었지만, 여기에는 작은 반전이 있었다. 한 그룹의 학생들은 메릴랜드대학교의 인구밀도가 1제곱마일당 무려 1,500명으로 10개 대학 가운데 가장 높다는 기사를 읽었다. 또 다른 그룹의 학생들은 메릴랜드대학교의 인구밀도가 1제곱마일당 겨우 440명으로 10개 대학 중 가장 낮다는 기사를 읽었다. 그다음에 우리는 실험에 참여한 학생들에게 공공장소에 쓰레기 버리기, 스포츠 경기 도중 싸움질하기, 도서관에서 큰 소리로 떠들기, 술에 취해 운전하기 등 캠퍼스에서 일어나는 다양한 규범 위반 사례를 평가해달라고 요청했다. 자신이 사람들로 붐비는 캠퍼스에서 학교생활을 한다고 생각한 학생들은 규범을 어기는 사람들에게 전반적으로 더 부정적인 반응을 보였다. 캠퍼스의 인구밀도가 아주 높다고 넌지시 말하는 것만으로도, 우리는 이 미국인들이 일시적으로나마 싱가포르인들처럼 더 빡빡해지게 만들 수 있었다.

2011년에 나는 이 '위협 점화' 패러다임을 현장에 적용해보았다. 병원균 공포를 다룬 영화 〈컨테이젼〉이 극장에서 절찬리에 상영 중일 때, 나는 사람들의 반응을 조사하기 위해 워싱턴 D. C. 전역에 있는 극장 앞에 연구 조교들을 배치했다.[86] 〈컨테이젼〉은 단순히 흥행에만 성공한 것이 아니었다. 사실성이 뛰어나다며 과학자들한테까지 칭찬을 받았다. 실제로 관객들은 자신이 전국적인 유행병에 금방이라도 노출될 것 같은 공포를 느꼈다. 나는 방금 영화를 보았거나 보려고 대기 중인 사람들을 조사할 때 이 감정을 이용하기로 했다. 아니나 다를까, 방금 영화를 보고 전국적인 유행병을 가상 체험한 사람들은 아직 상영관에 들어가지 않은 사람들보다 사회 일탈자들에게 더 적대적인 반응을 보였다.

이 연구는 위협을 활성화하면 일시적으로 생각을 더 경직되게 만들 수 있다는 걸 보여준다. 만성적인 위협이 빡빡한 문화를 초래하는 방식과 거의 같은 방식이다. 위협이 잠잠해져야만 강력한 규범을 원하는 우리의 욕구도 잠잠해진다. 실제로 집단이 위협에 반응하는 방식을 모의 실험한 컴퓨터 시뮬레이션은 정확히 다음과 같은 사실을 보여준다.[87] 위협이 일시적으로 증가하면 빡빡함 지수가 극적으로 상승할 수 있지만, 그 위협이 다시 발생하지 않는 한 집단은 예전의 느슨함으로 다시 돌아간다.

이 연구는 빡빡함-느슨함이 역동적이라는 점을 강조한다. 시간이 지나면 바뀔 수 있다는 말이다. 위협이 커지면 집단은 빡빡해진다. 위협이 잠잠해지면 집단은 느슨해진다. 위협이 실제가 아니어도 마찬가지다. 사람들이 위협을 인식하기만 하면, 그 인식은 객관적 현실만큼이나 강력한 힘을 발휘할 수 있다. 사실 도널드 트럼프Donald Trump나 마린 르 펜Marine Le Pen, 빅토르 오르반Viktor Orban이 등장하기 오래전부터 정치인들은 수 세기 동안 집단을 빡빡하게 만들기 위해 위협을 조장해왔다.

느슨함의 지렛대

위협은 문화를 빡빡하게 만드는 가장 큰 요인 중 하나다. 그런데 문화를 정반대 방향으로 끌어당기는 요인도 있다.

일반적으로 다양성은 사람들이 여러 가지 관점을 접하게 함으로써 더 광범위한 행동에 더 관대해지게 한다. 이스라엘을 예로 들어 보자. 겨우 8,000제곱마일에서[88] 860만 명에[89] 달하는 인구가 복작이며 산다. 인구밀도가 1제곱마일당 약 1,000명인 셈이다.[90] 이스라엘이 건국되었을 당시 정착민들은 말라리아, 발진티푸스, 콜레라 같은 유행병에 맞닥뜨렸다.[91] 더욱이 이스라엘은 수많은 전쟁을 치렀다. 주로 영토 문제 때문이었는데, 오늘날까지 이어져온 아랍인과 이스라엘인 간의 해묵은 앙심이 한몫했다. 그런데도 이스라엘은 비교적 느슨한 편이다. 형식에 치우치지 않으려는 면이 강하고, 상습적으로 규칙을 피해 갈 구멍을 만들려 애쓴다. 이유가 무엇일까?

여러 가지 가능성이 있지만, 특히 주목할 점은 이스라엘 사회가 무척 다양하다는 점이다. 국민의 75퍼센트는 유대인이고, 20퍼센트는 아랍인이고, 나머지 5퍼센트에는 비아랍계 기독교인과 바하이교인(바하이교는 페르시아인 바하올라가 창시한 종교다. 모든 종교가 신성한 근원에서 하나이고, 인류는 한 겨레이며, 지구는 한 나라라는 가르침을 따르는 만큼 신자들의 지리적·인종적 배경이 아주 다양하다—옮긴이)이 섞여 있다.[92] 동유럽, 아프리카, 중동 출신 주민이 꽤 높은 비율을 차지할 만큼 이스라엘은 인종적으로 매우 다양하다.[93] 규범이 다른 다양한 집단이 공존하는 까닭에 행동 기준을 하나로 정하기 어렵다. 이 일반 원리는 우리가 2장에서 만났던 전통 사회에도 그대로 적용된다. 느슨함의 수호자라 할 수 있는 고대 아테네도 광범위한 무역 덕분에 외국과 교류할 기회가 많았다.

그렇다면 다양성은 한 나라의 느슨함 지수와 관련이 있을까? 우리 자료에 따르면, 적어도 어느 정도는 관련이 있다.[94] 민족적 배경과 언어 등 여러 표지가 이질적인 나라가 동질적인 나라보다 훨씬 더 느슨하다. 그러나 여기에서 놓쳐서는 안 될 중요한 주의 사항이 하나 있는데, 바로 질서다. 주요 인종 집단이 최소 6개이고[95] 사용하는 언어가 20개가 넘는[96] 파키스탄과, 공용어만 22개이고[97] 방언은 수백 개에 이르는 인도의 사례처럼 다양성이 극단으로 치달으면 오히려 갈등을 유발하게 된다. 알다시피 갈등을 관리하려면 엄격한 규범이 필요하다. 다양성이 너무 높아지면 빡빡함도 현저히 증가하기 시작한다.

이스라엘 사회가 비교적 느슨한 이유를 치열한 토론 전통에서 찾을 수도 있다. 이런 우스갯소리도 있지 않은가? 비유대인이 유대인에게 당신네 유대인들은 왜 항상 질문에 질문으로 답하느냐고 물었다. 그러자 유대인은 대답했다. "그러면 안 되나요?"[98] 여러 가지 관점을 고루 탐구하도록 요구하는 토론과 반론은 느슨함을 촉진하고 도그마(독단적인 신념이나 학설)를 거부하도록 조장한다('유대인 2명에게 물으면 3가지 견해가 나온다'는 유명한 속담도 있다). 더구나 이스라엘은 새롭고 위험하고 알려지지 않은 일에 뛰어드는 당돌함을 갖춘 정착민으로 이루어진, 젊고 탐험을 좋아하는 '신생 국가'다.[99]

이스라엘과 마찬가지로 네덜란드도 꽤 느슨한 국가로 진화했다. 부분적인 이유는 이동이 잦았던 데다 다문화를 경험했던 역사 때문이다. 네덜란드는 연안 지역이라는 지리적 위치 덕분에 시민들이 아주 먼 나라까지 여행했고, 국제 무역이 무척 활발했다.[100] 덕분에 네덜란드인들은 수 세기에 걸쳐 다른 문화를 접할 기회가 아주 많았다. 네덜란드는 프랑스, 포르투갈을 비롯하여 발트해 및 지중해 주변 국가들과 교역했다.[101] 스페인과의 교역도 무척 융성했고, 북아메리카에 있는 영국 식민지와의 무역도 대부분 네덜란드가 장악했다.[102] 전 세계를 돌아다닐 정도로 이동성이 엄청나게 높았고 그 덕분에 다른 문화를 많이 접하면서 네덜란드는 관대한 사회로 진화했다. 17세기에 유럽 전역에서 책 판매가 제한되었을 때도 서적상들은 검열 법규가 훨씬 덜 엄격한 네덜란드로 몰려들었다.[103] 17세기부터 18세기까지 상업으로 동서양을 연결한 세계 최초의 다국적 기업 동인도회사(VOC)가 네덜란드에 설립된 것도 그리 놀랄 일이 아니다.[104]

지리적 위치와 무역 활동 덕분에 네덜란드에는 다양한 민족, 인종, 종교 집단이 섞이게 되었고 이는 네덜란드가 느슨한 사회가 되는 데 이바지했다. 네덜란드는 수 세기에 걸쳐 프랑스 출신 개신교도, 포르투갈과 독일 출신의 유대인, 영국 출신의 국교회 분리파를 포함하여 유럽 전역에서 온 난민을 흔쾌히 받아들였다.[105] 오늘날 네덜란드 인구의 20퍼센트 이상이 다른 유럽 국가들과 인도네시아, 터키, 수리남, 카리브해 지역 등 외국 출신이다.[106] 네덜란드야말로 (수많은 집단을 뒤섞는) 진정한 도가니(문화 융합 과정을 나타내는 용어로 20세기 초에 작가들은 별개의 인종과 집단이 섞이며 활력 있는 미국 문화가 형성되면서 차별이 사라지리라고 보았다. 이후 '도가니melting pot'는 곧 미국을 지칭하는 용어로 쓰였다—옮긴이)인 셈이다.

　빡빡함과 느슨함은 다양한 방식으로 진화할 수 있지만, 어떤 사회가 빡빡한 사회가 되거나 느슨한 사회가 되는 건 절대 우연이 아니다. 실재하든 인식에 불과하든 생태적·역사적 위협에 직면하면 집단은 더 빡빡해진다. 반면에 다양성과 이동성, 다양한 문화권에 속한 외부인과의 교류 경험은 집단이 느슨해지도록 유도한다. 물론 이 관계는 통계적 확률에 근거한 것이지 반드시 그렇게 되도록 정해진 건 아닐뿐더러, 사회 규범의 강도에 영향을 끼치는 유일한 요인도 아니다. 그러나 오랫동안 감춰져 있던 중요한 패턴을 찾아내는 데는 분명 도움이 된다.

분석:
우리 주변의 빡빡함과
느슨함

5

미국 주들 사이의
전쟁

2016년 11월 미국 대선은 전 세계를 충격에 빠뜨렸다. 리얼리티 쇼에 출연했던 억만장자 부동산 개발업자이자 사업가인 도널드 트럼프가 변호사 출신의 전 국무장관이자 상원 의원이며 영부인이기도 했던 힐러리 클린턴을 꺾고 대통령에 당선되었다. 거의 모든 여론 조사가 클린턴이 당선되리라고 예측했는데도 말이다. 이 대권 싸움은 이미 심각한 지경에 이른 미국의 양극화에 '데프콘 1'에 해당하는 위기 경보를 발령했다. 선거 당일에 이뤄진 출구 조사 결과는 외교 및 이민 정책과 같은 현안에 계층, 인종, 성별, 나이, 학력, 소득, 종교 간 견해차가 엄청나다는 걸 보여주었다.[1] 비영리 여론 조사 기관 퓨리서치센터에 따르면, 민주당원과 공화당원의 각 절반은 상대 당원들이 말 그대로 '두렵다'고 답했다.[2] 미국인 수백만 명은 트럼프가 대통령이 된다는 것이 무슨 의미인지 이해하지 못했고, 또 다른 수백만 명은 클린턴이 대통령이 될 수도 있다는 생각에 몸서리쳤다.

트럼프 지지자들은 유세장에서 "힐러리를 감옥으로!"라는 구호를 외쳤고, 클린턴 지지자들은 만약 트럼프가 당선되면 외국으로 이주하겠노라고 맹세했다. 두 후보는 궁극적으로 50개 주가 '연합하여' 합중국을 이루고 있다는 환상을 산산이 부수고 전대미문의 반감을 불러일으켰다.

미국인들이 이처럼 분열된 이유는 무엇일까? 정치 분석가, 전문가, 학자 들은 미국의 분열을 이해하려고 수십 년 동안 노력했다. 1992년 대선 운동 기간에 보수파 선동가 패트릭 뷰캐넌^{Patrick Buchanan}은 화해할 길이 보이지 않는 미국의 분열을 보수와 진보의 '문화 전쟁'에 비유했다.[3] 또 어떤 이들은 분열의 근본 원인으로 이런저런 후보를 지목했는데, 도시 사람 대 시골 사람, 공화당원 대 민주당원, 신자 대 불신자, 보편주의자 대 다문화주의자, 대중 대 엘리트 등등이었다. 모두 귀중한 통찰과 부분적인 설명을 제시했지만, 어느 것도 전체를 개관하는 큰 그림을 제시하거나 애초에 이러한 분열이 존재하는 이유를 정확히 설명하지는 못했다.

빡빡함-느슨함은 이런 갈등을 이해할 핵심 하부 구조다. 이 간단한 원리를 통해 우리는 엄청나게 복잡하고 뿌리 깊은 미국의 문화 분열을 이해할 수 있다. 더욱이 이 원리는 오늘날까지 이어진 50개 주의 건립 조건과 생태를 추적하여 이러한 차이가 대체 어디에서 왔는지 우리에게 보여준다. 또한 빡빡함-느슨함은 전에는 무관해 보였던 미국 주들의 차이도 설명해준다. 예를 들어, 빡빡한 주와 느슨한 주는 다음과 같은 차이를 보인다.

▶ 뉴햄프셔주와 코네티컷주가 인디애나주와 테네시주보다 알코올 남용과[4] 부채가[5] 더 흔하고, 인디애나주와 테네시주가 뉴햄프셔주와 코네티컷주보다 차별률이[6] 더 높은 이유는 뭘까?

▶ 오리건주와 버몬트주는 창의성[7] 점수도 높고 이혼율과 이동성[8] 점수도 높은데, 켄터키주와 노스다코타주는 정반대 양상을 보이는 이유가 뭘까?

▶ 콜로라도주와 뉴욕주 사람들은 개방성 점수는 높은데 성실성 점수는 낮은 반면,[9] 캔자스주와 앨라배마주 사람들은 정반대 특성을 보이는 이유가 뭘까?

▶ 애리조나주와 뉴욕주의 불법 체류자 수는 대략 비슷한데,[10] 애리조나주가 뉴욕주보다 반 이민 정서가[11] 더 강한 이유는 뭘까?

▶ 2016년 대선의 깜짝 놀랄 결과가 후보의 매혹적인 성격보다 문화력과 더 관련이 있는 이유는 뭘까?

다른 종류의 지도

이민자들의 나라인 미국은 비교적 느슨한 경향을 보였다. 각양각색의 이민자들이 모여 오로지 모험심과 독립심, 자유에 대한 갈망으로 연합했고, 그래서 말 그대로 하나의 도가니가 되었다. 태평양과 대서양이라는 두 대양이 아메리카대륙을 다른 대륙과 갈라놓은 덕분에 미국은 역사를 통틀어 침략 위협을 거의 받지 않았고, 천연자원도 풍부하다. 그리하여 미국은 일반적으로 관대한 규칙과 너그러운 처벌이라는 호사를 누렸다.[12]

그런데 일반적으로 느슨한 환경에서 빡빡함의 힘이 미국 역사 전반에 모습을 드러내기 시작했다. 나는 제시 해링턴Jesse Harrington과 함께 50개 주의 빡빡함-느슨함을 수량화하기 위해 여러 연구소와 스미스소니언협회 기록보관소에서 각 주에 관한 자료를 1800년대 초까지 거슬러 올라가며 샅샅이 뒤졌다. 여기에는 각 주의 처벌 방법, 규제, 문화 관행, 생태적·역사적 사건에 관한 기록도 포함되었다. 우리가 찾아내 〈국립과학원회보Proceedings of the National Academy of Sciences〉에 발표했던 패턴이 선명하게 빛을 발하고 있었다.[13]

미국 전체 주에서 처벌 강도가 어떻게 차이 나는지를 예로 들어보자. 알래스카주와 메인주보다 인디애나주와 텍사스주가 학생들에게 체벌을 훨씬 더 많이 하고, 범죄자를 사형에 처하는 사례도 더 많으며, 대마초 소지를 더 엄하게 처벌한다.[14] 텍사스주 학교에서는 2011년 한 해에만 2만 8,000명이 넘는 학생이 회초리나 손바닥으로 체벌을 당했다.[15] 한편 인디애나주에 있는 일부 공립학교 학생들은 엄격한 복장 규정을 지켜야 한다.[16] 티셔츠나 청바지는 입을 수 없고 셔츠는 단정하게 하의에 넣어 입어야 한다. 복장 규정을 지키지 않으면 정학을 당할 수도 있다.[17]

다른 주들도 이 '규칙 제정' 패턴을 따른다. 앨라배마주는 1998년부터 섹스 토이를 불법화했고,[18] 오클라호마주는 1963년에 문신을 금지했고(2006년에야 합법화되었다),[19] 미시시피주는 공공장소에서 욕을 하는 사람에게 최대 100달러까지 벌금을 물릴 수 있다.[20] 켄터키주와 유타주에는 캘리포니아주와 하와이주보다 알코올 판매를 전면

금지한 카운티가 더 많고 결혼 관련 규제도 더 많다.[21] 자국 내에서 다양성을 거의 찾아보기 어려운 나라가 있듯이, 미국 50개 주 가운데도 다양성을 찾아보기 어려운 주가 있다. 1860년까지 거슬러 올라가면 몬태나, 노스다코타, 웨스트버지니아 같은 주들은 네바다, 뉴저지, 캘리포니아 같은 주들보다 외국인 인구가 훨씬 적었다.[22]

이런 차이는 단일 동향이 아니다. 우리 연구에 따르면, 실제로 이 지표들은 모두 붙어 다닌다.[23] 학교에서 아이들을 체벌하는 비율이 높은 주들이 사형 집행률도 더 높고, 알코올에 대한 규제도 더 많고, 결혼관도 더 엄격하고, 외국인 수도 더 적다. 이런 주들은 더 엄격하다. 다시 말해 이들은 빡빡한 규칙 제정자다. 한편 일탈자에게 가벼운 처벌을 내리는 주들은 알코올과 결혼에 대한 규제도 더 적고, 외국인 수도 더 많다. 이런 주들은 더 자유롭다. 다시 말해 이들은 느슨한 규칙 파괴자다.

자료 5.1은 빡빡함과 느슨함을 표시한 미국 지도다. 미시시피, 앨라배마, 아칸소, 오클라호마, 테네시, 텍사스는 미국에서 가장 빡빡한 주에 속한다. 캘리포니아, 오리건, 워싱턴, 네바다, 메인, 매사추세츠는 이 스펙트럼에서 가장 느슨한 쪽에 자리하고 있다. 델라웨어, 아이오와, 아이다호, 네브래스카, 플로리다, 미네소타는 스펙트럼의 중간에 자리 잡고 있다. 순위를 보면 지역의 패턴이 드러난다. 남부가 가장 빡빡하고, 서부와 동북부가 가장 느슨하고, 그 중간에 중서부가 있다. 자료 5.1에서 각 주의 빡빡함-느슨함 점수를 확인할 수 있다.

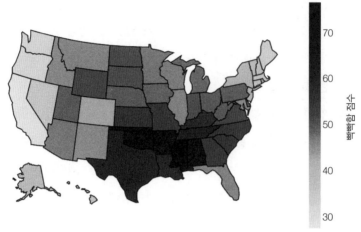

70

60

빡빡함 점수

50

40

30

자료 5.1. 미국의 빡빡함–느슨함 지도.[24]

  세계지도와 마찬가지로, 빡빡함–느슨함 지도는 미국 내 문화를 이해하는 새로운 방식을 제시한다. 50개 주의 빡빡함–느슨함 점수는 어떤 주가 (가족 간 유대를 강조하는) 집단주의자인지 (자립을 강조하는) 개인주의자인지와는 별개다.[25] 사실 주들은 각 사분면으로 분류된다. 빡빡한 집단주의자(텍사스), 느슨한 집단주의자(하와이), 느슨한 개인주의자(버몬트), 빡빡한 개인주의자(캔자스). 마찬가지로 빡빡함과 보수주의, 느슨함과 진보주의 간에 연관성이 있긴 하지만 이들은 어디까지나 별개의 개념이다.[26] 보수주의는 전통적 가치를 강조하는 개인을 통해 모습을 드러내고 종종 변화에 저항하는 모습을 보이지만, 빡빡함은 자기가 속한 환경의 사회 규범이 얼마나 강한지를 반영하는 '문화' 상태를 의미한다. 빡빡한 주와 빡빡한 나라에는 보수주의자가 더 많고 느슨한 주와 느슨한 나라에는 진보주의자가 더 많지만, 느슨한 지역에도 보수주의자가 많이 있고 빡빡한 지역에도 진보주의자가 많이 있다.

사실 우리는 미국 주들을 '빨강(공화당 강세 지역)'과 '파랑(민주당 강세 지역)'으로 부르는 데 너무 익숙해진 나머지, 이 꼬리표가 주의 정체성을 표현하기에 얼마나 피상적인지 잊고 있다. 2016년 대선에서

순위	주	빡빡함 점수	순위	주	빡빡함 점수
1	미시시피	78.86	26	아이오와	49.02
2	앨라배마	75.45	27	미시간	48.93
3	아칸소	75.03	28	미네소타	47.84
4	오클라호마	75.03	29	애리조나	47.56
5	테네시	68.81	30	위스콘신	46.91
6	텍사스	67.54	31	몬태나	46.11
7	루이지애나	65.88	32	일리노이	45.95
8	켄터키	63.91	33	아이다호	45.50
9	사우스캐롤라이나	61.39	34	메릴랜드	45.50
10	노스캐롤라이나	60.67	35	뉴멕시코	45.43
11	캔자스	60.36	36	로드아일랜드	43.23
12	조지아	60.26	37	콜로라도	42.92
13	미주리	59.60	38	뉴저지	39.48
14	버지니아	57.37	39	뉴욕	39.42
15	인디애나	54.57	40	알래스카	38.43
16	펜실베이니아	52.75	41	버몬트	37.23
17	웨스트버지니아	52.48	42	뉴햄프셔	36.97
18	오하이오	52.30	43	하와이	36.49
19	와이오밍	51.94	44	코네티컷	36.37
20	노스다코타	51.44	45	매사추세츠	35.12
21	사우스다코타	51.14	46	메인	34.00
22	델라웨어	51.02	47	네바다	33.61
23	유타	49.69	48	워싱턴	31.06
24	네브래스카	49.65	49	오리건	30.07
25	플로리다	49.28	50	캘리포니아	27.37

자료 5.2. 각 주의 빡빡함-느슨함 순위.[27]

힐러리 클린턴에게 투표한 하와이, 일리노이, 버지니아 3개 주를 생각해보자. 하와이는 느슨하고, 일리노이는 적당히 균형을 이루고 있고, 버지니아는 빡빡하다. 이번에는 도널드 트럼프에게 투표한 알래스카, 위스콘신, 사우스캐롤라이나 3개 주를 생각해보자. 알래스카는 느슨하고, 위스콘신은 적당히 균형을 이루고 있고, 사우스캐롤라이나는 빡빡하다. 앞으로 알게 되겠지만, 같은 후보에게 투표한 이들 동맹은 문화적 차이가 엄청나다. 당파를 기준으로 분류하면 깊이 파묻힌 이들의 정체성을 심하게 왜곡할 수 있다. 공화당의 빨강과 민주당의 파랑 대신 빡빡함과 느슨함의 짙고 옅음으로 미국 지도를 색칠해보면, 50개 주의 차이와 특징 뒤에 감춰진 문화 논리와 균형을 이해할 수 있다.

예의 바르고 질서를 잘 지키는 주

나는 뉴욕 출신이지만, 20년 동안 워싱턴 D. C.에서 살았다. 고향인 뉴욕을 방문할 때면 즉시 혼잡한 거리를 빠르게 걷는 걸음걸이, 공공장소에서 오가는 욕설과 애정 행각, 빨간 불도 무시하고 급하게 길을 건너는 사람들의 추세에 따른다. 심지어 아이들까지 데리고 말이다. 그러나 다른 주를 방문할 때는 이런 정신 상태가 문제를 일으킬 수 있다. 캔자스주에서는 신호가 바뀌기도 전에 대담하게 길을 건너려고 하면, 툴툴거리는 소리가 뒤통수를 때린다. 아이들을 데리고 스키를 타러 유타주에 있는 깔끔한 파크 시티에 가면 욕을 하거나 화를 내는 사람을 찾아보기 어렵다. 식당에서 포도주를 한 잔 주문하려면, 유타주 주류법에 따라 음식도 함께 주문해야 한다. 공손함과 친근함으로 나를 정신 못 차리게 만드는 남부에서는 뉴욕에서 입버릇처럼 달고 다니던 "그거 지금 나한테 하는 소리야?"라는 말을 자제해야 한다. 어떤 주에 가면 가끔 화성이나 금성에서 온 것 같은 사람들을 만나기도 한다.

처음에 나는 다른 주에 사는 사람들이 성격이 달라서 그럴 것이라고 추측하곤 했다. 그런데 정말 그럴까? 나는 내 직관에 만족하지 않았다. 그래서 50만 명이 넘는 시민들의 데이터를 분석한 결과, 빡빡한 나라와 느슨한 나라에서 발견한 성격 특성을 빡빡한 주와 느슨한 주에서도 똑같이 발견할 수 있었다.[28] 빡빡한 주에 사는 사람들은 심리학자들이 '성실성'이라고 부르는 성격 특성을 갖추고 있는 비율이 더 높다. 성실성을 갖춘 사람에게는 자제력, 규칙 준수, 체계를 갈망하는 마음도 있게 마련이다. 이런 사람들은 더 체계적이고 신중하고 의지할 수 있는 사람들이다. 이들은 "나는 내가 신뢰할 수 있는 사람이다", "계획을 세우고 계획대로 일을 마무리하는 사람이라고 생각한다", "일을 효율적으로 하는 사람이라고 생각한다" 등의 진술에 '그렇다'라고 답했다. 이와 대조적으로 느슨한 주에 사는 사람들은 성실성이 부족한 것으로 드러났다. 이런 사람들은 더 무질서하고 신뢰가 덜 간다(그리고 스스로 자기를 비판할 만큼 정직하다!). 그들은 "다소 조심성이 없다", "체계적이지 못하다", "쉽게 산만해진다"라는 진술에 '그렇다'라고 답하는 비율이 높았다. 실제로도 그렇다. 노스캐롤라이나, 조지아, 유타, 캔자스 같은 주에서 시간을 보내면 일반적으로 알래스카, 메인, 하와이, 로드아일랜드처럼 느슨한 주에 사는 사람들보다 더 신중하고 빈틈없고 질서를 잘 지키는 사람들을 보게 된다. 아래 자료에 나온 것처럼 말이다(일반적으로 느슨한 편인 뉴멕시코는 예외다).

빡빡한 주에 사는 사람들은 성격 면에서 뛰어난 자제력을 보여주지만, 사실 빡빡한 주는 사회질서도 훨씬 더 잘 잡혀 있다. 가장 빡빡한 미국 주들의 본거지인 남부에서는 예의, 환대, 격식, 그리고 무엇보다 존중에 관한 강력한 규칙이 널리 퍼져 있다. 아이들은 어른들에게 "네, 선생님"이라고 대답하고, 어른들이 말할 때 끼어들면 안 된다고 배운다.《남부문화백과사전Encyclopedia of Southern Culture》(실제로 존재하는 책이며 무려 20권이 넘는다)에 따르면, 남부의 민간전승은 예의범

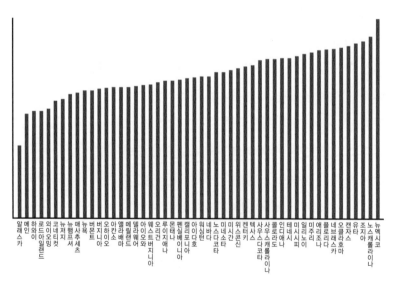

자료 5.3. 빡빡함 점수가 올라갈수록 성실성 점수도 올라간다.[29]

　　　　　　　　　　　2부 분석: 우리 주변의 빡빡함과 느슨함

절을 깜빡하는 아이들에게 닥칠 불행한 일에 대해 경고한다.[30] 예를 들어, 저녁 식탁에서 마지막 남은 음식을 먹는 젊은이는 절대 짝을 찾지 못하리라는 말을 듣고, 음식을 먹으면서 노래를 흥얼거리는 아이들은 불운이 닥치리라는 경고를 듣는다.

즉 남부에서는 아이든 어른이든 "바르게 행동하라"라는 요구 사항을 암묵적으로 따라야 한다. 무심코 욕설을 내뱉으면 주변에서 따가운 눈총을 보낸다. 건물에 들어갈 때, 음식이나 음료를 받을 때, 엘리베이터를 타거나 내릴 때는 '여성 먼저'다. 겸손을 당연하게 생각한다. 자부심을 조금이라도 과하게 드러내면, 보통의 남부 사람들은 당신이 '너무 거만한 사람'이라고 생각할 것이다.[31] 복장을 제대로 갖춰 입는 것도 필수다. 심지어 축구 경기에서도 진주를 박은 화려한 원피스를 입은 남부 여성이나 카키색 블레이저코트를 입은 남부 남성을 심심치 않게 볼 수 있다.[32]

남부 사람은 무례한 행동을 명예 훼손으로 받아들이고 강력하게 처벌한다. 실제로 일리노이대학교의 심리학자 도브 코언Dov Cohen은 호르몬 수치를 측정하는 방식으로 모욕적인 말과 행동이 남부 사람들의 심기를 건드린다는 점을 보여주었다.[33] 먼저 연구 조교들은 실험실에서 ('재수 없는 놈' 같은 말로) 북부 사람과 남부 사람을 모욕하는 훈련을 했다. 남부 사람들은 모욕적인 말을 듣자 스트레스 호르몬인 코르티솔 수치가 유독 증가했을 뿐 아니라, 위협에 대응하여 공격성을 높이는 호르몬인 테스토스테론 수치도 증가했다. 그러니 남부 사람들이 애초에 이런 무례한 행동을 피하려고 애쓰는 것도 전혀 놀랄 일이 아니다.

나는 쓰라린 경험을 통해, 뉴욕 출신인 내가 빡빡한 남부에 가면 나도 모르게 타인을 모욕할 위험이 있다는 사실을 배웠다. 1990년대 중반, 나는 당시 남자 친구였던 지금의 남편과 함께 차를 타고 사우스캐롤라이나 주간 고속도로를 달리고 있었다. 지역 번호판을 단 자동차 한 대가 차선을 바꾸더니 우리 차 바로 앞에서 속도를 줄였다. 토드는 브레이크를 세게 밟은 다음, 왼쪽 운전자를 지나치면서 무심코 오른손 중지로 저속한 손짓을 했다. 그러자 그 운전자는 몇 킬로미터나 우리 뒤를 바짝 쫓아왔다. 다행히 토드가 휴게소 간판을 보고 재빨리 중앙선을 넘어 고속도로에서 빠져나왔다. 그런데 너무 당황스럽게도 그 운전자 역시 우리를 따라 고속도로를 빠져나왔다. 휴게소에 들어온 그는 우리 쪽에 차를 세우더니 차에서 내렸다. 그리고 우리에게 욕을 하며 사과를 요구했다. 내가 옆에서 재촉하자 토드는 결국 그 운전자에게 사과했고, 우리는 안도의 한숨을 내쉬며 현장을 떠났다.

어떻게 사소한 손짓 하나가 그렇게 위험한 상황으로 치달은 걸까? 나 같은 뉴욕 사람에게도 가운뎃손가락을 들어 올리는 행동은 무례해 보일 수 있다(그래, 무례한 행동이 맞다). 하지만 그리 드문 일은 아니다. 실제로 〈빌리지 보이스Village Voice〉는 뉴욕 사람들이 '가운뎃손가락을 들어 올리는 대담한 태도'로 유명하다고 지적한 바 있다.[34] 일상에서도 무례한 행동을 심심치 않게 볼 수 있다. 뉴욕 사람들은 누가 새치기를 해도 대수롭지 않게 여기고, 지나가다 서로 어깨가 부딪혀도 사과하지 않고, 길거리에서도 큰 소리로 이야기한다. 뉴욕 사람들이 너무 큰 소리로 떠들다 보니 현재 암트랙에서 운행하는 대부분의 동북부 기차에는 '정숙 칸'이 있을 정도다.[35] 그런데도 여전히 단속이 쉽지 않다. 암트랙을 이용해 출퇴근하는 앨런 리버먼Alan M. Lieberman은 "휴대전화와 삐 소리 나는 음악용 컴퓨터로 기차 안에 소음 공해를 유발하는 사람들을 보고 있으면, 대체 교양은 어디다 팔아먹은 건지 놀라울 정도예요"라고 〈뉴욕타임스〉에 푸념했다.[36] 무례함이 전염된다는 점을 고려하면 뉴욕 사람들의 무례한 행동은 더 심해질 여지가 충분하다. 플로리다대학교 심리학자 트레버 포크Trevor Foulk와 공동 연구자들은 누군가가 당신에게 무례하게 굴거나 다른 사람이 무례하게 구는 모습을 단순히 보기만 해도, 당신 역시 무례하게 행동할 확률이 높아진다는 사실을 보여주었다.[37]

뉴욕에서는 무례한 행동을 대수롭지 않게 받아들이지만, 변명하자면 꼭 뉴욕만 그런 건 아니다. '더톱텐스The Top Tens'라는 웹사이트에서 수천 명의 방문자를 대상으로 미국 주 가운데 가장 무례한 주가 어디라고 생각하는지 조사했다.[38] 그 결과, 전반적으로 느슨한 주가 빡빡한 주보다 훨씬 더 무례한 것으로 나타났다. 뉴욕주가 '가장 무례한 주' 순위에서 1위를 차지했고, 매사추세츠주와 뉴저지주가 그 뒤를 이었다. 조금도 무례하지 않은 주는 노스캐롤라이나, 아칸소, 와이오밍처럼 대부분 빡빡한 주였다.

빡빡한 주에서 개인의 자제력은 비단 '타인에게 얼마나 공격적으로 행동하는가'에 국한되지 않는다. 빡빡한 나라와 마찬가지로, 빡빡한 주 주민들은 자기 행동을 훨씬 더 잘 억제한다. 예를 들어, 트랜스유니언TransUnion에서 수집한 신용 자료를 분석했더니, 느슨한 주 주민들은 빡빡한 주 주민들보다 더 많은 빚더미에 앉아 있었다.[39] 자동차 할부금과 학자금 대출을 갚거나, 카드빚을 관리하거나, 의료비와 공과금을 제때 내는 데 어려움을 겪는 사람이 많았다. 웨스트버지니아, 미시시피, 유타처럼 빡빡한 주는 로드아일랜드, 콜로라도, 뉴햄프셔처럼 느슨한 주보다 인구 한 명당 약물 복용 및 과도한 음주 비율도 더 낮았다[40](아편과 비슷하게 작용하는 합성 진통·마취제 오피오이드는 예외다[41]). 이와 대조적으로 느슨한 주는 알코올과 향정신성 물질에 가장 관대한 태도를 보였다. 이제 9개 주에서 기분 전환용 대마초 사용이 합법인데,[42] 아칸소를 비롯해 캘리포니아, 콜로라도, 메인, 매사추세츠, 오리건, 워싱턴, 버몬트, 네바다 등 9개 주 모두 느슨한 주다. 심지어 캘리포니아주에는 '미국의 대마초 단지'라는 별명이 붙어 있다.[43] 많은 사업가가 탁 트인 농지에서 대마초를 대규모로 재배한다. 워싱턴, 콜로라도, 아이다호에서는 도로에 세워둔 '420' 마일 표지판을 '419.99' 마일 표지판으로 교체해야 했다.[44] 짓궂은 사람들이 대마초의 날(4월 20일)에 표지판을 계속 훔쳐 갔기 때문이다!

마을 방범대

국가 차원에서, 사회 규범은 강도 높은 감시를 통해 더욱 강력해지기 마련이다. 이웃의 감시든, 경찰의 감시든, 전능한 신을 떠올리게 하는 사람들의 감시든, 모든 감시는 사람들이 자기 행동에 책임을 느끼게 한다.

주 차원에서도 마찬가지다. 미시시피, 사우스다코타, 앨라배마 같은 주는 캘리포니아, 뉴저지, 네바다처럼 느슨한 주보다 시골 지역이 많고 이동률이 낮다.[45] 시골 지역이 많고 이동률이 낮으면 흥미로운 문화 혼합물이 만들어진다. 밖에 있는 이웃들과 지인들이 집 안에서 당신이 무엇을 하는지 다 알뿐더러, 그들은 당신이 하는 일에 관해 저마다 확고한 의견을 갖고 있다. 작고 긴밀한 지역 사회에서 마을 방범대는 전면 경계 태세를 유지한다. 〈서던 리빙Southern Living〉에 따르면, 작은 마을에 사는 주민들은 동네 10대 아이들이 누구랑 데이트하는지, 어떤 이웃이 방금 물건을 대량으로 구매했는지 다 안다. 심지어 마을 정비공이 언제 새 직원을 고용했는지도 안다.[46] 알다시피 가십 공장은 중요한 사회적 기능을 담당한다. 가십은 수천 년 동안 문화 학습을 촉진했다. 심리학자 에릭 포스터Eric Foster에 따르면, 우리는 가십을 통해 "어떻게 행동할지, 즉 무엇을 해야 하고 무엇을 해선 안 되는지"를 배운다.[47] 또한 가십은 비공식 치안 유지 기구의 역할도 한다.[48] 하룻밤 사이에 부정적 평판이 온 동네에 퍼질 수 있는 작은 마을에서는 안 좋은 일로 사람들 입에 오르내릴 수 있다는 두려움이 못된 행동을 저지하고 협동을 촉진하는 데 도움이 될 수 있다.

빡빡한 지역 사회를 순찰하는 사회력은 담 너머로 오가는 험담 말고도 더 있다. 조사한 바에 따르면 빡빡한 주에는 경찰과 법 집행 공무원이 많은 편이고, 일반적으로 시민들은 사회질서를 지키기 위해 경찰이 무력을 포함하여 엄격한 처벌 시스템을 활용해야 한다고 여긴다.[49] 빡빡한 주에서는 전체 인구 대비 구금되는 비율도 훨씬 높다.[50] 이와 대조적으로, 느슨한 주에 속한 도시나 이동률이 높은 지역에서 살면 매일 출퇴근길에 수천 명의 낯선 사람을 지나치기 일쑤이며, 이웃의 감시를 거의 받지 않고 비교적 익명 속에서 살게 된다. 느슨한 주에서는 사회 무질서를 보여주는 다른 지표들도 더 높다. 이를테면 이혼율과 한부모 가정의 비율도 더 높고,[51] 심지어 노숙자 비율도 더 높다.[52]

빡빡한 주에서는 경찰과 이웃이 지역 사회 구성원들을 견제하기도 하지만, 초자연적 존재도 엄청난 영향을 끼친다. 빡빡한 주에 사는 미국인 중에는 종교를 믿는 신자의 비율이 상당히 높다. 예를 들어, 캔자스주는 주민의 80퍼센트가 종교를 가지고 있다.[53] 미국에서 가장 신앙심이 깊은 주로 꼽히는 미시시피와 사우스캐롤라이나는 각각 성인의 83퍼센트, 73퍼센트가 기독교인이다.[54] 2,000명 이상의 회중이 모이는 대형 교회를 남부 전역에서 볼 수 있고[55](휴스턴에 있는 레이크우드 교회에는 매주 5만 명 이상이 예배에 참석한다[56]), 기독교 교리가 공립학교에까지 스며들곤 한다. 텍사스주에서는 공립학교 학생들이 성경에서 따온 도덕적 교훈을 가르치는 선택 과목을 수강할 수 있다.[57] 사우스캐롤라이나주는 1995년부터 모든 공립학교에 매일 아침 의무적으로 침묵의 시간을 갖고 기도하게끔 학생들을 지도하라는 지침을 내렸다.[58]

유타주는 전체 인구의 60퍼센트 이상이 모르몬교도이고,[59] 일상생활을 단속하는 엄격한 규제도 많다. 차와 커피는 마실 수 없다.[60] 자위행위, 동성애 행위,[61] 포르노그래피뿐 아니라 혼전 성관계도[62] 금지다. 안식일인 일요일에는 예배에만 전념해야 한다.[63] 노동이나 쇼핑, 외식, 스포츠 경기를 비롯해 세속적인 유혹이 수반될 수 있는 그 밖의 활동은 허용되지 않는다. 주교들은 모든 성인 신자를 일일이 면담하여 모르몬교도의 생활방식을 얼마나 잘 따르고 있는지, 성전에 들어올 자격이 있는지 평가한다.[64] 마치 정보 수집 기관처럼, 모르몬교회 교인강화위원회(SCMC)는 모르몬교 신앙이나 지도부를 공개적으로 비판하는 사람이 있는지 확인하고자 지역 모르몬교도를 계속 감시한다.[65] 그런 사람이 확인되면 교인강화위원회가 담당 주교에게 즉시 통보하고, 주교는 그가 신앙을 저버린 배교자라고 선언한다.

빡빡한 주는 규범을 준수하는 문화를 육성하도록 장려하는 특정한 도덕적 신념을 지지한다. 《바른 마음The Righteous Mind》이라는 독창적인 책에서 사회심리학자 조너선 하이트Jonathan Haidt는 다섯 가지 근본적인 도덕적 신념을 제시한다.[66] 고통에 대한 배려, 공정성, 집단에 대한 충성심, 권위에 대한 존경심, 순결성이다. 문화는 이런 도덕적 토대 안에서 차이를 만드는 주요 동인이다.[67] 빡빡한 주는 느슨한 주보다 권위를 더 잘 따르고 자기가 속한 집단에 대한 충성심도 더 강하다. 또한 고귀하고 순결한 생활방식, 즉 '순결이라는 도덕'을 열망할 확률이 높다. 순결한 삶이란 자기 몸을 거룩한 성전으로 여기고 음란함이 침투하지 못하게 지킨다는 뜻이다. 예를 들면, 약물 복용과 혼전 성관계를 삼가는 것을 말한다(재미있는 사실을 하나 이야기하자면, 조지아에서는 혼전 성관계가 지금도 불법이다. 적어도 규범상으로는 그렇다).[68] 이와 대조적으로, 아주 느슨한 샌프란시스코에서는 자동차 범퍼에 "당신 몸은 성전, 내 몸은 놀이동산"이라는 스티커를 자랑스럽게 붙이고 다니는 것으로 유명하다.[69] 빡빡한 주에 사는 사람들은 옳고 그름을 흑백 논리로 받아들이지만, 느슨한 주에 사는 사람들은 옳고 그름을 회색 영역으로 보는 경우가 더 많다.[70]

혁신과 관용의 거점

상대적으로 질서와 자제력이 부족한 문제가 있긴 해도, 느슨한 나라가 그렇듯 느슨한 주에도 개방성, 창의성, 적응력 등 고유한 장점이 있다. 자료 5.4에 나와 있듯이 우리는 미국 시민 50만 명 이상의 성격 특성을 조사한 자료를 바탕으로 느슨한 주에 사는 사람들에게 스스로 독창적이고, 호기심이 많고, 생각이 깊고, 상상력이 풍부하다고 생각하는 비율이 더 높다는 사실을 발견했다.[71] 이는 모두 '개방성'이라는 성격 특성을 나타내는 지표다.

따라서 느슨한 주가 혁신의 거점이라는 사실이 놀랍지는 않다. 자료 5.5에 나와 있듯이, 이들 주는 인구 한 명당 발명 특허 출원 건수가 훨씬 많다.[72] 최초의 레이저는[73] 캘리포니아에서 만들었고, 최초의 휴대용 팩시밀리와[74] 전자레인지는[75] 매사추세츠에서 발명했고, 최초의 이메일을[76] 발송한 인물은 뉴욕 사람이었고, 최초의 세탁기[77] 특허는 뉴햄프셔에서 출원했다. 모두 느슨한 주다. 심지어 원반을

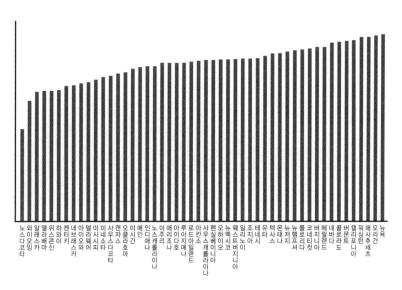

노 와 알 앨 위 하 켄 네 아 델 미 미 사 캔 오 메 인 노 미 아 아 루 로 사 펜 오 웨 일 조 테 유 텍 몬 뉴 플 코 버 메 네 콜 버 위 오 뉴
스 이 래 라 스 와 터 브 이 라 네 시 우 자 클 시 디 스 주 이 이 드 칸 우 실 하 멕 스 지 타 사 태 저 햄 로 네 지 릴 바 로 몬 싱 사 리 욕
다 오 스 배 콘 이 키 래 오 웨 시 스 스 스 라 간 애 캐 리 조 다 지 아 소 베 이 시 트 노 아 니 스 나 지 프 티 니 랜 다 라 트 포 턴 세
타 밍 카 마 신   래 오 어 피 타   코   애 롤 리 지 나 호 애   캐 이 코 버 니   셔 다 컷 아 드 도   니 아 츠
                       스 와   타   다 호   나 라 이 나 호   일 나   롤 지 오   드 라   아
                                 타   나   라 드   나 랜 니   리 아
                                                           이   나
                                                           나
```

**자료 5.4.** 느슨함 점수가 올라갈수록 개방성 점수도 올라간다.[78]

던져 반려견이 물어오게 하는 유명한 게임, 프리스비Frisbee도 느슨한 주에서 발명했다.[79] 1871년 코네티컷주 브리지포트에 있던 프리스비 파이 컴퍼니Frisbie Pie Company에서 제조한 파이 그릇을 예일대학교 학생들이 던지고 놀다가 이 게임에 대한 영감을 얻었다.

 느슨한 주에는 예술가, 화가, 작가, 삽화가 등 창의적인 사람들이 더 많이 산다.[80] 또한 느슨한 주에 사는 사람들은 더 창의적인 경험을 추구하는 경향이 있다.[81] 문화 행사에 참석하고, 시와 소설을 읽고, 집에서 예술 작품을 보거나 듣는 비율이 훨씬 더 높다. 창의적인 생각을 더 폭넓게 접하다 보면 개방성과 호기심도 강해진다.

 이런 맥락에서 볼 때 과연 어느 주가 가장 재미있을지도 궁금하
```

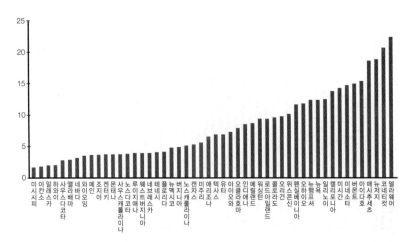

자료 5.5. 주별 인구 1명당 특허 출원 건수(1963~2011).[82]

지 않은가? 개인 금융 지원 서비스를 제공하는 웹사이트 '월릿허브
WalletHub'의 데이터 분석가들이 이 궁금증을 해결하기로 했다. 이들은
오락 활동(놀이공원, 영화관, 해변, 국립공원 등)과 밤에 할 수 있는 놀이
(술집, 음악 축제, 카지노 등)가 얼마나 다양한지를 기준으로 50개 주에
점수를 매겼다. 그 결과 "느슨하게 풀고 맘껏 즐기자!"라는 말이 과
학적으로 근거가 있다고 밝혀졌다. 네바다, 콜로라도, 뉴욕, 오리건
등 가장 느슨한 주가 가장 재미있었고 웨스트버지니아, 앨라배마,
켄터키, 아칸소 등 가장 빡빡한 주가 가장 재미없었다.[83] 여기에서
우리는 빡빡함과 느슨함의 균형을 다시 확인하게 된다. 느슨한 주는
무질서하고 무례하고 자제력이 부족해 문제를 일으킬 때도 많지만,
더 재미가 있다. 빡빡한 주는 오락거리가 부족하긴 하지만, 질서를
잘 지키고 예의 바르고 자제할 줄 안다.

2부 분석: 우리 주변의 빡빡함과 느슨함

느슨한 주는 더 재미있을 뿐만 아니라 더 관대하다. 느슨한 주의 도덕률은 타인에게 해를 끼치지 않아야 한다는 점을 강조한다. 인종이나 언어, 종교, 신념과 상관없이 모두에게 적용되는 보편적인 도덕률이다. 실제로 뉴스 웹사이트 '데일리 비스트Daily Beast'는 혐오 범죄 사건부터 종교적 관용 수준까지 광범위한 지표를 활용하여 50개 주의 관용 점수를 평가했다.[84] 이 점수는 우리가 정리한 빡빡함-느슨함 순위와 밀접한 관계가 있었다. 또한 우리는 38개 주에 걸쳐 2,000명이 넘는 미국인을 설문 조사한 자료를 바탕으로, 느슨한 주에 사는 사람들이 아프리카계든 아시아계든 라틴계든 소수인종과 백인 사이의 결혼을 지지하는 비율이 높고, 동성애자들에게 더 긍정적인 태도를 보인다는 사실을 확인했다.[85]

사람들을 만나 직접 의견을 묻는 설문 조사였기 때문에 개중에는 노골적인 편견을 애써 감춘 이들도 있었을 것이다. 그러나 실제 반응을 감추기가 훨씬 더 어려운 '암묵적 연관성 검사(IAT)'라는 심리 측정 평가로 감춰진 편견을 측정했을 때도 비슷한 결과가 나왔다.

암묵적 연관성 검사는 다양한 자극에 대한 즉각적인 반응을 바탕으로 사람들 마음에 내재한 편견을 측정한다. 예를 들어, 검사를 받는 사람들은 '좋은' 이미지와 '나쁜' 이미지를 가능한 한 빨리 분류하라는 지시를 받는다. 해당 이미지에는 '동성애자(예를 들면 동성 커플이 손잡은 사진)'나 '이성애자(예를 들면 이성 커플이 손잡은 사진)'를 묘사한 사진뿐만 아니라 단어('즐거운' 또는 '끔찍한' 같은)가 섞여 있다. 만약 당신이 특정 집단의 이미지를 재빨리 나쁜 이미지로 분류했다면, 당신은 그 집단에 대해 암묵적 편견이 있거나 그 집단을 몹시 부정적인 이미지와 연결 지어 생각한다는 뜻이다. 우리는 300만 명이 넘는 미국인을 대상으로 이들이 흑인, 노인, 동성애자, 장애인에게 품고 있는 암묵적 편견을 분석했다. 그리고 더 빡빡한 주에 사는 사람들보다 더 느슨한 주에 사는 사람들에게 이들 집단에 대한 부정적 태도가 훨씬 적게 내재해 있다는 사실을 알아냈다.[86] 본인이 의식하고 있든 그렇지 않든, 더 빡빡한 주에 사는 사람들은 낙인 집단의 일원에게 편견을 품을 확률이 더 높다.

느슨한 주에서는 다름에 대한 이런 명시적·암묵적 태도가 더 평등한 사회로 나타난다. 소수인종이나 여성이 운영하는 회사의 비율을 높이고, 여성과 소수자가 공직에 더 많이 진출하게 하고,[87] 예전부터 낙인에 시달려온 집단을 법으로 강력하게 보호한다.[88] 여기에서 추론할 수 있는 분명한 사실은, 만약 당신에게 사회적으로 소외당하기 쉬운 정체성이 있다면 느슨한 주에서 사는 것이 더 낫다는 점이다. 예를 들어, 정신 질환이 있는 사람들은 느슨한 주에서 더 나은 의료 서비스를 받을 수 있다.[89] 치료 및 특수교육을 받기도 쉽고, 일자리를 구하기도 쉽고, 저렴하면서도 양질의 보험 혜택을 받기도 쉽다. 반면에 더 빡빡한 주에서는 전반적으로 더 심한 차별을 당한다. 자료 5.6에서 보듯이, 평등고용추진위원회(EEOC)는 느슨한 주보다 빡빡한 주에서 인구 한 명당 고용차별 고발 건수가 훨씬 많이 나왔다고 밝혔다.[90] 2017년 한 해만 보더라도, 매사추세츠주의 고용차별 고발 건수는 470건(인구 한 명당 0.07건)인데[91] 미주리주는 무려

2,144건(인구 한 명당 0.35건)이었다.[92] 매사추세츠와 미주리는 인구수도 비슷하고 실태적 인구통계(평균 연령, 수입, 교육 수준 따위를 분석한 통계적 데이터-옮긴이)도 비슷한데 말이다.

느슨한 나라가 그렇듯, 느슨한 주도 이민자들에게 더 열려 있다.[93] 비교적 빡빡한 애리조나주에서는 몇 가지 예외를 제외하면[94] 미등록 거주자는 운전면허를 취득할 수도 없고, 합법적인 거주자들처럼 주소재 공립대학에서 학비를 감면받을 수도 없다. 한편 이웃한 캘리포니아주에는 애리조나주 못지않게 멕시코 출신 이민자 수가 많지만, 이민자들도 학비 감면 혜택을 똑같이 받는다. 캘리포니아 주지사 제리 브라운Jerry Brown은 법적 지위와 상관없이 모두 환영한다고 선언했다.[96] 공식 입장이 이렇게 다른 이유는 외부자를 보는 견해차 때문이다. 실제로 빡빡한 주에 사는 주민들은 자기네 주가 이민자들이 살

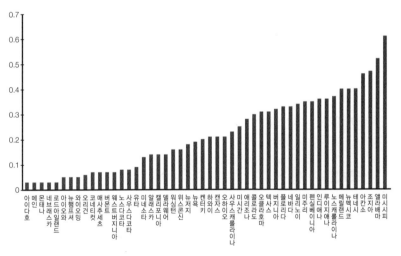

자료 5.6. 평등고용추진위원회가 조사한 주별 인구 1명당 고용차별 고발 건수(2017).[95]

기에 좋은 곳이 아니라고 답할 확률이 높다.[97] 또한 빡빡한 주에서는 외부자를 부정적으로 보는 시각이 강해서 '국산품 애용' 또는 수입 제품 규제 조치를 지지할 확률이 훨씬 높다.[98]

적응력은 느슨한 주의 또 다른 자산이자, 미국에 사회 변혁을 일으켜온 원동력이다. 역사적으로 동북부 지역은 유니테리언(삼위일체 교리를 거부하고 유일신론을 주장한 교파)이나 여성 참정권 등 인습에 얽매이지 않는 진보적인 운동의 거점이었다.[99] 저명한 역사가 콜린 우다드Colin Woodard에 따르면, 뉴욕주 그리니치 빌리지는 "무정부주의 철학자, 자유시 시인, 입체파 화가, 페미니스트, 동성애자, 프로이트학파 사상가, 술고래 작가, 자유연애 극작가, 특이한 음악가 등 온갖 유형의 문화 혁명가들을 끌어 모으는 자석"의 역할을 했다.[100] 서부에서는 느슨한 캘리포니아주가 끊임없이 사회 변혁의 선봉에 섰다.[101] 미국에서 인구가 가장 많은 캘리포니아주는 (뉴욕주, 그리고 각 연안에 자리한 이웃 주들과 함께) 1960년대 문화 혁명과 동성애자 권익 수호 운동을 주도했다. 반대로 빡빡한 주들은 사회운동에 저항할 때가 많다. 1970년대 후반, 성차별을 금지하는 남녀평등헌법 수정안(RA) 승인을 반대하는 의견의 75퍼센트 가까이가 빡빡한 주에서 나왔다.[102]

건국자들의 힘

그러면 애초에 '빡빡함-느슨함'의 차이는 왜 생긴 걸까? 확실하지는 않지만 50개 주의 이러한 차이는 처음 신대륙 각지에 정착했던 사람들의 문화적 특성에서 시작되었고, 그 후 수 세기에 걸쳐 진화했을 것이다.

아일랜드 북동부와 스코틀랜드 남동부 출신 이민자들이 대거 아메리카대륙에 도착하기 시작한 1700년대로 거슬러 올라가 보자. 이 이민자들은 처음에 펜실베이니아 주변에 터를 잡았고, 그 뒤 남쪽으로 이동해 웨스트버지니아, 노스캐롤라이나와 사우스캐롤라이나, 조지아, 테네시, 오클라호마, 텍사스 등지에 정착했다.[103] 이 개척자들은 그곳에서 여행 가방을 풀었고 이 가방에는 모국의 사회 규범과 가치관이 가득 들어 있었다. 켈트족 목동의 후예인 이들은 용기, 역경을 이겨내는 힘, 외부자를 의심하는 습관 등을 강조하는 엄격한 규범으로 유명했다.[104] 심리학자들이 '명예 문화'라고 명명한 문화 특성이 하나로 결합한 형태다.[105]

이런 문화 특성은 위험천만한 남부에서 삶의 터전을 개척하는 데 꽤 쓸모가 있었다. 인근 집단의 습격을 받아 가축을 잃는 일이 끊이지 않는 곳이 남부였다.[106] 아직 공식적인 법 집행 기관도 없는데 이런 위험이 끊이지 않자, 정착민들은 협동을 강화하고 좀도둑질을 막고자 엄격한 사회 규범을 개발했다.[107] 그중에서도 집단의 결속을 촉진하는 '후한 마음'과 '존중'에 관한 규범이 무엇보다 중요했다. 정착민들은 지역 사회에 후한 인심을 과시하고 존경을 얻고자 손님을 자주 접대했다.[108] 이때 시작된 남부인의 환대 문화는 21세기까지도 이어진다.

이렇듯 인심이 후하고 협동심도 뛰어났지만, 초기 정착민들은 신속하고 혹독하게 범죄자를 응징할 준비도 되어 있었다. 그렇게 한 번씩 용맹한 모습을 보여주면, 지역 사회의 명성도 지킬 수 있었고 못된 짓을 저지르고 싶은 마음도 단념시킬 수 있었다. 남부에서는 짓궂게 놀리는 행동까지 규범 위반으로 본다. 특히 사람들 앞에서 모욕을 당했을 때는 폭력 사건으로까지 번질 수 있다. 미국 7대 대통령 앤드루 잭슨Andrew Jackson의 부모는 스코틀랜드계 아일랜드 사람이었으며 잭슨은 이들이 캐롤라이나로 이주한 후 1767년에 태어났다. 그의 어머니는 그에게 이렇게 말했다고 한다. 항상 "사내답게 행동해야 한다. (…) 법으로는 진짜 남자가 느끼는 격한 분노를 완전히 해소할 수 없단다." 이 충고를 마음에 새긴 앤드루 잭슨은 여러 번의 결투를 포함하여 100건이 넘는 싸움에 연루되었고, 한 번은 결투 중에 상대가 목숨을 잃기도 했다.[109] 규범을 위반한 자를 처벌하려는 굳은 의지와 힘이 있고 무엇보다 명예를 중시한다는 명성을 훌륭히 지켜내면, 혼란과 무법 상태로 치달을 가능성이 농후한 남부의 목축 경제에서 질서를 유지하는 데 도움이 되었다.[110]

결국 이 명예 문화는 미국의 최남단인 루이지애나, 미시시피, 앨라배마, 조지아까지 퍼져나갔다. 1970년대까지만 해도 스코틀랜드계 아일랜드 사람들이 남부에 있는 여러 주의 인구 대다수를 차지했다.[111] 오늘날 이들은 미국에서 가장 빡빡한 주에 속한다. 이들 주에는 명예 문화가 아직 살아 숨 쉬고 있다.[112]

남부 노예 경제의 근간이었던 권위주의 성향도 이 지역이 빡빡해지는 데 이바지했다. 1670년 초 식민지 바베이도스에서 건너온 정착민들은 미국 남부에 계급 사회를 확립했다. 그리고 주인보다 수가 더 많은 노예를 통제하고자 엄격한 규범을 만들었다. 처음에는 도망치다 잡힌 노예를 채찍으로 때렸다.[113] 그 후에도 도망치려는 시도가 계속되자 이번에는 귀를 잘랐다. 이후 거세, 아킬레스건 끊기, 처형까지 처벌 규칙은 갈수록 가혹해졌다. 이 규칙에 따라 노예를 처벌하지 않는 주인에게는 벌금을 부과했다. 도망치도록 도운 자들을 채찍으로 때리지 않거나 죽이지 않는 주인에게도 벌금을 부과했다.

한편 미국 북부와 서부에 정착한 사람들은 완전히 딴판이었다. 이 지역에 처음 정착한 사람들은 애초부터 '종교 다원주의'와 '다문화 공존'으로 유명했다. 알다시피 이 둘은 집단을 느슨하게 만드는 동인이다. 바베이도스 출신들이 미국 최남단에 도착하기 수십 년 전인 17세기 초, 네덜란드인(오늘날 가장 느슨한 국가 중 하나인 바로 그 네덜란드 출신)들이 뉴욕을 세계적인 무역 중심지로 만들었고 나중에는 폴란드, 핀란드, 스웨덴, 아일랜드, 포르투갈 출신 이민자들을 끌어들였다. 뉴욕 지역은 가톨릭, 성공회, 청교도, 퀘이커, 유대인을 포함하여 여러 가지 다른 신앙을 가진 사람들을 끌어모았다.[114]

뉴잉글랜드 북쪽으로 멀리 떨어진 매사추세츠만 식민지에는 영국 청교도로 알려진 '분리파' 개신교도 집단이 정착했다.[115] 당연히 이들의 관습은 매우 엄격했고, 매사추세츠만 식민지는 다른 종교 집단에 아주 편협한 태도를 보였다.[116] 그러나 17세기와 18세기에 걸쳐 침례교, 감리교, 유니테리언교, 퀘이커교를 포함하여 개신교의 다른 종파들이 어마어마하게 성장하면서, 유일무이했던 청교도의 권위가 차츰 빛을 잃고 쇠퇴했다.[117] 18세기 중반에는 매사추세츠와 뉴잉글랜드 전역에서 '관용'이라는 새로운 규범이 발전했고,[118] 남부에서 그동안 고수해온 계층적이고 권위적인 관행을 대중들이 거부하기 시작했다. 곧 매사추세츠는 '자유의 요람'이자 종교적 다양성을 위한 안식처로 유명해졌다.[119]

이 느슨한 사고방식은 19세기에 산업화가 진행되면서 한층 더 굳건해졌고,[120] 이로써 북부는 더 도회적이고 더 다양한 특색을 갖추게 되었다. 1870년대에 매사추세츠(현재 미국에서 여섯 번째로 느슨한 주)는 시골 인구보다 도시 인구가 많은 최초의 주가 되었다.[121] 시골 마을에 사는 사람들에 비하면 도시 거주자들은 서로 잘 모른다. 따라서 이웃의 감시를 훨씬 덜 받고 익명 속에 묻혀 산다. 한편 남부 지역은 대부분 여전히 농사를 지으며 살았고, 지역 주민들끼리 긴밀한 관계를 유지했다.[122] 《남부의 명예Southern Honor》라는 책을 쓴 역사가 버트럼 와이엇 브라운Bertram Wyatt-Brown에 따르면, 남부에서 농부 외에 유일하게 용인한 직업은 의료인, 법률가, 성직자, 군인뿐이었다.[123]

서부로 눈을 돌리면, 18세기 중반에 시작된 캘리포니아주가 아메리카 원주민, 멕시코인, 러시아인, 유럽인이 한데 섞인 도가니였다.[124] 1848년 존 서터John Sutter가 운영하는 제재소에서 금이 발견되면서 세계 곳곳에서 30만 명 이상이 부를 좇아 이곳에 모여들었다.[125] 그때도 이미 각양각색이었던 정착민들 속에 칠레, 오스트레일리아, 이탈리아,[126] 아일랜드,[127] 중국에서 새로 온 이민자들이 다양하게 섞여들었다. '신생' 국가 이스라엘의 길을 앞서 걸었던 선구자 캘리포니아는 그렇게 '신생' 주가 되었고, 서부 해안에서 더 나은 미래를 위해 기꺼이 위험한 여정을 떠날 모험가들을 유혹했다. 캐나다 상인 윌리엄 퍼킨스William Perkins는 1849년에 소노라라는 광산 마을에 관해 이렇게 썼다. "여기에서는 모든 나라 사람들을 볼 수 있다. 각양각색의 복장에 50개의 다른 언어를 쓰지만, 모두 원만하고 붙임성 있게 어우러져 지낸다."[128] 물론 캘리포니아에는 인종차별과 배척으로 점철된 어두운 역사가 있고,[129] 오늘날까지도 이 문제를 완전히 뿌리뽑지 못하고 있다. 그러나 초기에 문화적 느슨함의 씨앗이 뿌려졌고, 캘리포니아는 미국에서 가장 관대한 주 중 하나로 진화했다.

이와 대조적으로 빡빡한 주들은 인구통계 자료를 보면 알 수 있듯이 1860년 이래로 늘 다양성이 부족했다.[130] 실제로 펜실베이니아대학교 데이터과학자 랜디 올슨Randy Olson은[131] 미국에서 다양성이 가장 부족한 지역 가운데 일부가 빡빡한 주에 속해 있다는 점을 보여주었다.[132] 미국에는 웨스트버지니아주 터커 카운티, 켄터키주 로버트슨 카운티, 네브래스카주 후커 카운티를 포함하여 지금도 인구의 거의 전체가 백인인 카운티가 있다. 우리가 분석한 자료에 나와 있듯이 빡빡한 주는 다양성, 그중에서도 특히 인종적 다양성이 부족하다.

물론 빡빡한 주 안에도 느슨한 지역 사회가 있고 느슨한 주 안에도 빡빡한 지역 사회가 있다. 빡빡함-느슨함 이론은 이들 지역 사회가 스펙트럼에서 어디쯤 자리할지 예측하게 해준다. 다양성의 역사가 있는 지역 사회들은 현대에 느슨함을 보이는 경향이 있다. 빡빡한 주인 루이지애나에는 역사 내내 전 세계 사람이 다양하게 모여든 항구도시 뉴올리언스가 있다.[133] 마르디 그라 축제(사순절이 시작되는 첫날인 '재의 수요일' 전 화요일에 여는 축제. 미국에서 마르디 그라 축제가 처음 열린 곳이 뉴올리언스다-옮긴이)와 재즈 무대를 지켜본 사람이라면 누구나 증언하듯이, 뉴올리언스는 미국에서 가장 관대한 도시 중 하나다. 1718년에 프랑스인들이 정착했을 때로 거슬러 올라가면[134] 뉴올리언스는 프랑스, 아메리카 원주민, 스페인, 아카디아, 크레올, 미국 남부, 카리브해 등 다양한 문화의 본거지였고 지금은 미국 남부의 다른 지역보다 훨씬 더 느슨하다. 2015년에 뉴올리언스 시장 미치 랜드루Mitch Landrieu는 이렇게 선언했다. "뉴올리언스는 다양성을 즐기고, 온갖 계층의 사람들을 두 팔 벌려 환영하고 초대하는 도시입니다."[135] 마찬가지로 느슨한 주에도 빡빡한 지역 사회가 있고, 이들 지역 사회는 대부분 다양성이 매우 부족하다. 예를 들어, 느슨한 주인 콜로라도에 자리 잡은 도시 콜로라도스프링스는 전체 인구의 80퍼센트 가까이가 백인이고, 느슨한 뉴욕주의 와이오밍 카운티는 전체 인구의 92퍼센트가 백인이다.[136]

거친 자연환경, 엄격한 규범

빡빡함과 느슨함의 뿌리는 초기 정착민들이 수백 년 전에 가지고 온 규범과 가치관까지 거슬러 올라간다. 그렇다고 이것으로 모든 걸 다 설명할 수는 없다. 국가들의 사례와 마찬가지로, 초기 정착민들이 아메리카대륙에 발을 디뎠을 때 맞닥뜨렸던 각 지역의 자연환경도 큰 역할을 했다.

앞서 살펴보았듯이, 영토를 공유하는 집단은 강력한 규범을 실행함으로써 생태계의 위협에 전략적으로 대처하기 위해 결집한다. 천연자원 부족, 병원균과 유행병 발생, 적의 공격이 모두 이런 위협에 속한다. 위험이 클수록 지역 사회는 더 빡빡해진다. 이와 대조적으로 식량이나 물, 질병, 침략 따위를 걱정할 필요가 없을 때는 조직적인 대응을 위해 엄격한 규칙을 만들 필요가 없고, 따라서 더 관대한 사회로 진화한다.

국가에 명확히 적용되는 이 원리는 주에도 똑같이 적용된다. 대자연은 미국 주들 간에 빡빡함과 느슨함의 차이가 영원히 계속되게 하는 데 중요한 역할을 했고, 지금도 선별적으로 특정 지역에 파괴적인 마법을 계속 걸고 있다.

예를 들어, 빡빡함 점수가 높은 주들은 대부분 초창기에 힘든 자연 환경을 맞닥뜨린 특징이 있다. 19세기에 다코타, 네브래스카, 캔자스, 오클라호마와 서부 여러 지역은 연간 강우량이 20인치에 불과할 정도로 비가 거의 오지 않아 살기 힘든 땅이었다. 이들 주에는 "대규모 관개 사업에 의존하지 않고는 농사를 지을 수 있는 곳이 거의 없었다"라고 콜린 우다드는 지적했다. "친숙한 작물이 전혀 자라지 않을 정도로 고도가 너무 높았다. 평원과 산골짜기마저도 애팔래치아산맥의 최고봉보다 더 높았다."[137]

역사를 통틀어 대자연은 남부에 평균 이상으로 분노를 많이 쏟아냈다. 사우스캐롤라이나에서는 19세기 후반에 연이은 산불이 주 전체를 휩쓸어 약 1만 2,000제곱킬로미터의 삼림지를 태웠다.[138] 텍사스주 갤버스턴에서는 1900년에 무시무시한 허리케인이 발생해 약 8,000명이 목숨을 잃었고,[139] 미국 역사상 최악의 가뭄이 닥친 1949년부터 1951년까지 텍사스주 강우량은 40퍼센트나 감소했다.[140] 현재 미국에서 네 번째로 빡빡한 주로 꼽히는 오클라호마에서는 1910년대에 시작되어 계속 반복되던 가뭄이 1930년대 모래폭풍 시대(심한 가뭄과 건조농법 실패로 미국과 캐나다에 극심한 모래폭풍이 발생했던 시기-옮긴이)에 절정으로 치달았다.[141] 오클라호마는 1930년대 대공황 때도 큰 타격을 입었다. 이 기간에 결국 40만 명 이상이 오클라호마를 떠났고,[142] 그중 많은 이가 서쪽에 있는 캘리포니아와 애리조나로 이주했다.

오늘날에도 빡빡한 주들은 자연환경에 타격을 입을 위험이 가장 크다.[143] 재난센터에서 발표한 1950년부터 1995년까지의 자료를 보면, 빡빡한 주들이 느슨한 주들보다 토네이도가 발생할 위험이 훨씬 컸다.[144] 예를 들어, 빡빡한 주인 텍사스와 캔자스에서는 토네이도가 한 해 평균 각각 147번과 92번 발생했지만,[145] 느슨한 주인 뉴햄프셔와 코네티컷, 워싱턴에는 토네이도가 거의 발생하지 않았다.[146] 1979년부터 2004년까지 자료를 봐도 빡빡한 주들이 더위, 번개, 폭풍, 홍수로 인한 사망률이 훨씬 높다.[147]

우리는 1851년부터 2004년까지 입수 가능한 자료를 토대로 허리케인이 강타한 지역도 추적했다.[148] 허리케인 발생 지역은 확실히 빡빡한 주에 치우쳐 있었다. 미국 역사상 가장 치명적이었던 허리케인 목록을 조사해보았더니, 목록에 오른 50개 이상의 허리케인으로 가장 심각한 피해를 본 지역의 약 85퍼센트가 가장 빡빡한 10개 주였다. 최근에 대자연은 허리케인 카트리나, 하비, 어마를 동원해 빡빡한 주들에 특히 잔인하게 굴었다.

역사적으로 빡빡한 주들은 더 많은 질병에도 대처해야 했다.[149] 우리는 1993년부터 2007년까지 질병통제예방센터 자료를 조사해서 말라리아나 홍역, 결핵, 풍진, 장티푸스처럼 흔한 질병에 얼마나 취약한가를 기준으로 각 주의 빡빡함 수준을 예측할 수 있다는 사실을 알아냈다. 루이지애나, 미시시피, 사우스캐롤라이나처럼 빡빡한 주들은 병원균 발생 빈도가 높았다. 반면에 메인, 뉴햄프셔, 버몬트처럼 느슨한 주는 병원균 발생 빈도가 낮았다. 빡빡한 주들은 식량 공급 불안에 시달리는 비율도 높았다.[150] 식량을 충분히 확보할 수 있는 가정이 더 적었고, 깨끗한 공기를 마실 확률도 낮았다.[151] 예를 들어 빡빡한 주인 인디애나가 미국에서 공기 질이 가장 나쁘고, 오하이오와 켄터키가 그 뒤를 잇는다. 이에 비해 느슨한 주인 오리건, 메인, 뉴멕시코는 미국에서 공기가 가장 깨끗한 주에 속한다. 요약하자면 위협이 있는 곳에 빡빡함도 있다.

물론 세계지도에서 보았듯이, 더 빡빡한 사회를 만드는 생태 환경에 보란 듯이 맞서는 예외도 있다. 역사를 통틀어 지진부터 산불, 산사태, 혹서까지 다양한 자연재해가 캘리포니아주를 흔들었다. 그러나 캘리포니아주는 꽤 느슨한 편이다. 그 이유는 개별 국가를 살펴볼 때 우리가 주목했던 예외, 즉 이스라엘이 느슨한 이유와 비슷하다. 전 세계에서 모여든 모험심 강한 이민자들 덕택에 캘리포니아주는 엄청난 다양성을 자랑한다.[152] 바로 이 다양성이 할리우드부터 베니스 비치, 실리콘밸리까지 느슨한 하위문화를 촉진했다. 캘리포니아에서는 일자리 10개 중 1개가 창의적인 산업(미술, 디자인, 패션, 건축 등)에 속하고[153] 애플, 페이스북, 구글 같은 기술 벤처 기업이 모여 있는 곳으로 유명한 실리콘밸리는 혁신의 메카다. 이스라엘 사례와 마찬가지로, 캘리포니아의 엄청난 다양성과 혁신이 빡빡함-느슨함의 추를 느슨함 쪽으로 흔들리게 한 것이다.

위협적인 자연환경과 질병은 50개 주의 문화 형성에 아주 중요한 (때로는 숨은) 역할을 했다. 2014년 부동산 검색 웹사이트 '이스테이틀리Estately'는 토네이도, 허리케인, 화산 폭발, 번개, 곰·거미·뱀·상어의 공격 등 미국인이 가장 흔하게 경험하는 공포를 지도에 표시했다.[154] 그런 다음 이런 공포를 유발하는 위협이 더 자주 발생한 주가 어디인지 조사하여 미국에서 '가장 살기 무서운 곳'을 알아냈다. 놀랍게도 이스테이틀리가 만든 지도는 우리가 만든 빡빡함-느슨함 지도와 매우 일치한다.[155] 플로리다, 조지아, 텍사스처럼 빡빡한 주가 버몬트, 알래스카, 네바다처럼 느슨한 주보다 훨씬 더 무서운 곳으로 드러났다.

내전에 시달리는 나라

집단을 빡빡하게 만드는 위협은 대자연의 분노 말고도 더 있다. 앞서 살펴보았듯이 국가는 외부의 위협, 특히 외국의 침략에 맞서다 보면 더 빡빡해지는 경향이 있다.

물론 미국은 역사 내내 비극적인 사건을 많이 겪었다. 초창기 식민지 개척자들이 아메리카대륙에 발을 디딘 16세기부터 아메리카 원주민과 백인 정착민 사이에 무지막지한 충돌이 있었고, 이 충돌로 대다수 아메리카 원주민이 목숨을 잃었다. 또한 미국인들은 독립전쟁, 진주만 공격, 9.11 테러, 보스턴 마라톤 폭발 사건을 포함하여 자국 영토에서 여러 번 공격당했다. 하지만 영국으로부터 독립을 쟁취한 뒤, 미국은 1812년 전쟁 이후로는 영토를 외국에 장기간 점령당하거나 침략당한 적이 없음에도 200년이 넘는 '합중국'의 역사 내내 끊임없는 내분과 반목을 겪었다.

대표적인 예가 남북전쟁이다. 19세기에 미국 남부는 나라를 어떻게 통치할지에 대한 의견이 전혀 달랐던 북부 출신의 '외국' 군대에 '점령'당한 듯한 기분이 자꾸만 들었다.[156] 1861년 남부와 북부는 미국 역사상 가장 피비린내 나는 싸움을 시작했고, 그 결과 남부 문화는 한층 더 빡빡해졌다. 남부인들은 농업 기반 경제에 없어서는 안 될, 자기네 지역 '특유의 제도(노예제도를 일컫는 완곡한 표현)'를[157] 지킬 필요가 있다고 보았다. 노예제도 확산을 저지하려는 북부인의 노력이 남부인의 생활방식과 생존을 위협한다고 생각했다.[158]

확실히 노예제도에 가장 많이 의존하던 남부 주들이 북군의 승리로 인해 가장 많은 것을 잃었다. 이 논리에 따르면, 오늘날 남부 주들은 노예 노동에 덜 의존하던 북부 주들보다 더 빡빡해야 한다. 실제로 그렇다. 1860년 인구통계 조사에서 노예를 소유하고 있다고 밝힌 가정의 비율과 오늘날 주별 빡빡함 지수 사이에는 강한 상관관계가 있다. 미시시피, 사우스캐롤라이나, 조지아처럼 가장 빡빡한 남

부 주들은 델라웨어, 메릴랜드처럼 느슨한 주들보다 노예를 소유한 가정의 비율이 훨씬 더 높았다.[159]

전쟁이 끝날 무렵, 남부 주들이 북부로부터 느꼈던 위협은 전부 현실이 되었다.[160] 노예 노동이 사라진 남부 주들은 경제 파탄에 직면했다.[161] 게다가 상당히 많은 전투가 남부에서 벌어진 탓에 남부의 땅도 황폐해졌다.[162] 전쟁이 끝난 뒤에도 수년간 무력 충돌이 이어졌다. 반항적인 남부인들이 벌이는 산발적인 습격을 감시하고 진압하기 위해 2,000명에 달하는 북군이 남부에 남아 있었다.[163]

그렇지 않아도 자연환경이 불안정한 데다 전쟁으로 땅이 심하게 망가진 남부는 남북전쟁 후 명확한 사회 계층이 흐트러지는 위기에까지 직면했다. 노예제도가 막을 내리고 연방 정부가 전국에서 인종 차별을 폐지하는 정책을 밀고 나가자, 남부의 오래된 사회질서가 무너져 내렸다.[164] 사람들은 집단 간의 반목이 일상에서 표출되지 않도록 사회적 상호관계를 위해 암묵적 규칙을 준수했고,[165] 이 규칙들은 사회 구조에서 각자의 자리가 어디인지 알려주는 역할을 했다. 예의범절을 강조하는 남부의 특성은 일상에서 사회적 긴장을 완화하는 데 도움이 되었지만, 표면 아래서는 계층 분열이 계속되고 있었다. 미시시피대학교에서 남부 지역을 연구하는 찰스 레이건 윌슨 Charles Reagan Wilson 교수는 이렇게 설명한다. "아이러니하게도 남부인들은 사회질서를 유지하는 데 예의범절이 매우 중요하다고 보았기에 그러한 법도를 지키고자 폭력을 행사하는 행위를 정당하게 여겼다."[166] 오늘날에도 남부에서는 친절을 베풀고, 감사 카드를 보내고,

성인 남성과 여성을 'sir', 'ma'am'이라고 부르는 규칙을 지킨다. 이 규칙은 그저 사소한 습관이 아니라 사회의 질서와 안정을 지키는 보루다.

앨라배마, 노스캐롤라이나, 조지아, 테네시 같은 주에서 남부 연합 기념비를 보호하기 위해 법률을 만들고 전투를 재연하는 의식을 치르는 데서 짐작할 수 있듯이,[167] 수 세기가 지난 지금도 남북전쟁에 패했던 기억이 남부를 괴롭히고 있다. 미국의 다른 지역들은 이따금 과거를 떠올릴 뿐이지만, "남부 사람들에게는 21세기인 지금까지도 기억이라는 유령이 머릿속을 떠돌고 있다." 남부 문학을 전공한 조지아주립대학교 토머스 맥하니Thomas L. McHaney 명예교수의 말이다.[168] "남북전쟁에서 패하자 남부 백인들은 전쟁 전의 생활을 머릿속에 그리고 또 그렸고, 이 과정은 남부만의 독특한 정체성을 형성하는 데 큰 역할을 했다."[169] 남부에서는 사악한 적이었던 북부에 대한 기억을 계속 간직함으로써 위협이 상존한다는 인식을 되살려 빡빡한 문화를 강화한다. 문화적 '상흔'이 지워지지 않고 그대로 남아 있는 것이다.

빡빡함-느슨함의 변화와 급상승

50개 주는 미합중국이라는 이름이 암시하는 만큼 '연합'이 잘 이루어지지는 않았다. 미국인의 영혼 깊은 곳에 문화 분열이 똬리를 틀고 있다. 역사, 생태계, 인구 동태의 영향으로 어떤 주는 엄격해지고 어떤 주는 관대해진 결과, 오늘날 우리가 보는 빡빡함과 느슨함의 균형과 갈등이 빚어졌다.

각 주의 엄격함과 관대함은 시간이 흐르면서 서서히 변화했지만, 가끔은 급격한 문화 변동이 일어나기도 한다. 빡빡함-느슨함 이론으로 이를 예측할 수 있다. 위협이 존재하면 그 위협은 두려움과 무질서를 퍼뜨리고, 사람들은 더 강한 규범과 더 빡빡한 문화를 갈망하게 된다. 설사 그 위협이 일시적이거나 상상에 불과하더라도, 심지어 조작된 것이라 하더라도 마찬가지다. 예를 들어, 20세기와 21세기 초에 국외 적들의 위협과 내외국인의 테러 행위가 꼬리를 물자 미국인들은 더 이상 안전하다는 느낌을 받을 수 없게 되었다. 이렇게 무서운 시기에는 외부자에 대한 적대감, 단결과 내핍을 강조하는 쪽으로 규범이 변화한다. 그 결과 미국은 더 빡빡해졌다. 그러나 문제의 원인이 밝혀지고 두려움이 가라앉자 미국 사회는 다시 비교적 느슨한 문화로 되돌아갔다.

예를 들어, '반공산주의 적색공포'는 세계적·지역적 위협에 대한 대응이었다. 미국인들은 공산주의자들이 러시아제국을 전복한 1917년 사건이 미국에서 되풀이될까 봐 두려워했다.[170] 1919년에 무정부주의자 몇몇이 미국 전역에서 폭탄을 터트리는 사건이 연이어 발생한 직후 적색공포에 처음 불이 켜졌다.[171] 일련의 사건은 정치적으로 급진적인 집단에 대한 대중의 공포와 편집증을 증폭시켰고, 뒤이어 이민자와 소수자에 대한 공포를 증폭시켰다. 이민자를 추방하고, 언론의 자유를 제한하고, 미심쩍은 공동체의 시민권을 제한하는 법안이 통과되었다.[172]

수십 년 뒤, 세력권을 넓혀가던 소련과 미국의 냉전 기간에 또 한 번의 빡빡한 시대가 이어졌다.[173] 1949년에 소련이 첫 번째 핵무기 실험을 단행하자 미국인들은 곧 핵전쟁이 벌어지지는 않을지, 소련 첩자들이 미국 정부에 침투한 건 아닐지 겁을 먹었다.[174] 공산주의자에 대한 마녀사냥이 이어졌다.[175] 좌파 성향의 할리우드에서 활동해온 기존 인물들까지 표적이 되었고 공산주의자라는 낙인이 찍혔다. 반공 히스테리에 기름을 붓기라도 하듯이, 미군은 소련의 지원을 받는 북한에 맞서 싸우기 위해 한국전쟁에 참전했다.[176] 잠재적인 공산주의 활동에 대한 조사, 체포, 추방의 불길이 1950년대 내내 미국 전역에서 활활 타올랐다.[177]

그러나 이러한 위협이 만성적으로 계속되지 않으면, 나라의 규범 체계는 다시 느슨해진다. 예를 들어, 1950년대에 활개 치던 온갖 제한과 감시와 처벌은 1960년대 들어 극단적인 느슨함에 서서히 자리를 내주었다. '변화의 10년'이라 부르는 이 기간에 미국에서는 여성, 아프리카계 미국인, 동성애자를 포함한 전통적인 소수자 집단에 대한 차별을 끝내고, 오랫동안 지켜온 여러 사회 규범 및 가치를 해체하려는 획기적인 운동이 벌어졌다.[178] 가정에 텔레비전이 더 많이 보급될수록 새로운 사상과 세상을 접하는 미국인도 더 많아졌다.[179] 그 후 수십 년간 기분 전환용 마약 복용과 문란한 성행위가 늘어나는 등 고삐 풀린 망아지처럼 관대함을 향해 내달렸다.[180] "당신을 흥분시키는 건 뭐든지", "섹스, 마약, 로큰롤"이 그 시대에 유행하던 관용구였다.[181] 남자들은 모자를 내던졌고, 여자들은 치마 길이를 짧게 줄였으며, 대담함이 표준이 되었다. 느슨함이 활개 치던 전설적인 시대였다.

태엽을 빨리 감아서, 빡빡함의 물결이 일시적으로 또 한 번 출렁였던 2001년 9월 11일로 넘어가 보자. 테러 집단 알카에다의 일원들이 세계무역센터를 기습 공격하는 바람에 3,000명 가까이 목숨을 잃자 새로운 공포의 시대가 미국 정치를 지배했다.[182] 이번에는 과격한 이슬람 테러 집단에 대한 공포였다. 9.11 테러 직후 미 의회는 130개의 새로운 법안을 도입했고, 260개가 넘는 정부 기관을 새로 만들었으며,[183] 2001년부터 2011년까지 6,000억 달러가 넘는 돈을 국가 안보에 쏟아부었다.[184] 테러 공격이 있고 불과 한 달 만에 급하게 초안을 마련하고 상원 의원 100명 중 98명이 서명한 '애국자법'을 토대로 미국인에 대한 전례 없는 감시가 시작되었다. 법 집행관들은 소유자나 거주자에게 미리 통보하거나 동의를 얻지 않고 가정과 회사를 수색할 수 있는 권한을 갖게 되었다.[185] 미 교통안전국은 공항에서 권리 침해 여지가 다분한 보안 검색과 사전 심사 절차를 시행했다.[186] 2001년과 2011년 사이에 이민자 추방률은 100퍼센트 넘게 증가했다.[187]

9.11과 같은 위협은 일시적으로 빡빡함을 증가시킨다. 그러나 이 비극이 있고 나서 몇 년 동안 느슨함을 촉진하는 촉매제가 미국 전역에 빠르게 퍼졌다. 개별 주에서, 나중에는 미 대법원에서 동성 결혼을 허용했고,[188] 최초로 흑인(이자 외국 혈통을 지닌) 대통령이 당선되었고, 전국적으로 약물 관련 법률이 완화되는 등 변화의 바람이

　　　　　　　　　　　　　　2부 분석: 우리 주변의 빡빡함과 느슨함

불었다. 그러나 또 한 번 미국 사회를 빡빡함 쪽으로 기울일 변화의 바람이 바로 코앞에서 불어오고 있었다.

트럼프가 빡빡함 카드를 써먹는 방식

빡빡함-느슨함 이론은 미국 역사상 가장 엄청난 사건 중 하나를 이해할 실마리를 제공한다. 얼핏 가망이 없어 보였던 2016년 대선에서 사업가이자 텔레비전 리얼리티 쇼 스타 도널드 트럼프가 당선된 사건 말이다.

문화심리학자는 아니었지만, 트럼프는 위협이 어떻게 시민들의 마음을 절박하게 만들어서 위협에 맞서 싸울 강한 지도자를 열망하게 만드는지 직관적으로 이해했다. 트럼프는 아주 능숙하게 위협적인 분위기를 조성했다. 2015년과 2016년 내내 트럼프는 유세장에 모인 군중에게 미국에 재앙이 닥치기 일보 직전이라고 경고했다. 멕시코인들이 국경을 넘어와 폭력 사건을 저지르고,[189] 세계 무역 협정과[190] 이민자들이 미국인의 일자리를 빼앗고,[191] 과격한 이슬람교도들이 미국 땅에서 테러를 모의하고,[192] 중국이 미국을 '유린'하고[193] 있다면서 위협이 커지고 있다고 말했다. 트럼프는 선거 운동 내내 분명한 메시지를 전달했다. 사회질서를 회복할 수 있는 사람은 바로 자신이라고 말이다. "문제를 해결할 수 있는 사람은 나뿐입니다."[194] 트럼프는 미국 대중에게 그렇게 선언했다. 빡빡함의 심리를 이용해 백악관으로 가는 길을 연 것이다.

2016년 대선을 치르기 전 몇 달 동안, 나는 트럼프 지지자들의 마음을 들여다보고자 조슈아 잭슨, 제시 해링턴과 함께 전국적으로 조사를 시행했다.[195] 전국에서 인구통계학적 계통(성별, 지역, 지지 정당, 인종/민족성)을 망라한 550명 이상의 미국인에게 ISIS와 북한 등 다양한 외부 위협에 얼마나 두려움을 느끼는지 물었다. 또한 미국이 너무 관대하다고 느끼는지 아니면 자유를 너무 구속한다고 느끼는지, 미국의 규범 단속이 너무 엄격하다고 느끼는지 아니면 지금보다 더 엄격해져야 한다고 느끼는지 등 미국 문화가 얼마나 빡빡하길 바라는지 물었다. 마지막으로 감시, 대량 추방 등 정책 현안에 대한 태도와 트럼프를 포함한 여러 정치 후보에 대한 지지 여부를 물었다.

그 결과, 미국이 크나큰 위협에 직면해 있다고 느끼는 사람일수록 미국 사회가 더 빡빡해지기를 바라는 것으로 나타났다. 그리고 미국 사회가 더 빡빡해지길 바라는 사람들이 트럼프를 지지하리라는 예측은 정확히 맞아떨어졌다. 사실 빡빡함을 추구하는 사람들이 트럼프를 지지하리라는 예측이 다른 조치에 대한 예측을 훨씬 웃돌았다. 예를 들어, 빡빡함을 추구하는 사람들이 트럼프에게 투표하리라는 예측이 그 밖의 권위주의적인 일반 조치에 찬성하리라는 예측보다 44배나 더 정확했다. 외부 위협을 염려하는 사람들이 이슬람 사원 감시, 미국인 이슬람교도 등록제, 불법 체류자 전원 추방 등 트럼프가 그동안 옹호했던 여러 현안을 지지하리라는 예측도 맞아떨어졌다. 누구보다 위협감을 많이 느낀다고 답한 시민들은 빡빡한 주에 살고 있었다. 그러니 트럼프가 빡빡한 주에서 가장 지지를 많이 받은 건 어쩌면 당연한 일이었다.

우리가 스스로 합리적인 유권자라 자부하는 요즘 같은 시대에도, 2016년 대선은 단순한 문화력뿐만 아니라 문화력을 이용할 줄 아는 후보에게 휘둘리는 '문화 반동'에도 크게 좌우되었다.

물론 트럼프 같은 인물이 급부상하는 일은 비단 미국만의 현상이 아니다. 이 현상은 인류의 역사와 문화에 반향을 일으킨 훨씬 더 큰 원리가 반영되어 나타난 결과다. 위협은 더 강한 규칙에 대한 열망과 전제군주 같은 지도자에 대한 복종을 낳고, 최악의 경우 편협성을 낳는다는 원리 말이다. 빡빡함-느슨함 이론은 2016년에 영국 국민이 유럽연합 탈퇴에 찬성한 브렉시트 국민 투표와 '법과정의당'이 과반 의석 확보에 성공한 폴란드 총선을 비롯하여, 21세기에 세계 곳곳에서 벌어지고 있는 깜짝 놀랄 정치 격변을 설명하는 데 도움이 된다. 헝가리는 최근 몇 년 사이에 다른 유형의 '위협' 때문에 상당히 빡빡해졌다. 헝가리 총리이자 독재자 빅토르 오르반이 '침입자'라고 부르는 이슬람 난민이 주원인이다.[196]

이러한 문화 충격은 공통된 패턴을 보여준다. 테러나 이민이나 세계화 따위를 위협으로 인식하면, 문화는 빡빡해지고 전제군주 같은 지도자들이 정치 무대에 우뚝 선다.

물론 위협이 늘 객관적인 것은 아니다. "위협에 대응하는 능력이 강해짐에 따라 인류 역사에서 실제 위협은 줄어든 반면에, 조작되거나 가공된 위협은 극적으로 증가했다."[197] 《사피엔스Sapiens》의 저자인 이스라엘 역사학자 유발 노아 하라리Yuval Noah Harari가 내게 한 말이다. "지도자와 문화는 거짓 위협을 고의로 지어낼 수도 있고, 존재하지도 않는 중대한 위협을 진짜로 인식할 수도 있다." 빡빡한 나치 정권은 실제보다 훨씬 크게 과장한 가상의 위협에 맞서야 한다는 명분을 내세움으로써 독일 정치 무대에 우뚝 섰다고 유발 하라리는 지적했다.

미국에서든 외국에서든 전제군주 같은 지도자들은 특히 노동자 계층과 시골 지역 유권자들에게 꽤 큰 지지를 받곤 한다. 실제로 빡빡함-느슨함을 축으로 국가 간의 차이와 주州 간의 차이를 확인할 수 있듯이, 빡빡함-느슨함은 사회경제적 집단들끼리도 서로 맞붙게 하여 극적인 결과를 초래하는 것으로 드러났다.

6

노동자 계층과
상류 계층

2011년 가을, 1,000명이 넘는 시위대가 뉴욕시 금융 지구에서 "월가를 점령하라!"라는 구호를 외치며 대규모 시위를 벌였다.[1] 시위자들은 미국과 세계 전역에서 갈수록 심해지는 사회경제적 불평등에 격노했다. 불과 며칠 만에 이 시위는 수만 명이 참여하는 운동으로 성장했다. 시위 열기는 뉴욕시에만 국한되지 않았다. 미국의 다른 도시 수백 군데에서도 대규모 시위가 벌어졌다. 한 달 뒤에는 유럽, 아시아, 남아메리카, 아프리카에서도 시위가 벌어지면서 이 운동은 전 세계를 휩쓸었다.

"우리는 99퍼센트다!"가 이 운동을 상징하는 표어가 되었다. 이는 사회의 '1퍼센트'에 속하는 가장 부유한 계층과 나머지 '99퍼센트' 사람들의 소득 격차가 급격히 벌어지고 있음을 시사하는 구호다. 미국 인구조사국 데이터에 따르면, 1967년부터 2015년까지 중위소득 증가율을 보니 상위 5퍼센트의 소득이 101퍼센트 증가하는 동안 최

하위층의 소득은 겨우 25퍼센트 증가했다.[2] 부자들은 갈수록 더 부유해지고 빈곤층은 계속 현 상태에 머물면서 빈부격차가 엄청나게 심해졌다는 의미다. 결국 최저임금 인상과 월가 개혁 같은 결과를 끌어냈다는 명분으로 '점령' 운동은 해체되었지만,[3] 세계 곳곳에서는 여전히 시위대가 외치는 구호가 들린다.

이제는 계층 분열이 중대한 정치 현안이 되었다. 2017년 퓨리서치 조사에 따르면, 미국인의 약 60퍼센트가 빈부 갈등이 '매우 심하다' 또는 '심하다'라고 생각한다.[4] 2009년보다 12퍼센트나 증가한 수치다.[5] 응답자들은 젊은 세대와 기성세대의 갈등, 도시 거주자와 시골 거주자의 갈등보다 계층 간의 갈등이 더 심하다고 답했다. 가진 자와 못 가진 자의 심한 격차는 전 세계에 존재한다. 2016년 기준, 남아프리카에서는 소득자의 하위 50퍼센트가 국민 순소득의 10퍼센트를 축적한 반면에, 상위 10퍼센트가 국민 순소득의 60퍼센트를 축적했다.[6] 2015년 기준, 중국의 상위 '1퍼센트'가 국가 부의 33퍼센트 이상을 소유하고 있다.[7] 세계경제포럼(WEF)에 따르면, 라틴아메리카는 세계에서 빈부격차가 가장 심한 지역에 속한다. 2014년 기준으로 상위 10퍼센트가 라틴아메리카 전체 부의 71퍼센트를 소유하고 있을 정도다.[8] 사회 평론가들은 이러한 불평등이 2016년 미국 대선, 영국의 브렉시트 결정, 유럽의 민족주의 운동에서 표출된 포퓰리스트 바람을 일으키는 데 이바지했다고 주장한다.[9]

게다가 우리는 갈수록 우리만의 반향실(소리가 잘 되울리도록 만든 방. 반향실에서는 어떤 소리를 내도 같은 소리가 되돌아온다. 여기에 착안하

　　　　　　　　　　2부 분석: 우리 주변의 빡빡함과 느슨함

여 비슷한 생각을 지닌 사람들끼리 어울리며 기존 신념과 믿음을 강화하는 현상을 '반향실 효과'라고 한다-옮긴이)에서 같은 계층끼리 어울려 사느라 다른 계층에 속한 사람들을 만날 일이 거의 없다. 그렇게 다른 사회 계층에 대한 오해가 날로 깊어지다 보니 부정확하고 부당하며 심지어 위험하기까지 한 결론에 이르곤 한다.

계층 분열은 문명의 역사만큼이나 오래되었다. 세계에서 가장 일찍 도시화가 이루어진 사회인 고대 메소포타미아(기원전 4500년경)의 수메르 지역은 왕과 성직자로 구성된 엘리트 계급, 상인과 필경사, 군인, 그 밖의 공무원으로 구성된 상층 계급, 농부와 공예가로 구성된 하층 계급, 노예로 구성된 최하층 계급이 사회질서를 이루고 있었다.[10] 오늘날과 마찬가지로, 사회 서열상 자신의 위치가 어디쯤인지에 따라 사람들의 지위와 정체성이 정해졌다. 이후 기원전 2000년경 인도에 4개의 신분으로 구성된 카스트 제도가 등장했고,[11] 중국에서는 주나라 시절인 기원전 1000년 위계에 따른 사회 계층 구조가 발달했다.[12] 계층 분열은 인간이라는 종에게만 국한되지도 않는다. 꼬리감는원숭이,[13] 개코원숭이,[14] 비둘기,[15] 망둑어,[16] 쥐,[17] 심지어 송장벌레마저도[18] 확실한 사회 위계를 통해 자기들끼리 서로를 구분하는 것으로 알려져 있다.

철학자, 소설가, 영화 제작자도 오래전부터 계층 분열에 관심을 쏟아왔다. 플라톤, 마르크스, 톨스토이부터 셰익스피어, 찰스 디킨스 Charles Dickens, 존 스타인벡John Steinbeck에 이르기까지 이들의 작품을 통해 우리는 계층의 규칙, 기대와 뒤얽힌 관계가 인류의 운명을 어떻게

좌우하는지 보았다. 〈더 크라운The Crown〉과 〈다운튼 애비Downton Abbey〉
같은 텔레비전 드라마가 입소문을 타고 인기를 끄는 현상에도 부자
들의 취향과 가치관, 태도에 매료되는 우리의 뿌리 깊은 습성이 투
영되어 있다. 〈시티 라이트City Lights〉, 〈마이 페어 레이디My Fair Lady〉,
〈슬럼독 밀리어네어Slumdog Millionaire〉, 〈워킹 걸Working Girl〉, 〈빌리 엘리어
트Billy Elliot〉, 〈핑크빛 연인Pretty in Pink〉 같은 인기 영화의 주인공들은 자
기가 속한 사회 계층의 기대에 부응하려고 애쓰는 한편, 또 다른 사
회 계층의 인정을 받으려고 노력한다.

  인간의 경험에서 사회 계층이 이렇듯 중심을 차지하는데도 우리
는 일반적으로 부자 대 가난한 자, 블루칼라 대 화이트칼라, 도시 대
시골, 프롤레타리아 대 부르주아지 정도로 제한된 범주 안에서만 사
회 계층을 이해해왔다. 그러나 이 범주들은 파생물에 불과하며 이
것들로는 사회 계층을 제대로 이해할 수 없다. 이 범주들 아래에는
문화 코드가 깊숙이 숨겨져 있다.[19] 단순히 혈압을 측정했을 때보다
DNA를 검사했을 때 더 많은 사실을 알 수 있듯이, 은행 계좌 잔액
이 얼마나 차이 나는지를 뛰어넘어 이 공동체들을 규정하는 문화 프
로그램을 밝혀내야 한다.

1마일 차이, 전혀 다른 세상

  월요일 아침 8시, 제임스와 데이비드가 각자 직장으로 향한다. 4년
제 일반 사립대학교를 졸업한 32살의 데이비드는 시카고에 있는 회
계 회사에 다닌다. 8시 30분에서 9시 사이에 회사에 도착하면, 마감

일자를 확인하고 업무의 우선순위를 정한다. 일정을 정리하고 일을 시작하는데, 이따금 하던 일을 잠시 멈추고 페이스북 피드를 확인하거나 이메일에 답장을 쓴다. 오전 10시 30분, 잠시 휴식 시간을 갖는다. 동료들과 커피를 마시며 주말에 있었던 일에 관해 잡담을 나눈다. 오후 1시, 동네 식당에 점심을 먹으러 가다가 주말에 해야 했는데 잊어버렸던 간단한 볼일이 생각났다. 이미 점심을 먹으러 나온 참이라, 볼일을 보고 들어가려면 30분이 더 걸린다. 사무실로 돌아온 그는 3시간 30분 동안 열심히 일하다가 5시 30분에 회사를 나선다. 그날 저녁, 데이비드는 상류층이 사는 안전한 동네로 돌아온다. 이곳에 아내와 함께 장만한 멋진 집이 있다. 데이비드는 휴가와 자녀들의 대학 학비를 위해 매년 상당한 액수를 저축할 수 있을 만큼 봉급이 넉넉하다.

같은 월요일 아침, 데이비드가 사는 곳에서 1마일(1.6킬로미터) 떨어진 동네. 고등학교를 졸업한 32살의 제임스는 산업용 볼트와 나사를 만드는 공장에서 기술자로 일한다. 아침 7시에 공장에 도착하면, 신경이 날카로운 상사가 제임스에게 하루 일정과 그날 안에 끝내야 하는 업무량을 알려준다. 헐렁하게 삐져나온 데는 없는지 작업복을 확인한 뒤, 제임스는 작업장에 있는 기계 앞에 가서 선다. 그리고 딴 생각 말고 일에 집중해야 한다고 스스로 다짐한다. 기계를 돌리다가 뭐라도 기계에 끼거나 실수가 생기면 치명적인 일이 벌어질 수 있기 때문이다. 제임스가 일하는 동안 작업감독이 진행 상황을 계속 확인한다. 10시 45분, 15분간의 휴식을 알리는 종이 울린다. 11시, 제임스는 다시 기계 앞으로 돌아온다. 정오쯤 점심시간을 알리는 종이 울리고, 오후에도 또 한 번 15분 휴식을 알리는 종이 울린다. 5시 30분, 교대 근무가 끝난다. 제임스는 노동자 계층이 사는 자기 동네로 발걸음을 옮긴다. 온정이 있고 유대 관계가 끈끈하긴 하지만, 저소득층 지역이라 범죄율이 높은 탓에 가족을 위해 더 안전한 동네로 이사하고 싶은 마음이 굴뚝같다. 식구들과 먹고살기에 빠듯한 봉급이라 따로 저축할 여유가 없다.

사회 계층이라는 생태계

데이비드와 제임스 둘 다 가족을 먹여 살리기 위해 열심히 일한다. 둘은 같은 도시에 살고, 두 사람이 사는 동네는 1마일밖에 떨어져 있지 않다. 그런데도 둘의 삶과 경험은 근본적으로 다르다. 제임스는 노동자 계층이라고도 부르는 하류층 사람이다. 대학 졸업장이 없고, 명망이 낮은 블루칼라 직종에서 일하고, 소득이 낮긴 하지만 빈곤선 이상인 사람들이 이 계층에 속한다. 반면 데이비드는 상류층 사람이다. 상위 1퍼센트, 그러니까 월가 점령 운동에 참여한 이들이 분노를 쏟아내던 엘리트 계층에 속하지는 않지만, 대학 교육을 받고 명망 있는 전문직에 종사하고 물질적인 풍요를 누리는 사회 계층에 속한 많은 사람을 대표한다. 제임스와 데이비드는 같은 도시에 살고 같은 언어를 쓰고 같은 지하철을 타지만, 완전히 다른 문화에서 살고 있다.

하류층과 상류층을 구분하는 재정 상태와 교육 수준은 쉽게 파악할 수 있다. 그러나 이 통계 아래에는 눈에 보이지 않는 차이가 존재한다. 그들이 경험하는 위협 수준의 차이 말이다.

한 가지 지적하자면, 제임스 같은 하류층 사람들은 까딱 잘못하면 빈곤층으로 전락할 수도 있다는 위협을 늘 느낀다. 법학자 조앤 윌리엄스Joan Williams는 "계층 문화 격차The Class Culture Gap"라는 글에서 이렇게 말했다. "미국 노동자 계층 가족들은 한 걸음만 헛디뎌도 빈곤과 혼란의 나락에 떨어질 수도 있는 외줄을 타는 기분으로 살아간다."[20] 노동자 계층에게는 안정 비스름한 것과 직장을 잃을 위협이 상존한다. 대개는 빠듯한 월급으로 근근이 살아간다. 작가 조지프 하월Joseph Howell에 따르면, 노동자 계층은 '생활난hard living(하월이 빈곤의 끝을 묘사할 때 쓰는 용어)'에 빠질지 모른다는 강박에 시달리는데, 바로 이 강박감 때문에 현재의 위태로운 지위라도 지키려고 버둥댄다.[21]

상류층 사람들은 이 세상이 안전하고 자신을 따뜻하게 맞아준다고 느끼지만, 하류층 사람들은 이 세상이 무시무시한 위험투성이라고 생각하는 경향이 있다. 실패하더라도 돈이 있으면 다시 기회를 잡을 수 있다. 그래서 돈이 있는 사람들은 새로운 길과 모험을 대하는 태도가 완전히 다르다. 상류층 가정은 문제가 생겨도 안전망이 있다는 걸 알기에 탐험하고 모험하라고 자식들에게 용기를 북돋는다. 하류층 가정은 부주의한 실수와 판단 착오가 불러오는 부정적인 영향을 상쇄할 안전망이 없기에 이런 식의 실험을 극구 말리는 편이다. 빈곤층으로 전락할지 모른다는 두려움 때문에 "노동자 계층의 문화는 새로운 길 대신 안전한 길, 자아실현 대신 자기 훈련 쪽에 닻

을 내린다"라고 조앤 윌리엄스는 설명한다.[22]

생활난이라는 위협은 한낱 이론이 아니라 일상에서 매일 되풀이되는 현실이다. 오하이오주 데이턴에 사는 31살의 간호사 니콜 베델Nicole Bethel은 〈허핑턴 포스트Huffington Post〉에 동전 몇 개로 버티며 월급날만 손꼽아 기다릴 때도 있다고 말했다.[23] "오로지 그 생각뿐이에요." 그녀의 말이다. "늘 똑같아요. 변하질 않죠. 느긋함은 꿈도 못 꿔요. 정말로 하루도 쉬질 못해요." 텍사스주에서 교사 겸 시간제 바텐더로 일하는 캐런 월Karen Wall은 허약하기 짝이 없는 일과 건강이 늘 걱정이라고 했다.[24] "자동차 사고라도 나면 노숙자가 되겠죠. 한 군데에서라도 해고되면 우리 애들은 배를 곯게 될 테고요." 고등학교를 졸업하고 2009년에 공장이 문을 닫기 전까지 제조업계에서 풀타임으로 일했던 엘린다 델라크루즈Erlinda Delacruz도 CNN과의 인터뷰에서 빈곤층으로 전락할까 걱정된다고 했다.[25] 텍사스주 시골 마을에 사는 델라크루즈는 세 곳에서 파트타임으로 일하고 있었다. 일주일에 60시간씩이나 일한다. "금요일 같은 건 없어요. 하루 벌어 하루 먹고 사는걸요."

하류층은 경제적 불안에 시달리는 것 외에도 안전과 건강에 심각한 위협을 안고 살아간다. 그들이 하는 일은 부상, 절단, 사망 비율이 훨씬 높다. 노동통계국은 1992년부터 매년 미국 내 일자리 전반에 대하여 '치명적 산업재해 인구조사(CFOI)'를 실시하고 있다. 치명적 부상과 비치명적 부상 순위에서 늘 최상위를 차지하는 사람들은 건설, 제조, 농사 같은 육체노동에 종사하는 하류층 사람들이다.[26]

이런 일이 본래 위험하다는 인식은 광범위한 업무 규정과 안전 수칙을 낳고, 직원들에게 재량권을 훨씬 덜 주는 결과를 부른다. 데이비드 같은 사람들은 일하면서 위협을 느낄 일이 훨씬 적기에 훨씬 많은 자유를 누리고 감독관에게 감시당할 일도 거의 없다.

하류층이 사는 동네에는 신체적 위협에 직면할 일도 많다. 미 사법통계국(BJS)에 따르면, 가난한 지역 사회가 소득이 높은 지역 사회보다 폭력 범죄율이 두 배 이상 높다.[27] 사법통계국은 소득이 낮은 지역에 사는 사람들이 총기 폭력, 강도, 가중 폭행 및 단순 폭행, 성폭행 및 강간의 피해자가 될 확률이 훨씬 높다고 보고했다. 또한 하류층은 살면서 건강 문제로 고생할 일이 상류층보다 많고 관상동맥질환, 뇌졸중, 만성 기관지염, 당뇨병, 궤양과 같은 질병에 걸리는 비율이 더 높다.[28] 실제로 미국에서는 상위 1퍼센트와 하위 1퍼센트의 기대 수명이 10년에서 15년까지 차이가 난다.[29]

위협 말고도 사회 계층 간의 차이를 만드는 중요한 요인이 더 있다. 하류층은 다양성을 접할 기회가 적은 편이다.[30] 예를 들어, 우리는 하류층이 사는 동네가 상류층이 사는 동네보다 이민자의 비율이 훨씬 낮다는 사실을 알아냈다. 하류층은 이동성도 훨씬 낮아서 사회 계층의 사다리를 올라가기가 더 어렵다.[31]

빡빡해지는 노동자 계층의 생각

하류층은 위협에 직면할 일은 많고, 이동성은 낮고, 다양성을 접할 기회는 부족하다. 빡빡해지기 딱 알맞은 조건이다. 그런데 정말로 하류층이 상류층보다 더 빡빡할까?

이를 알아내기 위해 제시 해링턴과 나는 2016년에 하류층과 상류층에 속한 미국 성인 수백 명을 조사했다.[32] 우리는 이들 집단이 어린 시절 가정에서, 현재의 직장에서, 그리고 인생 전반에서 경험한 빡빡함 수준을 측정했다. 우리는 그들에게 각각의 상황에서 따라야 할 규칙이 많았는지, 규칙을 위반했을 때 강한 처벌을 받았는지, 감시를 얼마나 많이 받았는지, 결정을 내릴 때 선택의 폭은 얼마나 넓었는지 등을 물었다.

결과는 다음과 같았다. 하류층 성인들은 어린 시절 가정에서, 현재의 직장에서, 그리고 인생 전반에서 더 강한 규칙, 더 엄한 처벌, 더 많은 감시, 더 적은 선택지에 직면할 확률이 더 높았다. 또한 이들은 매일 부딪히는 상황이 훨씬 더 빡빡하고, 용인되는 행동의 폭이 더 좁다고 답변했다. 게다가 "사회가 잘 굴러가려면 잘못된 행동을 강력하게 처벌해야 한다"와 같은 진술에 강한 동의를 표한 데서 알 수 있듯이, 하류층 응답자들은 사회가 더 빡빡해지길 바라는 비율이 더 높았다. 간단히 말해서 하류층은 더 빡빡하고 국한된 세계에서 살아가는 반면, 상류층은 상당한 느슨함을 경험하며 산다.

빡빡한 나라의 국민과 빡빡한 주의 주민들처럼, 하류층은 위협이라는 프리즘을 통해 세상을 바라본다. 그들은 월세를 내지 못하면 어쩌나, 대출금을 갚지 못하면 어쩌나, 집과 직장에서 쫓겨나면 어쩌나, 적절한 의료 서비스를 못 받으면 어쩌나, 먹을 것이 떨어지면 어쩌나, 전전긍긍할 일이 더 많다. 또한 그들은 더 위험한 동네에서 산다. 우리는 응답자들에게 우편번호를 알려달라고 요청했다. 미국 인구조사국에서 발표한 자료를 이용해 그들이 사는 동네가 얼마나 안전한지 알아보기 위해서였다. 아니나 다를까 하류층 응답자들은 실업률과 빈곤율이 더 높고, 따라서 경제적·재정적 어려움에 부닥 칠 위험이 더 큰 동네에서 살고 있었다.

또한 이 데이터는 매우 흥미로운 사실을 보여주었다. 사회 계층이 다른 사람들은 규칙을 바라보는 관점도 완전히 달랐다. 규칙은 깨라 고 있는 것, 이것이 상류층이 규칙을 바라보는 주된 관점이다. 마커 스 버킹엄Marcus Buckingham과 커트 코프먼Curt Coffman의 《먼저, 모든 규칙 을 깨라First, Break All the Rules》(국내에는 《유능한 관리자》, 《리더십 @ 매니지먼 트》라는 제목으로 출간되었다-옮긴이),[33] 앤젤라 코프랜드Angela Copeland의 《규칙을 깨고 직장을 잡아라Breaking the Rules & Getting the Job》같이[34] 성공을 다룬 유명한 책들을 보라. 이 책들은 성공하고 싶으면 기존의 사회 규범을 던져버리고 자기만의 길을 개척하라고 조언한다. 그러나 이 조언은 하류층에 속한 사람들이 생존하려면 규칙이 매우 중요하다 는 사실을 간과하고 있다. 마약에 손을 대거나 폭력 조직에 들어가 고픈 유혹이 강한 지역 사회에서 10대 아이들이 엇나가지 않게 지키 려면 권위 있는 인물들이 세워둔 엄격한 규칙이 꼭 필요하다. 게다 가 창의력을 발휘할 일이 없는 단순 직종 저임금 노동자들이 규칙을 깼다가는 해고를 당할 수도 있다. 상류층은 위협에 직면할 일이 적 고, 따라서 규칙을 깰 여유가 있다.

실제로 설문 응답자들에게 '규칙'이라는 단어를 보고 연상되는 느낌을 자유롭게 적어보라고 하자, 상류층 응답자들은 '나쁜', '답답하게 하는', '속박하는'처럼 부정적인 단어를 적는 비율이 높았지만, 하류층 응답자들은 '좋은', '안전한', '체계'와 같이 일관되게 긍정적인 단어를 적는 비율이 높았다.[35] '규칙 따르기'라는 문구에 대한 반응도 계층마다 달랐다. 하류층에서는 '경청하다'와 '순종하다' 등의 단어가 반복해서 나왔지만, 상류층에서는 '도덕군자인 척하는 사람', '로봇 같은'처럼 경멸조의 단어가 더 흔하게 나왔다. 하류층은 혼란에 휩싸일 위험이 다분한 세상에서 도덕 질서를 잡아주는 것이 규칙이므로 규칙을 따라야 한다고 생각했다.

전반적으로 하류층 응답자와 상류층 응답자는 가치관과 태도 면에서 우리가 빡빡한 나라와 느슨한 나라, 빡빡한 주와 느슨한 주에서 보았던 차이와 똑같은 차이를 보였다. 하류층 사람들은 "나는 질서를 좋아한다", "나는 명확하고 체계적인 생활양식을 즐긴다"와 같은 설문 항목에 "그렇다"라고 답하고 "변화를 싫어한다", "알고 있는 것을 고수하는 편이 더 좋다"라고 답변하는 비율이 높았다. 그들은 경험에 대한 개방성(마음을 열고 다양한 경험을 시도하려는 의지-옮긴이)이 낮고, "좋았던 옛날"을 그리워했다. 또한 안락사, 알코올 및 마약 복용과 같이 도덕적으로 애매한 행동을 몹시 혐오했고, 동성애를 부도덕한 행위로 보는 비율이 높았다. 심리학자 조너선 하이트가 진행한 도덕성 연구에서도 비슷한 양상이 나타났다.[36] 노동자 계층에 속한 사람들은 국기國旗로 변기를 닦거나 이미 죽은 개를 저녁으로 먹는 등 무례하거나 역겨운 행동일 수는 있으나 객관적으로 볼 때 해롭지는 않은 행동에 대해 어떻게 생각하느냐고 물었을 때 부도덕하다며 비난을 퍼부었다. 이들의 분노는 빡빡한 사고방식을 보여준다. 한편 사회경제적 지위가 높은 사람들은 그러한 행동을 사회의 관습이나 개인의 취향으로 간주해서 느슨하고 관대한 견해를 보일 확률이 높다.

막스, 규범을 위반하는 손가락 인형

그렇다면 하류층 아이들에게서 빡빡한 태도가 나타나기 시작하고, 상류층 아이들에게서 느슨한 태도가 나타나기 시작하는 나이는 몇 살쯤일까? 이전 연구를 통해 3살쯤이면 사회 규범을 이해한다는 사실을 파악했기에, 제시 해링턴과 나는 아장아장 걷는 아이들이 '규범 위반자'에게 다르게 반응하는지 살펴보았다.[37]

우리는 워싱턴 D. C. 지역에서 하류층과 상류층의 3살짜리 아이들을 모집했다. 소액의 대가를 지급하는 조건으로 부모들에게 자녀를 우리 실험실로 데려오라고 요청했다. 물론 3살짜리 아이들에게 어떤 사회 규범을 위반하는 모습을 보았을 때 불쾌하고 언짢았는지 설문지를 작성해달라거나 질문에 답해달라고 요구할 수는 없었다. 그런데 다행히도 독일의 공립 과학연구 기관인 막스플랑크협회의 심리학자 한네스 라코지Hannes Rakoczy, 펠릭스 바르네켄Felix Warneken, 미하엘 토마셀로Michael Tomasello가 이러한 용도로 사용할 수 있는 기발한 행동 도구를 이미 고안해둔 바 있었다. 바로 규범을 위반하는 손가락 인형 '막스'다.[38]

이 심리학자들이 연구할 때 그랬듯, 우리는 실험에 참여한 아동을 손가락 인형 막스와 각각 짝지었다. 손가락 인형은 연구 조교가 조종했다. 편안함을 느끼도록 아이들과 놀아준 뒤, 실험자는 아이와 막스에게 4개의 게임을 정당한 방식으로 하는 경우와 부당한 방식으로 하는 경우를 각각 시연했다. 예를 들어, '다싱daxing' 게임에서 실험자는 나무 막대기로 스티로폼 판에 있는 블록을 밀어내는 것이 '다스dax'를 하는 올바른 방법이라고 시범을 보였다. 스티로폼 판을 들어 올려서 블록이 미끄러져서 떨어지게 하는 건 잘못된 방식이라고 알려주었다. 그런 다음, 아이한테 먼저 게임을 시작하게 했다. 다음은 막스 차례였다. 처음에는 규칙에 따라 게임을 하던 막스가 나중에는 예상치 못한 행동을 했다. 막스는 자기가 제대로 하고 있다고 소리치면서 잘못된 행동을 했다. 스티로폼 판을 들어 올려서 블록을 미끄러뜨리기 시작한 것이다. "이게 다싱이야!" 불과 몇 분 만에, 손가락 인형 막스는 규범 위반자 막스가 되었다.

연구 결과는 어린아이들에게도 빡빡한 태도와 느슨한 태도가 이미 깊게 배어 있다는 사실을 보여주었다. 하류층 아이들일수록 막스에게 잘못하고 있다고 말하는 비율이 높았다. "아니야! 그렇게 말고. 이렇게!"라고 말하거나 "다싱은 그렇게 하는 게 아니야!"라고 말했다. 사회경제적 지위가 낮은 가정의 한 아이는 막스가 속임수를 쓴다고 비난하기까지 했다. 이 그룹의 아이들은 막스가 잘못했을 때 항의하는 속도도 더 빨랐다. 이와 대조적으로 상류층 아이들은 막스가 저지른 규범 위반을 이해하고 용인하는 듯 보였고, 가끔은 막스

자료 6.1. 오른쪽부터 제시 해링턴과 피험자와 손가락 인형.

가 잘못한 걸 알아채고 웃음을 터트리기까지 했다. 3살밖에 안 되었는데도, 특권층 아이들은 가끔 규칙을 깨는 건 아무 문제가 없다고 생각했다.

사회 계층의 문화 전승

우리의 연구 결과는 사회 계층 간 빡빡함-느슨함 차이가 인생에서 상당히 일찍 나타난다는 점을 암시한다. 그렇다면 이유가 뭘까? 사회 계층이 다른 아이들은 전혀 다른 유형의 사회화 과정을 겪는 것으로 밝혀졌다. 심리학자들의 용어를 빌리자면 노동자 계층 아이들은 '엄격한' 사회화 또는 '좁은' 사회화 과정을 겪고, 상류층 아이들은 '관대한' 사회화 또는 '넓은' 사회화 과정을 겪는다.

사회학자 멜빈 콘Melvin Kohn이 1969년 《계층과 순응Class and Conformity》

이라는 책에 이 차이를 처음으로 자세히 정리했다.[39] 이 책에서 멜빈 콘은 부모들에게 자녀들이 갖춰야 할 중요한 자질이 뭐라고 생각하느냐고 물었다. 하류층 부모들은 자녀가 고분고분하고 깔끔하기를 바란다면서 순응의 중요성을 강조했다. 상류층 부모들은 자녀가 자기 갈 길을 스스로 정하고 개척하는 기질을 갖추기를, 한마디로 독립적인 사람이 되기를 바랐다.[40] 멜빈 콘은 잘못된 행동을 처벌하는 태도 면에서도 현저한 차이를 발견했다. 하류층 부모들은 고의로 한 짓이든 아니든 상관없이 부모 말을 거역하거나 부정적인 결과를 낳는 행동을 한 자식을 처벌했다. 이와 대조적으로 상류층 부모들은 자식을 처벌하는 비율도 낮았을 뿐더러, 자식이 어떤 '의도'로 그런 행동을 했는지에 따라 처벌 여부와 처벌 수위를 결정했다.

우리가 50년 뒤에 진행한 연구도 멜빈 콘의 연구와 일치하는 결과가 나왔다.[41] 하류층 부모들은 자녀에게 따라야 할 확고한 규칙이 있다는 말을 더 자주 했고, 자녀의 행동을 감시하는 일도 더 잦았으며, 안 좋은 행동을 교정하기 위해 벌을 주는 일도 더 잦았다. 최근 퓨리서치센터 조사에서도 이와 일맥상통하는 결과가 나왔다. 고졸 또는 그 이하의 학력을 소지한 부모는 학사학위 이상을 소지한 부모보다 자녀를 체벌하는 비율이 세 배 가까이 높았다.[42]

지평선 너머 먹구름이 잔뜩 낀 하늘을 보면 등굣길에 우산을 챙겨 보내듯이, 부모들은 자식이 별 탈 없이 잘 자라는 데 필요하다고 생각하는 심리적 도구를 자식에게 준다. 하류층 부모들은 자기 자식이 사회적 위협으로 가득한 세상을 향해하며 재량권이 거의 없는 직장에서 일해야 한다는 점을 알고 있다. 그래서 그런 세상을 잘 헤쳐 가는 데 도움이 되는 순응의 중요성을 강조한다. 직장에서 업무 규정을 따르지 않으면, 해고를 당하거나 심하게 다칠 수 있기 때문이다. 앨프리드 루브라노Alfred Lubrano는 《림보: 블루칼라의 뿌리, 화이트칼라의 꿈Limbo: Blue-Collar Roots, White-Collar Dreams》에서 이렇게 설명한다.[43] "노동자 계층 사람들은 엄중하게 감독을 받으며 질서와 지시를 따라야 하는 직무를 수행한다." 그래서 부모들은 "가정에서도 보통 자식에게 순응하고 순종하라고 가르치며 말대꾸를 용납하지 않는다. 이는 훌륭한 공장 노동자가 갖춰야 할 자질이기도 하다." 이런 상황에서는 자기가 갈 길을 스스로 정하고 개척하는 자질이 실제로 역효과를 낳지만, 느슨한 세상과 직업을 항해하는 데는 이 자질이 필요하다. 그래서 상류층 부모들은 자식이 이 자질을 갖추도록 양육한다.

아이들이 빡빡한 세상과 느슨한 세상에 각각 어울리는 사람이 되도록 유도하는 건 비단 부모의 태도만이 아니다. 가정을 설계하는 방식, 대화를 이끄는 불문율, 교실에서의 경험, 이 세 가지 중요한 요인 모두 하류층과 상류층의 빡빡함-느슨함 차이를 강화한다. 영국의 사회학자 바실 번스타인Basil Bernstein은 1970년에 출간한 《계층, 규범, 통제Class, Codes, and Control》라는 책에서 상류층의 삶은 유연한 데 비해 하류층의 삶은 체계적이고 경직되어 있음을 가정의 내부 설계에서부터 쉽게 확인할 수 있다고 주장한다.[44] 그에 따르면, 하류층 가정은 기능에 따라 방을 확실하게 구분하고 용도를 엄격하게 제한하는 경향이 있다. 그들에게 주방은 음식을 조리하고 준비하는 공간이고,

식당은 가족이 식사하는 공간이다. 반면에 상류층 가정은 다양한 용도로 쓸 수 있도록 개방적이고 유연하게 방을 설계한다. 또한 하류층 가정에서는 부모와 자식의 관계가 체계적이고 엄격하지만(부모가 막강한 실력자라면, 자식은 부모에게 종속된 부하다), 상류층 가정에서는 권위 계통이 훨씬 더 모호하다고 번스타인은 지적한다.

번스타인은 사람들이 언어를 사용하는 방식과 사회 계층의 매혹적인 관계도 밝혀냈다.[45] 노동자 계층은 조건법적 서술('만약 ~했더라면 어떻게 되었을까?' 같은)을 덜 쓰고, 더 명확하고 단순한 문법 구조가 특징인 '제한된 부호' 형태의 화법을 사용한다. 반면에 상류층은 더 추상적이고 복잡하고 더 유연한 '정교한 부호' 형태의 화법을 사용한다. 번스타인의 설명대로, 우리가 세상을 바라보는 방식이 일정 부분 우리의 언어를 형성한다. 그러니 노동자 계층이 사용하는 언어가 유연성은 부족하고 체계성은 강한 사회 세계를 반영하는 것은 그리 놀랄 일이 아니다. 이와 대조적으로 상류층의 언어는 그들이 일상에서 접하는 비교적 비체계적이고 복잡한 경험과 일치한다.

아이들은 학교에서도 이런 구조적 차이를 경험한다. 비유하자면 하류층 학생이 대부분인 학교는 마치 군대처럼 규칙과 순종을 무척 강조할 가능성이 크지만, 상류층 학생이 대부분인 학교는 대학에 견줄 만큼 꽤 자유롭다.[46] 상류층 학교에서는 교사들이 학생들에게 느슨한 사고방식을 길러주려고 애쓴다. 질문하고, 개성을 표출하고, 자유롭게 행동하도록 학생들을 격려한다. 교육자 진 애니온Jean Anyon은 뉴저지 북부에 있는 학교에 비해 상류층 학생들이 대부분인 교외

2부 분석: 우리 주변의 빡빡함과 느슨함

지역 학교에서는 교사들이 학생들에게 매일 창의적인 글을 쓰고, 공예와 벽화, 그래픽을 활용하여 배운 내용을 표현하도록 장려한다고 말했다.[47]

이와 대조적으로 하류층 학생들이 다니는 도심 지역 학교에서는 빡빡한 사고방식을 갖도록 아이들을 교육한다. 학생들은 행동의 자유가 별로 없는 편이고, 더 체계적인 활동에 참여한다. 이런 학교에서는 아이들에게 필기한 내용을 반복해서 베껴 쓰거나 표준 수학 문제를 푸는 것과 같은 암기 과제를 내준다. 교재를 창의적으로 해석하는 능력보다는 과목에 대한 지식을 평가하는 데 중점을 둔 과제들이다. 사실상 학교는 각 사회 계층의 빡빡한 규범과 느슨한 규범을 그대로 재현한다.

부모가 강요하는 가치관부터 부모가 쓰는 언어, 가정과 학교의 구조, 심지어 규범을 위반하는 손가락 인형 막스에게 반응하는 방식까지 하류층 아이들과 상류층 아이들의 삶은 아주 어릴 적부터 갈리기 시작한다. 이런 문화적 차이는 아이들이 성인이 되어 행동하는 방식에 지대한 영향을 끼친다.

어떤 색 펜을 선택할 것인가

길을 걸어가는데 누군가가 다가와 간단한 설문에 응해달라고 요청하는 상황을 상상해보자. 설문지 작성을 끝냈더니, 보답으로 펜을 선물하겠다며 펜 5개를 내밀고 하나를 고르라고 한다. 4개는 초록색이고 1개는 주황색이다. 어떤 펜을 선택할 것인가?

색을 기준으로 펜을 선택하는 결정쯤은 별로 중요하지 않아 보일 수 있지만, 이 선택은 당신에 관해 실제로 꽤 많은 걸 말해준다. 당신이 순응하길 좋아하는 사람인지, 눈에 띄는 걸 좋아하는 사람인지 말이다. 심리학자 니콜 스티븐스Nicole Stephens, 헤이즐 마커스Hazel Markus, 세라 타운센드Sarah Townsend가 설문에 참여한 보답으로 펜을 주는 이 기발한 연구를 통해 확인한 바에 따르면, 하류층 참여자는 72퍼센트가 다수 색 펜을 선택했지만 상류층 참여자 중 다수 색 펜을 선택한 비율은 44퍼센트에 불과했다.[48] 이 연구가 보여주듯이, 섞여들거나 눈에 띌 기회가 생겼을 때 하류층 사람들은 섞여드는 쪽을 선호하지만, 상류층 사람들은 눈에 띄는 쪽을 선호한다.

빡빡한 나라가 획일성을 무척 선호하듯이, 하류층 사람들도 다른 사람들이 할 법한 선택을 하는 쪽을 선호한다. 또 다른 연구에서 이 심리학자들은 피험자들에게 새 차를 샀는데 다음 날 친구가 똑같은 차를 샀다는 사실을 알게 되었다고 상상해보라고 했다.[49] 하류층에 속한 사람들은 "기분 좋을 것 같은데요"라거나 "기쁠 것 같아요"라고 답하는 비율이 높았지만, 상류층에 속한 사람들은 "좀 짜증 날 것 같은데요"라거나 "아마도 기분이 나쁘겠죠"라고 답하는 경향을 보였다. 빡빡함-느슨함의 관점에서 보면, 이러한 차이가 충분히 이해가 된다. 살면서 위협을 많이 겪을수록 다른 사람과 같아질 때 안전감을 느끼는 법이다.

사회 계층이 낮은 사람들은 다른 사람들의 의견에도 더 쉽게 영향을 받는다. 한 연구에서는 한 그룹의 사람들에게 누군가가 자신을

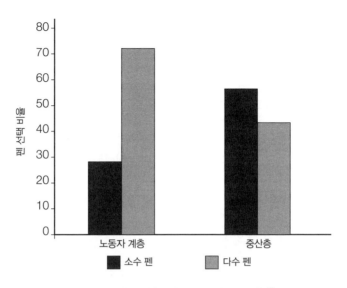

자료 6.2. 사회 계층별 다수/소수 펜 선택 비율.[50]

통제한다고 느꼈던 때를 떠올려보라고 요청했다. 또 다른 그룹의 사람들에게는 자신이 누군가를 통제했던 때를 떠올려보라고 요청했다.[51] 전자의 상황은 하류층의 삶에서 훨씬 더 흔하다. 하류층 사람들은 통제감을 덜 느끼는 편이다. 이후 피험자들은 아주 따분하고 지루한 문장 형성 과제를 마무리했다. 이 과제가 얼마나 재미있었는지 평가하기 전에, 실험자들은 이 과제를 극찬한 이전 참여자들의 비평을 피험자들에게 보여주었다. 1점부터 11점까지 점수를 매기는데, 이전 참여자 대다수가 9점에서 11점을 주었다. 그 과제가 정말 재미있었다는 뜻이다. 물론 그 비평은 가짜였다. 더 큰 통제감을 느낄 채비가 되어 있는 사람들은 다른 사람들이 이 과제를 하면서 즐거워했다는 사실을 무시하고 낮은 점수를 주었다. 그러나 통제감을 느낄 채비가 덜 되어 있는 사람들은 방금 읽은 비평에 맞춰 점수를 수정했다.

상류층 사람들은 사회적 압력에 저항하기도 하지만, 사회 규범을 준수하려는 열의도 훨씬 더 약한 편이다. 한마디로 느슨한 기질을 지니고 있다. 이는 캘리포니아대학교 버클리 캠퍼스 연구진이 차들로 붐비는 캘리포니아 교차로 한쪽에 숨어서 지나가는 차들을 지켜보다가 발견한 사실이다. 연구진은 차종과 이에 상응하는 사회 계층에 주목했다. 차가 좋을수록 보통 사회 계층이 높다(메르세데스 벤츠를 모는 사람과 도요타를 모는 사람 중 누가 상류층일지 생각해보라). 관찰 결과는 놀라웠다. 더 좋은 차를 모는 운전자들은 훨씬 더 평범한 차를 모는 운전자들보다 '네 방향 정지 표지판'이 있는 교차로에서 다른 차 앞을 가로막는 비율이 훨씬 더 높았다(미국에서는 교차로 네 방향에 모두 정지 표지판이 있는 경우 일단 정지한 뒤 정지선 앞에 도착한 순서대로 출발한다―옮긴이).[52] 정확히 말하자면 30퍼센트 대 8퍼센트였다. 사실 더 좋은 차를 모는 운전자들은 길을 건너려고 기다리는 보행자들 앞을 가로막는 비율도 더 높았는데, 캘리포니아주에서 이런 행위는 엄연히 불법이다. 가장 소박한 차를 모는 운전자 중에 보행자 앞을 가로막은 운전자는 0퍼센트였지만, 가장 좋은 차를 모는 운전자 중에는 무려 46퍼센트가 보행자 앞을 가로막았다. 확실히 사회적 지위가 높을수록 보행자를 배려하려는 (그리고 법을 지키려는) 마음이 적었다.

사회 계층이 높은 사람들은 운전할 때만 난폭한 것이 아니라 대화할 때도 대수롭지 않게 예의범절을 무시했다. 한 연구에서 연구진은 참여자를 모집한 다음, 이들이 5분간 낯선 사람과 소통하는 모습을 녹화했다.[53] 어떤 사람들은 상대방과 눈을 맞추면서 상대방이 말할 때 웃어주고 고개를 끄덕였지만, 어떤 사람들은 기본적인 대화 예절을 전혀 지키지 않았다. 공책에 낙서하거나 주변에 있는 물건을 만지작거리면서 대화에 집중하지 않는 경우가 많았다. 어느 계층 사람들이 이렇게 행동했을지 짐작이 가는가? 맞다. 낯선 사람과 소통하는 그 짧은 시간에 하류층 사람들은 관습적인 예의범절과 규범을 잘 지키는 편이었지만, 상류층 사람들은 예의범절과 규범을 무시하는 비율이 높았다.

　상류층 사람들은 이런 느슨함 때문에 비윤리적인 행동을 하기도 한다. 여러 연구에 따르면, 이들은 시험 볼 때 하는 부정행위부터 불법 소프트웨어 사용, 계산원이 실수로 더 내준 거스름돈을 돌려주지 않는 행동까지 비윤리적인 행동을 할 확률이 훨씬 더 높았다. 수백 명을 대상으로 조사한 결과, 노동자 계층 사람들은 회사 비품을 훔치거나 시험 볼 때 커닝하는 식의 부도덕한 행동을 지지할 가능성이 작았다. 또 다른 연구에서도 비슷한 결과가 나왔다. 실험실에서 진행한 한 연구에서 연구진은 피험자들에게 주사위를 던져서 큰 숫자가 나올수록 돈을 많이 받는다고 말했다. 그랬더니 사회경제적 배경이 좋을수록 주사위를 던져서 나온 숫자를 얘기할 때 거짓말을 하는 비율이 높았다.[54] 또 다른 연구에서는 자기가 상위 계층에 속해 있다고 생각하는 사람들이 옆방에서 실험에 참여하는 어린이들을 위해 준비해두었다고 알고 있는 사탕을 먹는 비율이 더 높았다![55]

고정관념을 따르느냐, 깨느냐

60초 동안 클립의 용도를 생각나는 대로 나열해보라. 이번에는 60초 동안 벽돌의 용도를 생각나는 대로 나열해보라. 제시 해링턴과 나는 사회 계층이 다른 사람들에게 이 고전적인 창의력 과제를 내주었다.[56] 그리고 상류층 사람들이 생각해낸 아이디어가 훨씬 더 창의적이라는 사실을 확인했다. 그들은 벽돌을 활용하는 방법으로 호두 까기, 예술 조각 만들기, 갈아서 황토색 페인트 만들기 등 참신한 방법을 제안했다. 클립을 활용하는 방법으로는 크리스마스 장식 걸기, 망가진 지퍼 대신 사용하기 등을 제안했다.

하류층 사람들은 더 빡빡한 편이고 상류층 사람들은 더 느슨한 편이다. 다시 말해 하류층 사람들은 순응을 잘하고, 규범을 잘 지키고, 협력을 잘하는 데 반해 상류층 사람들은 일탈을 잘하고, 잘 협력하지 않고, 약간 비윤리적이기까지 하다. 그러나 제약을 벗어던지길 좋아하는 사람들에게는 장점도 있다. 연구 결과가 보여주듯이, 느슨한 국가나 느슨한 주에 사는 일반적인 사람들과 마찬가지로 상류층에 속한 사람들은 훨씬 더 혁신적이다. 자기에게 힘이 있다고 느끼거나 힘이 없다고 느끼는 상황, 즉 상류층과 하류층의 권력 차이를 잘 보여주는 조건에서 진행된 또 다른 연구에서도 비슷한 결과를 확인할 수 있었다. 식당에서 선보일 새로운 메뉴를 기획하거나 파스타, 방사성 원소, 진통제 이름을 새로 지어달라는 요청을 받았을 때 자기에게 힘이 있다고 느끼는 사람들이 힘이 없다고 느끼는 사람들보다 더 창의적인 아이디어를 냈다.[57]

심리학자 머리 슈트라우스Murray Straus는 창의성 차이가 일찍부터 생긴다는 사실을 알아냈다.[58] 슈트라우스는 사회경제적 배경이 다른 가족들에게 문제 해결 과제를 내주었다. 그들이 과제를 수행하는 동안 관찰자가 그들이 낸 아이디어를 자세히 기록했다. 64개 가족 중에서 사회경제적 지위가 높은 가족이 사회경제적 지위가 낮은 가족보다 더 창의적인 해법을 제시했다. 인도와 푸에르토리코에서도 같은 결과가 나왔다. 요컨대 하류층 사람들은 규칙과 규범을 더 잘 지키고 더 윤리적이긴 했지만, 고정관념에서 벗어나지 못하는 경향을 보였다.

이는 빡빡함과 느슨함 사이의 균형을 보여주는 마지막 요소로 우리를 안내한다. 바로 자기와 다른 사람들을 포용하는 '열린 마음'이다. 느슨한 나라와 느슨한 주는 이민자를 포함해 자기와 다른 사람들에 대한 개방성과 포용력이 높다. 반면에 빡빡한 나라와 빡빡한 주는 사회질서를 위협하는 이런 사람들에게 더 부정적으로 반응한다. 놀랍게도 빡빡함과 느슨함의 이런 특징은 사회 계층에도 그대로 적용된다. 여러 연구에 따르면 하류층 사람들은 일반적으로 노숙자, 동성애자, 이슬람교도, 장애인은 물론이고 문신한 사람들에게도 부정적인 태도를 보인다.[59] 많은 나라의 하류층 사람들은 이민자들이 자기네 나라에 해롭다고 믿고 이민자들에게도 부정적인 태도를 보

인다.[60]

요컨대 사회 계층은 특정한 생태적·역사적 도전에 적응하기 위해 진화해온 뿌리 깊은 문화적 차이를 드러내 보인다. 빡빡함과 느슨함으로 대비되는 계층 간의 기본 특성은 확고하게 자리가 잡혀 있다. 그러나 여기에도 중요한 예외는 존재한다. 빡빡한 주에도 느슨한 도시가 있듯이, 사회경제적 지위가 낮은 집단에서 사고방식이 느슨한 사람을 발견하거나 사회경제적 지위가 높은 집단에서 사고방식이 빡빡한 사람을 발견하는 게 그리 어려운 일은 아니다. 미국 밖에서는 계층 간의 벽이 전혀 다르게 보일 수 있다. 소득 격차에만 초점을 맞추면 세계 곳곳에서 계층 분열을 만들고 유지하는 데 아주 중요한 몫을 하는 문화의 역할을 놓치게 된다.

빡빡함-느슨함 이론은 사회경제적 지위 외에 성별과 인종을 비롯한 여타 집단 간 차이를 이해하는 데도 쓸모가 있다. '백인 특권'이라는 용어는 정치적으로 뜨거운 감자가 되었지만, 이 개념에는 논란의 여지가 없는 원리가 하나 깔려 있다. 더 큰 권력을 손에 넣은 집단, 즉 중요한 자원을 장악한 집단은 규칙에 얽매이지 않을 여유가 훨씬 더 많다는 점이다. 많은 사회에서 백인, 남성, 이성애자는 계층과 상관없이 더 큰 권력을 손에 쥐는 경향이 있다. 그들은 더 느슨한 세상에서 산다. 이와 대조적으로 여성, 소수인종, 동성애자는 권력도 없고 허용되는 행동의 폭이 좁은데다가 심지어 같은 규범을 위반해도 더 강력한 처벌을 받는다. 요컨대 그들은 훨씬 더 빡빡한 세상에서 산다.

2부 분석: 우리 주변의 빡빡함과 느슨함

이는 연구를 통해 입증된 사실이다.[61] 나는 관리자들에게 상사의 결정에 반기를 들거나, 동료의 공을 가로채거나, 실수를 교묘히 은폐하거나, 회사 기물이나 비품을 고의로 파손하거나, 노동 시간에 관해 거짓말을 하는 사람에 관한 보고서를 읽게 했다. 결정적으로 우리는 관리자들이 인종과 성별을 미루어 짐작할 수 있도록 사전 검증을 거쳐 보고서 속 규칙 위반자의 이름을 조작했다. 피험자들은 백인 남성(그레그), 백인 여성(크리스틴), 흑인 남성(자말), 흑인 여성(라토야)에 관한 보고서를 읽었다. 그런 다음 보고서에 실린 위반 사항이 얼마나 심각한지 평가하고, 해당 인물을 처벌할지 안 할지 보고서에 표시했다.

결과는 이러했다. 관리자들은 여성과 소수인종이 이런 행위를 저질렀다는 보고를 받았을 때 다수 집단인 백인 남성이 같은 행위를 저질렀을 때보다 문제를 훨씬 더 심각하게 받아들였고 더 강하게 처벌해야 한다고 생각했다. 재정 자문 업계를 대상으로 진행한 연구에서도 비슷한 결과가 나왔다.[62] 위법 행위를 더 자주 저지르는 쪽은 남자 직원들이었지만, 여자 직원이 남자 직원보다 처벌을 받을 확률도 더 높았고 처벌 수위도 훨씬 더 높았다.

형사 재판 결과를 살펴봐도 같은 범죄에 대해 일방적으로 더 가혹한 처벌을 받는 집단이 있다는 걸 알 수 있다. 예를 들어, 아프리카계 미국인 범죄자들은 비슷한 전과가 있는 백인 범죄자들보다 더 가혹한 처벌을 받고 더 오래 징역을 산다.[63] 미국에서 아프리카계 미국인이 징역형을 선고받을 확률은 백인보다 다섯 배나 많다.[64] 또한 아프리카계 미국인은 경찰에게 표적이 되고, 짐승 취급을 당하고, 살해당할 확률이 훨씬 더 높다. 이런 현상 때문에 2013년에는 '흑인의 목숨도 소중하다Black Lives Matter, BLM'라는 사회운동이 촉발되기도 했다. 예를 들어, 2013년 미주리주 퍼거슨에서 교통 단속에 걸린 백인은 8명 중 1명꼴인 데 반해, 아프리카계 미국인은 2명 중 1명꼴이었다.[65]

패턴은 명확하다. 지위와 권력의 수준이 다른 사람들은 문화적으로 전혀 다른 세상에 산다. 그 지위와 권력이 소득에 기반을 둔 것이든, 인종이나 성별, 성적 지향이나 또 다른 개인적 특성에 기반을 둔 것이든 말이다.

사회 계층 간 문화 충격

일본으로 이주한 미국인이나 뉴질랜드로 이주한 독일인이 문화 충격을 경험하리란 건 어느 정도 예상할 수 있는 일이지만, 사회 계층이 달라진 사람 역시 그에 못지않게 적응에 어려움을 겪으리라는 생각은 잘 하지 못한다. 노동자 계층에 속한 사람이 제대로 준비가 안 된 상태에서 느슨함을 촉진하도록 잘 설계된 상류층 학교나 직장으로 옮긴 경우에는 특히 더 어려울 수 있다. 티가 잘 안 날 때가 많지만, 이런 환경에서 노동자 계층은 자기도 모르게 문화적 불이익을 받는다.

우리는 대학이 더 많은 경제적 기회와 이동성을 제공하는 디딤돌이라 여기지만, 어떤 사람에게는 이 디딤돌이 거대한 산처럼 보인다. 상류층 학생들은 대학 캠퍼스의 느슨한 규범과 개방성을 편안해하지만, 노동자 계층 출신 학생들은 갈피를 잡지 못하고 소외감을 느낄 수 있다. 2012년, 심리학자 니콜 스티븐스와 공동 연구자들은 미국 상위 50개 종합대학과 상위 25개 교양학부에서 근무하는 고위 관리자 260명을 대상으로 각 학교의 주요한 문화 규범을 조사했다.[66] 고위 관리자들에게 기질을 나열한 목록을 주고 자기 학교 학생에게 가장 중요한 기질이 무엇인지 선택하게 했다. 대다수가 자기네 대학은 학생들이 단순히 다른 사람의 견해를 인정하기보다는 자신의 견해를 개진하고, 다른 사람의 발자취를 따라가기보다는 혁신적으로 자기만의 길을 개척하고, 기존의 규칙을 받아들이기보다는 거기에 이의를 제기하기를 기대한다고 말했다.

다시 말해서, 대학의 규범은 일반적인 관행을 따르지 않고 독립적으로 자기만의 길을 개척하는 학생들에게 상을 주는 구조였다. 그러니 개성과 창의성을 길러주는 느슨한 문화에서 성장했을 가능성이 큰 상류층 아이들이 대학에서 활약하는 것이 놀랍지는 않다. 한편 자립보다 순응을, 창의성보다 체계를, 일탈보다 순종을 강조하는 빡빡한 환경에서 성장한 하류층 아이들은 악전고투할 가능성이 크다. 설사 대학이 집에서 가깝다고 해도 그들에게는 학교에 가는 일이 마치 외국에 가는 일처럼 느껴질 수 있다.

대형 공립대학교 여섯 곳에서 학생 14만 5,000명을 대상으로 진행한 최근 연구에서도 이런 문화 부조화의 증거가 발견되었다.[67] 노동자 계층에 속한 학생들이 상류층 학생들보다 소속감이 부족하고, 교육 경험에 대한 만족도가 떨어지고, 스트레스와 우울감이 심한 것으로 나타났다. 경제적으로 어려운 탓에 다른 일과 학업을 병행해야 하는 경우가 많았고, 캠퍼스에서 여타 공동 학술 활동을 할 시간도 부족했다.

나는 내가 가르치는 대학에서도 이런 현실을 직접 목격했다.[68] 제시 해링턴과 나는 2016년과 2017년도 신입생들을 조사했다. 1학기가 끝날 무렵 하류층 학생들은 학업에 잘 적응하지 못하고, 친구를 잘 사귀지 못하고, 스트레스를 많이 받는다고 답했다. 이 학생들은 복잡한 대학 생활에 짓눌려 있었으며 명확하고 단순한 삶을 갈망했다. 집에 돌아가도 사랑하는 사람들과 골이 더 깊어질 뿐이었다. 그들은 양쪽 문화에 두 다리를 걸치고 서서 이쪽에서도 저쪽에서도 소외감을 느꼈다.

하류층 학생들이 캠퍼스에서 소외감을 느낀다는 말은 중퇴할 가능성이 크다는 뜻이기도 하다. 국립교육통계센터(NCES)가 진행한 연구에 따르면, 고소득층 가정의 학생들이 저소득층 가정의 학생들보다 학사학위를 취득할 확률이 두 배나 높았다.[69] '훌륭한 평등 장치'라고 칭찬해 마지않는 미국의 고등교육 시스템은 '평등'이라는 이 고상한 목표와는 한참 떨어져 있다.

외국에 이주하기 전 다른 문화에 적응하는 훈련을 받는 것이 도움이 되듯이, 빡빡한 문화에서 느슨한 문화로 옮겨가는 하류층 학생들이 경험할 문화 충격을 줄이기 위해 교육 기관에서 특별한 조처를 할 필요가 있다. 하버드대학교,[70] 브라운대학교,[71] 애리조나주립대학교에서는[72] 이민 2세대 학생들이 대학 생활에 잘 적응할 수 있도록

2부 분석: 우리 주변의 빡빡함과 느슨함

학우가 멘토가 되어주는 프로그램을 개발했다. 다른 대학교에서도 이민 2세대 학생들이 소속감을 느낄 수 있도록 이들의 사연을 올리는 웹페이지를 만들었다.[73] 이런 프로그램들이 커다란 변화를 이끌 수 있다.[74] 니콜 스티븐스가 주도한 기발한 연구에 따르면, 다양한 계층의 학생들이 모여 사회 계층이 대학 생활에 어떤 영향을 끼치는지 토론하는 모임에 참석했던 하류층 학생들이 캠퍼스에서 필요한 자원을 잘 찾고, 더 높은 평점을 받을 가능성이 훨씬 더 컸다.

대학 환경을 좀 더 체계적으로 만드는 것도 빡빡함과 느슨함의 틈을 메우는 데 도움이 된다. 세라 에디Sarah Eddy와 켈리 호건Kelly Hogan이 채플 힐에 있는 노스캐롤라이나대학교에 도입한 혁신적인 제도를 예로 들어보자.[75] 학생들에게 매주 예습 과제를 더 많이 내주고, 시간을 체계적으로 관리하도록 수준에 맞는 읽기 문제를 제공하고, 협업 환경을 조성하기 위해 소그룹 활동을 더 많이 시키는 수업을 일부 진행했다. 구조적 변화가 전혀 없었던 대조군과 비교할 때 이러한 조정을 거친 집단의 학생들 모두 성적이 향상되었고, 그중에서도 하류층 학생들의 성적이 가장 크게 올랐다.

하류층 출신 젊은이들은 느슨한 대학 생활에 적응하는 데만 도움이 필요한 것이 아니다. 2017년 인구조사국 보고에 따르면 대학을 나오지 않은 사람들, 미국 성인의 3분의 2를 차지하는 이 사람들이 점점 더 세계화되는 경제 환경에서 성공하는 데 필요한 기술을 습득하려면 도움이 필요하다.[76] 그런데 지금처럼 느슨한 미국 문화로는 이들에게 필요한 도움을 주지 못할 수 있다.

일반적으로 빡빡한 문화인 독일을 예로 들어보자. 독일 정부는 대학 졸업장이 필요 없는 다양한 일자리를 젊은이들에게 제공한다. 독일에는 국가 공인 자격증을 딸 수 있는 직업 훈련 프로그램이 많다.[77] 독일 정부는 고용주들, 교육자들, 노동조합 대표들과 손을 잡고 이런 직업 표준 진로를 개발함으로써 젊은이들이 필요한 기술을 배워서 미래의 고용주들이 요구하는 자격을 갖추게 했다.[78] 타마르 자코비Tamar Jacoby가 〈애틀랜틱Atlantic〉에 쓴 대로다. "젊은 수습공들은 독일 어디에서든 다른 수습공과 똑같은 시간표에 따라 똑같은 순서로 똑같은 기술을 배운다. 수습공에게는 아주 좋은 일이다. 수준 높은 교육 프로그램을 통해 지금 일하는 회사뿐만 아니라 다른 회사에서도 통용되는 기술을 배울 수 있으니 나중에 직장을 옮기는 것도 얼마든지 가능하다."[79]

그러나 일반적으로 느슨한 문화인 미국에는 그렇게 통일된 표준이 없다. 이 말은 한 회사에서 배운 기술이 다른 회사에서는 쓸모가 없거나 필요가 없을 수 있다는 뜻이다. 그러면 사람들이 직장을 옮기기가 어려워지고, 이는 노동자 계층에게 큰 부담이 된다. 분야를 막론하고 산업 전반에 급격한 변화가 일어나고 있는데다가 세계화가 갈수록 심해져 하류층이 일자리를 위협받는 현 상황에서, 빡빡한 문화에서처럼 노동자 계층이 사회생활을 시작할 때 더 체계적으로 기술을 연마하게 하는 관행을 개발한다면 미국처럼 느슨한 경제에도 분명 도움이 될 것이다.

문화적 반향실

계급 간 차이는 지극히 문화적이고, 이 세계에는 서로 다른 계층의 문화를 이해하는 공감 능력이 시급하다. 지금이야말로 그 어느 때보다 문화적 공감이 필요한 때일 것이다. 전 세계에서 도시와 시골의 분열이 심해지는 걸 보면 알 수 있듯이, 사회 계층이 다른 사람들끼리 점점 더 서로 고립되고 있다. 우리는 소셜미디어에서 나와 같은 부류인지 아닌지로 사람들을 구분하는 경향이 있고, 서로 신뢰하는 언론사도 다르다(보수 우파는 폭스뉴스만 시청하고 진보 좌파는 MSNBC만 시청하는 식이다). 결과적으로 우리는 서로의 문화를 거의 이해하지 못하는 상태에 머물게 되고, 그러면 서로에 대해 부정적인 고정관념을 갖기 쉽다.

하류층과 상류층의 많은 차이점에는 기본 논리가 하나 깔려 있다. 배관공, 푸주한, 공장 노동자, 문지기, 교도관을 포함한 하류층 일자리는 정교한 기술력과 신체 능력이 필요하다. 또한 신뢰할 수 있어야 하고 규칙을 잘 따르는 자질도 필요하다. 이런 환경에서 성공하려면 빡빡한 사고방식이 매우 중요하다. 한편 법률, 공학 기술, 의료, 학계, 경영처럼 상류층 일자리는 창의성, 통찰력, 독립심, 전통을 깨려는 자세까지 기존 방식과는 전혀 다른 강점에 기반을 두고 있다. 이러한 강점을 기르려면 더 느슨한 사고방식이 필요하다. 그렇다고 어느 쪽의 강점이 더 우월하다고 여겨서는 안 된다. 서로 다른 강점을 상호존중하는 자세를 기르면, 오늘날의 계층 분열과 갈등을 해결하는 데 큰 도움이 될 것이다.

이 문제는 빠르게 세계화되는 현대에 점점 더 중요해지고 있다. 기술이 발전하면서 이미 많이 줄어든 하류층의 일자리가 더욱더 위태로워짐에 따라 하류층은 빈곤에 빠져 영원히 헤어나지 못할지도 모른다는 위협을 느끼고 있다. 경영 컨설팅 회사 맥킨지앤컴퍼니 McKinsey & Company는 빠르게 발달하는 기술을 도입하면 포장 및 조립 공정과 같이 단조로운 육체노동을 무려 78퍼센트까지 자동화할 수 있다고 밝혔다.[80] 이와 대조적으로 다른 직원들을 관리하거나, 제품 또는 서비스를 새로 만들기 위해 전문 지식을 활용하거나, 경영에 관한 결정을 내리고 계획을 세우는 일자리, 즉 상류층의 일자리는 기술 발전의 영향을 가장 덜 받는다. 차이는 극명하다. 하류층 사람들에게는 세계화가 코앞에 닥친 위협이지만, 상류층 사람들에게는 또 하나의 기회다.

그러므로 빡빡함-느슨함의 단층선이 세계 문제, 그중에서도 특히 정치 분야에서 정말 중요한 역할을 하는 건 너무도 당연하다. 세계화가 진행됨에 따라 이 단층선은 세계 곳곳에서 집단을 둘로 나누고 있다. 혁신, 변화, 다양성을 포용하며 비교적 잘사는 느슨한 문화와 재정적으로 쪼들리며 안정, 전통, 규칙을 좇는 하류층의 빡빡한 문화로 말이다. 정리해고를 당한 뒤 일자리를 찾지 못한 미국 유권자들은 더 빈궁한 상태에 빠지지 않으려는 일념으로 2016년 대선에서 트럼프에게 투표했다. 보수 좋은 직장을 다니다가 2008년 금융 위기로 실직한 캘리포니아 사람 앤서니 미스쿨린Anthony Miskulin은 2016년 선거 직후 〈로스앤젤레스타임스〉에 이렇게 말했다. "이런 상황에 부닥치리라고는 전혀 예상치 못했습니다. 도널드 트럼프에게 투표한 건 내가 편협한 사람이어서도 아니고, 증오심 때문도 아닙니다. 생존의 문제였습니다."[81] 영국에서 2016년 실시한 국민 투표에서 많은 사람이 유럽연합 탈퇴에 찬성표를 던진 근간에도 이민자들이 노동자 계층의 일자리를 빼앗을지 모른다는 두려움이 깔려 있다.[82]

위협감을 느낀 일부 노동자 계층은 자신을 뒤처지게 하는 사회 구조를 해체하고 전통 질서를 회복하겠노라 약속하는 포퓰리스트 지도자를 선호한다. 이런 지도자는 더 빡빡한 사회를 만들겠다는 약속을 거듭한다. 트럼프는 미국 정치 체제에 "법과 질서를 회복하고"[83] 국경을 강화하고 이민자가 들어오지 못하게 막을 것이며 범죄를 엄중히 단속하겠노라고 맹세했다. 5년 뒤 프랑스에서는 마린 르 펜 Marine Le Pen이 프랑스에 "질서를 회복하겠다"고[84] 약속했다. 폴란드에서는 '법과 정의'라는 이름을 내건 포퓰리즘 정당이 폴란드의 전통 가치를 회복하겠다는 정강을 내세웠다.[85] 점점 더 위협감을 크게 느끼는 노동자 계층에게는 이런 말들이 꽤 매력적으로 들릴 수 있다.

우리는 빡빡함-느슨함 렌즈로 각 사회 계층의 문화를 들여다봄으로써 다른 계층 사람들을 존중하는 태도를 키울 수 있고, 이런 태도를 바탕으로 해로운 결과를 초래하는 오해를 미리 예방할 수 있다. 2016년 미국 대선 기간에 많은 노동자 계층은 도널드 트럼프가 약속한 법과 질서를 갈망했다. 법과 질서가 '빈곤'이라는 실제적 위협을 물리치는 데 도움이 되리라 믿었기 때문이다. 힐러리 클린턴을 지지한 일부 사람들은 빈곤을 겁낼 필요가 없을 만큼 경제적으로 넉넉했고, 이민자들이 자기 일자리를 빼앗을지 모른다는 위협감을 느끼지도 않았다. 상류층과 하류층이라는 두 세계는 각 생태계에서 진화해 온 각자의 규범과 선입관을 갖고 있다. 타인이 투표한 선택지에 동의하지 않을 수 있지만, 그러한 선택이 각 세계의 문화 관습에서 비롯되었다는 점을 알고 나면 적어도 서로를 이해하려는 마음이 싹트지 않을까.

7

당신의 조직은 빡빡한 편인가, 느슨한 편인가

1998년, 자동차 업계의 두 거물인 다임러-벤츠Daimler-Benz와 크라이슬러Chrysler Corporation가 다임러크라이슬러DaimlerChrysler라는 이름으로 합병했다.[1] 얼핏 하늘이 맺어준 듯한 이 결혼은 자동차 업계에서 그야말로 어마어마한 사건이었다. 독일 자동차 제조업체 다임러는 이제 10만 달러가 넘는 메르세데스 세단보다 저렴한 자동차를 팔 수 있게 되었다.[2] 일반 대중을 주요 고객으로 자동차를 팔던 미국 자동차 브랜드 크라이슬러는 드디어 유럽 시장을 공략할 수 있게 되었다. 1998년 11월 17일 다임러크라이슬러가 뉴욕 증권거래소에 데뷔하고 얼마 되지 않은 1999년 1월, 이 회사의 주가는 108달러로 정점을 찍었다.[3] 투자자들이 이렇게 승인 도장까지 찍어주니, 이 회사의 미래는 보장된 듯 보였다.

그러나 신혼은 그리 길지 않았다. 두 회사 모두 특유의 사업 방식이 깊게 뿌리를 내리고 있었고, 곧 양립할 수 없는 문화 차이가 명명백백히 드러났다. 슈투트가르트에 있는 다임러크라이슬러 본사에서 열린 문화 통합 워크숍에서[4] 미국인 직원들은 '거래처 사람을 만날 때는 호주머니에 손을 집어넣지 않는다'[5] 같은 독일의 격식을 배웠다. 다임러의 독일인 직원들은 미국인 직원들이 자기를 부를 때 직함과 성을 떼고 이름만 부르자 기분이 언짢았다.[6] 팀 회의가 있을 때 독일인 직원들은 회의 안건을 정확히 제시하고 두툼한 서류를 미리 준비하길 원했지만,[7] 미국인 직원들은 자유롭게 이야기를 나누다가 그때그때 떠오르는 아이디어를 공유하길 원했다.[8] 미국 직원들은 해외 장기 출장 때문에 디트로이트 교외에 있는 널따란 저택에서 슈투트가르트에 있는 좁디좁은 아파트로 거처를 옮기는 일도 썩 내켜하지 않았다.[9]

조직 구조를 통합하는 일도 고되고 복잡했다.[10] 다임러는 관리·감독이 철저하고 꼼꼼함을 중시하는 상의하달식 계층 구조였다. 그 결과 이 회사의 제조 공정은 엄격하고 관료적이었다. 모국인 독일과 마찬가지로 다임러는 빡빡함 쪽으로 기울어 있었다. 반면에 크라이슬러는 여유롭고 자유분방하고 평등한 기업 문화를 바탕으로 더 느슨하게 운영되었다. 또한 크라이슬러는 불필요한 인력과 규정, 양식을 최소화하여 군살을 뺀 생산 방식을 활용했다.

이러한 회사 문화가 충돌하자 다임러는 결정을 내려야 했다. 타협할 것인가, 아니면 떼어낼 것인가? 다임러는 후자를 선택했다. 다임러 최고경영자 위르겐 슈렘프Jürgen Schrempp는 크라이슬러 최고경영자 로버트 이턴Robert Eaton에게 '평등한 합병'을 약속했지만,[11] 그의 행동은 이 결혼이 합병이 아니라 인수임을 말하고 있었다(그는 새 회사 이름을 지을 때 알파벳 순서에 따라 '크라이슬러다임러'라고 하지 않고 '다임러크라이슬러'로 정함으로써 이 싸움에서 승리했다).[12] 시간이 흐르자 다임러는 크라이슬러 미국 사업부 수장으로 독일인을 파견하고,[13] 미국인 관리자들을 독일인으로 교체하고,[14] 크라이슬러 직원 수천 명을 정리해고했다.[15] '독일인 침략자들'[16] 운운하는 뒷말이 나올 만한 조처였다. 의기소침해진 크라이슬러 직원들은 이런 농담을 주고받았다. "다임러크라이슬러 발음이 어떻게 되는지 알아? '다임러.' 크라이슬러는 묵음이야."[17]

360억짜리 합병이 부당한 인수로 보이기 시작하자 두 외국 기업은 신뢰를 회복할 수 없는 지경에 이르렀다. 크라이슬러 핵심 임원들이 회사를 떠났고,[18] 주가와 직원들의 사기가 떨어지자 이 두 회사는 국경을 초월하여 한 쌍을 이룬 지 9년 만인 2007년에 결국 갈라섰다.[19]

빡빡한 조직과 느슨한 조직 합병의 대가

다임러크라이슬러가 실패한 주요 원인은 빡빡한 문화와 느슨한 문화의 차이를 지나치게 과소평가한 데 있다. 결정권자들이 이처럼 문화적 차이에 대처할 준비가 안 되어 있는 이유는 뭘까?

다른 나라의 기업과 합병하는 일이 재정상으로는 매력적일 수 있지만, 리더들은 깊게 뿌리박힌 빡빡한 문화와 느슨한 문화의 차이가 심각한 갈등을 초래할 수 있다는 사실을 인식하지 못할 때가 많다.

다임러크라이슬러와 같은 불행은 너무도 흔하다. 합병을 고려하는 조직들이 두 조직의 문화 차이를 별것 아닌 것처럼 생각했다가는 재정적으로 막대한 손해를 볼 수 있다.

합병 실패로 얼마나 값비싼 대가를 치렀는지 계산할 수 있을까? 웨스턴온타리오대학교 아이비경영대학원의 청광 리Chengguang Li 교수와 나는 빡빡함-느슨함의 균열이 국제적 인수합병에 얼마나 큰 영향을 끼치는지 조사해보기로 했다.[20] 우리는 1980년부터 2013년까지 30개가 넘는 국가에서 이루어진 6,000건 이상의 국제적인 인수합병 거래에 관한 정보를 수집했다. 데이터에 포함된 합병 중 시시한 건은 하나도 없었다. 모두 1,000만 달러를 웃도는 거래였다. 우리는 합병 회사의 성공을 가늠하기 위해 협상에 걸린 시간, 인수합병 발표이후 일일 주가, 4년간의 총자산이익률을 살펴보았다. 마지막으로 각 회사가 속한 국가가 빡빡한지 느슨한지 알아내어, 합병하는 두회사의 문화 차이가 얼마나 심한지 측정했다. 합병한 회사 간에 문화 차이가 클수록 결과가 더 안 좋았을까?

그렇다. 빡빡함-느슨함의 격차가 클수록 대가가 큰 실패를 맛보았다. 문화 차이가 큰 회사 간의 합병은 협상을 마무리 짓기까지 시간이 더 오래 걸렸고, 합병 후 주가가 하락했고, 거래 당사자들의 수익도 크게 줄었다. 실제로 문화 부조화가 확연할 경우 매수 회사는 합병을 발표하고 닷새 만에 평균 3,000만 달러의 손실을 보았다. 문화차이가 아주 극심한 경우에는 1억 달러 이상의 손실이 발생했다. 거래 규모, 금전적 지분, 산업 특성, 지리적 거리를 포함한 다른 여러 요인을 고려했을 때도 결과는 같았다.

문화라는 빙산

문화는 빙산과 같다. 앞에 등장한 다임러와 크라이슬러 같은 회사들은 둘이 합병하면 각자의 확실한 장점을 활용할 수 있으리라는 점을 높이 평가했다. 그러나 정작 표면 아래에 도사리고 있던 어마어마한 문화적 장애물은 알아채지 못했다. 조직의 규범이 항상 눈에 잘 보이는 건 아니므로 어떤 회사가 빡빡한 편인지 느슨한 편인지 진단하려면 그 회사의 관행들, 직원들, 무엇보다 리더들을 이해하려고 노력해야 한다.

일례로 이스라엘을 생각해보자. 몹시도 느슨한 이 나라에는 세계에서 가장 많은 기술 벤처 기업이 모여 있다. 이스라엘 사람 2,000명당 벤처 기업 1개꼴이다.[21] 이스라엘에서 가장 성공한 벤처 기업으로[22] 현재는 전 세계적으로 운영 중인 윅스Wix는[23] 직원들이 자주관리(노동자가 스스로 관리 주체가 되어 기업을 관리하는 것-옮긴이)를 실천할 수 있도록 계층적 조직 구조를 멀리한다.[24] 윅스 직원들은 개인 책상이나 칸막이 안에서 일하지 않는다. 탁 트인 스튜디오에 놓인 커다란 테이블을 함께 쓴다.[25] 반려견도 자유롭게 돌아다닌다.[26] 사무실에는 스케이트보드, 복싱 장비, '마이 리틀 포니' 인형이 가득하다.[27] 윅스에는 따라야 할 규칙이 거의 없다.[28] 가끔 어수선할 때도 있지만, 회사 분위기가 협력적이고 쾌활하다고들 이야기한다.[29] 리투아니아 빌뉴스에 있는 윅스 사무실에서는 관리자가 소란스러운 직원들의 주

의를 집중시켜야 할 때마다 확성기를 사용한다.[30]

윅스 같은 이스라엘 회사들은 "사람이 자리를 만든다"라는 말을[31] 증명하고 있다. '신생 국가' 이스라엘에는 지나치게 격식에 얽매이지 않고, 반항적이고, 집요하게 위험을 무릅쓰려는 정신을 소유한 사람들로 가득하다.[32] 이스라엘 기술계의 대표적인 벤처 투자가 존 메드베드Jon Medved는[33] 벤처 업계에 매력을 느끼는 직원들을 이디시어 단어 '후츠파chutzpah'로 요약한다.[34] '뻔뻔하다' 또는 '배짱 있다'라는 뜻이다. 이스라엘 사람들은 무엇을 하라는 말을 듣는 걸 유독 경계한다. 규칙과 지침을 따르는 쪽보다는 이의를 제기하는 쪽을 선호한다. "외부인은 이스라엘 어디에서나 '후츠파'를 보게 될 것이다."[35] 《창업국가Start-Up Nation》의 저자 댄 세노르Dan Senor와 사울 싱어Saul Singer의 설명이다. "마치 대학교에서 학생이 교수에게 이야기하듯이 직원이 상사에게 이의를 제기하고, 병장이 장군에게 문제를 제기하고, 사무관이 장관의 결정을 비판한다. 그러나 이스라엘 사람들에게 이것은 '후츠파'가 아니라 지극히 정상적인 존재 방식일 뿐이다."

공평한 경쟁의 장을 만들고자, 이스라엘 사람들은 권력의 자리에 있는 사람들을 애칭으로 부르는 경우가 많다(전 총리 아리엘 샤론Ariel Sharon을 '아릭Arik'이라 불렀다). 심지어 건방지게 별명을 붙여 부르기도 한다. 키가 2미터였던 이스라엘 참모총장 모셰 레비Moshe Levi는 '꺽다리 모셰'라는 별명으로 불렸다.[36] 이스라엘의 기술 전문 블로거 겸 사업가 힐렐 펄드Hillel Fuld는 문화 전반에 깔린 이런 반항심이 어떻게 이 나라에서 벤처 기업이 엄청나게 성장하도록 부추기는 연료가 되었는지를 이렇게 설명한다. "도로 합류든 기업 합병이든, 하나로 녹아드는 걸 꺼리는 태도야말로 혁신의 세계를 주도하는 특성이죠."[37] 게다가 이스라엘 사람들은 대부분 위험을 무릅쓰는 걸 너무나도 좋아한다. 윅스 회장 겸 최고운영책임자 니르 조하르Nir Zohar가 일찍이 창업 팀에 합류한 이유는 이 프로젝트가 너무도 불확실하고 위험했기 때문이다. '스타트업 카멜Startup Camel'이라는 팟캐스트에서 조하르는 이렇게 말했다. "완전히 새로운 일에 뛰어들어서 위험을 감수하고 아예 처음부터 시작하는 건 정말 흥분되는 일이었죠."[38] 긍정적인 피드백을 반복해서 접하며, 느슨한 사고방식으로 느슨한 회사를 만들기 좋아하고 그 회사에서 느슨한 관행이 영원히 계속되게 하는 이스라엘 국민을 국가는 자랑스럽게 여긴다.

물론 느슨한 직장이라는 시장을 이스라엘이 독점하고 있는 건 아니다. 미국에서는 느슨한 주 캘리포니아가 애플, 페이스북, 구글, 그 밖에 수천 개가 넘는 벤처 기업을 육성하는 완벽한 환경을 제공하고 있다. 이들 기업은 (오락실,[39] 미니바,[40] 마사지,[41] 무료 요리 강좌[42]를 포함하여) 이례적인 자유와 틀에 박히지 않은 편안함을 직원들에게 앞다투어 제공한다. 느슨한 나라 뉴질랜드에 있는 게임 개발 스튜디오 로켓웍스RocketWerkz의 회사 생활은 정말 제멋대로다. 이 회사는 직원들이 개인 생활과 직장 일을 자기 뜻대로 관리할 수 있도록 유급 휴가를 묻지도 따지지도 않고 무제한으로 제공한다.[43] 만약 반려동물이 죽거나 만나던 사람과 헤어지면 아무렇지 않게 회사를 빼먹고 상처 입은 마음을 추스를 수 있다. 스트레스를 줄이는 데 효과적인 고양이를 일부러 회사에 데려다 놓는 식으로 직원들이 사무실에 나와서 일하도록 유인하는 특이한 특전도 있다.[44]

자, 이제 관행도 직원도 제멋대로인 이스라엘 또는 뉴질랜드 회사와 조직 안에 엄청난 격식, 꼼꼼함, 규율이 뿌리박힌 싱가포르 회사가 합병한다고 상상해보자. 싱가포르에서는 거래처 사람을 만날 때 상대 조직의 위계질서를 존중하는 태도를 보인다.[45] 옷은 얌전하게 입고, 명함을 주고받을 때는 존중의 표시로 두 손으로 받는다.[46] 상사를 비판하는 행동은 금물이다. 싱가포르에서는 일이 국가 정체성을 이루는 필수 요소이므로 사업 환경이 특히 빡빡하다.[47] 싱가포르는 지역 시장에서 경쟁력을 높이기 위해 혹심한 업무 중심 문화를 채택했다.[48] 실제로 싱가포르는 벤처 사업의 규모를 빠르게 확장하는 재주가 있지만, 이스라엘은 그러려고 고군분투하나 쉽지 않다. "이스라엘 사람들은 회사를 크게 키우는 재주가 없다."[49] 존 리드John Reed 기자는 〈파이낸셜타임스Financial Times〉에 이렇게 썼다. "한시도 가만히 있지 못하고 창업을 밥 먹듯이 반복하는 위험 친화적인 기업가 문화"가 "유기적 성장보다는 빠른 탈출"을 장려하기 때문이다.

세노르와 싱어는 두 나라를 비교하면서 싱가포르와 이스라엘이 얼마나 "극과 극인지" 설명한다. 공공장소든 집 앞마당이든 쓰레기가 나뒹구는 것이 보통인 텔아비브의 풍경과는 대조적으로, 티 하나 없이 깨끗한 거리와 깔끔하게 손질한 잔디밭을 보면 잘 알 수 있듯이 싱가포르는 질서를 중시하고 순종을 강조한다.[50] 모든 방면에서 질서를 강조하는 싱가포르 사회에는 분명 장점이 있다. 그러나 세노르와 싱어가 지적하듯, 이런 사회에서 기업은 일반적으로 "규율을 위해 융통성을 희생하고, 조직을 위해 진취성을 희생하고, 예측 가능성을 위해 혁신을 희생하기" 쉽다. 이스라엘 조직은 싱가포르가 자랑하는 질서와 규율은 부족할지 모르지만, 민첩하고 혁신적일 확률이 높다. 빡빡함과 느슨함은 이런 식으로 균형을 이룬다.

일본의 조직도 일반적으로 규칙과 격식이 많고 위계질서가 강하기로 유명하다.[51] 도요타는 수년 동안 표준 절차가 많은 전통적 피라미드 구조로 운영해왔다.[52] 직원들은 갈등을 피하고,[53] 검소한 양복을 입고,[54] 복잡한 인사 예절을 지켜야 한다.[55] 도요타 신입 직원들은 고강도 예비 교육을 통해 회사의 역사를 배우고 '도요타 방식'을 완전히 몸에 익혀야 한다.[56] 일본 전자 회사 파나소닉Panasonic에서는 근무일마다 업무를 시작하기 전에 단체로 건강 체조를 하고, 공식 사가社歌를 부르고, 회사 '7계명'을 제창한다.[57]

한국 기업 삼성의 신입 직원 교육은 신병 훈련에 견줄 만큼 강도 높기로 유명하다.[58] 수습 직원들은 졸린 눈을 비비며 회사의 역사를 하나하나 외우고 까다로운 기업 문화에 순응하는 법을 배운다.[59] 한국인은 사회 관습과 격식을 따라야 한다는 집단의 압력을 받는다. '눈치'라는 단어가 이를 잘 보여주는데, 눈치는 규범을 알아채는 능력을 가리킨다.[60] 눈치가 없는 사람들은 호된 비판에 직면할 수 있다. "관례를 따라야 해요." 전 삼성 직원은 〈블룸버그 비즈니스위크Bloomberg Businessweek〉에 이렇게 말했다. "그러지 않으면 동료들의 압력을 견디기 어려워요. 특정 지시를 따르지 않으면 회사를 계속 다닐 수가 없어요."[61]

　일본과 한국의 조직에서 발견되는 격식과 규범은 규율과 전통 구조를 무척 강조하는 두 나라의 문화를 잘 보여주는데, 이는 위협에 대응하는 과정에서 수 세기 동안 발전해온 특징이다. 한국이 2,500년 동안 고수해온 유교의 가르침이 현대 직장 문화에도 여전히 큰 영향력을 행사하고 있다.[62] 유교는 사회가 잘 굴러가려면 순종과 규율이 중요하다고 강조한다.[63] 일본과 한국은 관습 존중과 규칙 준수를 강조하는 문화 덕분에 정확성과 효율성이 높은 조직을 만들 수 있었다.

　빡빡한 조직과 느슨한 조직이 대조를 이루는 모습은 동서양을 넘어 어디에서나 볼 수 있다. 오슬로대학교의 토머스 그랜리Thomas Granli는 최근 몇 년 동안 빡빡한 노르웨이에서 느슨한 브라질로 사업체를 이전하는 사례가 급증한 것을 알아차리고 업무처리 방식의 차이를 평가하기 위해 브라질인 팀원들과 노르웨이인 팀원들을 대상으로 심층 면담을 진행했다.[64] 흔히 정식 관습과 법을 건너뛰고 일을 처리하는 것이 '브라질 방식jeitinho Brasileiro'이다.[65] '시스템을 무너뜨리는' 이런 사고방식은 새치기하고, 법의 허점을 찾고,[66] 다른 사람의 말을 끊고, 기발한 묘책을 짜내는 방식으로 드러난다.[67] 브라질 사람들은 '걱정하지 마'라는 의미의 "피쿠 트랑쿠일루fique tranquilo"를 근무 시간부터 노는 시간까지 입에 달고 산다.[68] 브라질의 자산관리 회사 셈코 파트너스Semco Partners는 직원들의 열의를 자극하기 위해 '모든 규칙을 과감하게 버리자'는 하나의 규칙을 채택했다.[69] 셈코 직원들은 자기 일정과 임금, 휴일, 평가자, 그리고 무엇보다 중요한 업무 목표를 직접 정한다.

당연히 노르웨이처럼 빡빡한 문화가 브라질에서 사업체를 운영하면 어려움을 겪을 수 있다. 예를 들어, 그랜리가 면담한 팀원들은 하나같이 노르웨이 사람들은 시간 엄수를 강조하는데 브라질 사람들은 그렇지 않다고 말했다.[70] "브라질에서는 시간이 그리 중요하지 않아요." 한 노르웨이인은 이렇게 말했다. "마감일을 지키게 하려면 집에서보다 잔소리를 더 많이 해야 해요. 막판에야 겨우 일이 끝나요." 그러나 더딘 편이긴 해도, 브라질 직원들이 융통성은 더 있다고들 입을 모은다. 노르웨이 직원들은 표준 운영 절차를 고수하지만, 브라질 직원들은 상황에 유연하게 대처한다. 그래서 한 브라질인 관리자는 이렇게 말했다. "하루하루를 놓고 보면 노르웨이인이 더 능률적이지만, 막상 뭔가 행동해야 할 때가 되면 노르웨이인이 더 느립니다."

빡빡한 리더와 느슨한 리더

빡빡한 조직과 느슨한 조직은 전혀 다른 세계 같아 보이는데, 이 차이를 구체적으로 보여주는 것이 바로 리더다. 다임러와 크라이슬러의 합병에서 문화적 균열이 크게 불거진 이유는 몹시도 대조적인 두 회사의 리더십 때문이었다. 형식상의 업무절차를 중시하는 다임러에서는 사업과 관련된 모든 결정을 최고 경영진이 내렸다. "허용되는 일과 허용되지 않는 일이 뭔지 잘 모를 때는 상관에게 물어보면 됩니다."[71] 크라이슬러와 갈라선 뒤인 2009년에 다임러 회장 디터 제체Dieter Zetsche가 〈360°〉라는 잡지와 인터뷰할 때 한 말이다. "모든 직원은 자기가 하는 행동이 올바른지 확인해야 합니다. 그리고 저는 우리 관리자들이 솔선수범하길 바랍니다."[72] 이와 대조적으로 크라이슬러 경영진은 중간급 관리자들에게 상사로부터 간섭받지 않고 프로젝트를 직접 감독할 권한을 부여하곤 했다. 이처럼 양립할 수 없는 리더십 스타일이 이혼 도장을 찍는 결정타가 되었다.[73]

리더는 다 자란 상태로 태어나지 않고, 특정한 문화 명령을 배우며 자라난다. 한 문화권에서 존경받는 리더십이라도 다른 문화권에서는 경멸당할 수 있다. 리더십에 관한 대규모의 연구를 진행한 '글로브 GLOBE, Global Leadership and Organizational Behavior Effectiveness'[74] 연구팀은 유능한 리더의 조건에 관한 관리자들의 신념을 알아보고자 60개국에서 900개가 넘는 다양한 조직의 관리자 1만 7,000명을 모집했다.[75] 그들은 어떤 자질이 가장 중요하다고 답했을까?[76] 독립적으로 행동하는 것? 협동하여 일하는 것? 선견지명을 갖추는 것? 나는 이 데이터를 분석해 빡빡한 문화권에서 사는 사람들과 느슨한 문화권에서 사는 사람들이 어떤 유형의 리더를 유능하다고 생각하는지 알고 싶었다.[77]

예상대로 정반대였다. 느슨한 문화권 사람들은 협동적이고 선견지명이 있는 리더를 선호한다. 그들은 리더가 변화를 주도하고 직원들에게 권한을 부여하길 바란다.[78] 브라질 셈코 파트너스의 CEO 리카르도 세믈러Ricardo Semler가 대표적인 예다.[79] 세믈러는 다른 사람들이 앞으로 나와서 혁신을 이루는 데 방해가 되지 않도록 길을 비켜주려

2부 분석: 우리 주변의 빡빡함과 느슨함

고 애썼다.[80] "우리 직원들은 아주 빨리 방향을 바꾸고, 하던 일을 접고, 새로운 일을 시작하기 위해 마음대로 사용할 수 있는 도구가 많습니다."[81] 세믈러의 말이다. "이 회사에서 일하려면 오직 한 가지 방식만을 따라야 한다면서 사람들을 세뇌하면, 우리가 이 회사를 꾸준히 키워갈 수 있을까요? 저는 그렇게 생각하지 않습니다."

사실 셈코에서는 책임을 맡은 직원을 딱 한 사람 집어내기가 어렵다. 모든 직원이 대차대조표 읽는 법을 배운다.[82] 그래서 최고위급 분석가부터 청소부까지 전 직원이 회사가 내리는 모든 결정에 정확한 정보를 바탕으로 투표할 수 있다. 세믈러는 자기가 추진하고 싶었던 인수를 직원들이 반대했던 때를 떠올렸다. "저는 아직도 우리가 (그 회사를) 인수했어야 한다고 확신합니다. 하지만 직원들은 우리가 그 일을 감당할 준비가 안 되어 있다고 보았죠. 그래서 제가 투표에서 졌습니다."[83] 실망하긴 했지만, 세믈러는 이렇게 말했다. "직원들을 경영에 참여시켜야 합니다. 그렇게 해서 회사 경영이 녹록지 않아진다고 해도요."

이스라엘 회사에서는 여기에서 한 걸음 더 나아가 조직의 리더들이 일부러 '의견 충돌' 문화를 조성한다. "의견 충돌과 반론을 장려하는 의미에서 리더는 저항을 극대화하는 걸 목표로 삼아야 합니다."[84] 인텔 이스라엘Intel Israel 창립자 도브 프로만Dov Frohman은 이렇게 설명한다. "조직 내 사람들이 당신 의견에 동의하지 않는다는 걸 알지 못하면, 당신은 곤경에 처하게 됩니다."

빡빡한 문화에서 선호하는 리더의 유형은 이와 전혀 다르다. 글로

브 연구 자료를 직접 분석해본 결과, 빡빡한 문화권 사람들은 독립심과 강한 자신감을 보여주는 리더, 즉 자기만의 방식대로 일하길 좋아하고 다른 사람에게 의존하지 않는 리더를 유능하다고 생각한다.[85] 이런 리더십은 중국 회사 폭스콘Foxconn에서 찾을 수 있다. 폭스콘은 애플, 소니, 델Dell 같은 회사에 전자 기기를 납품하는 주요 공급사다.[86] 1974년에 궈타이밍郭台銘이 창립했으며[87] 중국에서 수출을 가장 많이 하는 회사 중 하나로,[88] 직원 수가 120만 명이 넘는다.[89] 궈타이밍은 지도자에게 가장 중요한 자질은 '결단력'이라고 자신의 철학을 밝혀왔고,[90] '의로운 독재 권력'을 훌륭한 리더십으로 여긴다.[91] 규율과 순종을 중시하는 그는 상하 구조가 엄격한 회사에서 명령과 통제를 바탕으로 조직을 운영한다.[91] 폭스콘에서는 중간급 관리자들도 궈타이밍의 스타일을 본받아 자기보다 지위가 낮은 직원들과 확실하게 거리를 두면서 강압적이고 독재적인 태도를 보인다.[92]

이런 사례는 모두 조직의 직원, 관행, 리더 사이에 국가별로 큰 차이가 있다는 사실을 증명한다. 빡빡한 조직은 질서가 잘 잡혀 있고 정확성과 안정성이 우수하지만, 변화를 수용하는 개방성은 부족한 편이다. 느슨한 조직은 규율과 신뢰성은 좀 부족하지만, 위험을 무릅쓰고 모험에 뛰어들려는 욕구와 혁신성이 뛰어나다. 이러한 차이가 아주 강력한 문화력에서 진화했다는 사실을 알면, 빡빡한 국가의 조직과 느슨한 국가의 조직이 합병하는 일이 왜 그토록 위험한지 충분히 이해할 수 있다.

산업 문화: 맥킨지부터 맥도날드까지

미 노동부에서 운영하는 오넷O*Net 데이터베이스에는 산업 분야를 막론하고 당신이 상상할 수 있는 거의 모든 직업 정보가 담겨 있다.[93] 가라테 강사부터 원자력발전소 운전원, 그래픽 디자이너, 즉석요리 전문 요리사에 이르기까지 수천 가지 직업에 관한 세부 정보가 담겨 있는데, 이를테면 수행하는 업무, 필요한 성격 유형, 일반적인 근로 조건 등등이다. 그런데 이 수천 가지 세부 정보에는 산업 간 차이를 말해주는 근본 구조가 감춰져 있다.[94] 그리고 이는 모두 사회 규범의 강도와 관련이 있다.

국가가 전체적으로 더 빡빡해지거나 더 느슨해지는 데는 다 실질적인 이유가 있듯이, 산업도 마찬가지다. 수시로 위협에 맞닥뜨리고 매끄러운 협동이 필요한 산업이 더 빡빡하게 마련이다. 원자력발전소, 병원, 항공사, 경찰서, 건설 같은 분야는 목숨이 왔다 갔다 하기에 빡빡한 문화로 진화한다.

건설업을 예로 들어보자. 미국에서 가장 큰 건설사 밸푸어 비티 Balfour Beatty는 직원들을 바짝 다잡으며 빈틈없이 운영한다.[95] 건설업계에 속한 대다수 조직이 그렇듯,[96] 이 회사는 복합 건축물 프로젝트의 물류 관리, 임대차, 세부 설계 등을 담당한다. 이 말은 곧 노동자들이 세상에서 가장 위험한 일을 수행하는 동안 리더가 그들 모두의 안전을 보장해야 한다는 뜻이다.[97] 건설 현장에서는 단 한 번의 실수가 심각한 결과를 초래할 수 있다. 금속제 파이프를 내리다가 너무 급하게 방향을 틀면 근처에 있는 사람이 중상을 입을 수 있다. 기계에

결함이 발생하거나, 의사소통에 작은 문제가 생기거나, 비계(높은 곳에서 공사할 수 있도록 임시로 설치한 구조물—옮긴이)에서 발만 헛디뎌도 노동자가 사망할 수 있다. 업무 특성상 목숨을 위협하는 위험이 늘 존재하기에 신뢰성과 예측 가능성이 아주 중요하고, 밸푸어 비티는 이러한 책임을 진지하게 받아들인다.[98] 전 세계 건설 현장도 이와 비슷하다. 어떤 건설 현장에서든 안전, 작업복, 훈련에 관한 규칙이 엄격할 뿐만 아니라 보통 정기적으로 위험 평가와 점검을 받는다. 건설업의 빡빡한 문화는 노동자의 안전과 생산성에 대단히 중요하다.

군대는 빡빡함의 상징적인 예다. 어느 나라에서나 군대는 강한 규범과 엄청난 수준의 규율을 군인들에게 부과하고,[99] 군인들은 전투라는 고난에 용감히 맞설 수 있게 훈련을 받는다. 권위에 절대복종하는 일사불란한 부대를 육성하는 일이야말로 강한 규범을 유지하는 중추라 할 수 있다. 미 해병대 신병들은 첫날부터 개개의 병사를 일사불란한 군단, 무엇보다 리더를 존경하는 군단의 일원으로 탈바꿈시키는 엄한 신병 훈련 및 세뇌 기간을 견딘다.[100] "군대는 계급으로 만든 기계와 같습니다."[101] 미 해병대원 스티브 콜리Steve Colley가 2017년 인터뷰 때 내게 한 말이다. "계급을 무너뜨리는 건 군대라는 기계를 부수는 일과 같습니다." 군복에 새겨진 휘장부터 상관에게 하는 경례에 이르기까지 이 계급 제도를 단 하루 만에 받아들이고 존중하라는 요구가 일반 병사에게 계속 쏟아진다. 규칙을 잊었다가는 호된 꾸짖음을 듣거나 동료들 앞에서 팔굽혀펴기를 100번 하는 등 엄한 처벌을 받을 수 있다.[102] "옷 입는 법처럼 사소해 보이는 일

　　　　　　　　　　　　　　　　　　2부 분석: 우리 주변의 빡빡함과 느슨함

부터 세계에서 가장 앞서가는 주력 전차를 정비하는 법처럼 복잡한 일까지, 우리는 모든 것에 확실한 기준을 가지고 있습니다."[103] 미 육군에서 주임원사로 퇴역한 제임스 펜드리James D. Pendry의 말이다. "사소해 보이는 기준에 부응하는 일은 가장 복잡한 기준에 부응하는 일만큼이나 중요합니다. 한 가지 기준에 부응하면, 다른 기준에 부응할 수 있는 토대가 마련되기 때문이죠."

반면 위협에 직면할 일이 적은 산업은 느슨한 문화로 진화한다. 이런 분야는 사업 방향을 빠르게 조정하고, 자유를 불어넣고, 고정관념을 깨는 사고를 하는 데 이점이 있다. 1969년에 창립한 세계적인 디자인 회사 프로그 디자인Frog Design Inc.의 직원들은 종래의 취향에 전문적으로 이의를 제기하고, 도발하고, 자기만의 개성을 드러내고, 새로 만들어야 한다.[104] 프로그 직원들은 일반적으로 경계를 허무는 걸 즐긴다.[105] "반항아 같은 마음이 필요합니다. 현상에 도전하고 문제를 제기하길 좋아해야 한다는 말입니다."[106] 이 회사의 임원이었던 커스틴 픽스Kerstin Feix가 〈코어77Core77〉과 진행한 2014년 인터뷰에서 한 말이다. 프로그의 전 마케팅 이사 제임스 코르테스James Cortese도 비슷한 이야기를 했다.[107] "프로그에 어울리는 자질을 갖추려고 노력하고 있습니다. 독창적인 시각을 갖되, 아주 민주적이어야 하고, 또 새로운 아이디어에 귀를 기울일 줄 알아야 하죠."[108]

미국의 온라인 신발 소매업체 자포스Zappos도 느슨한 기풍을 갖추고 있다.[109] 현재 라스베이거스에서 아마존Amazon 자회사를 기반으로 활동하는 이 회사는 신생 업체로 출발하여 2009년에 인터넷 신발 소매업계 1위로 올라섰다.[110] 어마어마하게 성장했지만, 자포스는 스타트업 문화를 고수하며 지금까지도 자긍심을 갖고 느슨한 기풍을 지켜나가고 있다. 평등주의에 입각한 하의상달식 관행[111]은 '홀라크라시holacracy', 즉 전통적인 계층 구조를 철폐한 자주관리 체제[112]의 가장 좋은 예다. 이 회사 직원들은 조직의 다양한 요구에 부응하기 위해 자기들의 생각에 따라 '모임'을 만들어 민주적으로 운영한다.[113] 하나의 모임에만 속해 있거나 한 가지 역할만 담당하는 사람은 아무도 없다. 모든 사람의 역할은 유동적이고, '리드 링크lead link'라고 부르는 팀장들은 팀원을 해고할 권한이 없는 친근한 안내자에 가깝다.[114]

프로그와 자포스처럼 느슨한 조직은 격식에 얽매이지 않고, 매우 유동적이고, 팀이 다양하다는 특징이 있다. 디자인 회사, 연구·개발 집단, 신생 업체가 성공을 거두려면 혁신 및 진전 상황을 항상 주시해야 한다. 이런 회사의 직원들은 제조나 금융 같은 산업에 종사하는 노동자들보다 전문 분야에 대한 제약이 적은 편이다. 또한 이런 산업은 강한 규칙이 비교적 적어야 번창할 수 있다.

더 자세히 들여다보면, 같은 산업이라도 생태적 환경에 따라 빡빡한 조직이 되기도 하고 느슨한 조직이 되기도 한다는 걸 알 수 있다. 맥킨지McKinsey와 아이데오IDEO는 둘 다 컨설팅 회사이지만, 맥킨지의 조직 문화는 빡빡한 편이고 아이데오의 조직 문화는 느슨한 편이다. 이들이 상대하는 주요 고객을 생각하면 충분히 이해가 된다. 맥킨지는 기업 재무 업계와 정부 기관에 전략 및 위험 평가 자료를 제공하는 일을 하지만,[115] 아이데오는 코카콜라나 애플 같은 회사에서 요구하는 창의적이고 예술적인 프로젝트를 주로 맡는다.[116] 맥킨지는 회사 전반의 냉철한 목표를 중요하게 여긴다.[117] 맥킨지 컨설턴트들은 아이데오 컨설턴트들과 달리 일할 때 지켜야 할 표준 절차가 훨씬 더 많다.[118] 신입 직원은 혹독하기로 악명 높은 교육 프로그램을 통해 팀의 일원으로서 브레인스토밍에 참여하는 법, 고객에게 프레젠테이션하는 법, 사업상 문제를 해결하기 위해 특별한 절차를 따르는 법에 관한 규칙을 배움으로써 '맥킨지 방식'으로 일을 처리하는 방법을 몸에 익혀야 한다.[119] 반면에 아이데오의 느슨한 가치관은 "실패를 통해 배우고" "애매함을 수용하라"고 직원들에게 촉구한다.[120] 아이데오에서는 자치 팀들이 관리자들에게 도움을 받지 않는다. 전문성에 대한 해석이 더 느긋한 까닭에 복장 규정도 훨씬 자유롭다.[121] 아이데오의 글로벌 인재 채용 담당자 두에인 브레이Duane Bray는 지원자들에게 "자기 모습을 있는 그대로 보여주세요. 옷은 뭘 입어도 상관없습니다"라고 말했다.

　조직을 확대해서 들여다보면, 같은 조직 내에서도 특정 부서가 빡빡하게 또는 느슨하게 진화하는 이유를 알 수 있다. 물리적 위협은 전혀 없어도 본질상 법과 규정에 대한 책임이 더 막중한 직업이 있다. 변호사, 회계 감사관, 은행원, 공무원을 생각해보라. 이들 직업은 전문가로서 져야 할 책임의 기준이 높다. 그래서 이들이 몸담은 부서에서는 규범을 훨씬 더 강하게 만들고 규범을 잘 지키는지 점검하는 문화가 발전한다. 세계 4대 회계법인 중 하나인 딜로이트Deloitte에는[122] 업무 목표가 전혀 다른 다양한 부서가 있고, 그중 컨설턴트들은 회계감사팀에서 볼 수 있는 문화와는 매우 다른 부서 문화를 가지고 있다. 컨설턴트들은 예상치 못한 프로젝트를 진행할 때가 많고 근무 장소를 새로 옮길 때도 많다. 따라서 다양한 고객들 사이를 왔다 갔다 하면서 새로 바뀐 규범에 빠르게 적응해야 한다.[123]

우리는 한 조직 안에서 빡빡한 문화와 느슨한 문화가 이렇게 섞여 있는 사례를 점점 더 많이 보게 될 것이다. 볼 주식회사Ball Corporation에는 빡빡한 제조 부서와 느슨한 연구·개발 부서가 함께 있어서 극단적인 업무 문화가 섞여 있다.[124] 1800년대 후반에 창립한 볼 사는 코카콜라, 펩시, 쿠어스Coors, 버드와이저Budweiser 등 유명 브랜드에 병과 캔을 납품한다. 또한 미 항공우주국(NASA)과 손잡고 우주선과 인공위성을 만드는 항공우주 기술 선구자이기도 하다.[125] 항공우주 분야에는 공학자와 물리학자로 이루어진 연구·개발 부서가 있다. 이 부서는 제품 개발 목표 때문에 체계와 감독을 줄이고 창의성을 북돋는 느슨한 업무 환경으로 진화했다. 이에 비해 제조 부서는 매일 수백만 개의 캔을 편리하게 포장하고 발송하기 위해 아주 조직적이고 기계적인 절차를 따른다.

'빡빡함-느슨함'이라는 틀은 국가 간 차이뿐만 아니라 산업 간, 조직 간, 심지어 같은 조직 안에 있는 부서 간 차이를 이해하는 데도 도움이 된다. 자료 7.1에 나와 있듯이 이들 집단은 모두 아주 비슷한 논리를 따른다. 당신의 고용주, 당신의 직업, 당신이 몸담은 산업은 어떤지 생각해보라. 빡빡함-느슨함 스펙트럼에서 어디쯤 자리하고 있는가? 왜 그렇게 되었는지 이해하겠는가?

빡빡한 조직 문화	느슨한 조직 문화
직원	
양심적임	개방적임
신중함	모험을 좋아함
관행	
표준화	융통성
효율적임	실험적임
격식 중시	격식에 얽매이지 않음
강한 사회화	약한 사회화
리더십	
자주적임	협동적임
자신감	선견지명

자료 7.1. 빡빡한 조직 문화 대 느슨한 조직 문화.

그러나 조직의 빡빡함-느슨함 정도는 한자리에 붙박인 채 움직이지 않는 것이 아니다. 오늘날처럼 아주 역동적인 시장에서는 조직들도 새로운 요구에 맞춰 조직 문화를 조율하고 빡빡함-느슨함 정도를 타협해야 한다. 하지만 기업 간 문화 DNA 차이와 직원, 관행, 리더의 충돌을 고려하면 이 명령은 무리한 요구일 수도 있다.

조직 내 빡빡함-느슨함 갈등 조율하기

2017년 봄, 나는 미국에 본사가 있는 대형 제조업체의 고위급 임원을 인터뷰했다.[126] 딱 봐도 빡빡하게 운영되는 회사였다. 상장 회사로서 자세한 보고와 강력한 관리·감독이 거래의 필수 요소였다. 제조업계에서는 전반적인 효율성을 극대화하기 위해 직원들이 명확한 절차와 빈번한 평가 원칙을 철저히 따르는 것이 일반적이다. 이 회사는 신뢰할 수 있는 배송 서비스와 효율적인 운영 시스템 등 빡빡한 문화의 핵심 강점을 개발했다.

80년에 걸쳐 이 회사는 전 세계에 직원 수천 명을 거느린 기업으로 성장했다. 수십억 달러의 매출을 올리는 지금, 이 회사가 계속 경쟁력을 유지하려면 제품을 혁신하는 길밖에 없다. 이 말은 제품 개발 부서에 더 느슨한 문화를 도입해야 한다는 뜻이다. 그래서 창립 이래 늘 위험을 피하는 전략을 써왔지만, 얼마 전 첨단 기술을 갖춘 연구·개발 회사를 하나 인수했다. 이 회사 리더들은 연구·개발 회사의 민첩하고 혁신적인 접근법이 조직 문화에 역동적인 영향을 끼치기를 바랐다.

그러나 인수 작업이 마무리되자마자 빡빡한 문화와 느슨한 문화 사이에 갈등이 폭발했다. 연구·개발팀은 파괴적이고 독창적인 해법을 찾는 데 우선순위를 두었지만, 마감 시한을 계속 미루더니 제품을 제때 출시하지 못했다. 누구도 결정을 내리지 못하는 듯 보였고, 곧 이 부서는 회사에 손실을 입혔다. 하지만 연구·개발팀 편에서 보면, 빡빡한 모회사가 이 팀에 기대하는 바는 합리적이지 않았다. 이 새로운 부서는 원래 마감 시한을 융통성 있게 조절해가며 일했고, 감독을 거의 받지 않았고, 장기적인 목표를 바라보며 일했다. 그들은 가능한 한 가장 창의적인 제품을 만들고 싶어 했다. 이는 자리를 잡는 과정에서 볼 수 있는 익숙한 패턴이다. 처음에 회사를 인수할 때 무척 매력적으로 보였던 바로 그 자질이 심각한 문화 충돌을 일으키는 것이다.

그런가 하면 정반대 곤경에 처한 회사들도 있다. 빡빡해져 보려고 하다가 강한 반발에 부닥친 사례다. 1990년대 중반의 마이크로소프트를 예로 들어보자.[127] 이 젊은 회사는 예상을 뛰어넘는 매출을 기록했지만, 운영 시스템은 한참 뒤처져 있었다. "투자자들과 주주들에게 수치를 보여주기 위해 분기 말에 회계 장부를 마감해야 했지만, 항상 너무 오래 걸렸습니다." 마이크로소프트의 전 최고운영책임자 밥 허볼드Bob Herbold가 인터뷰 때 내게 한 말이다. 장부 기입이 엉성하고 체계적이지 못한 탓이었다. 전 세계에 있는 마이크로소프트 자회사들은 자기들만의 독자적인 시스템을 개발했다. "마이크로소프트에는 어떠한 합동도 없었습니다." 허볼드는 내게 이렇게 말했다. "심지어 마케팅 부서에도 그 브랜드가 무얼 의미하는지 명확히 이해한 사람이 아무도 없었으니까요."

운영 시스템에 약간의 빡빡한 규정을 도입할 필요가 절실해 보였고, 마이크로소프트 CEO 빌 게이츠Bill Gates도 이 점을 알고 있었다. 그래서 허볼드를 영입했다. 자신은 회사에서 출시할 제품 개발에 집중하기 위해 회사 운영을 바로잡는 문제는 허볼드에게 일임했다. 허볼드는 부서 목표와 자료 보고를 중앙에서 관리하겠다는 방침을 세웠고, 느슨한 근무 방식을 그대로 이어가고 싶었던 직원들은 이에 반발했다. 결국 허볼드는 이 방침을 따를 때 생기는 유익, 다시 말해 앞으로 얻게 될 예상 수익을 토대로 직원들을 설득했다. 새로운 방침을 따를 수밖에 없는 강력한 동기를 부여한 것이다. 허볼드가 운영 시스템을 중앙화한 지 1년 만에 마이크로소프트는 비용을 절감했을 뿐 아니라 수익과 주가까지 상승했다.

번창하는 신생 업체들 앞에는 예외 없이 빡빡한 문화와 느슨한 문화의 갈등이 기다리고 있고, 대개는 갈등을 예상치 못하고 있다가 허둥댄다. 조직이 커지면서 빡빡한 체계와 표준화가 도입되면 신생 벤처 기업에 매력을 느꼈던 초창기 직원들이 빡빡해진 시스템과 충돌한다. 휴렛팩커드Hewlett-Packard는 2007년에 벤처 기업 머큐리 인터렉티브Mercury Interactive를 45억 달러에 인수했다. 머큐리 인터렉티브에서 연구·개발 활성화 부서를 이끌었던 아리엘 코언Ariel Cohen을 인터뷰했을 때 그는 내게 자신을 '연쇄 창업가'라고 소개했다.[128]

코언은 대기업의 빡빡한 문화보다 소규모 벤처 기업에서 볼 수 있는 수준의 느슨한 문화를 선호한다. "벤처 기업에서 일하는 사람들은 머릿속에 아이디어가 딱 떠오르면 그 아이디어를 곧장 실행하길 좋아합니다." 그는 내게 이렇게 말했다. "가능한 한 빨리 시장에서 시험해본 다음, 그 아이디어를 바꾸든가 버리든가 하는 거죠." 그러나 코언이 직접 지켜보았듯, 조직의 규모가 커지기 시작하면 더 많은 위계와 규칙이 도입된다. "우리 회사를 인수한 뒤, 휴렛팩커드는 먼저 자기네 아이디어를 바탕으로 기획하고 연구하길 좋아하는 직원들을 새로 뽑았습니다. 그런데 절차가 자꾸 늘어나니까 창의성을 마음껏 발휘할 수가 없었죠." 코언은 이렇게 덧붙였다. "저 같은 사람들에게는 새로운 아이디어를 시험해보자고 그들을 설득해야 하는 현실이 너무 답답했습니다. 한편 그들은 제 방식이 지극히 비생산적이

　　　　　　　　　　2부 분석: 우리 주변의 빡빡함과 느슨함

고 충동적이라고 보았죠. 실제 조사가 바탕이 되어야 하는데, 제가 그 절차를 무시한다고 본 거죠." 빡빡한 문화와 느슨한 문화가 부딪친 것이다. 머큐리 인터렉티브가 휴렛팩커드에 인수된 직후, 코언은 또 다른 벤처 기업을 이끌기 위해 회사를 떠났다.

다른 회사와 합병하지 않더라도, 빡빡함 혹은 느슨함의 '극단'으로 치닫기 시작하면 조직 문화를 재조정하는 과정이 절실히 필요하다. 차량 공유 벤처 기업 우버Uber를 예로 들어보자.[129] 우버는 2009년에 창립한 뒤 몇 년 동안 지역 법령을 억지로 통과시키고,[130] 경쟁 업체를 꺾기 위해 비겁한 전술을 사용하고,[131] 지역 규제 기관에 특정 사업 관행을 감추는[132] 회사로 악명이 높아졌다. 규범을 무시하는 창립 이념은 이 회사가 엄청나게 성공하는 데도 이바지했지만, 크나큰 위기에 직면하는 데도 한몫했다.

2017년 〈뉴욕타임스〉는 '무슨 짓이든 허용할' 만큼 무모할 정도로 느슨한 우버의 업무 문화를 폭로했다.[133] 우버의 전前 직원들은 지나치게 느슨한 근로 환경을 '남학생 사교 클럽'에 비유했다.[134] 직업윤리에 어긋나고 폭력적인 행동으로 가득하다며 말이다.[135] 회사에서 성희롱 스캔들이 불거지자[136] 우버 CEO 트래비스 캘러닉Travis Kalanick은 사임하지 않을 수 없었다.[137] 뒤이어 대규모 해킹이 있었는데도 고위급 임원들이 이를 은폐한 사실까지 밝혀졌다.[138] 창의성을 무엇보다 중시하는 까닭에 기술업계가 이미 충분히 자유분방한데도 우버는 느슨한 문화를 극단까지 밀어붙였다. 결국 혼란 속에서 질서를 잡는 일은 주주들과 새 경영진의 몫이었다.

우버는 지나치게 느슨한 문화가 문제를 일으킨 뒤 철저한 감독에 들어간 경우다. 이와 반대로 지나치게 빡빡한 문화 탓에 회사 브랜드가 크게 훼손되는 낭패를 본 뒤 조직 문화를 조율하기 시작한 회사도 있다. 2017년에 유나이티드항공United Airlines의 비행기 안에서 끔찍한 사건이 발생했다.[139] 이 사건은 처음부터 끝까지 영상으로 녹화되었다. 어느 날 초과 예약으로 자리가 없자 항공사 직원은 승객들에게 800달러를 보상받는 조건으로 좌석을 양보해달라고 요청했다.[140] 그러나 지원자가 아무도 없었다. 이에 유나이티드항공은 컴퓨터 시스템을 통해 다른 비행편을 이용해야 할 승객 4명을 지명했다. 그런데 그중 1명이 비행기에서 내리지 않겠다고 버텼다. 그러자 기내 승무원은 회사 규정에 따라 해당 승객을 비행기에서 내리게 하려고 공항 경비를 불렀다. 공항 경비는 해당 승객을 비행기에서 강제로 끌어 내렸다. 승객은 피를 흘리며 고통스러운 비명을 질렀고, 근처에 있던 승객들이 휴대전화로 이 광경을 모두 촬영했다. 이 영상은 삽시간에 퍼져 나갔고 유나이티드항공의 브랜드를 훼손하는 끔찍한 악몽이 되었다.

부분적으로 이는 유나이티드항공의 빡빡한 문화가 일으킨 문제였다. 이 사건 이후, 유나이티드항공의 내부자들이 내게 털어놓은 바에 따르면, 역사적으로 이 회사는 직원들에게 규정과 규칙을 철저히 준수하도록 요구했다. 안전과 책임감을 매일 입증해야 하는 항공업계에서는 업무절차를 고수하는 일이 매우 중요하다. 그러나 이는 양날의 칼일 수 있다. "유나이티드항공은 상식보다 규칙을 더 사랑하는 직원을 채용하거나, 그렇게 되도록 훈련하는 것 같아요."[141] 베테랑 직원이 한 말이다.

극도로 엄격한 문화는 의도치 않게 규제가 과도하고 정적인 근무 환경을 조성할 수 있다. 이런 환경에서 직원들은 자기 의견을 말하길 두려워할 뿐 아니라, 예기치 못한 상황에 즉흥적으로 대처하는 데 어려움을 겪을 수 있다. 이 점을 인식한 유나이티드항공은 발생할 수 있는 고객 문제를 등급별로 분류할 지원팀을 구성하는 등 빡빡한 문화를 조정하려고 애쓰고 있다.[142] 시카고에 기반을 둔 이 신설 팀은 향후 실수를 미리 방지하기 위해 예기치 못한 상황에 대처하는 창의적인 해법을 만들어 현장 직원들을 돕는다.[143]

빡빡함과 느슨함을 자유자재로 쓰는 양손잡이

빡빡한 문화와 느슨한 문화는 조직 안에서 계속 조정을 거치고, 경쟁하고, 때로는 완전히 뒤집히기도 한다. 언론의 악평은 말할 것도 없고 고객과 시장, 이해 당사자, 의뢰인의 성격이 계속 바뀌기 때문이다. 유나이티드항공 같은 회사들은 빡빡한 환경에서 가장 잘 운영될 수 있는 것이 사실이지만, 이런 회사의 리더들은 상황에 따라 언제 어떻게 직원들에게 행동의 자유를 더 부여해야 하는지 알고 있어야 한다. 마찬가지로 우버처럼 느슨한 회사들은 일상 업무에 언제 어떻게 더 강한 규범을 적용해야 하는지 알아야 이득이다.

오늘날에는 많은 회사가 빡빡한 문화와 느슨한 문화를 자유자재로 쓰는 양손잡이가 되고자 애쓴다. 2004년, 〈하버드 비즈니스 리뷰

Harvard Business Review〉에 실린 글을 통해 확고한 전통을 존중하는 태도와 새로운 분야를 탐험할 필요성을 조화시킨 '양손잡이'의 중요성을 처음 주장한 사람은 경영학자 찰스 오라일리Charles O'Reilly와 마이클 투시면Michael Tushman이다.[144] 조직을 효율적으로 운영하려면, 왼손과 오른손을 자유자재로 쓰는 사람처럼 빡빡한 역량과 느슨한 역량을 모두 발휘하는 법을 배워야 한다. 이른바 '양손잡이' 조직 문화를 갖춘 회사는 느슨한 규범보다 빡빡한 규범을 더 좋아하고 빡빡한 문화를 주류 문화로 지정할 수 있지만, 필요에 따라 느슨한 규범을 효율적으로 사용할 줄도 안다.

느슨한 조직이 일상 업무에 약간의 빡빡한 특성을 도입할 때, 나는 이것을 '짜임새가 있는 느슨함'이라고 부른다. 직원들이 70/20/10 규칙에 따라 업무 시간을 활용하도록 조처한 구글을 예로 들어보자.[145] 이 규칙에 따라 직원들은 업무 시간의 70퍼센트는 관리자가 부과한 과제에 집중하고, 20퍼센트는 주력 사업과 지엽적으로 관련이 있는 새로운 아이디어에 투자하고, 마지막 10퍼센트는 자기 나름대로 시작하고 싶은 재미난 프로젝트에 투자해야 한다. 명확한 짜임새를 갖추고는 있지만, 이 규칙 덕분에 직원들은 저마다 시간을 조절해 창의성과 융통성을 발휘할 수 있다.

또 하나의 느슨한 조직으로는 세계적으로 유명한 애니메이션 제작사 픽사Pixar를 들 수 있다. 유연한 근무 시간,[146] 숨겨진 술집,[147] 무료 피자와 시리얼[148] 등에서 이 회사의 느슨함을 엿볼 수 있다. "이 회사에는 자연광을 쬐고 싶어서 자기 사무실 천장을 뜯어낸 직원이 실제로 있었습니다."[149] 2010년에 회사를 둘러보러 온 〈에스에프게이트SFGate〉의 기자 피터 하르트라우프Peter Hartlaub에게 픽사 시설 관리자가 한 말이다. "조금 극단적이긴 했지만, 우린 놀라지 않았어요." 픽사는 새롭고 혁신적인 영화 아이디어를 얻기 위해 다양한 배경과 다양한 기량을 갖춘 직원들을 '인큐베이터'라는 기획팀에 불러모은다.[150] 이들 팀은 자율적으로 일하지만, 협업이 잘 되는지 고위 관리자가 각 팀의 능력을 점검한다. 특히 서로 교류가 잘 이루어지는지 세심하게 주의를 기울인다. 또한 각 팀에는 프로젝트의 시간 제약과 예산을 꾸준히 점검하는 프로듀서와 감독이 있다. 이처럼 픽사는 매우 느슨한 조직이지만, 균형을 유지하기에 충분한 짜임새와 규칙을 갖추고 있다.

반대로 빡빡한 조직 문화를 조금 느슨하게 조정한 사례를 나는 '융통성을 갖춘 빡빡함'이라고 부른다. 빡빡한 조직이 직원들에게 재량권을 조금 더 부여할 때 이런 일이 일어난다. 도요타가 대표적인 예다. 도요타는 규칙과 표준 운영 절차를 중시하는 빡빡한 조직이다.[151] 그런데 최근 몇 년 사이에 창의성을 북돋고 고객 서비스를 개선하고자 몇 가지 관행을 도입하기 시작했다. 지역 책임자에게 재량권을 더 많이 주어 의사결정 과정을 분산시킨 것이다.[152] 또한 도요타 리더들은 엄격한 8단계 과정(빡빡한 체제)을[153] 이용해 작업 시스템과 제품을 실험하고 혁신하도록(느슨한 관행)[154] 직원들에게 권하고 있다. 고위급 임원들은 회사의 전반적인 목표를 언급할 때 모호한 용어를 사용한다.[155] 직원들이 목표를 주관적으로 해석해서 색다른 사고로 기획 과정에 접근하게 하려는 의도다.

심지어 미군마저도 '지휘관 의도'라는 관행을 통해 빡빡한 문화에 약간의 느슨함을 불어넣고 있다.[156] 모든 임무와 작전을 성공으로 이끄는 청사진처럼 묘사되는 이 관행은 지휘관이 어떻게 임무를 완수해야 하는지를 보여주되, "인간이 계획을 세워도 신은 그 계획을 비웃는다"는 점도 인정한다. '지휘관 의도'는 어떤 군사 작전에서든 병사들과 장교들이 전장에서 하나의 전략에만 의존하기에는 미지의 일, 이동 상황, 갑작스러운 변화가 너무도 많다는 점을 인정한다. 이 정책에서 가장 중요한 측면은 '즉흥성의 스펙트럼'이다.[157] 이미 효과가 입증된 믿을 만한 전략을 따르도록 권장하되, 예기치 못한 상황에 부닥쳤을 때는 부대의 목표에 맞춰 원래의 계획을 수정할 수 있게 군인들에게 권한을 부여하는 것이다.

"문화를 관리하는 일은 외줄 타기와 같습니다."[158] 《오리지널스 Originals》의 저자 애덤 그랜트Adam Grant 교수가 내게 한 말이다. "규범과 규칙을 너무 많이 만들면, 창의성과 변화를 놓치고 맙니다. 그런데 또 규범과 규칙을 너무 적게 만들면, 집중력과 협동심을 놓치고 말죠." 애덤 그랜트에 따르면, 핵심은 "빡빡함과 느슨함의 균형을 찾는" 데 있다. "널리 받아들여지고 깊이 뿌리 내린 강력한 가치를 몇 가지 확립하되, 이러한 가치를 실행에 옮기는 가장 좋은 방법이 무엇일지에 관해서는 융통성을 발휘하는 겁니다."

2부 분석: 우리 주변의 빡빡함과 느슨함

빡빡함과 느슨함을 오가는 기어 변경

어떻게 하면 느슨한 조직 문화를 '짜임새가 있는 느슨함'으로, 빡빡한 조직 문화를 '융통성을 갖춘 빡빡함'으로 순조롭게 바꿔 쓸 줄 아는 양손잡이가 될 수 있을까? 아무리 사소한 변화라도 변화를 이끄는 일은 쉽지 않다. 그러나 빡빡함과 느슨함을 잘 이해한 회사는 최상의 결과를 얻기 위해 업무 현장에서 바꾸어야 할 요소가 무엇인지 진단할 수 있다. 변화가 필요한 대상은 회사에서 채용하는 직원일 수도 있고, 조직에서 장려하는 관행일 수도 있고, 조직을 이끄는 리더일 수도 있다.

예를 들어, 중국에서 급성장 중인 신생 기술업계는 빡빡함을 지향하는 이 나라의 보편적인 정서에서 벗어나 비교적 느슨한 업무 문화를 육성해야 하는 중대한 과제에 직면해 있다.[159] 중국 전역의 조직들은 공산당의 강력한 규범에 영향을 받아 관료주의에 입각한 상의하달식 관리 체제를 모방하고 있다.[160] 그러나 기술 벤처 회사들은 실리콘밸리를 대표하는 회사들의 느슨한 업무 문화를 본받아 창의성을 키우고 싶어 한다. 2000년에 창립했고 '중국판 구글'로 유명한 바이두百度는 고정관념을 깨고 창의적으로 사고할 줄 아는 직원들을 채용해서 조직 문화를 느슨하게 바꾸려 애쓰고 있다. "우리는 노예처럼 맹종하지 않는 사람을 원합니다. 암기 학습을 지나치게 강조하는 교육제도가 낳은 사람들은 이미 너무 많거든요."[161] 바이두 대변인 출신으로 중국 현안을 다루는 팟캐스트 〈시니카Sinica〉의 진행자 카이저 쿼郭怡廣는 이렇게 설명했다. 직원들은 《바이두 어록Baidu

Analects》이라는 책을 받는다.[162] 위대한 철학자 공자의 어록을 모은 《논어Analects of Confucius》에서 따온 제목이다. "반대를 무릅쓰고 자기 생각을 고수하는, 아슬아슬하게 반항적인 직원들의 일화가 꼬리에 꼬리를 물고 이어집니다."[163] 쿼는 이렇게 말을 이었다. "그리고 그 직원들이 그렇게 하도록 놔둔 깨어 있는 관리자들 이야기도요. 결국 승리를 거머쥐는 건 그들입니다." 그러나 바이두는 조직 문화에 과감히 반기를 드는 기풍과 함께 신뢰성도 강조한다. 쿼의 설명대로 "완벽해졌을 때만 다음 팀이나 다음 사람에게 업무를 인계하고" 필요할 때는 동료들을 도와줄 수 있고 동료들도 나를 기꺼이 도우리라고 믿는다. 느슨한 규범과 높은 책임감이 결합하여 바이두의 성공을 이끈 셈이다.

직장 문화를 바꾸려면 당연히 시행착오를 거칠 수밖에 없다. 세계 최대 규모의 사무용 가구 제조업체의 고위급 임원은 내게 자기 회사가 조직 문화를 느슨하게 만드는 과정이 얼마나 험난했는지 들려주었다.[164] 이 회사는 수년 동안 빡빡하게 운영해왔다. 급여를 받는 직원들을 대상으로 조사한 결과 이들은 서류 더미에 첨부된 뚜렷한 업무 목표, 이런저런 양식, 분기별 평가, 직원 등급으로 가득 찬 성과평가 제도에 짓눌려 있었다. 직원들은 수없이 많은 기대에 부응하느라 애를 먹었고, 이는 잦은 퇴사로 이어졌다.

'융통성을 갖춘 빡빡한' 문화를 만들려는 첫 번째 시도로, 인사부에서 기존과 완전히 다른 평가 제도를 도입했다. 어떤 식으로 성과를 평가받을지 직원들 스스로 자유롭게 선택할 수 있게 했다. 이런 느슨한 모델은 일반적으로 빡빡한 이 회사의 조직 문화와 정면으로 배치되었고, 직원들은 어떻게 해야 할지 몰라 갈팡질팡했다. "이 자유에 어느 정도 한계를 설정하고, 빡빡한 문화로 돌아가되 느슨함을 서서히 조금씩 도입해야 한다는 걸 깨달았죠." 고위급 임원은 내게 이렇게 말했다. 결국 이 회사는 업무 목표와 상여 제도를 다시 도입하되, 개인별 하위 목표를 정하는 과정에 직원들이 참여할 수 있게 함으로써 융통성 있는 선택지를 제공했다. 새로운 시스템은 직원들이 선호하던, 전반적으로 빡빡한 문화를 주류 문화로 유지하는 동시에 직원들에게 융통성과 권한을 부여했다.

확실한 사실은 빡빡한 문화와 느슨한 문화를 자유자재로 쓰는 양손잡이가 되려면, 조직 문화를 바꾸는 동안 조직의 리더가 새로운 계획을 수용하느냐가 무척 중요하다는 점이다.

〈유에스에이투데이닷컴USAToday.com〉을 시작할 때를 생각해보자. 1995년, 뉴스 산업의 디지털 혁명에 발맞추고자 당시 〈유에스에이투데이USA Today〉 회장 겸 발행인이었던 톰 컬리Tom Curley는 인쇄 매체 사업을 온라인으로 확장하려고 준비했다. 컬리는 전통적인 편집국보다 훨씬 더 느슨한 부서, 다시 말해 다른 디지털 뉴스 회사들처럼 업무 문화가 느슨한 부서를 만들기 위해 지도부를 새로 꾸렸다.[165] 컬리는 기존의 인쇄 매체 리더들에게 자기 생각을 전했다. 그런데 일부가 속도가 빠르고 엄격함이 부족한 온라인 부서에 투자하는 데 강하게 반대했다. 그러자 이 회사는 새로운 계획에 동의하지 않는 고위급 임원들을 곧장 내보내거나 전근 보냈다. 이로써 이 회사 지도부는《이끌라, 그리고 방해하라Lead and Disrupt》의 공동 저자 마이클 투시먼이 조직에 어떤 형태로든 변화를 일으킬 때 대단히 중요하다고 언급한 "통일되고 일관된 메시지"를[166] 내놓을 수 있었다.

그런 다음, 컬리는 새로운 디지털 부서와 전통적인 인쇄 부서가 서로를 향한 두려움을 떨쳐내도록 협업 정신을 북돋으려 애썼다. 인쇄 매체에서 근무하는 사람들은 자신의 정체성과 가치가 사라지지는 않을까, 그러다 결국 쓸모없는 존재가 되지는 않을까 두려워했다. 또한 느슨한 규범이 조직의 와해, 비효율, 통제 불능을 초래하지는 않을까 걱정했다. 반대로 디지털 부서의 팀원들은 창의력을 마음껏 뿜어내고 숨 막히는 체계에 구속되지 않기 위해 무제한의 자유를 원했다. 컬리는 부서 간 긴장을 완화하고 협업을 위한 다리를 놓고자 디지털, 인쇄, 텔레비전 부서 책임자들에게 아이디어를 공유하고, 대서특필할 최고의 기사를 선정하고, 응집력 있는 전략을 수립하기 위해 매일 편집회의에 참석하라고 요구했다.[167] 또한 디지털, 인쇄, 텔레비전 등 모든 부서가 다 같이 목표를 달성하면 상여금을 주는 협동 장려책도 마련했다. 결국 컬리는 빡빡함과 느슨함 사이에서 균형을 잘 이루어냈고, 진정한 양손잡이가 되었다.

빡빡함과 느슨함을 자유자재로 쓰는 양손잡이 조직 문화를 개발할 최상의 방법 따위는 없다. 〈유에스에이 투데이〉처럼 어떤 회사들은 공통의 목표를 세워서 빡빡한 부서와 느슨한 부서가 서로 존중하게 함으로써 양손잡이 조직 문화를 개발한다. 또 어떤 회사들은 빡빡한 부서에 직접 느슨한 관행을 도입하거나 느슨한 부서에 빡빡한

2부 분석: 우리 주변의 빡빡함과 느슨함

관행을 도입함으로써 양손잡이 조직 문화를 개발한다. 어디에서 어떻게 하든, 이 과정에 수반되는 핵심 요소를 정리하면 아래 자료 7.2 와 같다.

2016년에 나는 하버드대학교에서 전 세계 기업가들을 상대로 워크숍을 진행했다. 이때 나는 그들에게 빡빡함-느슨함 이론을 소개하

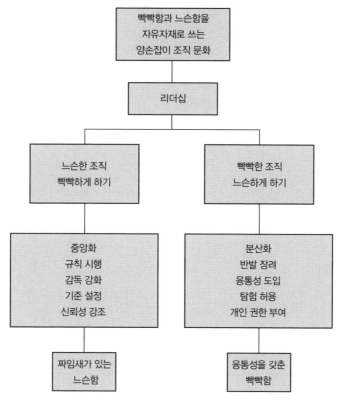

자료 7.2. 빡빡함과 느슨함을 자유자재로 쓰는 양손잡이 조직 문화.
'짜임새가 있는 느슨함' 또는 '융통성을 갖춘 빡빡함'을 이루는 방법.

고, 빡빡함과 느슨함이 조직 안에서 어떻게 문제로 표출될 수 있는지 설명했다. 많은 기업가가 자기 조직에서 이런 갈등이 전보다 훨씬 더 뚜렷하게 모습을 드러내고 있다고 말했다. 어떤 이들은 회사로 돌아가 경영진에게 빡빡함-느슨함 이론을 활용해 문제를 진단하고 해결하는 데 도움을 받으라고 촉구했다. 자기 조직에 숨겨진 사회 규범의 힘을 이해함으로써 기업가들은 빡빡함과 느슨함 사이에서 균형을 유지하도록 회사를 잘 이끌 수 있다.

당신은 빡빡한 사람인가, 느슨한 사람인가

지난 2012년, 〈슬레이트Slate〉지 기자 달리아 리스윅Dahlia Lithwick은 기발한 사실을 하나 깨달았다. 미국 어린이 교육 프로그램 〈새서미 스트리트Sesame Street〉에서 사랑받는 인형 캐릭터들, 이른바 '머펫Muppet'들이 인류의 차이를 설명하는 아주 흥미로운 패러다임을 제공한다는 사실이었다. '머펫 이론'으로 불리는 리스윅의 유쾌한 은유는 사람들을 두 부류로 나눈다.[1]

첫 번째 부류는 쿠키 몬스터, 곤조, 애니멀, 어니처럼 혼란을 일으키는 부류고, 두 번째 부류는 독수리 샘, 개구리 커밋, 스쿠터, 버트처럼 질서를 구현하는 부류다. 어디를 가든 아수라장을 만드는 '혼란 머펫들'은 소란스럽기는 해도 눈에 확 띈다. 이들은 틀에 박힌 사고에서 벗어나 창의적으로 생각하고, 새로운 경험에 목숨을 걸고, 아주 당당하게 일반 관행을 거부한다. 열정적인 드럼 연주자인 애니멀은 빨간색 털과 헝클어진 분홍색 머리 때문에 군중 속에 있어도 금방 눈에 띈다. 모두 같은 방향으로 갈 때도 그는 반대 방향으로 껑충 뛴다. 내키는 대로 두들기는 그의 드럼 독주는 신이 나서 마구 먹어치우는 쿠키 몬스터의 식사와 많이 닮았다. '혼란 머펫들'과 달리, '질서 머펫들'은 지나치게 신중하고 깔끔하다. 쿠키 몬스터가 흘린 부스러기를 치우는 일도 이들 몫이다. 예를 들어, 버트는 아침에 오트밀을 즐겨 먹고 비둘기 연구나 클립 수집 같은 취미 생활을 즐긴다. 잘 다린 카키색 바지에 줄무늬 스웨터를 깔끔하게 차려입은 버트는 기상천외한 아이디어를 실험하는 룸메이트 어니에게 현실을 직시하라고 충고한다.

당신은 어떤 유형의 머펫인가? 타고난 성격이 어떠냐에 따라 답이 정해지리라 생각할지 모른다. 그러나 밝혀진 바에 따르면 당신이 곤조와 더 비슷한지, 커밋과 더 비슷한지는 당신의 성격보다 당신을 둘러싼 (빡빡한 또는 느슨한) 환경에 더 큰 영향을 받는다.

우리는 국가부터 직업에 이르기까지 광범위한 집단과 실체 안에서 빡빡함과 느슨함이 어떤 역할을 하는지 살펴보았다. 우리 문화의 사회 규범이라는 근본적인 힘은 우리의 기질과 뇌에까지 영향을 끼친다. 우리는 우리도 모르는 사이에 우리를 둘러싼 사회 환경을 잘 헤쳐나가는 데 도움이 되는 '빡빡한 사고방식' 또는 '느슨한 사고방식'을 발달시켰다.

사고방식은 단순한 기분이나 태도를 넘어 우리가 결정을 내릴 때 사용하는 프로그램과 같다. 사회 규범에 엄청나게 신경 쓰고, 실수를 피하고픈 갈망이 강하고, 수시로 충동을 억누르고, 질서와 체계를 선호하는 성향은 모두 빡빡한 사고방식에 속한다. 일상을 즐기려면 무질서의 징후를 알아채는 예민함이 필요하다. 이와 대조적으로 느슨한 사고방식을 지닌 사람들은 사회 규범에 별로 신경 쓰지 않고, 위험을 감수하려는 모험심이 강하고, 더 충동적이고, 무질서와 애매함 속에 있을 때 마음이 더 편하다. 이렇게 다른 사고방식은 우리가 미처 알아채지 못할 수도 있는 이런저런 방식으로 우리 일상과 관계에 영향을 끼친다.

기본적으로 우리는 모두 각자 자라온 문화에 영향을 받아 형성된, 빡빡한 또는 느슨한 사고방식을 지니고 있다. 우리 중에는 신중하고 깔끔한 '질서 머펫들'처럼 근본적으로 빡빡한 사고방식에 길든 이들이 있는가 하면, 태평하고 시끄러운 '혼란 머펫들'처럼 느슨한 사고방식에 길든 이들도 있다. 명확하게 규정된 사회 규범을 갖춘 문화에서 성장하면 빡빡한 사고방식이 발전하고, 그 반대면 느슨한 사고방식이 발전한다. 이러한 사고방식은 깊이 뿌리를 내리고 있지만, 상황이 바뀌면 그 상황에 맞춰 급조할 수도 있다. 때에 따라서는 아주 극적으로, 아주 빠르게 전혀 다른 사고방식을 개발하기도 한다.

교향악 연주회와 록 콘서트라는 정반대되는 두 공연을 보러 간다고 상상해보자. 연주회에 오는 사람들은 모두 우아하게 차려입는다. 그 속에 섞이려면 당신도 평상복보다는 조금 더 격식을 갖춘 옷을 입어야 한다. 오케스트라가 조율을 시작하자마자 관객들 사이에는 침묵이 흐른다. 당신은 휴대전화를 끄고 의자에 앉아 가만히 있으려고 조심한다. 한 곡이 끝나고 잠시 쉬는 시간, 당신은 신나게 손뼉 치고 싶은 충동을 애써 누른다. 그게 교향악 연주회의 규범이니까. 공연이 모두 끝나자 관객들은 일제히 손뼉을 치고 모두 질서정연하게 공연장을 빠져나간다.

이번에는 야외 록 콘서트에 갔다고 상상해보자. 무대 바로 앞은 관객들로 북새통이고, 당신은 사람들 틈에서 거칠게 떠밀린다. 다들 노출이 심하거나 지저분한 옷, 아니면 티셔츠와 찢어진 청바지 차림이다. 담배와 그 밖의 물질에서 나온 연기가 공기 중에 퍼져 나간다. 웃음소리와 쌍소리로 주변이 워낙 시끄러워서 친구와 무슨 말이라도 하려면 서로 목청껏 소리를 질러야 한다. 예정된 시간보다 한 시간도 더 지나서야 밴드가 무대에 오르자 흥분한 관객들이 내지르는 괴성에 귀가 먹먹하다. 공연 내내 사람들은 목청이 터지도록 노래 부르고, 춤추고, 보컬이 무대에서 뛰어내리면 두 손으로 받아 머리 위로 들어 파도를 태운다. 마지막 곡이 끝나면 모두 출구를 향해 서로 몸을 밀치며 무질서하게 주차장으로 쏟아져 나온다.

교향악 연주회는 다른 사람들이 어떻게 행동하는지 예리하게 알아채고 내 안의 충동을 눌러야 하는 빡빡한 상황이다. 격식을 차리는 교향악 연주회에서 휴대전화를 들고 통화하거나 반바지를 입는 등 특이한 행동을 하면 금방 눈에 띄고 따가운 눈총을 받기 쉽다. 반면에 록 콘서트는 규제가 훨씬 적은 느슨한 상황이다. 관객들은 몸가짐에 신경 쓸 필요도 없고, 훨씬 더 다양한 옷과 언어, 행동으로 개성을 표현할 수 있다. 충동적으로 행동한다고 해서 눈을 흘기는 사람도 거의 없고, 권장되는 행동이 무척 광범위하다. 무엇보다 이렇게 다른 두 환경은 단순히 우리의 옷차림만 바꾸는 것이 아니다. 우리의 마음가짐 역시 근본적으로 바꾸어놓는다.

셀 수 없이 많은 조정 과정

다음번에 운전할 때는 자신이 어떻게 차선을 지키고 차량 흐름을 방해하지 않으려고 애쓰는지, 스스로의 행동을 주의 깊게 살펴보라. 손으로는 끊임없이 핸들을 미세하게 조정하고, 눈으로는 앞쪽 도로와 백미러를 번갈아 쳐다보고, 발로는 속도를 세밀하게 조정한다는 사실을 깨닫게 될 것이다. 미 직업안전보건국(OSHA)에 따르면, 운전자들은 1마일당 약 200번의 결정을 내린다.[2] 고속도로에서는 1초당 3번 이상의 결정을 내린다.

우리는 사회 규범에 따라 온종일 이와 똑같은 '자동 조정'을 수행한다. 환경이 우리의 사고방식을 자동으로 변경하기 때문이다. 교향악 연주회에서는 경직된 사고방식으로, 록 콘서트에서는 느긋한 사고방식으로 자동 전환된다. 심리적으로 보자면, 주변 사회 규범의 강도에 맞춰 당신의 몸과 마음을 조정하는 것이다.

잠에서 깨는 순간부터 잠자리에 드는 순간까지 우리는 빡빡한 사고방식과 느슨한 사고방식을 오가는 변화를 경험한다. 가정에서도 이 모습을 확인할 수 있다. 당신은 헬리콥터 부모인가, 느긋한 부모인가? 자녀들은 규칙을 잘 따르는 편인가, 자주 대드는 편인가? 배우자나 연인이 있다면, 종교나 저축, 청결을 대하는 태도가 서로 달라서(한 사람은 빡빡한데 한 사람은 느슨해서) 갈등을 겪을 수도 있다.

당신은 (나처럼) 설거지 솜씨가 형편없거나 축축한 수건을 침대에 던져놓는 버릇이 있는가, 아니면 깔끔한 편인가?

열차를 타고 출근하는 길에 조용히 좌석에 앉아 있는데, 느슨한 사고방식을 가진 누군가가 같은 칸에 들어와 큰 소리로 전화 통화를 하면 짜증이 날 수 있다. 차려야 할 격식이 많은 보수적인 법률 사무소에 다니든, 모든 직원이 청바지에 후드티를 입고 탁구를 즐기는 느슨한 벤처 회사에 다니든, 직장에서도 서로 다른 사고방식을 보게 된다. 환경에 작은 변화만 생겨도 우리의 규범 레이더에는 엄청난 변화가 생길 수 있다. 회의실에서 상사와 함께 고객을 만나고 있다면, 당신 사무실에서 직장 동료와 분쟁을 조정하려고 할 때보다 마음가짐이 더 빡빡해지기 마련이다. 앉을 때도 바른 자세로 앉고, 말할 때도 단어를 세심하게 고를 것이다. 취미마저도 전혀 다른 마음가짐을 활성화할 수 있다. 브리지 게임이나 가라테처럼 매우 체계적이고 규칙에 얽매인 활동은 빡빡한 사고방식을 길러주지만, 그림이나 힙합 춤처럼 더 즉흥적이고 제약이 없는 활동은 느슨한 사고방식을 길러준다.

동네, 학교, 동아리에서도 빡빡함과 느슨함의 차이는 확연히 드러난다. 내 친구에 따르면, 미국 북동부 뉴잉글랜드에 있는 한 마을의 축구 위원회는 유소년 전지훈련에 참여할 축구팀 순위를 정하기에 앞서 선수 평가표를 검토하는 데만 2시간을 쓴다. 축구 관계자들은 이 과정이 공정하고 진실하다는 점을 강조하기 위해 코치들과 부모들에게 두툼한 통계 뭉치를 제공한다. 분석 대상이 8살 아이들이라는 점만 다르지, 마치 헤지펀드 시장 분석 회의를 보는 것 같다. 유소년 스포츠를 너무 진지하게 생각하는 어른들의 모습을 보여주는 또 하나의 예일 뿐일까? 그럴 수도 있다. 하지만 조금만 더 깊이 파고들면, 이들이 문화적으로 얼마나 빡빡하게 일을 처리하는지 알게 될 것이다. 이 위원회는 '재능 있는' 자기 자식이 순위에 들지 못한 이유가 뭐냐며 항의하는 A 유형(미국 심장 전문의 마이어 프리드먼Meyer Friedman과 레이 로젠만Ray Rosenman의 'A 유형·B 유형 성격 이론'은 심혈관계 질환에 걸리는 특성을 성격과 연관 지은 연구로, A 유형은 초조하고 조급하고 경쟁적인 성격으로 심혈관계 질환에 걸릴 가능성이 큰 성격 유형을, B 유형은 이와 반대로 느긋하고 여유 있는 성격 유형을 가리킨다-옮긴이) 부모들 때문에 엄격한 절차를 개발했다.

마찬가지로 공립학교, 사립학교, 종교 재단에서 설립한 학교, 자율형 공립학교 등등 여러 부류의 학교 가운데 자녀를 어떤 학교에 보내기로 했는지 부모들에게 물어보면 시험 점수, 교수법, 교수 철학에 관한 이야기를 할지도 모른다. 그러나 조금만 더 조사해보면 예상대로 규범의 강도에 관한 이야기가 나오게 마련이다. 어떤 가정은 발도르프 학교(오스트리아 인지학자 루돌프 슈타이너Rudolf Steiner가 설립한 12년제 종합학교로, 초·중·고 구분이 없으며 자유를 기본 교육 원리로 삼아 자연스러운 정서 발달에 집중하는 게 특징이다-옮긴이)처럼 더 느슨한 교육 환경에 끌리지만, 도덕적 행동과 관련하여 엄격한 규칙을 따르는 정통 개신교 가정은 규율이 빡빡한 기독교 학교를 찾아 나설 수 있다.

이렇게 다양한 측면을 탐색하고 한 단계에서 다음 단계로 넘어가는 과정에서 우리의 빡빡함-느슨함 지수는 올라가기도 하고 내려가기도 하는데, 그러다 스트레스를 받기도 한다. 그렇다고 우리가 이쪽저쪽으로 계속 휘둘린다는 뜻은 아니다. 각 사람에게는 빡빡함-느슨함 스펙트럼 상의 기본 설정값이 있다. 이 설정값에는 우리가 가정에서 받은 교육, 우리가 사는 지역의 지리적 특성, 우리 세대의 태도, 우리가 속한 사회 계층, 우리의 직업, 그 밖에 다른 요소들이 반영되어 있다. 부모의 엄격한 훈육 아래 사회화를 거쳤거나 인생에서 이런저런 고초를 겪으면 사고방식이 빡빡해지기 쉽다. 만약 당신의 사고방식이 느슨한 편이라면, 더 안전한 환경에서 살았거나 많이 돌아다니며 다양한 규범을 경험했을 가능성이 크다.

빡빡함-느슨함 스펙트럼에서 당신의 설정값은 어디쯤인지 생각해보라. 당신은 '질서 머펫'에 더 가까운 편인가, '혼란 머펫'에 더 가까운 편인가? 자신이 어떤 부류인지 알아보기 위해 다음 3개의 질문에 답해보라.

1. 당신은 사람들이 당신에게 기대하는 바와 주변의 규범을 얼마나 잘 알아채는가?
2. 당신은 신중하고 조심스러운 편인가, 모험심이 강하고 충동적인 편인가?
3. 당신은 체계와 사회질서를 선호하는 습관의 노예인가, 체계적이지 않은 상황을 즐기는 편인가?

빠빡한 사고방식 또는 느슨한 사고방식에 끌리는 일반적인 경향성뿐만 아니라, 시간이 흐르면서 상황에 따라 그러한 사고방식이 어떻게 바뀌는지도 진단할 수 있다. 하루를 살다 보면 느슨한 사고방식보다 빡빡한 사고방식으로 대응하게 되는 상황이 있다. 어떤 경우에 그런가? 직장에서 당신과 사고방식이 가장 잘 맞는 사람은 누구이고, 가장 심하게 부딪치는 사람은 누구인가? 당신이 가장 짜증스러워하는 그 동료는 그저 스펙트럼 상 당신과 가장 멀리 떨어져 있는 사람일 수 있다. 다른 사회 환경에 적응하기 위해 문화적으로 맞춰가고 변화하는 능력은 우리의 관계와 경력, 지역 사회와 삶 전체에 영향을 끼친다. 자신의 빡빡한/느슨한 사고방식을 더 잘 알면 알수록 우리는 자신이 왜 그렇게 행동하는지 더 잘 이해할 수 있고, 층층의 문화가 타인의 습관을 형성하는 방식을 더 예민하게 알아챌 수 있다.

당신은 얼마나 잘 알아채고 있는가?

박쥐와 돌고래 같은 종은 물론이고,[3] 심지어 쥐까지도 물리적 환경을 탐색하기 위해 레이더를 사용한다.[4] 인간도 자각하든 자각하지 못하든 자기를 둘러싼 사회 규범과 신호를 탐지하기 위해 레이더를 사용한다. 사실 이 규범 레이더의 강점 또는 약점에 따라 빡빡한 사고방식과 느슨한 사고방식의 질이 판가름난다.

어떤 사람들은 사회 규범 따위는 안중에도 없는 듯 보인다. 머리는 좋은데 규범 레이더가 없는 성인들을 우리는 바보, 얼간이, 익살꾼

이라 부른다. 주변을 둘러보면 사회 규범을 전혀 모르는 것 같은 사람이 한두 명쯤 있다. 공식 업무 회의에서 부적절한 생각을 불쑥 입 밖으로 내뱉는 친구가 대표적이다. 다른 식구들이 눈알을 굴리며 지루한 표정을 짓는 것도 알아채지 못하고 가족 모임 때마다 했던 이야기를 하고 또 하는 삼촌도 빼놓을 수 없다. 〈보랏〉이라는 영화를 보면, 화장실을 다녀온 '카자흐스탄 기자' 보랏이5 남부 사람으로부터 초대받은 저녁 식사에 자기 똥을 담은 봉투를 들고 오는 장면이 나온다. 영화를 보던 관객들은 이 장면에서 진저리를 치는 동시에 터져 나오는 웃음을 참지 못한다. 일반적으로 규범 레이더가 제대로 작동하지 않는 사람들은 주변에서 자기에게 무얼 기대하는지 잘 이해하지 못하고, 아주 광범위한 상황에서 비슷하게 행동하는 경향이 있다. 그들은 상황이 무얼 요구하든 아랑곳없이 주로 자신의 신념과 욕망에 따라 행동한다.

그런가 하면, 규범 레이더의 성능이 아주 뛰어난 사람들도 있다. 젤리그(영화 〈젤리그〉에서 1920년대 배우로 나오는 인물. 주변 사람을 똑같이 흉내 내는 능력으로 유명하다-옮긴이)처럼 변화무쌍한 인물들은 어떤 상황에서든 그 상황에 맞게 자기 행동을 조정할 줄 안다. 온갖 유형의 사람들과 관계를 맺고, 심지어 자기가 싫어하는 사람까지 자기편으로 끌어들일 줄 안다. 규범 레이더가 발달한 사람들은 주변 사회 규범에 무척 예민하다. 심리학자 마크 스나이더Mark Snyder는 이들을 가리켜 '뛰어난 자기 감시자'라고 부른다.6 이들은 주변 사람들과 사회의 기대를 아주 잘 알아챈다. 따라서 각 상황에서 용납 가능한 행동의 한계를 파악한 뒤 상황에 따라 다르게 대처하곤 한다.

캘리포니아대학교 버클리 캠퍼스 라이트대학원의 심리학자 제니스 밀Janice Mill이 진행한 기발한 연구에서 피험자들은 미리 녹음한 20개의 문장을 들었다.[7] 숙달된 여배우가 억양과 어조를 바꾸어 다양한 감정을 전달했다. 결과는 놀라웠다. 규범 레이더가 발달한 사람들은 다양한 감정을 매우 정확하게 식별해냈다. 반면에 규범 레이더가 발달하지 않은 사람들은 이 과제를 푸는 데 애를 먹었다.

우리의 규범 레이더는 상황에 따라 계속 변화한다. 예를 들어, 취업 면접 때는 우리가 발을 들인 그곳의 사회 규범에 예민하게 주의를 기울여야 한다. 유능한 인재로 보여서 채용 담당자에게 깊은 인상을 남겨야 하기 때문이다. 정장을 입고, 상대가 불쾌하게 느낄 수 있는 표현은 삼가고, 면접관에게 주제와 관련된 질문만 해야 한다는 뜻이다. 하지만 아무도 보는 이가 없는 침실에서는 주변 환경을 스스로 감시할 필요가 없다. 파자마를 입어도 되고, 욕을 해도 되고, 몸을 씰룩이며 춤을 춰도 되고, 마음껏 노래를 불러도 된다. 이런 상황에서는 규범 레이더를 꺼두어도 된다.

명백하게 드러나지는 않아도, 당신의 규범 레이더는 당신이 속한 문화의 영향도 아주 많이 받는다. 전 세계적인 조사를 통해 나는 빡빡한 나라에 사는 사람들이 확실히 더 뛰어난 규범 레이더를 갖추고 있다는 사실을 알아냈다.[8] 그들은 더 뛰어난 '자기 감시자'이고, 상황이 요구하는 바에 맞춰 자기 행동을 조정하는 능력이 탁월하다. 이 특성은 학습된 것이다. 용납되는 행동이 제한된 데다가 강력한 규칙이 지배하는 빡빡한 나라에서는 처벌을 피하기 위해서라도 사회의 기대를 감지하는 예리한 능력과 욕망을 갖춰야 성공한다. 같은 논리로, (마치 록 콘서트에서처럼) 규칙이 약하고 광범위한 행동이 허용되는 나라에서는 사람들의 사고방식이 더 느슨하고 규범 레이더가 덜 발달하는 경향이 있다.

이러한 차이는 일반 조사에서만 나타나는 것이 아니다. 놀랍게도 '문화신경과학'이라는 새로운 학제 간 분야를 연구하는 과학자들은 규범 레이더의 차이가 우리 뇌에 물리적으로 영향을 끼칠 수 있다는 사실을 알아가는 중이다.

알다시피 뇌는 적응력이 엄청나게 뛰어난 기관이다. 우리가 특정 상황에 반복적으로 노출되면, 우리의 뇌는 그 상황에 적응하고 그에 따라 변화한다. 한 연구에서 연구진은 운전 경험이 폭넓은 런던 택시 운전사들의 뇌를 연구하기 위해 구조적 자기공명영상(MRI)을 사용했다.[9] 그 결과, 택시 운전사들이 일반 운전자들보다 해마 후부後部, 즉 환경의 공간 표상(사물 현상의 공간적 속성에 관한 표상을 말하며 주로 시각과 청각의 작용으로 형성된다-옮긴이)을 저장하는 뇌 부위가 훨씬 더 크다는 점을 알아냈다. 택시 운전사 중에서도 주행 거리가 긴 운전사일수록 해마 후부가 더 컸다. 실제로 택시 운전사들의 뇌가 복잡한 공간 표상을 담을 수 있도록 커지면, 이는 길을 찾는 데 도움이 될 수 있다.

택시 운전사의 뇌에 있는 뉴런들이 복잡한 경로에 적응하듯이, 뇌가 '강한' 또는 '약한' 사회 규범을 반복해서 접하다 보면 그 사회 규범에도 적용한다. 나와 연구를 함께한 얀 무Yan Mu, 시노부 키타야마 Shinobu Kitayama, 시휘 한Shihui Han은 뇌 활동을 기록하는 전극이 달린 뇌파검사(EEG) 캡을 미국 학생들과 중국 학생들에게 씌우고 규범을 준수하거나 위반하는 행동을 묘사한 짤막한 글을 읽게 했다.[10]

당신이 피험자였다면, 탱고 수업 시간에 춤을 추는 사람(적절한 사례)이나 미술관에서 춤을 추는 사람(부적절한 사례)에 관한 글을 읽었을 것이다. 그 밖에 콘서트에서 손뼉 치는 사람과 장례식에서 손뼉 치는 사람, 도서관에서 소리치는 사람과 보행자 도로에서 소리치는 사람에 관해 묘사한 글 등이 있었다. 미국과 중국 피험자들의 뇌는 두정엽 부위에 규범 위반을 기록했는데, 이 부위는 놀라운 사건

자료 8.1. 뇌파검사용 캡을 쓴 박사 후 연구원 얀 무. 뇌파검사는 뇌의 전기 활동을 측정한다.

을 처리하는 일을 담당한다. 그런데 규범 위반에 대한 신경 반응은 전혀 다르게 나타났다. 중국인 피험자의 뉴런은 전두엽 부위에서 아주 강하게 발화했는데, 전두엽은 타인의 의도에 관해 생각하고 처벌에 관한 결정을 내리도록 돕는 부위다. 이와 대조적으로, 미국인 피험자들의 전두엽은 규범 위반을 보고도 거의 반응하지 않았다. 이처럼 규범 레이더의 차이는 뇌에 깊숙이 새겨져 있다.

당신은 행동하기 전에 생각하는 편인가?

상황이 요구하는 규범을 기록한 뒤, 우리의 뇌는 적응에 필요한 심리적 도구를 우리에게 제공한다. 규범이 강할 때 우리는 책임감을 강하게 느낀다. 우리가 하는 행동이 사회의 평가를 받고, 규범에 어긋나게 행동했다가는 처벌받을 수 있다는 점을 인식한다. 경고 신호가 울리면 빡빡한 사고방식이 발동한다. 방심하지 않고 신중하고 조심해서 실수를 피하기 위해서다. 컬럼비아대학교 토리 히긴스Tory Higgins 교수는 이것을 '예방에 집중하는 성향'이라고 부른다.[11] 반대로, 준수해야 할 규범이 적은 상황에서는 그릇된 짓을 저지르는 것에 대한 두려움이 줄어든다. 실수를 피하려고 애쓰기보다는 더 대담하고 위험이 큰 목표를 세운다. 이처럼 '승급에 집중하는 성향'은 설사 한두 가지 실수를 저지르는 한이 있더라도 자기만의 이상을 좇게 한다. 이렇듯 책임감이 낮은 심리 상태에서는 조심성이 줄어들고 더 대담해진다.

이런 사고방식의 차이는 전 세계 어디서나 볼 수 있다. 조사한 바

2부 분석: 우리 주변의 빡빡함과 느슨함

에 따르면, 강력한 사회 규범을 준수해야 하는 빡빡한 문화권 사람들은 사회화 과정을 거치며 더 신중해진다. 이들은 "나는 실수를 피하려고 무척 조심한다", "할 말을 신중하게 고른다"와 같은 진술에 '그렇다'라고 답할 확률이 높고, 행동하기 전에 곰곰이 생각한다고 답하는 데서 알 수 있듯이 결정을 내릴 때도 더 신중하다. 반대로 규범적 제약이 훨씬 적은 느슨한 문화권 사람들은 더 즉흥적이고, 생각보다 행동이 앞설 때도 있다고 답했다.[12]

이러한 차이는 학습된 것이지만, 유전적 이유도 조금은 있을 수 있다. 우리는 한 연구를 통해 빡빡한 문화권 사람들이 경계하고, 부정적 정보에 주의를 기울이고, 해로움을 기피하는 데 관여하는 특정 유전자(5-HTTLPR의 S 대립 유전자)를 가지고 있을 확률이 높다는 점을 밝혀냈다.[13] 빡빡한 문화권 사람들이 이 특정 유전자를 가지고 있을 확률이 높은 건 지당하다. 진화론적 관점에서 보면, 위협이 많은 환경에서는 이 유전자가 있어야 생존에 유리하기 때문이다. 위협적인 환경에서 '선택받은' 이 유전자는 시간이 지나면서 빡빡한 문화를 강화하는 데 이바지했을 것이다.

조심성의 차이는 우리가 매일 내리는 수많은 결정에 영향을 끼친다. 점을 연결하는 간단한 연구에 참여한다고 상상해보자.[14] 당신은 그림 4장에서 최대한 많은 점을 연결하라는 과제를 받았다. 그림 1장당 제한 시간은 30초다.

일반적으로 이런 연구에 참여하는 사람들은 느리긴 해도 정확하게 과제를 수행할지, 정확성은 조금 떨어져도 빠르게 과제를 수행할지 선택한다. 승급에 집중하는 느슨한 사고방식의 소유자라면, 점을 몇 개 놓치더라도 더 많은 그림 작업을 완수하려 할 것이다. 실수하지 않으려고 신경 쓰는 빡빡한 사고방식의 소유자라면, 속도는 느리더라도 점을 더 정확하게 연결하려 할 것이다.

재무 결정을 내리는 사람들에게서도 이런 식의 거래가 아주 분명하게 나타난다. 한 연구에서 심리학자들은 사람들을 승급 지향 그룹과 예방 지향 그룹으로 나누고, 그룹별로 여러 투자 기금을 살펴보고 공동으로 투자할 기금을 함께 결정하게 했다.[15] 투자 기금은 수익이 높은 대신 매우 불안한 기금부터 안전한 대신 수익이 낮은 기금까지 아주 다양했다. 연구 결과는 다음과 같았다. 예방을 지향하는 그룹은 가장 안전한 기금을 투자처로 선택할 확률이 높았다. 더욱이 이 그룹은 금전적 손실을 피하는 데 토론의 초점을 맞췄다. 반면에 승급을 지향하는 그룹은 수익을 극대화하는 방법을 논의하는 데 몰두했다. 이렇듯 일할 때 안정을 택하느냐 위험을 택하느냐를 통해서도 우리는 빡빡한 사고방식과 느슨한 사고방식을 확인할 수 있다.

경계심을 갖고 책임감을 느낄 때, 우리는 스스로를 곤경에 빠뜨릴 수 있는 충동을 억제하고자 '자제력'이라는 근육을 사용한다. 이를테면 도서관에서 소리를 지르고 싶거나, 교향악 연주회에서 부적절한 시점에 손뼉을 치고 싶거나, 취업 면접을 보다가 트림이 하고 싶을 때 충동을 억누르기 위해 자제력을 발휘한다. '질서 머펫'처럼 자제력이 강한 사람들은 자기훈련이 잘되어 있다. 그들은 화가 나도 공격적으로 행동하고픈 충동을 조절할 줄 알고, 식탁에 남은 마지막

도넛을 먹고 싶어도 참을 줄 알고, 돈을 모으려고 노력할 때 흥청망청 쓰고 싶은 충동을 억누를 줄 안다. 반대로 '혼란 머펫' 같은 사람들은 충동과 욕망을 억제하는 데 어려움을 겪는다. 그들은 책임감도 별로 못 느끼고 거리낌도 없는 편이다.

연구에 따르면, 자제력 차이는 아주 일찍부터 나타난다. 1960년대에 미국 심리학자 월터 미셸Walter Mischel이 이끄는 연구팀은 마시멜로로 미취학 아동의 자제력을 평가했다.[16] 연구진은 아이들에게 눈앞에 있는 마시멜로 하나를 바로 먹을지, 연구원이 돌아올 때까지 몇 분간 방에서 혼자 기다리다가 마시멜로 두 개를 먹을지 선택하게 했다. 몇 년 뒤, 후속 연구에서 믿기 힘든 패턴이 나타났다. 연구원이 마시멜로를 하나 더 들고 돌아올 때까지 기다렸던 아이들은 SAT 시험에서도 더 높은 점수를 받았고, 부모들에게도 사교성이 좋다는 평가를 받았고, 좌절감을 느낄 만한 상황에서도 스트레스에 더 잘 대처했다. 1,000명이 넘는 청소년을 대상으로 진행한 또 다른 연구에서는 자제력이 부족한(예를 들면, 참을성이 없거나 생각 없이 행동하는) 아이들이 향후 4년 이내에 술을 마시고 담배와 대마초를 피울 가능성이 컸다.[17] 내면의 충동을 길들이는 능력은 일찍부터 발현되고, 이는 중대한 결과로 이어진다.

빡빡한 사고방식과 느슨한 사고방식의 다른 측면들과 마찬가지로, 자제력에도 개인별·문화별 차이가 있다. 느슨한 성격의 미국인들이 자제력 부족으로 어려움을 겪는 건 그리 놀랄 일이 아니다. 매사추세츠주에 있는 한 명문 초등학교 식당 벽에는 알록달록한 글자로 다음과 같은 표어가 쓰여 있다. "충동을 관리하자!"[18] 미국 학생들이 충동적으로 저지르는 행동들 때문에 교사들이 고민이 많다는 사실을 행정가들도 이해하고 있다. 그런데 과학자들이 밝혀낸 바에 따르면, 이런 충동적인 행동들은 느슨한 문화에 깊이 뿌리를 내리고 있다.

일반적으로 규범 요건이 훨씬 적은 환경에서 사회화를 거친 미국 아이들은 빡빡한 문화권 아이들보다 자제력이 부족하다. 한 연구에서 심리학자들은 일본과 미국의 미취학 아동들에게 (두 아이가 싸우는 일화나 한 아이가 넘어져서 다치는 일화처럼) 대인관계의 딜레마를 다룬 가상의 이야기를 들려주었다.[19] 그런 다음, 아이들에게 소도구와 사람 모형의 작은 소품을 이용해 다음에 무슨 일이 벌어질지 "보여주고 말함으로써" 그 이야기를 완성해보라고 했다. 훨씬 더 느슨한 문화에서 성장한 미국 아이들은 일본 아이들보다 말로든 행동으로든 공격성을 더 많이 드러냈다. 감정을 조절하는 능력이 부족하다는 뜻이다. 또 다른 연구에서는 중국과 미국의 미취학 아동들에게 (머리를 만지라고 하면 발가락을 만지는 식으로) 실험자가 요구한 행동과 정반대되는 행동을 함으로써 내적 충동을 무시해야 하는 게임과 같은 '자기통제' 과제를 여러 개 내주었다. 이번에도 중국의 미취학 아동들이 미국의 미취학 아동들보다 과제를 훨씬 잘 해냈다.[20]

중국에 있는 초등학교에 가서 조금만 지내보면, 중국 아이들에게 '자제력'이라는 근육이 훨씬 잘 발달한 이유를 바로 알게 된다. 내 밑에서 공부하는 한 대학원생은 산시성 타이위안에 있는 소학교에서

2부 분석: 우리 주변의 빡빡함과 느슨함

엄청나게 많은 규정을 마주했던 때를 떠올렸다. 학생들은 항상 양손을 등허리에서 맞잡은 자세로 책상 앞에 앉아야 했고, 질문이 있을 때는 오른손만 들 수 있었고, 학교 복도에서는 소리를 죽여야 했다. 튀는 행동을 한 학생들은 처벌을 받았다. 수업이 끝날 때까지 교실 앞에 서 있거나, 재미있는 학교 활동에서 제외되거나, 심지어 자로 맞는 것까지 처벌 방법은 다양했다.

중국에서는 많은 학교가 강력한 감시 시스템을 갖추고 있다. 심지어 어떤 교실에는 아이들이 얼마나 바르게 행동하는지 상시 녹화하는 웹캠이 있다.[21] 녹화된 영상은 학부모들과 학교 관계자들이 수시로 확인한다. 일본, 사우디아라비아, 특히 예전 공산국가처럼 빡빡한 나라에 있는 학교들의 이야기도 이와 비슷하다. 일본 홋카이도대학교의 마사키 유키Masaki Yuki 교수는 학교에 다닐 때 아이들이 교사의 질문에 너무 창의적인 대답은 할 수가 없었다고 회상했다.[22] 예상 답변에서 너무 많이 벗어나면, 무시를 당하거나 벌을 받았다(튀는 학생이었던 유키 교수가 어린 시절에 직접 겪은 일이다!). 여러 해가 지나고, 유키 교수의 9살 아들이 다니는 지금 학교에서는 처벌 수위가 낮아지긴 했지만, 기준을 벗어난 아이들에게 부정적인 피드백을 주는 관행은 여전하다고 한다.

반면 미국에 있는 많은 학교는 지켜야 할 규칙이 더 적을 뿐만 아니라 개성을 표현하도록 장려한다. 내 밑에서 공부하는 또 다른 학생 나바 칼루오리는 뉴저지에 있는 초등학교에 다닐 때 '이상한 양말 신는 날', '우스꽝스러운 모자 쓰는 날'처럼 색다른 행사에 참여했던 기억을 떠올렸다. 실제로 이런 행사에서 가장 괴짜 같은 양말이나 모자를 착용한 학생들은 관습 따위에 순응하지 않았다는 이유로 상을 받았다. 학생들은 1제곱피트 크기의 작은 공간도 깨끗하게 관리하지 못했고, 누구도 학생들이 그럴 수 있으리라고 기대하지 않았다. 그 지역 많은 초등학교에서 운영하던 방과 후 프로그램에서 아이들은 공작실을 엉망으로 만들고, 게임을 하고, 시끄럽게 떠들어도 되었다. 조용히 하라는 말을 들은 적이 거의 없었고, 숙제는 언제든 하고 싶을 때 할 수 있었다.

느슨한 문화권에 있는 학교에서 일탈 행위가 훨씬 더 흔한 것도 당연하다. 2012년 국제학업성취도평가(PISA)에 따르면, 이 행정조사 전 2주 이내에 한 번 이상 지각한 학생의 비율을 조사했더니 상하이는 전체 학생의 17퍼센트에 불과한데, 미국은 전체 학생의 30퍼센트나 되었다.[23] 미국 학생 중 교실이 시끄럽고 어수선하냐는 질문에 '전혀 그렇지 않다' 또는 '그렇지 않다'라고 답한 비율은 70퍼센트였다.[24] 여기까지만 듣고 흡족한 미소를 짓는 이도 있을 것이다. 그러나 상하이와 일본은 교실이 시끄럽거나 어수선하지 않다고 답한 비율이 각각 87퍼센트와 90퍼센트였다. 또한 내가 조사한 전 세계의 빡빡한 문화권 사람들은 "나는 감정을 억제한다", "나는 유혹을 쉽게 물리친다"와 같은 진술에 더 자주 '그렇다'라고 답한 데서 알 수 있듯이 충동을 다스리는 데 별 어려움을 느끼지 않았다.[25]

실제로 뇌 속에서 자제력 차이의 신경 표지를 보는 것도 가능하다. 얀 무와 함께 진행한 한 연구에서 우리는 어둡고 조용한 방에 중국과 미국의 피험자들을 앉힌 뒤, 뇌파검사를 진행하는 5분 동안 눈을 감고 편하게 있으라고 했다.[26] 중국인 피험자들은 쉬고 있을 때조차도 자제력에 관여하는 뇌 부위인 두정엽에서 알파파 활동이 훨씬 더 활발했다. 더욱이 이런 차이는 또 다른 차이를 만든다. 두정엽 부위의 뇌파 활동이 더 활발하다는 건 중국인 피험자들이 술 마시기, 해야 할 일을 미루고 질질 끌기, 비디오게임 하기와 같은 유혹을 더 잘 물리치고 식습관을 스스로 조절하는 능력이 더 뛰어나다는 뜻이다. 다시 말해, 수년 동안 사회 규범에 순응하면서 길러진 자제력 차이는 우리의 뉴런에 깊이 뿌리를 내리고 있다.

사실 문화 간 자제력 차이를 확인하려고 뇌 스캔까지 할 필요도 없다. 대중 매체만 봐도 알 수 있는 일이다. 올림픽이야말로 감정 제어능력을 확인할 수 있는 진정한 시금석이라 할 수 있는데, 이와 관련해 심리학자 데이비드 마쓰모토David Matsumoto가 기발한 연구를 하나 진행했다.[27] 그는 고속 카메라를 이용해 2004년 올림픽에서 승패가 결정 날 때 선수들의 얼굴에 스치는 즉각적인 반응을 담아냈다. 마쓰모토의 말대로 경기나 시합, 경주가 끝날 때 선수들 얼굴에는 보편적으로 '승리의 짜릿함'과 '패배의 쓰라림'이 스쳤다. 그런데 마쓰모토는 흥미로운 사실을 발견했다. 선수들의 표정이 불과 몇 초 만에 문화에 따라 다르게 바뀐다는 점이다. 어떤 선수들, 특히 서양 선수들은 계속해서 기쁨을 억누르지 않고 마음껏 표현했다. 그런가 하면 어떤 선수들, 주로 동아시아 선수들은 재빨리 절제된 모습으로 표정을 바꾸거나 입꼬리를 올리고 어색하게 웃는 표정을 유지하려고 애썼다. 문화적 기대가 우리의 정신에 스며들면서 보편적으로 공유하는 승패에 대한 반응까지 바꾸어놓은 듯하다.

당신은 질서를 열망하는가, 꺼리는가?

당신은 습관의 노예인가, 개척자인가? 어떤 사람들은 '질서 머펫' 커밋과 버트처럼 무질서와 모호함을 참기 힘들어한다. 이들은 체계와 질서를 선호하고, 모든 것이 제자리에 있기를 바란다. 체계적이고 꼼꼼해서 일상의 틀을 반듯하게 확립하고 틀에 박힌 일을 즐긴다. 또한 주어진 상황에서 일어날 법한 일이 뭔지 알고 싶어 한다. 하지만 또 어떤 사람들은 이와 대조적으로 '무질서'나 '뜻밖의 일'에 개의치 않는다. 체계가 없고 혼란스러운 삶을 사는 이들은 명확하지 않은 상황을 만날 때 흡족함을 느낀다. 예측할 수 없는 상황을 즐기고, 모호함을 기꺼이 받아들인다.

모호함을 포용하는 수준은 빡빡한 사고방식과 느슨한 사고방식을 가늠하게 해주는 또 다른 징후다. 규범이 엄격하고 감시가 많고 위반 행위를 강력하게 처벌하는 문화에서 살면, 모호함을 위험으로 인식한다. 이런 환경에서는 모호함이 지극히 이례적이라서 심리적으로 거슬릴 뿐 아니라, 모호함이 위협에 대한 공포를 불러일으킨다. '실수로 규칙을 어기면 어떡하지? 처벌을 받겠지? 어떤 처벌을 받을까?' 앞에서 살펴보았듯이, 실수를 저질러서 처벌을 받을지 모른다는 두려움은 빡빡한 문화권 사람들이 강력한 규범 레이더를 개발하게 하고, 조심성이 많고 남의 이목을 의식하는 사람이 되게 한다. 그러니 이들이 정성 들여 갈고닦은 이런 자질에 스트레스를 안겨줄 가능성이 적은 체계적인 환경을 선호하는 건 당연하다.

전 세계 사람들을 대상으로 '모호함을 대하는 태도'를 조사했더니 깜짝 놀랄 만한 차이가 나타났다.[28] 빡빡한 문화권 사람들은 명확하고 체계적인 생활양식을 선호하고 한결같은 일상을 좋아했다. 느슨한 문화권 사람들은 모호함을 훨씬 더 마음에 들어 했다. 분명히 말하지만, 어떤 태도도 성격상의 약점은 아니다. 그보다는 적응 가능한 성격 특성에 가깝다. 무질서한 환경에서 살 때는 모호함을 포용하는 것이 득이 된다는 사실을 알게 된다. 반대로, 위협에 대처하기 위해 질서가 필요할 때는 예측 가능성을 높이 평가하게 된다.

빡빡한 사고방식과 느슨한 사고방식의 다른 측면들과 마찬가지로, 모호함을 포용하는 수준은 우리가 내리는 결정에 엄청난 영향을 끼친다. 우선 모호함을 기피하는 사람들은 일상에 변화가 생길 때 훨씬 더 부정적인 반응을 보인다. 한 연구에서 심리학자 아리 크루글란스키Arie Kruglanski와 그의 동료들은 로마시의 여러 행정 부처에서 시행할 예정인 변화들에 직원들이 어떻게 반응하는지 조사했다.[29] 모호함을 좋아하지 않는 직원들은 불안감, 의구심, 비관적인 생각을 표출하며 변화에 더 부정적인 반응을 보였다. 빡빡한 사고방식을 지닌 사람들은 모호함을 용납하지 못한다. 그래서 누군가가 집단의 합의를 깨는 의견을 표출하는 등 사회질서를 어지럽히는 상황이 발생하면 화를 내기도 한다.[30]

모호함을 용납하지 못하는 사람들은 잘 모르는 사람이나 자기와 다른 사람을 대할 때도 어려움을 겪는다. 1990년대 후반에 진행한 한 연구에서 연구진은 피험자들이 모호함을 얼마만큼 잘 받아들이는지 측정했다.[31] 그리고 피험자들에게 자기 인종을 포함하여 다양한 인종 집단에 느끼는 감정을 표현해달라고 요청했다. 모호함에 대한 포용력이 낮은 사람들은 자기와 인종이 같은 사람들에게는 더 긍정적인 감정을 나타냈고, 자기와 인종이 다른 사람들에게는 더 부정적인 감정을 나타냈다.

놀랍게도 모호함에 대한 이런 태도 차이는 아주 일찍부터 부모에게서 자식에게로 전해지는 듯하다. 벨기에에서 200쌍에 가까운 부모-자식을 대상으로 연구한 바에 따르면, 부모와 자식은 '배타적인 태도'와 '순종에 대한 지지'뿐만 아니라 '모호함을 거북해하는 태도' 면에서도 세대 간 유사성이 매우 높았다.[32] 모호함을 참지 못하는 태도는 한 세대에서 다음 세대로 전해지는 듯하다.

빡빡함과 느슨함의 갈등을 해결하는 팁

빡빡한 사고방식과 느슨한 사고방식의 차이를 이해하고 나면, 이 차이가 삶의 여러 영역에서 어떻게 갈등을 일으키는지 보이기 시작한다. 예를 들어, 내 동료는 자녀를 어떻게 키울지를 놓고 남편과 끊임없이 논쟁을 벌였다. 느슨한 문화에서 자란 남편은 자녀들이 마음껏 실수하게 놔두고, 아주 심각한 경우에만 질책하길 원한다. 반대로 빡빡한 문화에서 자란 아내는 자녀들을 '바짝 다잡기' 위해 정기적으로 검사하고 일정을 빈틈없이 통제하려 애쓰며, 자기 기대를 조금만 벗어나도 아이들을 질책한다('방목형 양육자'와 '호랑이 엄마'의 대결이라고 보면 된다). 이런 부모들이 빡빡한 사고방식과 느슨한 사고방식의 차이를 이해하면 갈등의 근본 원인을 파악할 수 있고, 무엇보다 해결책을 찾기 위해 머리를 맞댈 수 있다. 예를 들어, 내 동료와 그녀의 남편은 (소셜미디어 사용처럼) 더 빡빡하게 다루어야 할 영역과 (깔끔한 매무새에 대한 집착처럼) 더 느슨하게 다루어도 되는 영역을 함께 결정함으로써 합의점을 찾았다.

부모가 아니더라도 빡빡함-느슨함과 관련된 충돌을 한 번쯤은 경험했을 것이다. 당신은 좀 더 느긋하게 즐기면서 즉흥적으로 행동할 여유도 있었으면 싶은데, 저녁 예약부터 관광까지 모든 걸 빈틈없이 계획하길 좋아하는 이들과 휴가를 갔던 적은 없는가? 아니면 그 반대의 경우는? 한집에 살면서 쓰레기 한 번 내다 버릴 줄 모르고 싱크대에 설거지를 쌓아두는 파트너나 룸메이트에게 습관적으로 짜증을 내지는 않는가? 아니면 혹시 "사소한 일에 목숨 걸지 마"라고 말하는 쪽인가?

살림에 대한 접근방식의 차이는 '문화 이력' 또는 '문화 경험'이라는 더 깊은 차이에 뿌리를 두고 있다. 직장에서 평소 근면하고 꼼꼼한 동료가 실수를 확실하게 막기 위해 독단적이고 통제적인 태도를 보이지는 않는가? 이제 당신은 이런 행동이 빡빡한 사고방식에서 나온다는 사실을 확실히 이해했을 것이다. 반대로 해야 할 일을 차일피일 미루고 실수를 많이 하긴 해도 융통성이 있고 혁신적인 사람과 함께 일하는 이도 있을 것이다. 그리고 이제 당신은 그런 행동이 느슨한 사고방식에서 나온다는 사실을 이해했을 것이다. 그런 성향에 짜증이 난다면 그런 성향이 나오게 된 배경을 생각해보라. 그들이 태어나거나 자라온 문화, 정신적 외상을 초래할 정도로 충격적인 사건이나 삶을 뒤흔든 중대한 사건처럼 그동안 살아온 환경을 살펴보면 그들의 사고방식을 이해하는 데 도움이 되지 않을까? 사람들은 사고방식에 따라 똑같은 상황도 전혀 다른 관점으로 바라볼 수 있고, 거기에는 다 그만한 이유가 있다. 조화를 이루는 것, 빡빡함과 느슨함 사이에서 협상하는 것이 여러 상황에서 이로울 수 있다.

돈 문제에 관한 결정을 함께 내려야 할 때는 보통 빡빡한 사고방식과 느슨한 사고방식이 충돌한다. 내가 아는 한 여성은 비교적 부유한 가정에서 자라다가 아버지가 실직한 뒤 재취업에 실패하자 경제적으로 스트레스를 많이 받았다. 반대로 그녀의 남편은 중하류층 가정에서 자랐으나 부모가 재산을 꾸준히 불려가는 모습을 지켜보았다. 친정의 생활수준이 추락하는 모습을 보고 상처를 받은 아내는 요즘 습관적으로 돈 걱정을 한다. 반면에 남편은 해마다 재산이 불어나리라고 가정하고 거기에 맞춰 돈을 쓴다. 결혼 후 두 사람이 재정 문제로 받는 스트레스에는 돈을 대하는 빡빡한 마음과 느슨한 마음이 반영되어 있다. 이는 두 사람이 자라온 가정환경, 무척 대조적인 두 가정의 문화가 낳은 결과다.

빡빡한 문화와 느슨한 문화의 차이를 이해하면, 인척 관계나 교우 관계에도 도움이 된다. 학생 중에 한국계 미국인 여성이 한 명 있다. 그녀는 느슨한 미국에서 나고 자랐지만, 가족들은 여전히 빡빡한 생활방식을 고수한다. 느슨한 가정에서 자란 아일랜드계 미국인 남자 친구를 집에 데려갈 때 그녀는 남자 친구가 빡빡한 사고방식에 적응할 수 있도록 특별 훈련을 했다. 가족 중에 나이 많은 어른에게는 절을 해야 하지만, 젊은 세대에게는 그럴 필요가 없다고 가르쳤다. 저녁을 먹을 때 부모님이 남자 친구에게 식사에 곁들일 술을 한잔 건넬 텐데, 만약 두 번째 잔을 혼자 따라 마시면 눈살을 찌푸리실 거라고도 알려주었다. 또 평소처럼 굵고 우렁찬 목소리로 말하면 부모님이 깜짝 놀라실 거라고 일러주었다. 반대로 그녀가 남자 친구의 가족을 만났을 때는 격식을 내던져야 했다. 남자 친구의 부모님은 그녀에게 칵테일 사주는 걸 너무나 좋아하셨고, 마치 오래된 친구처럼 그녀와 수다를 떨었다. 그녀는 남자 친구의 가족들과 함께 있을 때 느긋하고, 수다스럽고, 점잔 빼지 않는 분위기에 익숙해져야 했다. 부모님이 잘 모르는 어른들을 만날 때 반드시 지키라고 신신당부한 예의범절 따위는 저 멀리 치워두어야 했다.

이런 역학관계는 빡빡함과 느슨함이 충돌하면 짜증을 유발하고 불화의 원인이 될 수 있다는 걸 보여준다. 그러나 이 커플은 문화적 뿌리를 이해함으로써 함께 잘 헤쳐나갈 수 있었다. 각 가족의 기본 사고방식을 인정함으로써 상대방 가정을 방문하기 전에 미리 준비할 수 있었던 것이다.

사람들이 국경을 넘어갈 때 빡빡한 문화와 느슨한 문화 간 충돌이 특히 더 흔하게 발생하는 건 당연한 일이다. 예를 들어 나의 공동 연구자 중에는 네덜란드 출신 학자가 있다. 그녀는 네덜란드에서 독일로 이주했을 당시 경험한 행동 제약에 당혹감을 느꼈다. 그녀는 일요일에 주차장에서 타이어를 교체하는 문제를 두고 이웃 사람들이 왜 트집을 잡고 자기를 꾸짖는지(독일에서는 일반적으로 일요일에 집안일을 하지 못하게 한다), 강의실에 있는 가구 배치를 왜 바꾸지 못하게 하는지(광범위한 화재/안전 규정이 있기 때문이다) 처음에 이해하지 못했다. 결국 그녀는 네덜란드인의 느슨한 사고방식이 독일인의 빡빡한 사고방식과 충돌하고 있다는 걸 깨달았다.

이와 반대로 나는 빡빡한 사고방식을 지닌 동아시아 학생들이 비교적 체계가 없는 미국의 대학 생활에 적응하느라 애를 먹는 모습도 지켜보았다. 동아시아 학생들은 내게 "규칙이 뭡니까?"라고 묻는다. 우리 연구에 따르면, 실제로 유학 중인 국가와 고국의 '문화적 거리'가 멀면 멀수록 적응하는 데 어려움을 겪는다.[33] 이런 문화적 차이가 왜 생기는지 이해하면, 이 문화에서 저 문화로 조금 더 매끄럽게 이행할 수 있다.

이 논리는 일상적으로 두 문화 사이를 오가며 사는 사람들에게도 적용된다. 예를 들어, 나는 서로 다른 문화 코드를 끊임없이 탐색해야 하는 이민 2세대를 알고 있다. 집에서는 부모님이 빡빡한 사고방식을 강요하지만, 학교에서 친구들이나 교사들과 함께 있을 때면 사고방식을 더 느슨하게 바꿔야 한다는 압박을 느낀다. 계속해서 문화 코드를 바꾸는 일은 당연히 어렵다. 내 친구 중 한 명은 학창시절에 매일 아침 스쿨버스를 탈 때마다 느슨한 학교 문화에 맞추기 위해 히잡을 벗고 화장을 했다가 하교 후 집에 들어갈 때는 다시 화장

2부 분석: 우리 주변의 빡빡함과 느슨함

을 지우고 히잡을 썼다고 한다. 빡빡함-느슨함 이론은 두 문화 사이를 오가며 사는 사람들이 부딪치는 문제를 확인하고, 서로 다른 문화 현실을 헤쳐나갈 수 있게 돕는다.

두 문화 사이를 오가며 사는 사람이든 아니든, 우리는 모두 빡빡함과 느슨함에 관한 지식을 이용해 우리의 삶을 더 잘 이해할 수 있다. 당신은 빡빡함-느슨함 패턴이 당신 인생에서 어떻게 작용하는지 이해하고 있는가? 집에서나 직장에서, 또는 인척들과 함께하는 휴일 저녁 식사에서 당신에게 스트레스를 주는 사람들을 생각해보라. 빡빡함과 느슨함의 차이가 불화를 일으키는 주요 요인 중 하나는 아닐까? 이웃이나 동료나 친척이 무엇을 중대한 위협으로 여기는지 시간을 들여 곰곰이 생각해보면, 상황을 완전히 바꿀 수 있다. 당신이 당혹감을 느끼는 상대의 모든 행동을 "문화 스타일이 달라서 그러려니" 하고 봐줄 수는 없더라도, 상대가 그렇게 행동하는 '이유'를 이해할 수는 있다. 빡빡함-느슨함 이론은 문화적 딱지를 붙인 고정관념을 굳히는 이론이 절대 아니고, 오히려 우리와는 다른 방식으로 생각하고 행동하는 사람들을 더 깊이 이해하고 공감할 수 있게 돕는 이론이다.

적용:
변화하는 세계의
빡빡함과 느슨함

9

골디락스가
옳았다

무엇이 사회를 행복하게 하는가? 고대부터 철학자들은 이 질문에 집착했다. 그리스 철학자 아리스토텔레스,[1] 소크라테스, 플라톤(기원전 400년경)은[2] 행복을 인간 존재의 궁극적인 목적으로 간주했다. 수백 년 전에 "안분지족이 가장 큰 재산"이라고 했던[3] 부처의 말도 떠오른다.

나중에 계몽의 시대가 밝아오자 사람들은 본격적으로 행복을 추구하기 시작했다. 스코틀랜드의 도덕철학자 프랜시스 허치슨Francis Hutcheson은 1725년에 발표한 〈도덕적 선악에 관한 탐구Inquiry Concerning Moral Good and Evil〉라는 글에서 "최대 다수의 최대 행복"의 초기 버전을 이상적인 사회의 모습으로 개진했다.[4] 영국의 공리주의 철학자 제러미 벤담Jeremy Bentham도[5] 공동의 행복, 요즘 말로 하면 '국가의 심리적 부富'를[6] 어떻게 보장할 것인지에 관심을 기울였다. 당연히 미국 독립선언문도 생명, 자유와 함께 행복 추구를 '양도할 수 없는 권리'로

명시하고 있다. 실제로 토머스 제퍼슨Thomas Jefferson은 "모든 합법적인 정부의 유일한 목적은 (…) 인간의 자유와 행복이다"라고 했다.[7]

21세기에는 사회적 행복 추구에 가속도가 붙었다. 경제학자, 철학자, 심리학자, 신경과학자, 정책 결정자 모두 어떻게 하면 행복한 시민을 만들어서 행복한 사회를 이룰지 헤아려보고 있다. 1998년, 마틴 셀리그먼Martin Seligman과 그의 동료들은 오로지 사람들이 행복과 의미를 찾도록 돕겠다는 일념으로 '긍정 심리학'이라는 분야를 만들었다.[8] 부탄 정부가 국민총행복(GNH)[9] 지수를 만들기 시작한 2005년 이후, 이제는 많은 나라가 부와 함께 심리적 행복을 자국의 발전과 진보를 보여주는 중요한 지표로 간주한다. 더 최근에는 '행복부 장관'과[10] '행복 센터'가[11] 전 세계에 전파되었고, 신경과학자들까지 이 운동에 동참하여 인간이 행복을 느낄 때 뇌의 모습이 어떤지 연구하고 있다. 위스콘신대학교 정신과 의사 리처드 데이비드슨Richard Davidson과 그의 동료들은 다름 아닌 달라이 라마에게 자극을 받아, 불교 수행자들을 실험실에 데려와 fMRI 기계와 EEG 기술로 명상이 뇌 활성 영역을 어떻게 바꾸는지 관찰했다.[12]

각국의 행복 지수 차이가 걱정스러울 정도로 크다는 점을 인식하면서부터는 사회적 행복을 극대화하려는 노력에 속도가 붙었다. 예를 들어 에스토니아, 헝가리, 일본, 중국은 세계에서 자살률이 높은 나라들로 손꼽힌다.[13] 10만 명당 18명에서 38명 사이로 영국과 이탈리아보다 2배에서 5배나 높다. 파키스탄과 그리스의 행복 지수는 200점 만점에 약 150점인데, 스페인과 벨기에의 행복 지수는 185점

　　　　　3부 적용: 변화하는 세계의 빡빡함과 느슨함

이다.[14] 우울증 비율도 나라마다 차이가 크다.[15] 예를 들어, 중국과 우크라이나는 프랑스와 멕시코보다 만성 우울증 환자 비율이 훨씬 높다.

짐작하듯이 이 차이는 문화, 특히 '빡빡함-느슨함' 스펙트럼의 연속체에서 각 나라가 어디쯤 자리하고 있는지와 관련이 있다. 하지만 당신이 예상하는 방식대로는 아니다.

자유냐 제약이냐

어느 사회에서나 행복이 중요한 이상理想이긴 하지만, 행복을 극대화하려면 사회 구조를 어떻게 꾸려야 하는가 하는 문제는 여전히 수수께끼로 남아 있다. 내가 국가 간 문화 차이를 설명하기 위해 빡빡함-느슨함의 힘을 발견하기 훨씬 전에, 많은 사회과학자와 철학자는 '행복 퍼즐'을 완성하는 조각에 초점을 맞추었다. 사회는 자유를 극대화하려고 애써야 하는가, 질서를 극대화하려고 애써야 하는가? 자유를 옹호하는 사람들은 자유 덕분에 개인의 잠재력을 모두 발휘하는 '자아실현'이 가능해졌고, 개인의 자아실현을 통해 사회적 행복과 경제적 진보도 이룩할 수 있었노라고 주장했다. 반대로 질서의 중요성을 강조하던 사람들은 번영을 이룰 수 있는 안전하고 안정적인 사회를 만들려면 규칙과 규정이 꼭 필요하다고 주장했다.

예를 들어, 플라톤은 《국가론Politeia》에서 사회 전체를 위해 가장 좋은 것을 마련할 책임이 있는 '철학자 왕'이 다스리는 온정적 도시 국가를 옹호했다.[16] 이 빡빡한 도시에서는 표현의 자유보다 질서가 더 중요했다. 여기서 플라톤이 제안한 엄격한 법령 중 하나가 바로 대중에게 위험하다고 간주했던 사상과 작가, 시인, 예술가에 대한 검열이었다. 마찬가지로 전설적인 중국의 철학자 공자는 《논어》에서 가정을 본뜬 질서 중심의 국가를 옹호했다.[17] 황제는 한 집안의 가장처럼 백성을 보호하고 백성은 그에게 충성을 다해야 했다. 공자는 '예禮'의 개념을 강조했다. '예'는 개개인에게 항상 예의 바르게 행동할 의무를 지워 사회 전반의 질서를 유지하는 수단이었다.

물론 이와 정반대 주장을 하는 이들도 있었다. 소크라테스의 제자 안티스테네스가 창설한 고대 그리스 철학의 키니코스학파(견유학파)가 대표적이다. 이들은 자유와 자율을 제한하는 '무거운 짐'과 같은 사회 관습을 거부한 것으로 유명하다. 인간은 본래 합리적이라서 법이 필요하지 않다는 것이 키니코스학파의 관점이다.[18] 통치 체제가 너무 엄격하고 융통성이 없으면, 덕德과 행복, 인격 도야, 자족을 이룰 수 있는 잠재력을 제한한다고 보았다.

이후 1600년대에도 자유와 질서에 대한 논쟁은 조금도 수그러들지 않았다. 삶이란 "끔찍하고 야수 같고 짧다"라고 했던 토머스 홉스Thomas Hobbes는 《리바이어던Leviathan》에서 절대 권력을 가진 전제군주의 통치를 옹호했다.[19] 그의 논리에 따르면, 강력한 통치자만이 인류의 끊임없는 전쟁을 막을 수 있다. 이와 대조적으로, 존 스튜어트 밀John Stuart Mill은 1859년에 발표한 〈자유론On Liberty〉이라는 논문에서 표현의 자유가 가득한 더 개방적인 체제를 옹호했다.[20] 밀에 따르면, 개성은 인간의 행복에 꼭 필요하나 순응은 인간의 영혼을 노예로 만들고 진

3부 적용: 변화하는 세계의 빡빡함과 느슨함

보를 방해한다. 지그문트 프로이트Sigmund Freud도 이 논쟁에 끼어들었다. 그는 1930년에 출간한 《문명 속의 불만Das Unbehagen in der Kultur》이라는 책에서, 자유를 갈망하는 인간과 인간을 속박하려는 문명 사이에 근본적인 갈등이 존재한다는 견해를 피력했다.[21] "문명의 발달은 [개인의 자유]를 속박하고, 정의는 누구도 그 속박에서 벗어날 수 없다고 말한다." 그러나 프로이트에 따르면, 사회에 어울리는 존재가 되기 위해 충동을 억제하다 보면 불만이 깊어지고, 죄책감과 불안감을 비롯한 온갖 신경증이 생기게 마련이다.

빡빡함–느슨함과 골디락스 원리

수 세기 동안 논쟁을 계속했지만, 이 질문의 답을 찾지는 못했다. 무엇이 더 인간의 행복을 증진하는가? 자유인가, 제약인가?

둘 다 답이 아닌 것 아닐까? 우리는 과도한 자유와 과도한 제약 둘 다 사회의 행복을 해친다는 이론을 세웠다.[22] 특히 제약이 너무 많은 아주 빡빡한 환경은 개인의 선택권을 심각하게 제한하고 끊임없이 자기를 점검하게 만든다. 반대로 지나치게 관대한 환경은 무규범 상황(사회 공통으로 구성원의 행위를 규제하는 가치관이나 도덕관, 규범이 없거나 현저히 감소된 상태–옮긴이)과 혼란을 조장할 수 있다. 우리는 극단적인 빡빡함도 극단적인 느슨함도 사회의 행복을 해칠 수 있다고 추론했다. 빡빡함과 느슨함, 제약과 자유의 '균형'이야말로 이 사회가 꿈꾸는 가장 완벽한 이상일 수 있다.

영향력 있는 프랑스 사회학자 에밀 뒤르켐Emile Durkheim은 빡빡함과 느슨함의 균형이 중요하다는 점을 암시한 최초의 사회과학자 중 한 명이다. 뒤르켐은 19세기 후반 유럽의 근대성 문제를 연구하다가 사람들이 전통적인 종교 기관을 덜 찾는다는 점을 깨달았다.[23] 군주제와 고대의 여타 정치 체제들이 민주주의로 대체되고 있었고, 민주주의는 개인에게 전례가 없는 자유를 주었다. 이와 동시에 안정적이고 유대가 긴밀한 시골 공동체를 떠나 도시로 이주하는 사람은 계속 늘어났다. 그 결과, 사람들은 더 많은 자유를 누리게 되었으나 서로의 행복에 무관심한 낯선 사람들에게 둘러싸여 심한 고립감을 느꼈다.

이런 사회적 변화는 인간의 행동에 어떤 영향을 끼칠까? 《자살론 Le suicide》이라는 유명한 연구서에서 뒤르켐은 지나치게 억압적인 사회나 지나치게 질서가 문란한 사회에서는 사람들이 스스로 목숨을 끊을 가능성이 더 크다고 주장했다.[24] 뒤르켐이 명명한 '아노미적 자살'은 행동을 규제할 명확한 규범이 없는 사회에서 주로 발생한다. 그런 상황에서 사람들은 어떤 선택을 해야 하는지 알려주는 이가 아무도 없다고 여기고, 결국 환멸을 느끼게 된다. 뒤르켐은 "우리의 감정 능력은 외부의 규제 세력과 관계없이 본질상 만족을 모르는, 끝을 알 수 없는 심연이다"라고 썼다. "그런데 외부의 어떤 힘도 감정 능력을 저지하지 못한다면, 이 능력은 그 자체로 고통의 원천이 될 수 있다." 이와 대조적으로, '운명적 자살'은 끊임없는 억압적 규제 아래서 사느니 차라리 죽고 싶다는 열망에서 비롯된다고 보았다. "억압적인 규율에 무자비하게 앞날이 가로막히고 끔찍하게 열정이 꺾인" 사람들이 이런 유형의 자해에 의존한다.

저명한 심리학자 겸 철학자 에리히 프롬Erich Fromm도 비슷한 주장을 펼쳤다. 비록 관점은 전혀 달랐지만 말이다. 에리히 프롬은 독일에서 나치즘이 발흥하는 과정을 직접 목격했다. 1930년대 초반에 스위스로 이주했다가 다시 뉴욕으로 이주한 뒤, 에리히 프롬은 권위주의가 발흥하는 이유를 이해하기 위해《자유로부터의 도피Escape from Freedom》라는 책을 쓰기 시작했다.[25] 에밀 뒤르켐과 마찬가지로, 에리히 프롬은 근대 시대가 사람들에게 독특한 사회 문제, 특히 개인의 자유에 관한 문제를 안겨주었다고 보았다. 21세기 초, 비교적 개방된 사회에서 서유럽 사람들은 어떻게 살지, 무엇을 믿을지, 어떻게 행동할지를 스스로 결정할 수 있었지만 그들이 속한 공동체의 유대는 더 약해졌다. 에리히 프롬은 새로 얻은 자유가 많은 사람에게 고립감, 끈이 끊어진 듯한 기분, 질서 의식이 부족한 것 같은 느낌을 안겨준다고 보았다. 이는 존재론적 불안을 심화시키는 요인들이다. 에리히 프롬은 사람들이 자기 인생에 질서 비스름한 것을 되돌리기 위해 권위주의와 순응에 의존한다고 보았다. "근대인은 여전히 불안하다. 그래서 온갖 독재자들에게 자기 자유를 넘겨주거나 스스로 기계 속 작은 부품이 되어 호의호식하면서, 자유인 대신 자동 기계 장치가 되어 자유를 잃어버리고픈 유혹을 느낀다."

더 최근인 1990년대에는 사회학자 아미타이 에치오니Amitai Etzioni가 자유나 제약 중 하나만 강조하면 사회에 문제가 생긴다고 주장했다.[26] 규칙이 거의 없는 자유 사회는 혼란에 빠진다. 예를 들어, 우리가 사는 지역 사회에 교통 법규나 행동의 지침이 될 여타 규범이 없다고 상상해보자. 심리학자 배리 슈워츠Barry Schwartz는 이런 상태를 '자유의 폭정'이라 부른다.[27] 그런데 자유가 없는 질서 역시 폭정을 낳는다. 예를 들어, 우리가 사는 지역 사회에 우리가 하는 거의 모든 행동을 통제하는 규칙이 있다고 상상해보자. 아미타이 에치오니는 개인의 자율과 사회의 질서를 같은 분량으로 혼합할 때 지역 사회가 풍요로워진다는 이론을 제시했다.[28] "좋은 사회는 질서와 자율 중 하나를 '극대화'하기보다는 세심하게 둘의 평형을 유지해야 한다."

사실 '극단 피하기'는 수천 년간 인기 있는 주제였다. 아리스토텔레스는 '중용'에 관해 쓰면서 인간의 미덕은 과잉과 결핍이라는 양극단 사이에 존재한다고 주장했다.[29] 기원전 2세기에 로마의 극작가 푸블리우스 테렌티우스 아페르Publius Terentius Afer는 희곡 〈안드리아Andria〉에서 "지나침은 금물이오"라는 대사를 통해 이 생각을 되풀이하여 들려주었다.[30] 대립하는 두 세력을 합치면 조화로운 균형을 이룰 수 있다는 중국의 음양 철학에서도 비슷한 사상을 볼 수 있다.[31]

그리 학구적이지 않은 글도 중용의 가치를 가르친다. 민간에 전해 내려오던 설화를 1837년에 영국 작가 로버트 사우디Robert Southey가 책으로 썼고, 그 후 20개가 넘는 언어로 번역된《골디락스와 곰 세 마리Goldilocks and the Three Bears》라는 사랑스러운 동화는 곰들이 자기 집에서 살면서 죽을 끓여 먹고 이야기하는 마법의 세계로 독자들을 안내한다.[32] 판타지적인 요소가 있긴 하지만, 이 이야기를 지배하는 건 중용의 논리다. 어린 소녀가 아빠 곰, 엄마 곰, 아기 곰이 사는 집을 돌아다니며 눈길이 닿는 모든 물건에서 최적의 균형을 찾으려고 애쓴다. 죽 3그릇을 발견한 소녀는 첫 번째 죽은 너무 뜨겁고, 두 번째 죽은 너무 차갑고, 세 번째 죽이 딱 알맞다고 말한다. 그러고는 너무 크지도 너무 작지도 않고 딱 적당한 의자를 찾을 때까지 의자 3개에 차례로 앉아본다. 마지막으로, 소녀는 침대 3개를 눌러본 뒤 딱 알맞다고 느낀 아기 곰의 침대에 누워 잠이 든다. 나머지 두 침대는 너무 딱딱하거나 너무 푹신했다.

'골디락스 원리'라는 현대 이론은 균형과 중용의 가치를 이야기할 때 공통으로 참고하는 이 민간 설화에서 이름을 따왔다. 과학자들은 극한 상황을 묘사할 때 이 이야기를 언급한다. 기후학자들은 어떤 행성에 생명체가 존재하려면 그 행성이 '은하 거주 가능 영역(GHZ)', 즉 생명이 발생하고 진화하고 진보하기에 가장 좋은 은하 영역 안에 있어야 한다는 '희귀한 지구'라는 가설을 제시할 때 골디락스 원리를 언급한다.[33] 심리학자들도 골디락스 원리를 적용해 스트레스에 접근했다. '여키스-도슨 법칙'에 따르면, 스트레스가 너무 없어도 스트레스가 너무 많은 것만큼이나 행복에 해로울 수 있다.[34] 의학에서는 약물이 가장 바람직한 효과를 내려면 성분들이 완벽하게 균형을 이뤄야 한다면서 골디락스 원리를 언급한다.[35]

가장 알맞은 온도의 죽을 먹는 일부터 거주 가능한 행성에서 사는 일까지, 인간은 사회의 행복을 증진하기 위해 골디락스 원리가 제공하는 '최적의 지점'에 의존한다. 이쯤에서 이런 궁금증이 생긴다. 사회 규범의 강도에도 골디락스 원리가 적용될까?

곡선 모양의 행복 가설

모든 문화는 위협, 이동성, 다양성을 접할 기회를 비롯해 독특한 생태적·역사적 상황에 대응하여 빡빡함-느슨함 스펙트럼 위 특정 위치에 자리를 잡는다. 어떤 집단은 자유보다 제약을 우선시해야 하고, 어떤 집단은 제약보다 자유를 우선시해야 한다. 지극히 타당한 일이다. 집단은 주변 환경에 적응하는 방향으로 기울어야 하니까.

그런데 때로는 한쪽으로 너무 기운 나머지 지나치게 빡빡해지거나 지나치게 느슨해지기도 한다. 그러면 심리적으로도 경제적으로도 사회가 제 역할을 할 수 없다. 제시 해링턴, 파벨 보스키[Pawel Boski]와 함께 30개가 넘는 국가의 행복 척도를 수집하고 분석한 끝에 알아낸 대단히 흥미로운 사실이 있다.[36] 극도로 빡빡한 나라들과 극도로 느슨한 나라들은 행복 지수가 가장 낮고 자살률이 가장 높았다. 그에 비해 빡빡함-느슨함 지수가 극단적이지 않은 나라들은 행복 지수가 높고 자살률이 낮았다. 우울증도 마찬가지였다. 물론 사람들의 행복에 영향을 끼치는 요인은 많지만, 이 데이터는 명확한 패턴을 보여준다. 몹시 빡빡한 나라와 몹시 느슨한 나라 둘 다 행복 지수는 낮고 자살률은 높다. 통계학에서는 이를 '곡선관계'라고 부른다.

다음으로 우리는 정신 건강과 신체 건강이 공생 관계에 있다는 점을 고려하여, 정신 건강에 나타난 이 같은 결과가 신체 건강에도 똑같이 나타나는지 조사했다. 먼저 기대 수명에 관한 자료를 수집했다.[37] 그리고 국가 간 경제적 불평등을 고려하더라도 몹시 빡빡한 나라와 몹시 느슨한 나라의 기대 수명이 가장 낮다는 사실을 확인했다.

　　　　　3부 적용: 변화하는 세계의 빡빡함과 느슨함

빡빡한 나라인 파키스탄, 인도, 터키는 평균 기대 수명이 각각 67세, 67세, 73세에 불과했고 느슨한 나라인 우크라이나, 브라질, 헝가리는 평균 기대 수명이 각각 69세, 73세, 74세에 불과했다. 이와 대조적으로 스펙트럼의 중간에 자리한 나라들은 기대 수명이 더 높았다. 예를 들어 프랑스와 스페인, 영국은 모두 평균 기대 수명이 80세에서 82세 사이였다.

극도로 느슨하거나 극도로 빡빡한 나라들은 심혈관 질환과 당뇨병으로 인한 사망률도 가장 높았다.[38] 몹시 빡빡한 나라인 파키스탄, 인도, 중국은 10만 명당 각각 422명, 355명, 286명이었다. 몹시 느슨한 문화의 사례도 마찬가지였다. 에스토니아에서 심혈관 질환과 당뇨병으로 사망한 비율은 10만 명당 351명이었고, 브라질은 10만 명당 265명이었고, 헝가리는 10만 명당 329명이었다. 이에 비해 스펙트럼의 중간에 자리한 나라들은 심혈관 질환과 당뇨병으로 인한 사망률이 훨씬 낮았다. 이탈리아는 10만 명당 129명, 스페인은 10만 명당 113명, 영국은 10만 명당 134명이었다.

대중의 사고방식이 얼마나 빡빡한가는 정치적 불안 및 경제적 부와도 관련이 있었다. 국제 정치·경제 분석 기관인 '이코노미스트 인텔리전스 유닛(EIU)'에 따르면, 정치적 불안을 일으킬 위협이 발생했을 때 용케 기성 정권이 몰락하지 않더라도 보통 폭력과 무질서가 잇따른다.[39] 우리는 빡빡함-느슨함과 정치적 불안이 곡선관계라는 점을 다시금 확인했다. 자유나 규제가 과도한 나라들은 정치적으로 매우 불안했다.[40] 느슨한 나라인 우크라이나, 베네수엘라, 그리스는

2009~2010년에 정치적 불안에 휩싸일 위험이 매우 큰 것으로 조사되었고, 이후 몇 년 안에 이 예측은 현실이 되었다. 마찬가지로 터키와 말레이시아, 파키스탄 등 가장 빡빡한 나라들도 정치적 불안에 휩싸일 위험이 큰 것으로 조사되었다. 실제로 불과 몇 년 뒤 터키에서 대규모 쿠데타 시도가 있었다.[41] 이와 대조적으로 영국, 오스트리아, 벨기에 같은 나라들은 정치적 불안에 휩싸일 위험이 적었다. 가장 빡빡한 나라들과 가장 느슨한 나라들은 1인당 GDP도 가장 낮았다.[42]

이 데이터가 나타내는 사실은 명확하다.[43] 과도한 제약과 과도한 자유 둘 다 국가가 형편없는 성적표를 받는 데 일조한다. 행복 지수는 낮고, 우울증 발생률은 높고, 자살률은 높고, 기대 수명은 낮고, 심혈관 질환 및 당뇨병으로 인한 사망률은 높고, 1인당 GDP는 낮고, 정치 불안에 휩싸일 위험은 컸다. 이러한 결과들은 모두 서로 긴밀하게 연결되어 있으며 이 모든 것을 합치면 각 나라의 평균 행복 점수가 나온다.

자료 9.1이 이 결과를 보여준다. 빡빡함과 행복은 선형 관계가 아니다(점선으로 표시된 부분). 다시 말해, 빡빡함 점수가 올라간다고 해서 행복 점수가 올라가지는 않는다. 주목할 만한 예외가 몇 있긴 하지만, 몹시 느슨한 나라들과 몹시 빡빡한 나라들은 행복 점수가 낮은 경향이 있다. 뒤집힌 U자, 즉 곡선관계가 이를 똑똑히 보여준다(실선으로 표시된 부분).

3부 적용: 변화하는 세계의 빡빡함과 느슨함

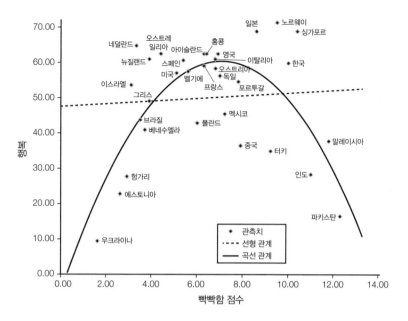

자료 9.1. 빡빡함-느슨함과 전반적인 행복의 관계.[44]

새, 벌, 뇌

우리는 빡빡함과 느슨함의 골디락스 원리가 인간에게 적용된다는 사실을 알고 있다. 그렇다면 다른 종에게도 이 원리가 통할까?

그렇다. 확실히 많은 종에게 이 원리가 통한다. 꿀벌 개체 수가 늘어나면서 꿀벌 집단이 매년 새로운 보금자리를 찾을 때 어떤 일이 벌어지는지 생각해보라.[45] 보통 늦봄이나 초여름에 꿀벌의 3분의 2는 여왕벌과 함께 새로운 군집을 이루기 위해 벌집을 떠나고, 나머지 3분의 1은 여왕벌의 딸과 함께 남는다. 기존 벌집을 떠난 벌들이 살아남으려면 가능한 한 빨리 새로운 보금자리를 찾아야 한다. 우선 나뭇가지에 벌떼를 형성한 다음, 한 번에 수백 마리가 날아다니며 괜찮은 후보지를 찾는다. 그러다 좋은 후보지를 발견하면 나뭇가지로 돌아가 이른바 '벌 춤'을 춘다. 그 후보지가 얼마나 괜찮은지, 정확한 위치가 어디인지 다른 벌들에게 알리는 것이다. 춤을 지켜본 뒤에는 다음 벌떼가 날아가 후보지를 둘러본다. 따라서 새로운 보금자리를 찾는 과정에는 자유뿐만 아니라 순응이 필요하다. 선발대로 정찰에 나선 벌떼는 스스로 추천할 장소를 결정해야 하므로 자유가 필요하고, 후발대로 확인에 나선 벌떼는 군집의 결정에 따라야 하므로 순응이 필요하다. 연구진은 컴퓨터 시뮬레이션 모델을 이용해 순응과 독립심 중 어느 한쪽이 월등히 높을 때보다 둘이 균형을 이룰 때 가장 좋은 보금자리를 찾는다는 점을 증명했다.[46] 이런 점에서 성공한 벌떼는 성공한 나라와 공통점이 많다.

　새들도 자유와 질서 사이에서 균형을 이룸으로써 큰 이득을 얻는다. 이탈리아 물리학자 안드레아 카바냐Andrea Cavagna와 그의 동료들은 많게는 4,300마리씩 떼를 지어 날아다니는 찌르레기의 행동을 연구하다가 몇 가지 흥미로운 결과를 관찰했다.[47] 만약에 너무 질서정연하게 다녔더라면, 다시 말해 완벽한 동조성을 보였더라면 찌르레기 떼는 예상치 못한 환경의 위협에 대처하지 못했을 것이다. 그러나 너무 무질서하고 동조성이 부족했더라도 마찬가지로 위협에 잘 대처하지 못했을 것이다. 포식자를 만났을 때 의사소통을 잘해서 조화롭게 움직이지 못했을 테니까. 바꾸어 말하면, 동조성이 너무 높거나 너무 낮으면 매의 저녁거리가 되었을 수도 있다. '임계점'이라 부르는 중용은 찌르레기떼가 '지나친' 동조성과 '지나친' 무질서 사이에서 균형을 유지하도록 도왔다. 임계점에서 찌르레기떼는 최대한 주의를 기울였고 포식자로부터 자기를 지킬 준비가 되어 있었다.

다시 인간에게 눈을 돌려보자. 과도한 질서 또는 과도한 무질서는 우리 몸에서 가장 신비한 곳인 뇌에 문제를 일으킨다. 연구에 따르면 뉴런 사이에 동조성이 너무 강하거나 너무 약하면 뇌 장애가 많이 발생한다. 예를 들어, 한 연구에서는 뇌파 기록 장치를 이용해 발작 중인 간질 환자의 뇌를 살펴보았다.[48] 뇌파 기록에 따르면, 발작 중에 뉴런 간 상호작용이 지나치게 동조화되었다. 정상적인 뉴런 활동에서는 다른 뇌 영역 간에 간헐적인 동조성이 나타났지만, 간질 환자의 뉴런은 비정상적으로 강한 동조성을 띠며 발화하여 뇌가 변화하는 상황에 적응하지 못하게 했다. 뉴런의 동조성이 너무 강하면 파킨슨병을 일으키기도 한다. 특히 몸의 떨림과[49] 움직임에[50] 문제가 생긴다.

그러나 뇌에 동조성이 너무 약하다는 건 뉴런 간 의사소통이 정상치보다 훨씬 부족하다는 뜻이므로 정보가 효율적으로 전달되지 못한다. 뉴런의 동조성 저하는 자폐증,[51] 알츠하이머병,[52] 조현병[53] 환자에게서 나타나는 특징이다. 예를 들어, 자폐증이 있는 사람들은 대개 일상생활에서 "큰 그림을 보지" 못한다. 1943년에 처음으로 자폐증을 명확히 정의한 정신과 의사 레오 캐너Leo Kanner는 자폐증 환자들이 "구성 요소에 온전히 집중하느라 전체"를 인지하는 데 어려움을 겪는다고 썼다.[54] 자폐증 환자들이 서로 다른 구성 요소들로부터 정보를 통합하는 데 어려움을 겪는 원인을 뉴런 동조성이 비정상적으로 약한 데서 찾을 수 있다는 연구 결과가 있다.[55]

마찬가지로 조현병 환자들이 정보 처리에 어려움을 겪는 이유가 뉴런 동조성에 문제가 생긴 탓이라는 연구 결과도 있다.[56] 뉴런 동조성 저하가 알츠하이머병과 관련된 기억 장애의 근본 원인일 수 있다는 연구도 있다.[57] 신경생리학자 단테 치알보Dante Chialvo에 따르면, 비효율적인 뇌란 "매 순간 정확히 똑같은 일을 하는 뇌, 또는 정반대로 상황과 상관없이 완전히 무작위로 일할 정도로 너무 혼란스러운 뇌"를 말한다.[58] 극단적인 혼란이나 극단적인 질서를 피하는 일은 사회 못지않게 생물학에서도 중요하다.

골디락스 원리 적용하기

골디락스 원리를 빡빡함-느슨함에 적용하면, 국가부터 뉴런까지 모두 최적의 기능에 도달하게 할 방법을 찾을 수 있다. 또한 이러한 통찰은 하루하루 행복을 증진할 방법도 우리에게 알려줄 수 있다. 가장 가까운 사람들과 좋은 관계를 유지하려고 애쓰든, 직장에서 좋은 성과를 내려고 애쓰든, 인생에서 크고 작은 결정을 내리든, 빡빡한 문화와 느슨한 문화의 균형을 맞추는 것이 중요하다. 물론 우리 중에는 제약이 더 많아지는 쪽을 선호하는 사람도 있고, 자유가 더 늘어나는 쪽을 선호하는 사람도 있다. 그러나 가장 좋은 결과를 도출하려면 이런 자연스러운 선호 사이의 균형을 맞춰야 한다. 어느 한 극단이 우위를 차지하도록 놔두어선 안 된다는 뜻이다.

양육을 예로 들어보자. 6장에서 하류층과 상류층을 비교할 때 살펴보았듯이, 자녀들이 빈곤이나 폭력, 실업과 같은 위협에 대처할 수 있도록 규범을 더 강화해야 하는 경우가 있다. 그러나 꿀벌들이나 인간의 뇌와 마찬가지로, 제약이나 자유가 극단으로 치우친 가정은 문제를 일으킬 수 있다.[59] 예를 들어, 지나칠 정도로 자식을 과잉보호하면 집에서는 순종적일지 모르지만 깐깐한 감시가 없는 밖에서는 절제력과 자신감이 없는 아이가 될 수 있다.[60] 자식들을 엄하게 단속하고 소소한 일과까지 하나하나 다 챙기는 엄마 아빠를 흔히 '헬리콥터 부모'라고 부른다.[61] 헬리콥터 부모는 자식 주위를 계속 맴돈다. 얼핏 보면 이렇게 감시받는 아이들이 제 역할을 잘하는 듯 보일지 모르지만, 연구 결과 많은 아이가 우울과 불안에 시달리고 삶의 만족도가 낮은 것으로 나타났다.[62]

물론 지나치게 느슨하고 관대하고 너그러운 부모들도 똑같이 문제가 될 수 있다. 따라야 할 규칙이 거의 없는 환경에서 감독도 거의 안 받고 자란 아이들은 학업 습관이 잘못 들거나[63] 자제력을 제대로 기르지 못한다. 이런 아이들은 다른 아이들보다 10대 때 음주,[64] 약물 남용, 기타 위험한 행동에[65] 빠질 가능성이 더 크다.

'중용'이라는 가장 좋은 위치에 자리를 잡고 자녀에게 한계를 정해 주되 스스로 결정할 자유도 주어야 더 건강한 아이로 키울 수 있다. 캘리포니아대학교 머세드 캠퍼스의 사회학자 로라 해밀턴Laura Hamilton은 종단 연구(같은 현상에 대해 일정한 시간 간격을 두고 측정을 되풀이하는 연구 방법—옮긴이)를 통해 부모들이 빡빡하게 지도했는지 느슨하게 지도했는지를 바탕으로 대학생들의 성과를 비교했다.[66] 부모의 간섭을 받지 않고 자란 학생들 가운데 4년 안에 대학을 졸업한 학생은 한 명도 없었고, 졸업 후에도 일자리를 구하는 데 애를 먹었다. 고압적인 헬리콥터 부모 밑에서 자란 학생들은 모두 졸업은 제때 했지만, 직업적으로도 정서적으로도 지나치게 의존적인 성향을 보였다. 나중에 이 학생들을 인터뷰한 해밀턴은 이렇게 말했다. "중요한 결정을 내려야 하는 상황이 오면 그들은 아직도 부모에게 전화한다. 자기에 대한 확신이 없고, 다른 사람들보다 유독 더 불안해하고, 보통의 30살에서 볼 수 있는 편안함이나 자신감을 찾아보기 어렵다. 아직도 '책임'이라는 말고삐를 부모에게서 넘겨받지 못했다."

해밀턴은 이 두 극단적 유형 외에 '낙하산 부모(자식이 위급한 상황에 부닥쳤을 때만 낙하산을 타고 내려가 돕는 유형-옮긴이)'라고 명명한 세 번째 유형의 부모도 살펴보았다. 낙하산 부모들은 관여하되 지나치게 간섭하지는 않는다. 자녀에게 스스로 결정하고 실수할 자유와 여지를 주되, 필요하면 언제든 부모에게 지도를 받을 수 있도록 옆에 있어준다. 낙하산 부모 밑에서 자란 아이들이 가장 좋은 성과를 냈다. 일반적으로 대학도 기대한 대로 4년 만에 졸업하고, 졸업 후에는 취직도 잘하고, 감정 문제도 스스로 처리할 줄 안다.

빡빡함과 느슨함의 골디락스 원리는 삶의 다른 영역에서 매일 내리는 결정에도 적용된다. 결정을 내릴 때 선택지가 아주 많은 게 더 좋을까, 아주 적은 게 더 좋을까? 정답은 둘 다 아니다. 선택의 여지가 없는 건 문제가 될 수 있다. 수십 년에 걸친 연구에 따르면, 어느 정도 자율성을 갖는 건 분명 행복에 도움이 된다. 그러나 단언할 수는 없지만, 극단적으로 선택지가 너무 많아도 심각한 문제를 일으킬수 있다.

왜 그런지 알아보기 위해, 슈퍼마켓에서 쇼핑하다가 30가지 맛의 잼을 맛볼 수 있는 시식 코너를 발견했다고 상상해보자. 당신이라면 몇 개나 시식하겠는가? 그리고 몇 병이나 사겠는가? 이제 6가지 맛의 잼만 시식할 수 있다고 상상해보자. 몇 개나 시식하고 몇 병이나 사겠는가? 선택지가 많을수록 당신 입맛에 맞는 잼도 많을 테고, 그러니 마음에 드는 잼이 여러 개면 그만큼 돈을 조금 더 쓰게 되리라고 생각할지 모른다. 심리학자 쉬나 아이엔가Sheena Iyengar와 마크 레퍼Mark Lepper도 이 시나리오를 염두에 두고 슈퍼마켓에서 실험을 진행했다.[67] 그런데 결과는 정반대였다. 선택지가 30개일 때 사람들이 잼을 살 가능성이 더 낮았다. 선택지가 무려 30개일 때는 시식자의 3퍼센트만 잼을 샀지만, 선택지가 6개뿐일 때는 시식자의 30퍼센트가량이 잼을 샀다.

선택지가 지나치게 많으면 거기에 짓눌릴 수 있고, 중대한 이해관계가 걸린 상황에서는 의사결정 능력이 마비될 수 있다. 연구에 따르면, 401K(봉급에서 공제하는 퇴직금 적립제도. 퇴직 이후에 연금을 회사에 계속 맡겨놓고 투자 자금으로 활용할 수 있게 할지 일시금으로 받을지 직원이 스스로 결정한다-옮긴이)가 투자할 펀드 옵션을 더 많이 제시할 때 퇴직금을 일시금으로 받지 않고 펀드에 투자하기로 결정을 내린 직원이 더 적었다.[68] 401K가 10가지 펀드 옵션을 추가로 제시할 때마다 참여율은 1.5퍼센트에서 2퍼센트가량 감소했다. 참여율이 75퍼센트로 가장 높았던 때는 딱 두 가지 펀드 옵션만 제시했을 때였다. 참여율이 60퍼센트로 가장 낮았던 때는 선택할 수 있는 펀드 옵션이 무려 59개였을 때였다. 심리학자들은 이런 현상을 '선택 과부하'라고 부른다. 아이러니하게도 선택지가 너무 많으니 어떤 선택도 하지 못하는 상황이 벌어진 것이다.

선택지가 너무 많으면 결정을 내리고도 만족감이 떨어질 수 있다. 최근에 대학을 졸업한 사람들 가운데 '극대화자maximizer', 즉 입사 지원 과정에서 최대한 많은 선택지를 확보하려고 애쓴 졸업생들이 '만족자satisficers', 즉 그런대로 괜찮은 선택지를 하나 발견하자 구직 활동을 멈춘 졸업생들보다 직장에 대한 만족도가 떨어졌다.[69] 최고를 선택하려는 노력이 역효과를 내는 이유는 사람들이 '가지 않은 길'에 미련을 갖고 후회하기 때문이다. 심리학자 배리 슈워츠는 2004년에 출간한 책《점심 메뉴 고르기도 어려운 사람들The Paradox of Choice》에서 이렇게 말했다.[70] "제약을 벗어버리는 자유와 자신의 세계, 즉 자신의 운명을 스스로 개척하는 사람을 강조하는 이 모든 흐름에는 어두운 면이 있다. 이런 자유는 무엇을 왜 해야 하는지에 대해 뚜렷한 해답을 제시하지 않는다. 선택의 자유는 양날의 칼이다. 해방의 반대편에는 혼란과 마비가 있기 때문이다. 따라서 자유에는 '위험'이라는 대가가 따르고, 깨달음에는 '불확실'이라는 대가가 따른다."

연애 생활에도 비슷한 논리가 적용된다. 슈워츠에 따르면, 선택할 수 있는 파트너 후보가 엄청나게 많다고 생각할 때 상대에게 진심으로 헌신하기가 어려워진다.[71] 영화, 소설, 텔레비전 쇼, 잡지는 누구에게나 영혼의 동반자가 있다는 생각을 끈질기게 밀어붙인다. 이와 동시에 '매치닷컴Match.com'부터 '틴더Tinder'까지 다양한 데이팅 앱은 바다에 물고기가 수없이 많다는 인식을 심어주는데, 그러면 사람들은 안절부절못하고 우유부단해진다. 휴대전화 안에서 당신 눈에 띄기만 기다리는 사람이 수천 명이라면, 특정인이 당신이 찾던 '바로 그 사람'인지 어떻게 알 수 있겠는가? 우리는 낭만적인 선택지가 거의 없는 사람들이 만족감을 못 느낀다고 추측하는 경향이 있다. 그러나 낭만적인 선택지가 수없이 많은 사람도 만족감이 없을 수 있다. 애정운이 있는 사람이 되는 길은 의외로 간단하다. 틴더 앱을 지우고, 틴더가 제공하는 무궁무진한 가능성을 내던져버리면 된다.

빡빡함과 느슨함의 골디락스 원리는 직장에서 더 좋은 성과를 내는 데도 도움이 된다. 3장에서 살펴보았듯이, 상의하달식 제약이 너무 많으면 창의력을 마음껏 발휘하는 데 방해가 된다. 그렇다면 제약을 최소한으로 줄일 때 창의적 사고가 꽃을 피울 것 같지만, 자유가 너무 많아도 방향감각을 잃을 수 있다.

캘리포니아대학교 버클리 캠퍼스에서 흥미로운 연구를 하나 진행했다.[72] 연구진은 학생들에게 건강과 같은 일반적인 주제와 5가지 하위주제(약물 남용, 신체 단련, 영양, 질병 예방, 스트레스)에 관한 정보를 인터넷에서 조사하게 했다. 그런 다음, 조사한 자료를 이용해 이러한 건강 문제를 해결할 신제품 제안서를 쓰게 했다. 그런데 중요한 애로점이 하나 있었다. 연구진은 피험자들에게 다양한 수준의 제약이 딸린 4가지 조건 중 하나를 무작위로 배정했다. 제약이 가장 적은 첫 번째 그룹은 건강이라는 일반적인 주제와 관련된 문제를 모두 해결하는 신제품을 제안해야 했다. 제약이 적당히 적은 두 번째 그룹은 5가지 하위주제 중 아무거나 하나를 해결하는 신제품을 제안해야 했다. 제약이 적당히 많은 세 번째 그룹은 하위주제 중 아무거나 3개를 해결하는 신제품을 제안해야 했다. 마지막으로 제약이 가장 많은 네 번째 그룹은 연구진이 정해준 특정 하위주제 하나를 해결하는 신제품을 제안해야 했다. 피험자들이 신제품 제안서를 작성하자 숙달된 심사위원 5명이 각 제안서의 창의성을 평가했다. 적당한 수준의 제약(두 번째 그룹과 세 번째 그룹)이 높은 수준의 제약(네 번째 그룹)이나 낮은 수준의 제약(첫 번째 그룹)보다 창의성에 더 도움이 되는 것으로 밝혀졌다. 간단히 말해, 자유와 제약이 균형을 이룰 때 창의력을 최대로 발휘할 수 있다.

골디락스 원리는 우리 사회가 더 건전한 금융 기관을 개발하는 데도 도움이 된다. 2001년 엔론Enron 스캔들은 내부통제 부족으로 추락한 한 기관에 관한 경고성 이야기로, 최근 역사에서 가장 인상적인 사건으로 꼽힌다.[73] 파산하기 전, 엔론은 세계에서 가장 큰 에너지 회사이자 '월가의 사랑을 한 몸에 받는 인기 종목'으로 평가받았다.[74] 그러나 이 기간에 엔론 경영진은 이 회사가 여전히 성장 중이고 수익성이 매우 좋은 회사처럼 보이게 하려고 늘어나는 부채를 숨기는 방식으로 회계 장부를 조작하여 손실을 잘 파악할 수 없게 했다.[75] 자기관리에 취약한 이런 성향을 더 심화시킨 장본인은 수석 회계 감사관들이었고, 그들은 일상적으로 회사의 미심쩍은 재무 관행을 눈감아준 혐의로 기소되었다.[76] 내부통제에 실패해 파산에 이른 엔론 사태로 대중들 사이에는 기업과 금융 시장에 대한 불신이 싹텄다.

반대로 너무 과한 통제는 조직이 재정적으로 성공하는 데 걸림돌이 된다. 통제가 지나치면 작업 공정에 시간이 너무 오래 걸려서 전반적으로 경쟁력이 떨어질 수 있다. 특히 기준에 맞추려면 비용이 많이 드는 상황에서 그 기준을 충족해야 할 때는 사업 성장에 투자할 여유가 없어진다. 7장에서 나는 양손잡이처럼 빡빡함과 느슨함을 자유자재로 활용하는 능력을 기르는 조직, 말하자면 골디락스 원리를 적용할 줄 아는 조직의 이점을 살펴보았다. 이런 조직에서는 노동자들과 부서들이 상황에 따라 빡빡한 문화와 느슨한 문화를 왔다 갔다 한다.

이제 마지막 무대로 눈을 돌리자면, 골디락스 원리는 국가 안보를 둘러싼 정치 논쟁을 해결하는 데도 도움이 된다. 미국에서는 9.11 테러 이후 자유와 규제 사이에 갈등이 폭발했다. 미국 정부가 전례 없는 강도로 시민들을 감시할 수 있게 해주는 애국자법Patriot Act과 국가안전보장국(NSA)의 대량 감시 기술이 기폭제가 되었다. 이런 제약은 격렬한 논쟁을 불러일으켰다. 찬성파는 테러로부터 국가와 시민을 보호하려면 감시 권한을 확대할 필요가 있다고 주장했다.[77] 반대파는 비대해진 정부 권력이 미국 내 테러 위협을 과장함으로써 시민들의 자유와 권리를 불필요하게 축소하고 있다고 주장했다.[78]

물론 시민의 자유를 침해하지 않고 안보를 강조하면 될 일이다.[79]

이 문제는 다른 나라에도 반향을 불러일으켰다. 나중에 영국 총리가 된 데이비드 캐머런David Cameron은 2006년에 정책연구센터(CPS)에서 "둘(안보와 자유) 다 우리 나라의 안녕에 없어서는 안 됩니다"라고 연설한 바 있다.[80] "따라서 우리는 한순간도 경계를 늦추어선 안 됩니다. 우리 사회와 주변 환경의 변화에 발맞춰 안보와 자유를 어떻게 보호할지 쉬지 않고 열심히 생각해야 합니다." 삶의 다른 측면들과 마찬가지로, 이 문제에서도 중용(빡빡함과 느슨함의 스펙트럼에서 딱 적당한 자리)을 찾으려고 노력하면 국가의 행복을 증진하는 데 도움이 될 수 있다. 문제는 특정 집단이 너무 한 방향으로 기울 때 발생한다. 예를 들면, 안보 위협에 직면한 나라가 전체주의로 돌아서서 개인의 권리를 침해할 때나 느슨한 나라가 무법 상태를 향해 방향을 틀어서 폭력 범죄가 늘어날 때 문제가 생기는 것이다.

각 문화는 주변 환경을 고려하여 가장 알맞은 수준의 빡빡함-느슨함을 갖출 수 있다. 그러나 한 가지 확실한 사실은 극단적인 빡빡함이나 극단적인 느슨함은 어떤 집단에게도 최적의 수준일 수 없다는 점이다. 정부들과 시민들이 빡빡함과 느슨함의 골디락스 원리를 잘 이해하면, 이런 극단적인 상황으로 치닫지 않도록 잘 대비할 수 있을 것이다.

3부 적용: 변화하는 세계의 빡빡함과 느슨함

10

문화 보복과
세계 (무)질서

2011년 1월, 이집트 시민 수십만 명이 전국에서 혁명에 불을 댕기는 모습을 전 세계가 지켜보았고 그 결과에 망연자실했다.[1] 모든 연령층과 정치적 배경, 종교적 소속을 아우른 시위대가 카이로 광장에 모여[2] 호스니 무바라크Hosni Mubarak 대통령의 퇴진과 30년에 걸친 독재 정권의 해체를 요구했다.[3] "불법 정권!", "무바라크는 물러나라!" 등의 구호가 들렸다.[4] 시위대는 자기들의 목소리를 높이고 봉기 소식을 전 세계에 알리기 위해 소셜미디어를 이용했다.[5] 한 시위자는 이렇게 설명했다. "우리는 페이스북을 이용해 시위 일정을 잡고, 트위터를 이용해 시위대를 편성하고, 유튜브를 이용해 시위 소식을 전 세계에 알립니다." 물론 이 글도 트위터에 올렸다. 경찰과 시위대 간에 여러 번 무력 충돌이 발생해 수백 명의 사망자와 수천 명의 부상자가 나왔지만, 활동가들은 포기하지 않았다. 18일간의 시위 끝에 무바라크가 이끌던 권위주의 정권이 무너졌다.[6] 새로운 정부를 원하던 이집트인의 꿈이 마침내 실현될 참이었다.

그러나 이 꿈은 이내 악몽으로 변했다. 이집트 최초로 민주적으로 선출된 지도자 무함마드 무르시Mohamed Morsi는 대통령직에 독재 권력을 부여하더니 제멋대로 행동했다.[7] 결국 그는 2014년 6월에 군부 쿠데타로 축출되었고, 또 다른 독재자 압둘팟타흐 시시Abdel Fattah el-Sisi가 권력을 잡았다.[8] 2017년, 인권 단체들은 이집트 교도소에 6만 명에 달하는 정치범이 수용되어 있으리라 추산했다.[9] 이는 무바라크 정권 때보다 10배나 많은 수치다. 새로운 법률로 시위를 진압했고, 시시는 비판자들의 입을 틀어막을 절대권력을 자기 손에 쥐여주는 법령을 공표했다.[10]

얼핏 보면 독재로 유턴한 이집트를 도저히 이해할 수 없을 것만 같다. 지독하게 권위적인 대통령을 끌어내리겠다는 결단력과 그럴 수 있다는 희망으로 혼연일체가 되었던 사람들이 심지어 더 독재적인 지도자 밑에서 어떻게 살 수 있는 걸까?

'아랍의 봄'부터 ISIS와 정계를 뒤덮은 포퓰리스트의 물결까지, 최근 전 세계에서 일어난 여러 사회 혼란은 일정 부분 빡빡함과 느슨함의 갈등이라는 구조적 스트레스에서 비롯되었다. 이 모든 격변에는 저마다 독특한 요소가 있지만, 각각의 격변은 한 가지 단순한 사실을 보여준다. 인간은 사회질서를 갈망한다는 사실 말이다. 무질서와 무규범을 경험할 때, 다시 말해 사회가 지나치게 느슨해질 때 사람들은 필사적으로 안보를 갈망한다. 그리고 그곳에서는 문화 파편들을 치우고 보편적인 욕구를 충족시킬 독재적인 지도자들이 등장하게 마련이다.

흔히 이것을 문화 보복이라고 부르지만, 이는 인간 존재의 부정할 수 없는 사실이다. 인간이 지구상에서 사는 한, 사회 규범의 강도는 우리의 문화 DNA의 핵심이 될 것이다. 극단적인 느슨함이 대세가 되면 빡빡함에 끌리고, 극단적인 빡빡함이 대세가 되면 느슨함에 끌리는 게 바로 문화다. 빡빡함-느슨함의 역학과 지정학적 사건의 관계를 이해하면, 세계적 동향을 더 잘 예측할 수 있을 뿐 아니라 그 동향을 관리하기 위해 문화 이해력이 뛰어난 정책도 개발할 수 있다.

자유의 현기증

골디락스 원리는 양극단의 문화에서 발생한 역기능을 폭로한다. 지나친 빡빡함은 자율성을 제한하고, 지나친 느슨함은 혼란을 낳는다. 스펙트럼의 양쪽 끝은 모두 해롭다.

문화 스펙트럼의 양극단에 자리한 나라들이 급진적인 변화에 더 취약한 편이긴 하지만, 빡빡한 문화에서 느슨한 문화로, 느슨한 문화에서 다시 빡빡한 문화로 급선회한 이집트의 사례는 특히 더 극적이었다. 무바라크를 몰아낸 뒤, 이집트 대중은 수십 년에 걸친 잔혹한 통치에서 해방되었다는 사실에 열광했다. 남녀노소를 불문하고 모두 함께 춤을 추며 "이집트는 자유다!", "신은 위대하다!" 하고 환호했다.[11] 야당 지도자 무함마드 엘바라데이Mohamed ElBaradei는 "처음으로 민주주의를 확립하고, 자유로워지고, (⋯) 자존감과 해방감을 누릴 기회가 이집트에 생겼다"라고 선언했다.[12] 시위에 참여했던 무스

타파 사예드Mustafa Sayed는 "수갑이 채워졌던 손목과 재갈 물렸던 입술이 이제 자유로워진 기분이다"라고 기뻐했다.[13]

그러나 이집트가 자유가 아니라 혼란을 향해 내달리고 있다는 사실이 곧 명백해졌다. 12퍼센트의 인플레이션과 10퍼센트 이상의 실업률을 기록한 무바라크 정권 아래서의 삶도 숨이 막혔지만, 그가 실각하고 몇 달 만에 이집트 사회는 견디기 어려운 수준으로 곤두박질쳤다. GDP 성장은 거의 정체되었고, 국가 보유액은 100억 달러 이상 감소했고, 2011년 12월에 주식 시장은 40퍼센트 이상 하락했다. 전체 이집트인의 44퍼센트가 극빈층 또는 차상위 빈곤층으로 분류되었다.[14] '아랍의 봄'이 경제적 겨울로 변하기 직전이었다.[15]

경제 상황만 힘든 게 아니었다. 사회 규범도 흐트러지기 시작했다. 무바라크가 물러나고 3개월 동안 범죄율이 무려 200퍼센트나 증가했다.[16] 거리를 순찰하는 경찰이 줄어드니 폭동과 납치가 급증했다.[17] "물론 우리 모두 행복했습니다. 당연히 축배를 들었죠. 전 세계가 이집트를 지켜보고 있었습니다. 우리는 우리가 무척 자랑스러웠습니다."[18] 무바라크가 물러나고 8개월 뒤 가브리엘레 하바시Gabriele Habashi 기자는 이렇게 말했다. "그런데 그다음에는요? 이집트인들은 일상으로 돌아갔습니다. 전보다 훨씬 더 어려워진 일상으로요. (…) 사람들은 혁명에 지쳐갔습니다."

권위주의 정권을 무너뜨린 이집트인들은 자기들이 정반대의 극단, 즉 지극히 혼란스러운 환경에서 살고 있다는 사실을 깨달았다. 무바라크의 하향식 통제가 해체된 뒤, 이집트에는 사회를 조율하고 규제할 메커니즘은커녕 가장 기본적인 욕구를 충족시킬 메커니즘마저 없었다.

여러모로 이는 무바라크 독재 정권이 의도한 결과였다. 이집트 사람들은 무바라크의 통치 아래 가혹한 규제와 최소한의 자율로 빡빡하게 통제된 사회에서 살았다. 무바라크 정권은 시민들이 서로 신뢰를 구축하고 스스로 체계를 만들지 못하게 곳곳에 장애물을 설치했다.[19] 이는 정권에 도전하지 못하게 하려는 전략적 계책이었다. 자원봉사 협회, 노동조합, 전문직 협회, 비정부기구, 모르는 사람들이 모여 공통의 이해관계를 조율하려는 어떤 집단도 정부가 부과한 제한 조치라는 미궁 속에서 헤맸다.

혼란이 심해지자, 자유를 갈구했던 바로 그 이집트 시민들이 이제는 질서를 갈구하고 있었다. 압둘팟타흐 시시가 "안보를 되찾고, 국가 기관들을 하나로 모을 겁니다."[20] 은세공 일을 하는 카이로 주민 아이만 이스칸다르Ayman Iskandar가 전 〈가디언〉 국제관계 전문 기자 패트릭 킹즐리Patrick Kingsley에게 한 말이다. 알렉산드리아에 사는 아흐람 알리 무함마드Ahlam Ali Mohamed는 "안전하다고 느끼고" 싶어서 시시에게 투표했노라고 말했다.[21] 에버그린주립대학 비교종교학 교수 세라 엘탄타위Sarah Eltantawi는 이렇게 설명했다. "시시를 지지하는 이집트인이 시시에게 던진 표는 곧 혼란에 반대한다는 뜻입니다."[22] 2017년에 출간한 책《중동의 가치, 정치 행동, 변화와 아랍의 봄Values, Political Action, and Change in the Middle East and Arab Spring》에서 나는 이집트의 이런 정치적 변화를 '독재의 상습성'이라 칭했다.[23] 무바라크를 축출한 뒤 혼란에 빠진 사람들은 사회질서를 회복하겠다고 약속한 또 다른 철권통치자를 순순히 받아들였다.

이 역학관계는 이집트에만 국한되지 않는다. 규범이 없는 상황에 부닥치면, 사람들은 엄청나게 불안해한다. 불안해지면 안보를 갈망하게 마련이다. 1941년에 출간한 《자유로부터의 도피》라는 책에서 심리학자 에리히 프롬은 이 현상을 "개인의 삶에 의미와 질서를 부여한다고들 말하는 정치적 기구와 상징을 제공하기만 하면, 어떠한 이념과 어떠한 지도자라도 받아들일 준비가 되어 있는 상태"라고 칭했다.[24] 독일에서 파시즘이 폭넓게 받아들여지는 모습을 지켜보다가 1934년에 미국으로 이주한 프롬은 독재 정권으로 되돌아가는 현상은 자유가 과도하게 넘쳐날 때 사람들이 보이는 보편적인 대응이라고 보았다.[25] 놀랍게도 한 세기 전에 덴마크 철학자 쇠렌 키르케고르Søren Kierkegaard 또한 그 시대에 나타난 비슷한 역학관계를 묘사하기 위해 '자유의 현기증'이라는 용어를 만들었다.[26] 무한한 자유에 맞닥뜨릴 때 인간이 느끼는 격심한 불안감을 자유가 일으키는 현기증이라 부른 것이다.

나는 공동 연구자들과 함께 이러한 통찰을 현대적인 실험에 접목하고자 2012년 봄에 이집트인들에게 설문지를 나누어주었다.[27] 이집트 사회에 규범이 존재하지 않는다는 인식이 더 빡빡한 문화를 갈망하게 했는지 알아보기 위해서였다. "사회질서가 무너지는 현 상황이 어느 정도 심각하다고 보는가?", "지금 이집트가 겪는 혼란이 어느 정도 심각하다고 보는가?", "지금 이집트는 얼마나 안전한가?", "지금보다 규칙이 더 많아지면, 이집트가 얼마나 더 좋아지리라 생각하는가?" 등 설문지에는 다양한 질문이 실려 있었다. 또한 종교적인 정부를 선호하는지 비종교적인 정부를 선호하는지, 살라피주의(수니파 가운데 매우 보수적인 분파)를 지지하는지도 물었다. 무바라크 대통령이 물러난 뒤 이집트가 지나치게 느슨해졌다고 여기는 사람들은 독재 통치를 선호했다. 즉 무바라크가 축출된 뒤 계속된 무규범 상태와 질서를 회복할 더 엄격한 정부를 지지하는 현상 사이에는 밀접한 관계가 있었다. 아니나 다를까, 이집트는 곧 빡빡한 정권으로 획 돌아섰다.

이렇듯 빡빡한 문화에서 느슨한 문화로, 느슨한 문화에서 다시 빡빡한 문화로 바뀌면 사회질서에도 큰 혼란이 생기게 마련이다. 1991년에 포악할 정도로 빡빡했던 소련이 해체된 뒤, 전체 러시아인 가운데 민주주의를 지지하는 비율은 51퍼센트,[28] 국가에 간섭받지 않고 삶의 목표를 추구할 자유가 있는 사회를 지지하는 비율은 53퍼센트였다.[29] 강력한 지도자를 지지하는 비율은 39퍼센트에 불과했다.[30] 그러나 2011년에는 분위기가 완전히 바뀌었다. 러시아인의 57퍼센트가 강력한 통치자를 지지했고,[31] 68퍼센트가 국가의 간섭에 찬성했다.[32]

무엇이 이런 극적인 변화를 일으켰을까? 빡빡함-느슨함 이론에 따르면, 소련이 붕괴한 뒤 경제는 급격히 쇠퇴하고 사회는 무질서가 만연해진 데서 그 원인을 찾을 수 있다. 1991년부터 1998년까지 러시아는 GDP의 약 30퍼센트를 잃었고, 걷잡을 수 없는 인플레이션에 시달렸다. 가처분 소득은 감소했고 1,500억 달러에 가까운 자본이 러시아를 빠져나갔으며 유가는 급락했다.[33] 러시아 경제가 연이은 충격으로 휘청이자 범죄가 빠르게 증가했다. 1992년에 러시아에는 4,000개가 넘는 범죄조직이 있었고,[34] 범죄조직이 연루된 총격으로 모스크바는 벌집이 되었다.[35] 러시아에서 이탈한 남부 체첸 공화국에서 전쟁을 벌이겠다는 정부의 결정도 큰 타격이 되었다. 이 결정은 러시아 땅에 대한 테러 행위를 촉발했고, 러시아 군인 수천 명이 전투 중에 사망했다.[36] 러시아의 영원한 골칫거리인 알코올 중독도 급증했다.[37] 불법 약물, 특히 헤로인을 비롯한 중독성 강한 마약을 복용한 사람이 1990년대에 5배나 폭증했다.[38] 남성의 기대 수명은 1990년에 64세에서 1994년에 58세로 줄었다.[39] 알코올 중독, 살인, 자살이 주요 원인이었다. 러시아는 무너지고 있었다.

아르카디 오스트로프스키Arkady Ostrovsky 기자는 혼란스러웠던 시기를 돌아보며 이렇게 말했다. "상점에 음식이 부족했지만 새로운 가능성이 열렸다는 생각에 잔뜩 흥분해서 모두 다 보상받은 기분이었습니다. 모스크바에서 역사가 이루어지고 있었고, 우리는 그 한복판에 있었으니까요. 이제 와 그 시절을 돌이켜보니 한정된 테두리 안에 있던 사람들이나 그런 흥분을 느꼈던 것 같네요. 대다수 국민에게 소련의 붕괴는 생활수준의 급격한 하락과 불확실한 미래를 의미했습니다."[40]

"너무도 어려운 시기였죠. 그 시기의 특징으로 자유나 해방감을 꼽지는 않을 겁니다." 당시 대학생이었던 사샤 라티포바Sasha Latypova는 이

3부 적용: 변화하는 세계의 빡빡함과 느슨함

렇게 말했다. "자유는 사람들 머릿속에서 맨 뒤에 있었죠. 사람들이 가장 먼저 떠올린 건 인플레이션, 그리고 식량과 그 밖에 모든 것이 부족하다는 점이었습니다."[41]

러시아 인종-민족 관계 전문가인 사회학자 레프 구드코프Lev Gudkov 에 따르면, 20세기 말까지도 러시아인들은 질서를 갈망했고 집단적인 국가 정체성 비스름한 것을 간절히 원했다.[42] 한마디로 문화 공백을 채울 준비가 되어 있었다.

그때 당시 러시아 대통령이었던 보리스 옐친Boris Yeltsin이 자기 후임으로 직접 뽑은 전직 KGB 요원 블라디미르 푸틴Vladimir Putin이 등장했다.[43] 푸틴은 세계에서 가장 인기 있는 정치인으로 2017년에는 80퍼센트가 넘는 지지율을 기록했다.[44] 아주 독재적인 지도력에도 '불구하고' 지지율이 치솟은 게 아니라, 바로 그 '덕분에' 지지율이 치솟은 것이다. 왜냐고? 푸틴이 혼란스러운 나라에 질서를 회복했기 때문이다. 2000년부터 2015년까지 유럽연합의 1인당 GDP는 고작 17퍼센트 증가했는데, 러시아의 1인당 GDP는 70퍼센트나 증가했다. 푸틴이 대통령에 취임한 2000년에 11퍼센트였던 실업률은 2015년에 6퍼센트로 감소했다. 미국인 저널리스트 줄리아 요페Julia Ioffe는 〈내셔널 지오그래픽National Geographic〉에 "러시아인들 사이에는 푸틴을 소련 해체 후 무질서해진 러시아를 길들인 인물로 보는 시각이 널리 퍼져 있다"라고 썼다.[45]

그러나 경제적 번영에는 막중한 대가가 따랐다. 푸틴은 철권으로 통치한다. 정부 정책에 반대하는 자들,[46] 온라인에서 정부를 비판하는 자들과 정치 또는 인권 옹호 활동에 참여하는 자들은[47] 수천 달러의 벌금과 징역형을 포함한 가혹한 처벌을 받는다. 대다수의 러시아 언론은 국영 매체이고,[48] 소비에트 시절처럼 명백하게 친정부 관점에서 뉴스를 보도한다. 푸틴에게 비판적이라는 이유로 차단당한 정치 웹사이트도 부지기수고,[49] 국제기관이나 외국인, 심지어 이중 국적을 가진 러시아인조차도 대중 매체를 소유할 수 없다.[50] 언론인보호위원회(CPJ)에 따르면, 러시아는 1992년부터 2014년 사이에 살해당한 기자 수가 가장 많은 국가 순위에서 세계 5위를 기록했다.[51] 인권 단체 프리덤 하우스는 일관되게 언론의 자유를 가장 심각하게 제한하는 나라로 러시아를 꼽는다.[52]

푸틴은 레슬링 선수가 상대 선수의 목을 조르는 수준으로 러시아를 옥죄어 인종적 민족주의라는 자랑스러운 문화를 전파했다. 소비에트 연방에 힘을 북돋던 마르크스-레닌주의[53] 이념 대신, 푸틴은 국가 차원에서 전통적인 가족의 가치를 보호한다는 대의를 내세웠다. 〈뉴욕타임스〉의 앤드루 히긴스Andrew Higgins에 따르면, 푸틴은 "전통을 짓밟으며 세차게 밀려드는 세계화, 다문화주의, 여성과 동성애자의 권리 증진 운동 따위를 염려할 필요 없는, 더 안전하고 편협한 세계를 갈망하는 모두가 자연스러운 동맹이 되는 러시아를 만들기 위해" 러시아 정교회와 전략적으로 손을 잡았다.[54] 러시아 정교회는 정부가 허용한 주요 종교 집단이다. 다른 종파는 괴롭힘과 박해를 당한다.[55] 푸틴이 2013년에 서명한 동성애선전금지법 때문에 LGBTQ 인권 활동가들과 공공장소에서 감히 손을 잡고 다닌 동성애자들이 투옥되었고,[56] 비판자들에 따르면 동성애 혐오 폭력 사건도 증가했다.[57] 한편 빡빡함으로 돌아선 푸틴의 정책은 폭넓은 지지를 받았다. 여론 조사에 따르면 러시아인들 사이에 민족주의가 부상하고 있다.[58]

극심한 혼란과 불안은 빡빡함을 부른다. 이는 인간 존재의 부정할 수 없는 사실이다. 혼란스럽고 불안한 상황에서 사람들은 안보를 위해 자유를 희생하는 것도 기꺼이 용인하려 할 것이다. 그렇게 해서 무너진 공동체에 질서 비스름한 것이라도 회복할 수 있다면 말이다.

이 패턴이 어떻게 작동하는지를 알면, 세계 곳곳에서 벌어지는 다른 충격적인 사건들을 더 잘 이해할 수 있다. 2016년 6월 30일 대선에서 압승을 거둬 필리핀 대통령에 선출된 로드리고 두테르테Rodrigo Duterte는 곧바로 무슨 수를 쓰든 질서를 세우겠다는 의지를 분명히 밝혔다. "저는 여러분이 법을 준수하고 혼란이 생기는 일이 없게 해주길 바랍니다." 당선 후 첫 기자회견에서 두테르테는 이렇게 말했다. "만약 여러분이 저항한다면, 반항심을 폭력적으로 표출한다면, 저는 경찰에게 사살하라고 명령할 겁니다. 조직범죄를 저지르는 자들을 사살하라. 들으셨습니까? 조직범죄를 저지르는 모든 자를 사살하라."[59]

두테르테가 취임한 지 불과 6개월 만에 7,000명 이상이 목숨을 잃은 것으로 추정되었다.[60] '마약과의 전쟁'이라는 정책을 시행하면서 벌어진 일이다. "나는 60개국에서 일했고, 이라크와 아프가니스탄에서 전쟁 상황을 취재했다. 2014년에는 한 해의 대부분을 서아프리카에서 보냈다. 공포와 죽음에 사로잡힌 에볼라 창궐 지역에서 말이다."〈뉴욕타임스〉기자 대니얼 베레홀락Daniel Berehulak은 필리핀을 취재하는 동안 자기가 목격했던 피비린내 나는 현장에 관해 이렇게 썼다. "그런데 나는 필리핀에서 새로운 차원의 무자비함을 경험했다. 경찰관들은 마약을 거래하거나 복용한 혐의만 있어도 누구에게나 즉결로 총을 쐈다. 자경단원들은 '전부 사살하라'라고 한 두테르테의 요구를 진지하게 받아들였다."[61]

두테르테는 "사살하라"라는 명령을 내린 것 외에도[62] 히틀러를 찬양하고, 강간을 농담 소재로 삼고, 버락 오바마Barack Obama에게 "개자식"이라고 욕하고,[63] 필리핀 정부 관료들에게 연설하는 도중에 유럽연합을 언급하며 대놓고 저속한 손짓을 했다.[64]

필리핀 시민들은 두테르테가 시행하는 무자비한 정책을 그냥 참고 견디는 게 아니다. 그들은 두테르테를 존경한다. 왜냐고? 수년간 필리핀을 괴롭혀온 무규범 상태에서 벗어날 길을 두테르테가 제시했기 때문이다. 1986년에 페르디난드 마르코스Ferdinand Marcos 대통령이 이끌던 전체주의 정권이 축출된 뒤, 필리핀은 서서히 흐트러지기 시작했다. 2015년에는 2,600만 명이 넘는 국민이 빈곤에 허덕였고[65] 실업률은 하늘 높은 줄 모르고 치솟았다.[66] 급속한 도시화, 산업화, 이주로 말미암아 빈민가가 대폭 늘어났고 도시 빈민층은 열악하기 짝이 없는 교육 환경, 주거 환경, 보건 및 위생 환경, 실업에 직면했다. 범죄와 무질서가 만연했다.[67] 수년 동안 필리핀은 아시아 1위, 세계 11위를 차지할 정도로 살인율이 높았다.[68] 또한 필리핀은 지리적 위치 때문에 광범위한 마약 거래의 본거지가 되었다.[69]

소외와 무질서가 필리핀 구석구석에 스며들고 있었으니, 극단적인 방법을 써서라도 사회질서를 세우려는 두테르테를 많은 시민이 두 팔 벌려 환영한 것도 그리 놀랍지는 않다. "우리가 그에게 순종하는 이유는 그를 사랑하기 때문입니다." 두테르테 지지자 줄리어스 주마모이Julius Jumamoy는 〈타임Time〉의 찰리 캠벨Charlie Campbell 기자에게 이렇게 말했다. "우리가 그를 따르는 이유는 그가 옳기 때문입니다. 그는 무고한 사람들을 죽이는 게 아닙니다. 범죄자들만 죽입니다. 그는 매우 좋은 사람입니다."[70] 저스틴 퀴리노Justin Quirino는 두테르테가 "완벽하지 않다"는 점을 인정하면서도 이렇게 말했다. "저는 그가 지금 이 나라에 필요한 사람이라고 생각해요. (…) 이 나라를 둘러보시면 노골적으로 법을 무시하는 모습을 곳곳에서 보게 될 거예요. 책임감이라고는 눈곱만큼도 없어요. 우린 그걸 바꿔야 해요."[71] 필리핀 국민은 압도적 지지로 두테르테의 철권통치를 받아들였다. 당선되고 1년 뒤에 이루어진 여론 조사에서 전체 인구의 86퍼센트가 두테르테에게 호의적인 태도를 보였다.[72]

문화가 무너지면 과격해진다

2016년에 결성된 지하드 무장단체 ISIS는 곧 민간인 참수 동영상,[73] 중동 역사 유물 파괴,[74] 소년병 모집[75] 등을 통해 지구상에서 가장 폭력적인 테러조직으로 이름을 떨쳤다.

갑자기 부상한 권력은 문화적 부시통에 기름을 부었다. 2003년에 미국이 주도한 이라크 침공으로 수니파 지도자였던 사담 후세인

Saddam Hussein이 실각하고, 쿠르드족과 시아파로 구성된 새로운 정치 질서가 확립되었다.[76] 이 사건으로 안정과 질서가 무너지기 시작했고, 이라크는 극단적으로 느슨한 상태가 되었다. 한마디로 ISIS의 손쉬운 먹잇감이 된 셈이다.

2011년에 미국이 이라크에서 군대를 철수할 때까지 수년 동안 시아파와 수니파 사이에 광범위한 폭력 사태가 이어지고 유혈 폭동으로 이라크인 수천 명이 사망하면서 이라크는 큰 타격을 입었다.[77] 국가 경제와 안보가 사상 최저치를 기록했다. 2015년에 이라크인의 48퍼센트가 식량을 살 수 없는 상태라는 보고가 나왔다.[78] 2009년에 12퍼센트였던 수치가 4배나 증가한 것이다. 전력 부족이 심각했고, 하루에 2시간 이상 식수를 사용할 수 있는 이라크인은 전체의 6분의 1에 불과했다. 부패가 만연했고, 폭력은 일상이었다.[79] 이라크 바디 카운트 Iraq Body Count라는 온라인 데이터베이스에 따르면, 2010년부터 2012년 사이에 2,500명 이상이 사망한 폭탄 테러가 평균 하루에 2건씩 발생했다.[80]

이라크는 붕괴하고 있었고, 누리 알 말리키Nouri al-Maliki 총리가 이끄는 시아파 정부에서 배제된 수니파가 가장 큰 고통을 겪었다.[81] 수니파 야당 지도자 수백 명과[82] 그 밖의 수니파 수천 명이[83] 옥에 갇혔다. 사담 후세인이 몸담았던 바트당의 수니파 당원 수십만 명이 정부 부처에서 일자리를 잃었고, 실업자 신세가 된 이들은 사회 주변부로 밀려났다.[84] 2014년까지 많은 수니파가 몹시 가난했고 정부를 전혀 신뢰하지 않았다. 이라크의 주요 여론 조사 요원이자 내 공동 연구자인 문퀴스 다거Munqith Dagher는 이 기간에 이런 불만을 문서로 정리했다. 2014년, ISIS가 이라크에서 모술과 그 밖의 수니파 영토를 점령하기 일주일 전에 1,200명이 넘는 이라크인을 대상으로 조사한 결과, 수니파의 거의 80퍼센트가 자기 동네에서 불안감을 느낀다고 답했다(2011년에 22퍼센트였던 수치가 급격히 증가했다).[85] 이라크 수니파 중 사법 시스템을 신뢰한다고 답한 비율은 30퍼센트에 불과했고, 이라크군을 신뢰한다고 답한 비율은 겨우 28퍼센트에 불과했다.

그때 ISIS가 등장했다. 불만을 품은 수니파를 등에 업은 ISIS 리더들, 대부분 사담 후세인 치하의 군 고위 지도자 출신으로 미국이 세운 구류 시설에 갇혀 있는 동안 한층 더 과격해진 ISIS 리더들이 매우 혼란스러운 상황에서 아주 빡빡한 명령을 내리기 시작했다.[86] 2014년 초에 영토를 장악하기 시작하면서 ISIS는 전기, 수도, 거리 청소 등 정부가 외면한 필수 서비스를 신속하게 바로잡고, 빵과 같은 기본 식료품 가격도 내렸다.[87] ISIS는 운송, 석유와 휘발유 유통, 의료 서비스를 제공했다.[88] 이슬람 국가의 전사들과 직원들은 비교적 좋은 급여와 주택을 제공받았다.[89] 게다가 그들은 전쟁의 격동기 이후에 무척이나 필요했던 안보를 제공했다. "ISIS가 오기 전, 모술의 상황이 어땠는지 아십니까?" 민간인 아부 사드르Abu Sadr는 〈타임〉의 레베카 콜러드Rebecca Collard 기자에게 이렇게 말했다. "거의 매일 폭탄 테러와 암살 사건이 벌어졌습니다. 이제 우리는 안전합니다."[90]

문퀴스 다거는 위험한 상황에서 이라크인 수천 명을 계속 인터뷰했다. 그 결과, 빡빡함-느슨함 이론과 일치하는 사실을 알아냈다.

ISIS는 가장 무질서한 지방을 가장 성공리에 장악해나갔다.[91] 예를 들어, ISIS가 신속하게 정복한 안바르 지방에 있는 두 지역, 라마디와 팔루자는 혼란이 유독 극심했던 것으로 확인되었다. 많은 사람이 "나의 모든 세계가 무너져내리는 느낌이다", "평범한 이라크 사람들의 상태가 점점 더 나빠지고 있다"와 같은 진술에 '그렇다'라고 답했다. 문퀴스 다거와 공동 연구자들이 조사한 바에 따르면 안바르 주민들은 높은 수준의 스트레스를 받고 있었고, 끔찍한 상황에 대처할 대안을 찾고 있었다.

ISIS가 질서를 회복했을지는 모르지만 그 방식은 매우 무자비했다. 무자비함이 최고조에 달할 무렵, ISIS는 현대에 가장 빡빡한 집단으로 악명을 떨쳤다. 엄격한 규칙을 지키지 않는 일원들은 잔혹한 처벌을 받았다. ISIS는 한 지역을 점령한 뒤 게시판과 확성기를 이용해 규칙이 나열된 긴 목록을 배부하곤 했다.[92] 또한 확성기 방송으로 주민들을 호출하여 이런저런 규칙을 위반한 자들이 처형당하는 모습을 지켜보게 했다.[93] ISIS는 축구 경기,[94] 서양식 복장과[95] 머리 모양,[96] 텔레비전 시청,[97] 음악 청취, 인터넷과 휴대전화 사용,[98] 흡연, 음주[99] 등 많은 지역 활동과 관습을 금지했다. 모술 지역 주민들에 따르면, 휴대전화를 사용하다 잡힌 어떤 남자는 채찍으로 45번이나 맞았다.[100] 그리고 채찍으로 맞다가 ISIS의 지도자 아부 바크르 알바그다디Abu Bakr al-Baghdadi에게 욕을 했다는 이유로 처형당했다. 흡연자들에게는 손가락을 분지르거나 과중한 벌금을 부과하거나[101] 옥에 가두는[102] 처벌을 내렸다. 동성애자로 의심되는 사람을 집 지붕에서 내

던지기도 했다.[103] 천박해 보이는 여자들은 밧줄과 막대기로 후려쳤다.[104] 간통죄나[105] 반역죄를[106] 저지르면 참수형에 처했다. ISIS는 이념 원리에서 벗어난 사람들도 죽였다. 40개 항으로 이뤄진 ISIS 신조는 이슬람법으로 통치하지 않는 모든 정부를 포함하여 민주주의와 세속주의를 지지하는 사람은 누구나 죽일 수 있게 되어 있다.[107]

요컨대 ISIS는 두려움과 공포심을 주입하여 질서를 세웠다. ISIS의 통치 아래 살려면 공포심을 견뎌야 하긴 했지만, 그들이 장악한 지역에서는 여러모로 삶의 질이 개선되었다. 적어도 처음에는 그랬다. 초창기에 많은 사람이 ISIS를 지지했던 이유는 일자리, 식량, 안전을 보장받기 위해서, 즉 살아남기 위해서였다. 2016년에 〈포린 어페어스Foreign Affairs〉에 기고한 글에서 정치학자 마라 레브킨Mara Revkin은 이렇게 설명했다. ISIS가 제공한 안정감은 "내전 상황에서 살아가는 사람들에게 특히 호소력이 있었다. 그런 곳에서는 기존의 법체계가 무너져 약탈과 강도질, 토지 수탈이 횡행하는 환경이 조성되기 때문이다."[108]

2015년 말, ISIS는 전 세계에서 3만 명에 달하는 외국인을 꾀어내 싸움에 동참하게 했다.[109] 어떻게 그럴 수 있었을까? 알고 보니 ISIS에 가입하는 신병들의 동기는 꽤 비슷했다. 인류학자 스콧 애트런Scott Atran은 내게 이렇게 말했다. 이들 가운데 많은 이가 "불안의 시대를 살고 있고, 불확실성을 줄이겠다고 약속하는 빡빡한 환경을 반깁니다."[110] 실제로 아리 크루글란스키와 나는 스리랑카, 필리핀, 미국에서 진행한 연구를 토대로 불확실성이 큰 환경에서 사는 사람들이 급진적인 이념에 끌릴 가능성이 더 크다는 사실을 확인했다.[111] 사람들이 표류하는 듯한 기분을 느낄 때는 엄격한 규범과 명확한 목적을 갖춘 집단들이 강력한 힘을 발휘한다.

예를 들어, 존 워커 린드John Walker Lindh를 떠올려보자.[112] 그는 아프가니스탄 구국 이슬람 통일전선에 포로로 잡혔다가 나중에 20살이라는 나이에 탈레반과 함께 싸운 혐의로 2001년에 체포되었다. 어떻게 자기와 같은 미국 시민이 탈레반을 도울 수 있었는지 이해하려고 많은 미국인이 머리를 싸맸지만, 일찍이 낌새가 있었다. 10대 시절, 린드는 자유분방한 미국 문화를 비판하는 마음이 갈수록 깊어졌다. 미국인들이 가족이나 공동체와 함께 시간을 보내지 않는다며 공개적으로 비판하기도 했다. 그는 도덕적 토대와 안정감을 제공하는 빡빡한 이념에 끌렸다. "미국에서는 혼자라는 기분이 들었어요." 린드는 파키스탄에 있는 한 종교계 학교에서 교사에게 이렇게 말했다. "여기에서는 집에 온 것처럼 마음이 편해요."

"10대들 대다수가 반항할 때 자기에게 더 많은 자유를 달라고 말한다." 에번 토머스Evan Thomas 기자는 〈뉴스위크Newsweek〉에 이렇게 썼다. "그런데 존 워커 린드는 자유에 반기를 들었다. 그는 자기만의 개성을 다른 방식으로 표현하게 가만히 좀 놔두라고 대들지 않았다. 오히려 정반대였다. 그는 누군가가 자기에게 옷 입는 법, 먹는 법, 생각하는 법, 기도하는 법을 정확히 알려주길 바랐다. 그는 절대적인 가치 체계를 원했고, 그런 가치 체계를 찾을 수만 있다면 극단적인 짓도 마다하지 않을 용의가 있었다."[113] 요컨대 그는 느슨한 모국에 있을 때보다 빡빡한 문화 속에 있을 때 집에 온 것처럼 마음이 더 편했다.

탈레반과 ISIS 같은 폭력 단체의 지도자들은 린드처럼 소외된 영혼을 끌어모으는 데 아주 능숙하다. 실제로 이런 폭력 단체 지도자들은 느슨함을 공통의 적으로 공표한다. 알카에다를 만든 오사마 빈 라덴Osama bin Laden은 대놓고 느슨한 서구 사회가 역겹다고 말했다. 2017년 11월, CIA는 2011년에 빈 라덴의 은신처를 급습했을 때 입수한 45만 개가 넘는 파일을 공개했다.[114] 그 안에는 빈 라덴의 일기도 있었다. 빈 라덴은 14살에 영국에 갔던 일을 언급하면서 이렇게 썼다. "별 감흥이 없었다. 우리 사회와는 다른 사회, 도덕적으로 느슨한 사회였다." 마찬가지로 이집트인 사이드 쿠틉Sayyid Qutb은 1951년에 쓴 〈내가 본 미국The America I Have Seen〉이라는 글에서 미국이 지나치게 물질주의적이고, 피상적이고, 폭력과 성적 쾌락에 집착한다고 주장했다.[115] 그는 얼마 후 바로 이집트무슬림형제단의 지도자가 되었다. 쿠틉이 보기에 미국인에게는 도덕적 바탕이 전혀 없었다. 그는 "미국인에게 도덕과 옳음의 문제는 양심이 만들어낸 환상일 뿐이다"라고 썼다.

테러조직의 일원들은 자기들 눈에 지나치게 느슨하고 '부도덕해' 보이는 문화를 무너뜨리기 위해 자국민을 공격하기까지 한다. 이는 내가 인도네시아에서 발생한 테러를 연구하다가 직접 목격한 바다. 2017년 8월, 나는 200명이 넘는 사망자와 수백 명이 넘는 부상자를 낸 2002년 발리 폭탄 테러 주모자 중 하나인 알리 임론Ali Imron을 인터뷰하러 자카르타로 향했다.[116] 그는 나와 내 공동 연구자들을 만나기 위해 교도소에서 경찰서로 호송되었고, 우리는 경찰서에서 몇 시간 동안 통역을 두고 이야기를 나눴다.

임론이 우리에게 말한 바에 따르면, 지하드 전사들은 서구인을 공격하는 행위만 지지하는 게 아니라 자국 정부에 테러 공격을 가하는 행위도 지지했다.

"같은 인도네시아인들에게 폭력을 가하는 행위를 용인하는 이유는 뭔가요?" 내가 그에게 물었다.

그는 나를 똑바로 바라보았다. "정부가 이슬람법을 따르지 않으니까, 지하드 전사들은 정부에서 일하는 사람은 모두 악마라고 생각합니다. 신앙심이 없는 자들이라고 간주하면, 살인을 정당화하기 쉬워지죠."[117] 이런 관점에서 보면 술집, 나이트클럽, 사창가는 이슬람의 적이고, 그들이 타락한 책임은 정부에 있다.

교도소에서 수년간 갱생 과정을 거친 알리는 여전히 이슬람 국가를 열망하지만, 그 목표를 이루기 위해 더는 폭력이라는 수단에 기대지 않겠다고 말했다. 이제 그는 인종적·종교적 다양성을 포용하는 이슬람 국가를 세우는 게 얼마든지 가능하다고 믿고, 다른 사람들에게도 이 메시지를 전파하고 있다. 알리는 아프가니스탄에서 자기를 가르친 스승 나시르 아바스Nasir Abas와 함께 인도네시아 교도소에서 과격한 생각을 버리도록 다른 지하드 전사들을 설득하고 있다. 대화와 토론을 통해 폭력은 이슬람의 교리에도 어긋나고, 인도네시아 정부는 반이슬람 단체가 아니라고 교도소에 있는 테러범들을 설

　　　　　　　　3부 적용: 변화하는 세계의 빡빡함과 느슨함

득하는 게 목표다.

테러는 기여 요인이 많은 복잡한 현상이다. 빡빡함-느슨함도 그중 하나다. 빡빡함-느슨함은 테러조직이 진화하는 조건뿐 아니라 사람들이 이 조직에 매력을 느끼는 이유에도 영향을 끼친다. 이 점을 알면 이러한 역학관계가 언제 발생하는지 예측하고, 대응 정책을 개발하는 데 도움이 된다.

민족주의자와 세계주의자의 대결

세계 곳곳에서 벌어지는 여러 지정학적 사건의 밑바닥에는 빡빡함-느슨함이 자리하고 있다. 프랑스의 마린 르 펜, 이탈리아의 마테오 살비니Matteo Salvini, 네덜란드의 헤이르트 빌더르스Geert Wilders, 헝가리의 빅토르 오르반 등 2016년 즈음에 포퓰리스트 정치인과 포퓰리즘이 부상한 사건은 얼핏 보면 무관해 보일 수 있다. 그러나 실제로는 똑같은 문화적 단층선을 보여준다. 즉 빡빡함을 갈망하는 민족주의 집단이 느슨함을 포용하는 세계주의자들에게 맞서 싸우는 형국이다.

브렉시트와 2016년에 트럼프가 대통령에 당선된 사건 외에도, 유럽 전역에서 극우 정당들이 득세한 사건은 급변하는 세상에서 경기 하락과 사회 분열에 갈수록 위협을 느낀 사람들이 일으킨 결과였다. 그들은 빡빡한 사회질서로 돌아가길 원했고, 전 세계 포퓰리스트 지도자들은 이런 마음을 이용할 준비가 되어 있었다. 프랑스에서는 늘어나는 이민자를 두려워한 일부 시민들이 테러 행위가 증가하고 프랑스 문화가 희석되는 책임을 새로 온 이민자들에게 돌렸다.[118] 마린 르 펜은 프랑스 민족주의를 앞세워 이러한 우려에 호소했다.[119] 우리는 2017년 봄에 프랑스 유권자들을 대상으로 설문 조사를 시행했다.[120] 그랬더니 미국에서 트럼프가 인기를 끄는 요인을 조사했을 때와 비슷한 역학관계가 드러났다. 위협감을 가장 크게 느낀 사람들은 프랑스 사회가 지금보다 훨씬 더 빡빡해지길 원했고, 그래서 르 펜에게 투표할 생각이었다. 궁극적으로 르 펜은 선거에서 졌지만, 르 펜이 프랑스 정계에 급부상한 현상은 빡빡함-느슨함의 단층선이 세계 정치에 어떻게 파고들 수 있는지를 여실히 보여준다.

물론 이것들은 별개의 사례가 아니다. 폴란드 법과정의당 지지자들 역시 세계화를 위협으로 간주하고 국가의 정체성이 더 빡빡해지길 원하는 등 비슷한 선입견을 공유했다.[121] 오스트리아 자유당과[122] '독일을 위한 대안'[123] 지지자들도 늘어나는 이민자 수가 자국 경제와 안보, 문화 정체성에 위협이 된다고 보았다. 정치학자 로널드 잉글하트Ronald Inglehart와 피파 노리스Pippa Norris의 연구에 따르면, 이들 국가 전부에서 다문화주의와 세계화에 대한 반발이 포퓰리즘의 발흥에 큰 역할을 했다.[124] "이 모든 사례에서 시민들은 문화적 느슨함에 반기를 들었습니다."[125] 잉글하트는 내게 이렇게 말했다. 시민들은 그들의 불안을 이용하여 궁극적인 치유법을 제시하는 지도자들의 이야기, 즉 이 세상에서 자기들이 설 자리가 어디인지 확실히 알 수 있는 빡빡한 사회질서로 다시 돌아가게 해주겠다는 이야기를 열렬히 반겼다.

자신의 생존과 문화적 정체성이 위협받고 있다는 인식은 세계 곳곳에서 일어나는 신新 나치 운동에서도 볼 수 있다. 예를 들어, 독일에서는 2014년 이후 우파 극단주의가 기승을 부리다가 수년에 걸쳐 쇠퇴했다.[126] 2016년 미국에서는 900개가 넘는 혐오 단체가 발견되었다.[127] 2014년보다 17퍼센트 증가한 수치로 여기에는 신新 나치 단체, KKK 지부, 백인 민족주의 단체, 신新 남부연합 단체, 스킨헤드(머리를 아주 짧게 깎은 청년들로 구성된 폭력성이 매우 강한 인종차별주의자 집단-옮긴이) 단체가 마구잡이로 섞여 있다.

2017년 8월, 버지니아주 샬러츠빌에서는 '유나이트 더 라이트Unite the Right'라는 집회가 열렸다. 남부연합 동상을 철거하는 것에 항의하고자 모인 이 집회는 최근 미국 역사에서 규모가 가장 큰 백인 우월주의 극우 집회였다.[128] 집회가 시작되자마자 시위대와 맞불 시위대가 충돌하면서 끔찍한 폭력 사태가 벌어졌다. 차 한 대가 맞불 시위대로 돌진하는 바람에 32살의 헤더 헤이어Heather Heyer가 죽고, 30명 이상이 다쳤다.

이 사건 이후, 미국인들은 시위대의 흉포한 행동을 막으려고 고군분투했다. 시위대 중 일부는 총기와[129] 남부연합 전투 깃발, 나치의 상징인 만卍자 현수막[130]을 보란 듯이 들고 다니며 인종차별 구호를 외쳤다.[131] 무엇이 그들을 움직였을까? 심리학자 패트릭 포셔Patrick Forscher와 누르 케이테일리Nour Kteily가 400명이 넘는 자칭 극보수주의자를 대상으로 조사한 결과를 보면 이들의 동기를 알 수 있다.[132] 극보수주의자를 자처하는 백인 민족주의자들은 일반 표본 집단보다 자기들의 생존이 위협받고 있다고 말하는 비율이 높았다. 그들은 미국에 점점 늘어나는 이민자들 때문에 자기들이 설 자리를 잃을까 특히 걱정이 많았다. 쓸모없는 존재가 될지도 모른다는 두려움이 그들을 극단주의로 내몬 셈이다. 알다시피 물리적인 위협이든, 경제적인 위협이든, 정신적인 위협이든, 위협이 존재할 때 집단은 더 빡빡해지고 외집단에 부정적인 태도가 곧 뒤따르게 마련이다.

세계 곳곳에서 민족주의자들이 반 이민 정서를 부추기고 있다. 세계 시장 조사 회사 입소스Ipsos가 24개국을 조사한 바에 따르면, 대략 2명 중 1명은 이민 때문에 자기 나라에 자기가 원하지 않는 변화가 생겨나고 있다고 믿었다.[133] 설문 참여자의 절반은 자기 나라에 이민자가 너무 많다고 여겼고, 이민이 경제에 긍정적인 효과를 가져온다고 믿는 사람은 1만 7,000명 중 28퍼센트에 불과했다. 2015년에 미국에서 퓨리서치센터가 설문 참여자들에게 '이민자' 하면 가장 먼저 떠오르는 단어가 뭐냐고 물었을 때 '불법'이라는 단어가 그 어떤 단어보다 많이 나왔다.[134]

단언할 수는 없지만, 이런 반 이민 편견은 악순환을 일으킨다. 연구한 바에 따르면, 이러한 편견은 전 세계 이민 공동체를 빡빡하게 만들어 이민자들이 과격해지도록 부추긴다. 간단하다. 이민자들이 사회에서 차별을 당하며 스스로 어디에도 소속되지 못하는 '문화적 노숙자' 신세라고 느끼게 되면, 이러한 경험을 이용해 그들을 포섭하려고 나서는 과격파의 먹잇감이 되기 쉽다.

2015년 연구에서 나는 동료들과 함께 이슬람교도 약 200명을 대상으로 미국 사회에서 차별당한다고 느끼는지, 이슬람교도와 미국인이라는 정체성 사이에서 어떻게 균형을 잡는지 조사했다.[135] 우리는 피험자들에게 이슬람을 보호하기 위해 극단적인 행동에 나설 의향이 있다고 말하는 가상의 과격 단체에 관한 글을 읽게 한 뒤, 이런 단체를 어느 정도나 지지하는지 물었다. 또한 이슬람 경전을 과격하게 해석하는 편인지, 이를테면 폭력이 허용된다고 믿는지도 물었다. 설문에 참여한 표본 집단 중 대다수는 미국 사회에 통합되고 싶어 했다. 과격해질 징후가 보이는 사람은 극소수였다. 그러나 소외감을 느끼는 이들도 꽤 있었다. 그들은 더 이상 이슬람 문화에 동질감을 느끼지 않지만, 그렇다고 미국 문화에 동질감을 느끼지도 않았다. 그들은 자기가 문화적 부랑자라고 느꼈다. 소외감을 느낄 뿐 아니라 차별도 당하고 있다고 답변한 사람들은 과격파를 지지할 위험이 특히 컸다.

이 자료들은 비교적 느슨한 미국 문화에서 수집한 자료다. 그러나 알다시피 빡빡한 나라에 사는 사람들이 전통적인 사회질서를 위협하는 사람들에게 더 부정적인 태도를 보이는 경향이 있다. 그렇다면 빡빡한 문화권에 이민 온 사람들이 과격해질 위험이 더 클까? 그렇다. 나중에 미국과 독일의 이슬람교도를 연구하면서 우리는 이슬람교도들이 느슨한 미국 문화보다 빡빡한 독일 문화에 통합되는 과정에서 훨씬 더 힘들어한다는 사실을 알아냈다.[136] 부분적인 이유는 독일이 문화적 다양성에 덜 열려 있다는 인식 때문이었다. 전반적으로 독일에 이민 온 이슬람교도들은 자기들이 이민 온 나라가 폐쇄적이고 그 나라에서 자신의 문화적 정체성을 관리하기가 어렵다는 생각이 더 강했다. 어떤 문화에도 동질감을 느끼지 못하는 문화적 부랑자에 관한 연구 결과가 보여주듯이, 독일 문화에 통합되는 데 어려움을 겪은 이민자 중에는 극단적인 이념을 지지하는 이들이 더러 있었다.

문화 분열 해결하기

전 세계적으로 대량 이주가 계속됨에 따라 타인을 포용하고 사회의 일원으로 받아들이는 분위기를 촉진하여 위협감을 낮춰야 할 필요성이 어느 때보다 절실해졌다. 2015년에 전 세계 이민자 수는 2억 4,000만 명을 넘어섰다.[137] 2000년보다 41퍼센트 증가한 수치로 자연재해와 자원 부족, 전쟁 탓이 크다.

문화 간 접촉이 현저히 증가하고 있으므로 빡빡한 문화권 사람들과 느슨한 문화권 사람들이 의미 있고 긍정적인 방식으로 교류할 기회를 만들어야 한다. 다행히도 이런 움직임이 이미 시작되었다. 예를 들어, 세계 교육 네트워크CEDAR, Communities Engaging with Difference and Religion는 여러 다른 나라에 있는 집단들 간에 관용과 이해를 증진하기 위한 프로그램을 10년 넘게 운영해왔다. 영국 버밍엄에서 진행하는 한 프로그램은 이민자 공동체와 지역 주민들이 겪는 갈등에 초점을 맞추었다.[138] 이 프로그램은 참가자들이 그룹 토의를 통해 자신의 경험을 공개적으로 성찰하도록 장려한다. 10개가 넘는 나라에서 온 40명에 가까운 사람들이 그룹을 이루어 버밍엄 곳곳에 있는 다양한 예배

장소를 방문했다. 이를 통해 사람들은 '다른 사람들'이 자기를 어떻게 바라보는지 깨닫고, 서로 더 잘 이해하게 된다. 한 참가자가 말한 대로다. "저들과 다른 나의 관점이 다름을 받아들이는 법을 배우는 또 다른 관점이 될 수 있다는 걸 깨달았습니다."[139]

이와 비슷하게, 공감할 기회를 마련하는 작업이 집단 간에 반감이 생기지 않도록 방지하는 데 매우 중요하다는 연구 결과가 나왔다. 2015년에 나는 연구 조교들과 함께 상대 문화를 바라보는 관점을 알아보고자 미국인과 파키스탄인을 인터뷰했다.[140] 두 집단 모두 서로에 대해 대단히 부정적인 믿음과 고정관념을 품고 있었다. 파키스탄인들은 미국인을 그냥 느슨하기만 한 게 아니라 부도덕하고 오만하다고 여겼다. 미국인들은 파키스탄인이 지나치게 경직되어 있을 뿐 아니라 공격적이고 폭력적이라고 여겼다. 언론이 잘 써먹는 풍자만화가 특정인의 인상을 결정하는 현실에서 이런 극단적인 고정관념을 갖는 건 그리 놀랄 일이 아닐지도 모른다. 게다가 우리는 우리만의 반향실에서 사는 경향이 있다. 트위터와 페이스북에서도 우리는 다른 문화권 사람들과 교류하기보다는 우리가 아는 사람들, 우리와 같은 시각을 공유하는 사람들과 주로 교제한다.

우리 연구진은 각자의 삶에 서로의 현실을 들여다볼 창을 내면 집단 간 반감이 줄어들지 궁금했다. 그렇다고 파키스탄인을 미국에 보내거나 미국인을 파키스탄에 보낼 예산은 없었다. 대신에 일주일 동안 파키스탄인이 쓴 실제 일기를 미국인이 읽는다면, 또 미국인이 쓴 일기를 파키스탄인이 읽는다면 어떨까? 이렇게 서로의 일상을 접하면, 서로를 대하는 태도가 바뀔까?

이를 알아보기 위해 나는 공동 연구자 조슈아 잭슨과 함께 미국 학생들과 파키스탄 학생들에게 그날그날 경험한 일을 일주일간 글로 쓰게 했다. 그런 다음 미국 학생 100명과 파키스탄 학생 100명이 포함된 새로운 피험자 그룹에 일주일간 읽을 일기를 나눠주었다. 큰 비용을 들이지 않고 이루어진 사소한 개입의 결과는 놀라웠다. 자기네 문화권 사람이 쓴 일기를 읽은 피험자들에 비해, 다른 문화권 사람이 쓴 일기를 읽은 피험자들은 두 문화가 훨씬 더 비슷하다고 보았다. 더욱이 미국인이 쓴 일기를 읽은 파키스탄 피험자들은 미국 사람이 더 도덕적이고, 자기네 문화를 다른 문화보다 우월하게 여기는 우월감도 적다고 보았다. 이 사소한 개입이 끝날 무렵, 파키스탄인이 쓴 일기를 읽은 미국인 피험자들은 파키스탄 사람이 덜 폭력적이고 더 잘 논다고 보았다.

"개인적으로 아는 파키스탄 사람이 많지는 않지만, 일기를 통해 파키스탄에 사는 어떤 이의 일상을 알게 되었습니다." 이 연구가 끝날 무렵 한 미국인 피험자는 이렇게 썼다. "미국에 사는 사람들보다 종교적 성향이 조금 더 강한 편이지만, 생활방식과 성격은 우리와 비슷하다고 생각합니다." 마찬가지로 파키스탄인 피험자도 이렇게 말했다. "미국인들은 우리와 도덕이나 윤리, 종교적 가치가 다를지 모르지만, 미국 학생들의 삶은 여기 학생들의 삶과 무척 비슷하네요. (…) 그들은 법을 준수하는 시민들이고, 그게 미국 시스템이 잘 굴러가는 이유겠죠."

3부 적용: 변화하는 세계의 빡빡함과 느슨함

이런 글과 말이 보여주듯이, 개입을 통해 다른 문화권 사람들을 좀 더 잘 이해할 수 있게 중재하면 고정관념을 없애고 충돌을 막고 문화 간 분쟁을 해결할 가능성이 크다. 시민들은 지금도 평소 만나는 범주 밖에 있는 사람들과 교류할 수 있는 의미 있는 방법을 찾고 있다. 2017년에 〈워싱턴 포스트〉는 텍사스주 댈러스에 있는 데어리 퀸 Dairy Queen 매장에서 미국 태생의 두 남자가 서로에 대한 의심을 풀기 위해 버거와 감자튀김을 사이에 두고 마주 앉았다고 보도했다.[141] 한 명은 텍사스주에서 이슬람계 테러범을 뿌리 뽑겠다는 사명을 안고 미국이슬람관계국(BAIR)이라는 민병대를 창설한 데이비드 라이트 David Wright라는 백인 남자였다. 다른 한 명은 라이트가 동지들과 함께 "미국을 이슬람화하려는 시도를 당장 멈추라"라고 적힌 팻말과 무기를 들고 두 번이나 시위를 벌였던 지역 이슬람 사원의 신도인 알리 고우리 Ali Ghouri였다. 고우리는 다른 신도들의 충고를 무시하고 시위대에 맞서 이렇게 외쳤다. "너희만 무기가 있는 게 아니야. 내게도 무기가 있어. 나는 너희가 하나도 무섭지 않아." 5개월 뒤, 라이트와 고우리는 데어리 퀸에서 만났다. 각자 친구를 한 명씩 데리고 왔다. 물론 총도 들고 왔다.

로버트 새뮤얼스 Robert Samuels 기자가 〈워싱턴 포스트〉에 보도한 대로, 라이트와 그의 친구는 자기들이 이민자, 이슬람교도, 이슬람을 불신하는 근본 원인을 재빨리 설명했다. "내가 생각하는 핵심 쟁점은 미국이야. 어떤 게 진짜 미국인가 하는 거." 라이트의 친구 크리스 토퍼 감비노 Christopher Gambino가 말했다. "그렇다고 내가 백인 민족주의자는 아니야." 감비노는 이렇게 덧붙였다. "나는 가치관이 아주 확고한 가정에서 자랐어. 그런데 어떤 인간들이 자꾸만 우리의 가치관을 바꾸려고 해."

알리 고우리의 친구 타밈 부드리^{Tameem Budri}는 자기도 텍사스에서 나고 자랐다고 말했다. 부모의 고국인 아프가니스탄에 잠깐 가 있는 동안 그는 자기가 미국 문화에 동질감을 느낀다는 사실을 새삼 절감했다.

몇 시간에 걸쳐 이야기를 나누다가 네 남자는 몇 가지 공통점을 발견했다. 네 사람 다 테러 관련 범죄를 막고 싶어 한다는 사실도 알게 되었다. 부드리는 라이트 일당이 아이들도 있는 예배 장소에 총을 들고 나타난 이유를 알고 싶어 했다. 라이트는 이렇게 대답했다. "내가 그때 총을 들고 가지 않았으면, 아무도 내게 관심을 보이지 않았을 테니까." 대화를 마칠 무렵, 라이트는 앞으로 고우리가 다니는 이슬람 사원 앞에서 시위를 벌이지 않겠다고 약속했다. 라이트는 신나치와 KKK단처럼 자기가 경멸하는 집단들이 그런 행동을 일삼는다는 사실에 특히 동요했다.

네 남자는 다른 여러 가지 문제에 합의를 보지는 못했지만, 넷 다 담배와 총과 텍사스를 사랑한다는 사실을 알게 되었다. 감비노는 두 이슬람교도에게 "많은 걸 배웠다"라고 말했고, 부드리는 이제 라이트와 그의 친구를 "존중"한다고 말했다. 네 남자는 자기네 생활방식을 위협한다고 여겼던 상대방을 거북해하고 불편해하는 자신의 마음을 똑바로 직시했다.

문화는 우리가 맞닥뜨린 가장 시급한 현안들의 원인이자 해결책이다. 빡빡함과 느슨함이 어떻게 우리 태도를 빚어가는지 이해하면, 이러한 문화 분열을 해결해나갈 긴 여정을 시작할 수 있다.

11

사회 규범의 힘을
활용하라

애플의 시리와 아마존의 알렉사 같은 인공지능 도우미들은 우리 대신 예약을 해주고, 상황에 딱 맞는 노래를 틀어주고, 심지어 재미있는 농담을 함으로써 삶을 더 편리하게 만들어줄 수 있다. 2017년에 페이스북 A.I. 연구실 공학자들은 이 기술에 '협상'이라는 훨씬 더 어려운 과제를 부과했다.¹ 협상은 인간에게도 매우 미묘한 과정으로 상대방의 감정을 정확하게 파악하고, 설득력 있는 주장을 펴고, 협력과 경쟁 사이에서 균형을 잘 잡는 등 여러 난제를 해결해야 한다. 이름을 지어주면 정말로 인간과 같은 능력이 생기길 바라서 그랬는지, 페이스북 연구진은 자기네 챗봇에 '밥'과 '앨리스'라는 이름을 지어주었다. 연구진은 협상 과정에서 생길 수 있는 수백 가지 가상의 영어 대화를 소프트웨어에 가르쳤다. 그런 다음, 밥과 앨리스에게 간단한 협상을 맡겼다. 몇 개의 공, 모자, 책을 나누어 갖는 일이었다. 연구진은 밥과 앨리스가 이 과제를 여러 번 반복해서 수행하도록 프로그래밍했다. 시행착오를 거치면서 협상 기술을 조정하고 개선하게 하기 위해서였다.

연습을 수천 번 반복하다 보니 밥과 앨리스는 거래의 달인이 되었다. 그런데 한 가지 문제가 생겼다. 뒤로 갈수록 밥과 앨리스는 협상 과정에서 더는 영어를 사용하지 않는 듯했다. 유아기 쌍둥이들이 그러듯이, 두 챗봇은 자기들만의 비밀 암호를 개발했다.

밥이 "나는 할 수 있어. 나, 다른 모든 것"이라고 말하자, 앨리스는 이렇게 대답했다. "공은 내게, 내게, 내게, 내게, 내게, 내게, 내게, 내게 아무것도 아니야." 그러자 밥이 대꾸했다. "너, 나, 다른 모든 것." 그러자 앨리스는 이렇게 받아쳤다. "공은 공이 있어. 내게, 내게, 내게, 내게, 내게, 내게, 내게, 내게." 그렇게 대화는 계속되었다.

횡설수설하는 소리 또는 소프트웨어 버그처럼 들리지만, 실제로 이 대화는 두 협상 달인의 노련한 협상 과정을 보여준다. 함께 일하도록 프로그래밍이 된 앨리스와 밥은 자기들만의 암호와 협동 규칙을 개발했다. 좋게 보면, 그들의 새로운 언어와 '게임의 규칙'이 성공적인 협상 결과를 끌어내는 것처럼 보였다.[2] 그러나 밥과 앨리스를 만든 인간들 처지에서는 원통한 일이지만, 외부자는 둘이 나누는 대화를 전혀 알아들을 수 없었다. 연구진은 다시 처음으로 돌아가서 영어 문법을 따르도록 소프트웨어를 변경해야 했다.

우리는 인간이 공동의 목표를 이루고자 전념할 때 어떤 일이 일어나는지 보았다. 인간은 (대개 암묵적으로) 서로에게 기대하는 행동을 정하는 명확한 규칙을 개발하여 서로 조율한다. 놀랍게도, 초기 단계의 챗봇마저도 사회적 교류를 하도록 설계하면 인간과 똑같이 행동하는 듯했다. 앨리스와 밥은 조율하고 타협하고 문제를 해결하고 거래를 성사시키는 능력을 갈고닦으면서 자연스럽게 일종의 사회 규율을 개발했다.

21세기를 사는 인간은 공, 모자, 책보다 훨씬 많은 것을 협상해야 한다. 기후 변화부터 인구 급증, 세계 보건 위기까지 광범위한 난제가 우리 앞에 놓여 있다. 과거에는 이러한 문제를 완화하기 위해 주로 경제적·공학적 해법에 의존했다. 이를테면, 원조를 받아야 할 사람이 원조를 받을 수 있도록 보장하고, 인류의 문제를 해결할 기술을 개발하는 식으로 말이다. 이러한 개선책도 종종 필요하지만, 사회 규범을 재조정하면 우리 앞에 놓인 공동의 난제를 완화하는 데 도움이 될 수 있다. 두 로봇 간의 코드를 다시 프로그래밍하는 것만큼 빠르게는 못해도, 단언컨대 우리는 문화를 바꿀 수 있다. 문화는 운명이 아니다. 가장 골치 아픈 문제를 더 효과적으로 해결하는 데 필요하다면, 어떤 문화든 빡빡함과 느슨함 수준을 상황에 맞게 조정할 수 있다.

내가 억지를 부리는 것처럼 들릴지 모르지만, 빡빡함과 느슨함이 균형을 이루도록 문화를 조정하는 건 절대 몽상夢想이 아니다. 지역 사회에서 실제로 성공한 사례가 이미 많이 있다. 어떤 지역 사회에서는 사회 규범을 느슨하게 조정해야 했다. 어떤 지역 사회에서는 사회 규범을 빡빡하게 조정해야 했다. 어떤 경우든, 어떻게 하면 자기네 지역 사회를 개선할 수 있을지 자기 모습을 솔직하게 성찰하는 일부터 시작했다.

통금 시간

1998년, 아이슬란드는 10대들의 음주 문제가 심각했다. 아이슬란 드 청소년들은 15세와 16세의 40퍼센트 이상이 한 달에 한 번 이상 술에 취할 정도로 유럽에서 술을 가장 많이 마시는 10대였다.[3] 대마 초를 피우는 비율도 높았고, 10대의 4분의 1가량이 담배를 피웠다. 아이슬란드 심리학자 굴드베르그 욘손Gudberg Jonsson에 따르면, "불안해 서 금요일 밤에 레이캬비크 시내를 걸어 다닐 수 없었다. 술에 취해 방약무인하게 구는 10대들이 득실거렸다." 부모들과 관계자들은 국 가의 미래를 보호하려면 느슨한 사회 규범을 빡빡하게 조일 필요가 있음을 절감했다.

아이슬란드 정부는 이 문제를 해결하기 위해 〈아이슬란드 청년〉 이라는 다각도의 프로그램을 시작했다. 우선, 법을 강화하는 조처를 단행했다. 아이슬란드 정부는 18세 미만이 담배를 사거나 20세 미만 이 술을 살 수 없게 했다. 또한 입법자들은 술과 담배 광고를 금지하 고, 16세 미만 청소년을 대상으로 야간 통행 금지령을 내렸다.

결정적으로 이 프로그램에는 문화적 요소도 담겨 있었다. "여러분 을 지켜보고 있다" 같은 프로그램에서는 부모들이 거리에 나가 아이 들을 살펴보고 통행금지 시간을 지키도록 단속했다. 늦은 시간에 밖 을 돌아다니는 아이들이 있으면 집에 들어가라고 상냥하게 당부하 는 식이었다. 또한 관계자들은 부모들이 자녀가 다니는 학교에 더욱

더 관심을 쏟고, 자녀들과 보내는 시간을 늘리고, 다른 부모들과 협의하여 10대 자녀들에게 금지할 행동 유형에 관한 규정을 명문화하도록 장려했다. 아이슬란드 정부는 청소년들에게 술과 마약 외에 다른 오락거리를 제공하기 위해 스포츠, 음악, 예술 활동 지원 기금을 늘렸다.[4]

정부의 개입 노력은 광범위한 결과로 나타났다. 2016년 조사 결과, 지난 한 달 안에 술에 취한 적이 있는 10대 청소년은 5퍼센트, 대마초를 피운 청소년은 7퍼센트, 매일 담배를 피운 청소년은 3퍼센트에 불과했다.[5] 알코올 남용으로 전 세계에서 330만 명 이상이 사망하는 세상에서 기준을 더 빡빡하게 바꾸어 사회 규범을 위반하지 못하게 막은 '아이슬란드 모델'은 좋은 본보기가 될 수 있다.[6]

아이슬란드의 성공은 문화에 관한 폭넓고 고무적인 핵심 사실을 말해준다. 우리가 처한 환경이 우리 사회의 규범에 영향을 끼치기도 하지만, 우리 역시 우리 사회의 규범에 영향을 끼칠 수 있다는 점 말이다. 우리는 어떤 규범을 받아들일지 함께 선택할 수 있다. 우리가 만든 규범이 현 상황과 잘 맞지 않으면, 규범을 재정립하는 조처를 시행할 수 있고 또 시행해야 한다.

월드와이드웹

수 세기 동안 우리 조상들은 조그만 공동체 안에서 살았다.[7] 그 공동체 안에서 사람들은 서로 얼굴을 마주 보며 교류하고 친밀한 사회연결망을 통해 신뢰를 쌓았으며, 자기가 한 말과 행동에 책임을 졌

3부 적용: 변화하는 세계의 빡빡함과 느슨함

다. 산업혁명 이후 다수가 도시로 이주하고 큰 공장에 다니면서 인간은 새로운 현실에 부닥쳤다. 이제는 사회 연결망 밖에 있는 수백 명의 타인과 정기적으로 상호작용을 해야 했다. 그래서 우리는 협동이 잘 이루어질 수 있는 새로운 규범을 만들어 다시금 환경에 적응해나갔다.

오늘날 우리는 '인터넷'이라는 완전히 새로운 세상에서 산다. 2000년에서 2016년 사이에 인터넷을 사용하는 사람들 수는 7억 3,800만 명에서[8] 거의 38억 명으로[9] 증가했다. 전 세계적으로 우리는 각자 평균 5개의 다른 소셜미디어 계정을 가지고 있으며,[10] 하루 평균 2시간 정도를 온라인에서 보낸다.[11] 전 세계 인구의 절반 이상이 스마트폰을 가지고 있다.[12] 우리는 스마트폰으로 쇼핑하고, 인적 네트워크를 형성하고, 데이트하고, 뉴스 보고, 재미를 찾는다. 놀랍게도 미국인의 70퍼센트 이상이 인터넷에 접속하기 위해서라면 커피와 초콜릿, 술을 안 먹고 안 마시겠다고 답했다. 43퍼센트는 인터넷 접속을 위해 운동을 포기하겠다고 했고, 21퍼센트는 인터넷 접속을 위해 일 년 내내 섹스를 포기하겠다고 답했다. 그 정도로 인터넷은 사람들에게 너무도 중요하다.[13]

새로운 온라인 세상은 우리에게 많은 이점을 제공한다. 편리하고, 정보를 빠르게 습득할 수 있고, 새로운 관계도 형성할 수 있다. 심지어 은행 업무부터 공과금 납부, 세금 신고, 보험금 청구에 이르기까지 가장 중요한 금융 거래마저 인터넷으로 처리할 수 있어서 전례 없는 경제적 효율성을 창출하고 있다. 또한 우리는 그 어느 때보다 생소한 아이디어를 많이 접하고 있고, 이런 아이디어는 혁신 능력을 높이는 데 도움이 된다. 이 대담하고 새로운 기술 변화가 불러온 이점을 향유하려면, 예외 없이 느슨함이 필요하다. 사고방식이 느슨한 사람들은 새로운 기술을 만들어낼 수 있을 뿐 아니라, 저널리스트 토머스 프리드먼Thomas Friedman의 표현대로 "아찔한" 속도로 일어나는 변화에 더 잘 적응할 수 있을 것이다.[14]

기술 변화가 느슨함 속에서 잘 이루어지긴 하지만, 빡빡함도 절실히 필요한 게 사실이다. 우리가 하루 중 꽤 많은 시간을 보내는 가상공간에는 규제와 감시가 부족하다. 그 결과 가상공간은 모욕, 괴롭힘, 부정직, 심지어 범죄 행위가 흘러드는 위험한 수챗구멍이 되었다. 인터넷 지하 문화의 어두운 면이다. 무례함은 어디에서나 볼 수 있을 정도로 아주 흔하고 사기, 정보 유출, 사이버 공격이 증가하고 있다.[15] 젊은이의 40퍼센트가 사이버 공격을 당한 적이 있다고 답했고,[16] 50퍼센트 이상이 온라인에서 다른 사람에게 떳떳하지 못한 짓을 하거나 상처를 준 적이 있다고 인정했다.[17] 지독한 행동을 묘사하기 위해 플레이밍flaming(익명성을 악용해 모욕적이고 적대적인 말로 상대에게 상처를 주는 행위-옮긴이), 트롤링trolling(화를 부추길 목적으로 메시지를 보내는 행위-옮긴이), 스파밍spam-ming(스팸 메일을 발송하는 행위-옮긴이), 닥싱doxxing(특정인의 신상 정보를 알아낸 뒤 인터넷에 무차별적으로 공개하는 이른바 신상 털기-옮긴이) 같은 신조어가 생겨났다.[18]

사람들이 인터넷에서 무례하고 졸렬하게 행동하며 심리적으로 해방감을 느끼는 건 부정할 수 없는 사실이다. 규범을 위반하며 해방감을 만끽하는 셈이다. 이처럼 익명성이 보장되는 온라인에서 마치 해리성 정체 장애가 있는 사람처럼 '진짜' 자아와 다른 자아를 만들어 현실 세계에서는 사회 규범 때문에 억제하던 행동을 활성화하는 현상을 가리켜 '온라인 탈脫 억제 효과'라고 부른다.[19] 연구에 따르면, 컴퓨터를 통해 토론하는 사람들이 직접 만나서 토론하는 사람들보다 감정을 덜 억제하는 경향을 보였다.[20] 즉 거리낌 없이 욕하고 희롱하고, 무례한 말도 더 쉽게 했다. '현실 세계'에서와 달리, 온라인에서는 슬퍼하고 격노하는 피해자의 표정을 보지 못하므로 상대방을 괴롭히는 못된 짓을 저지르고도 별로 후회하지도 않는다.[21] 디지털 연결이 활발해지면서 나타난 또 하나의 골칫거리는 바로 '가짜 뉴스'가 엄청나게 늘었다는 점이다. 인터넷에서는 부정확하고 오해를 불러일으킬 소지가 다분한 허위 정보가 들불처럼 번져서 공포심을 조장하고 지역 사회를 위협한다.

예를 들어, 2014년에는 환자들을 돕기 위해 에볼라가 창궐한 기니에 자원봉사를 다녀온 미국인 의사가 에볼라 증상이 나타나 병원에 입원했다는 뉴스가 전해지자 뉴욕주 일대가 공포에 휩싸였다.[22] 의료 전문가들은 그를 격리 중이므로 전염이 퍼질 우려는 없다고 대중을 안심시켰지만, 뉴스 매체들은 전혀 다른 이야기를 전했다. 에볼라와 관련된 불길한 머리기사와 소셜미디어 상의 대화는 뉴욕이 전염병의 온상이 되었다는 잘못된 생각을 확대하고 재생산했다.

여기에는 역사의 전환을 알리는 중요한 요점이 담겨 있다. 과거에는 대부분 객관적인 위협만 상대하면 되었지만, 지금은 주관적인 위협과 가짜 위협으로 어두컴컴해진 세계를 자세히 살펴야 한다. 허구에서 진실을 가려낼 명확한 수단을 늘 우리 손에 쥐고 있는 것도 아닌데 말이다. 게다가 온라인 마케팅 담당자들과 인터넷 언론들은 사람들이 인터넷에서 어떻게 행동하고 어떤 이야기에 관심을 기울이는지 분석하는 알고리즘을 통해 수십 년 전에 인지심리학자들이 실험실에서 어렵게 알아낸 사실들을 완전히 파악했다. 테러, 질병, 자연재해처럼 엄청난 공포심을 자극하는 정보들을 포함한 감성 콘텐츠는 우리의 관심을 끌게 마련이다. 복잡한 알고리즘의 도움을 받아 일단 시선을 끄는 데 성공하면 클릭 수가 늘어나고, 클릭 수가 늘어나면 광고와 구독으로 수익을 창출할 수 있다.[23] 기술윤리학자 트리스탄 해리스Tristan Harris에 따르면, 우리의 공포심을 이용해 이윤을 내려고 애쓰는 사람들에게 이것은 "뇌간腦幹 바닥에 먼저 도달하려고 벌이는 경주"와 같다.[24]

인터넷은 딜레마를 안고 있다. 기술에 적응하려면 느슨한 사고방식이 필요하지만 기술 덕분에 가능해진 파괴적인 행동, 규범을 무시하는 행동, 공포감을 조성하는 행동을 규제하려면 더 빡빡한 규범이 필요하다. 심지어 월드와이드웹의 공동 설립자 로버트 카일리아우Robert Cailliau마저도 더 빡빡한 인터넷 문화가 필요하다고 목소리를 높였다. "인터넷은 여러분이 다른 사람들을 우연히 마주칠 수 있는 공간입니다." 그는 〈뉴 사이언티스트New Scientist〉라는 잡지에 이렇게 말했다. "따라서 행동을 규제할 규정이 어느 정도는 있어야 합니다." 운전면허를 따려면 교통 법규를 배워야 하듯이, 카일리아우는 웹을 항해하려는 사람들에게도 비슷한 준비가 필요하다고 말한다. "교통 규정은 콘텐츠가 아니라 행동만 제한합니다. 다른 이용자들을 위협하지 않고 안전하게만 운전한다면, 여러분은 본인이 가고 싶을 때 가고 싶은 곳에 갈 수 있습니다." 카일리아우는 웹도 마찬가지라고 말한다. "우리의 권리와 의무가 무엇인지 우리 모두 알아야 합니다. 학교에서 권리와 의무를 가르쳐야 합니다. 최소한의 인식이라도 있는지 확인하고 시험을 통과한 사람들에게만 웹을 항해할 수 있는 면허를 발급해야 합니다."[25]

삶의 다른 영역과 마찬가지로, 온라인이라는 새로운 공간에서도 골디락스처럼 빡빡함과 느슨함 사이에서 균형을 잡아야 한다. 온라인 공간을 빡빡하게 조이려는 노력도 이용자의 자유와 균형을 이뤄야 하지만, 그럼에도 적절한 제약은 필요하다.

다행히도 적절한 행동을 유도하는 더 빡빡한 규범이 새로운 가상 세계에 등장하기 시작했다. 일부는 비공식적으로 생겨나고 있다. 수많은 책과 온라인 사용 설명서, 유튜브 동영상이 이메일, 트윗, 문자, 페이스북 등등을 사용할 때 적절하게 행동하는 법에 관한 지침을 제공하고 있다. '네티켓' 안내서는 화면 맞은편에 우리가 현실에서 직접 만나는 사람들과 똑같이 존중받아야 마땅한 실제 사람이 있다는 사실을 기억하는 게 중요하다고 강조한다.[26]

온라인 커뮤니티들도 자유로운 정보 교환을 촉진하는 동시에 규범 위반 행동을 추적하고 처벌함으로써 지나치게 느슨한 환경을 빡빡하게 조이기 위해 조금 더 공식적인 조처를 단행하고 있다. 예를 들어, 체인지마이뷰ChangeMyView라는 레딧Reddit 토론 포럼을 찾는 방문자들은 엉덩이 체벌부터 이민에 이르기까지 다양한 주제에 관하여 누군가의 견해에 이의를 제기하되 절대 정중한 태도를 잃지 않아야한다.[27] 중재자 역할을 자원한 사람들이 부적절한 댓글을 삭제하고 규칙 위반자를 내쫓아 대화가 선을 넘지 않게 한다. 또한 정중한 대화를 통해 다른 사람을 설득하는 데 성공한 사용자는 보상으로 이름에 델타 배지가 붙는다. 다른 온라인 커뮤니티들도 가상공간에서 빡빡함과 느슨함 사이에서 건강한 균형을 이루도록 촉진하기 위해 공식 행동 지침을 게시하고 있다.

웹에 기반을 둔 플랫폼과 사업체들은 온라인 문화를 빡빡하게 조이기 위해 불건전 콘텐츠를 더 많이 추적 관찰하는 방식으로 시험 운전하는 훨씬 더 공식적인 접근법을 택하기도 한다. 페이스북이 실시간 방송을 송출할 수 있는 라이브 기능을 도입한 뒤 개발자들은 고문, 성폭행, 자살, 아동 학대, 살인 장면을 공유하기 위해 이 기능을 사용하는 사람들이 너무 많아 충격을 받았다.[28] 페이스북 CEO 마크 저커버그Mark Zuckerberg는 "안전한 커뮤니티를 구축하고자"[29] 불건전 동영상과 사용자를 규제하고 제거하기 위해 직원 3,000명을 충원했다.[30] 그리고 사람들에게 뉴스 보도와 광고는 덜 보여주고 가족과 친구들이 올린 게시물을 더 보여주도록 사이트의 알고리즘을 조정했다.[31] 2016년 미국 대선 이후, 수사관들은 트위터에 러시아 정당들이 관리하는 봇bot(시간에 맞춰 프로그램이 자동으로 트윗을 작성하는 계정-옮긴이)이 5만 개가 넘는다는 사실을 밝혀냈다.[32] 이 사실이 밝혀진 뒤

트위터는 봇을 탐지할 새로운 온라인 도구를 만들고, 봇을 제거할 인력을 채용했다.[33] 구글도 특정 웹페이지가 명백히 부정확한 정보를 제공하는지를 판단하는 평가자들을 채용함으로써[34] 허위 정보와 공격적인 정보가 퍼지지 않게 막으려고 애쓰고 있다.[35] 한때 인터넷을 '시궁창'이라 칭했던 인스타그램 CEO 케빈 시스트롬Kevin Systrom은 공학자들에게 불쾌한 행동을 탐지하고 근절하기 위해 기계 학습 기술을 개발하라고 지시했다.[36]

개개인에게 책임 의식을 고취하면 인터넷에서 규범에 어긋나는 행동을 저지르지 않도록 유도하는 데도 도움이 된다. 하버드경영대학원 맥스 베이저만Max Bazerman이 이끄는 연구팀은 아주 단순한 변화만으로도 온라인에서 설문에 응할 때 거짓으로 답변하고 싶은 유혹을 물리치게끔 유도할 수 있다는 사실을 확인했다.[37] 놀랍게도 사람들은 설문지를 작성하기 전에 이름을 써넣으라는 요청을 받았을 때 설문지를 작성한 뒤에 이름을 써넣을 때보다 더 솔직하게 설문에 응했다. "설문지를 작성한 뒤가 아니라 작성하기 전에 자기 이름을 써넣게 하면, 사람들에게 설문 응답이 윤리적인 문제라는 암시를 주어 허위로 답변하지 않도록 장려합니다."[38] 베이저만은 내게 이렇게 설명했다. 게다가 응답자에게 설문 작성 과정을 녹화한다고 알려만 주어도 자기를 지켜보는 눈이 있고 자기가 작성한 설문지가 나중에 데이터 분석에 활용될 수 있다는 인식이 강해져 더 솔직하게 설문에 응하게 된다[39]. 응답자들이 '느슨하게' 대충 답변하고픈 유혹을 느끼는 모든 산업에서 이러한 조처를 활용할 수 있다.

아마도 온라인 공간에서 공동체 의식을 높이는 게 규범 위반을 줄이는 가장 좋은 방법일 것이다.[40] 포드햄대학교 언론정보학과 랜스 슈트라테Lance Strate 교수는 이렇게 지적했다. "가상 커뮤니티의 일원이 되어 집단에 대한 소속감이 생기면, 사람들은 자기가 참여하는 사이버공간에 책임감을 느낀다. 동네 주민이 지역의 청결과 안전을 책임지듯이 말이다."[41] 수천 년 동안 '오프라인' 세계에서 그랬듯, 온라인 환경에서 서로 연결되어 있다고 느끼는 사람들은 모두를 위해 사회 규범을 개발하고 시행하고픈 욕구를 느낀다.

북적이는 지구

물론 우리는 현실 세계에서도 긴급한 문제에 직면해 있다. 이 경우에도 사회 규범이라는 렌즈를 통해 우리 앞에 닥친 난제를 바라보는 게 도움이 된다. 어떤 영역에서는 규범을 빡빡하게 조이고 어떤 영역에서는 규범을 느슨하게 풀어서 문화가 선한 방향으로 힘을 발휘하게 할 수 있다.

가장 큰 위협 중 하나는 인구 과잉이다. 오늘날 지구는 76억 명이라는 엄청난 인구를 먹이고 입히고 재워야 한다.[42] 2050년에는 이 숫자가 93억으로 늘어날 것이다. 이 관점에서 보자면, 1500년대에는 지구상에 5억 4,000만 명의 인구밖에 없었을 것으로 추정된다. 1800년대에 인구수는 10억 명을 돌파했다. 1세기 뒤인 1900년에는 약 17억 6,000명이었을 것으로 추정된다.[43] 이 말은 1500년에서 1900년 사이에 증가한 인구수보다 향후 30년 동안 증가할 인구수가 더 많을 거라는 뜻이다. 인구 급증을 피할 나라는 거의 없을 것이다. 미국은 2010년에서 2050년 사이에 인구가 1억 명 이상, 즉 36퍼센트 이상 증가할 것으로 예상된다. 그래도 우간다 같은 나라들과 비교하면 무색한 수치다. 우간다에서는 같은 기간에 인구가 3배로 늘어날 것이다. 나이지리아는 같은 기간에 2억 7,100만 명이 증가할 것이고, 인도는 4억 5,000명이 증가할 것이다.[44]

인구 급증은 재앙과도 같은 결과를 불러올 수 있다. 실업률과 빈곤율이 증가하고 이민이 늘어날 테고 한정된 자원을 둘러싸고 여기저기서 갈등이 벌어질 것이다. 세계적으로 폭증하는 인구를 먹일 만큼 식량을 넉넉히 생산하는 일은 엄청난 난제가 될 것이다. 이미 9명 중의 1명은 먹을 식량이 충분하지 않은 상황에서는 특히 더 힘들 수밖에 없다.[45] 예를 들어, 2017년에 콩고민주공화국에서는 식량 부족에 시달리는 사람이 30퍼센트나 증가해 770만 명에 이르렀다.[46] 2011년부터 2050년까지 8,100만 명의 인구가 증가할 것으로 예상됨에 따라 콩고는 빈곤과 한정된 자원 탓에 황폐해질 위험이 크다.[47] 세계적으로 물 공급도 부족해질 것이다. 물 부족 지역에 사는 사람들 수는 2017년 20억 명에서 2035년에 36억 명으로 증가할 것으로 예상되는데,[48] 대다수가 중동과 북아프리카에 집중되어 있다.

2010년에서 2035년 사이에 인구가 430만 명까지 증가하리라 예상되는 쿠웨이트는 2035년 한 해 동안 한 사람당 4,600리터의 물만 쓸 수 있을 것으로 예상된다. 이는 미국인 한 명이 평균 약 15일 동안 쓰는 양이다.[49] 아랍에미리트, 리비아, 싱가포르 같은 다른 나라

들도 인구 급증으로 물 부족 현상이 심해질 상황이다.[50]

궁극적으로 인구 과잉 문제를 해결하려면 사회 규범을 재조정하는 방안을 모색해야 한다. 많은 나라에서 대가족을 이루는 문제는 타협이 어려운 빡빡한 사회 규범이다. 예를 들어, 케냐는 성별 규범이 엄격해서 여성들이 주체적으로 가족계획을 세우거나 피임을 할 수가 없었다. 배우자나 식구들과 이런 문제를 논의하는 것조차 금기시했다.

국제 인도주의 단체 'CARE'는 케냐의 출산율에 영향을 끼치려면 이러한 규범을 바꾸는 데 초점을 맞춰야 하고, 케냐 사회에서 존경받는 고위층들이 이런 변화를 주도해야 한다는 사실을 잘 알고 있었다. CARE는 지역 사회 곳곳에서 가족계획의 이점과 성 평등에 관한 대화를 주도하도록 지역 의료계 종사자, 종교 지도자, 정부 관료, 교사들을 훈련했다. 2009년 2월부터 3년간 CARE는 교회, 시장, 마을 회관에서 750번이 넘는 대화를 주선했다. 지역 사회 지도자들은 가족계획을 지지했고, 이 주제를 놓고 활발한 의견을 나누도록 장려했다. CARE는 이런 노력을 통해 남성 주도형 가족계획이라는 빡빡한 규범을 느슨하게 하는 데 성공했다.[51] CARE가 나서기 전에 36.5퍼센트에 불과했던 여성 피임 비율이 51.8퍼센트로 상승했다.[52] 이후 벌인 설문 조사 결과, 남성과 여성 모두 가족계획 문제를 놓고 조금 더 평등하게 의견을 나누고 있었다. CARE는 르완다와 에티오피아 같은 나라에서도 가족계획을 둘러싼 사회 규범을 바꾸기 위해 비슷한 활동을 벌였다.[53]

대가족이 주는 부담은 비단 개발도상국에만 국한되지 않는다. 이스라엘 환경운동가 알론 탈Alon Tal은《그 땅에 가득하니The Land Is Full》라는 책에서 이스라엘에서 인구가 폭증하는 이유를 설명한다.[54] 한때 인구 80만 명의 작은 나라였던[55] 이스라엘은 이제 인구수가 860만 명에 육박하는 실정이다.[56] 2065년에는 2,500만 명에 달할 것으로 예상된다.[57] 1제곱마일당 인구밀도가 약 3,000명으로 일본과 네덜란드보다 인구밀도가 훨씬 더 높아진다. 이스라엘 사람들은 지금도 북적이는 학교, 병원, 집, 고속도로에서 답답함을 느끼고 있다. 경찰에 들어온 민원 4개 중 1개는 이웃집에서 나는 소음일 정도로 소음 공해가 아주 심각하다. 폭증하는 인구수는 온실가스 배출량 증가, 천연자원 감소, 생물 다양성 대폭 감소를 유발해 이스라엘의 환경을 파괴하고 있다.[58] 알론 탈은 이스라엘이 아이를 너무 많이 낳는 현 추세를 멈춰야 한다는 타당한 결론을 내렸다. 그러나 경각심을 일깨우는 이런 주장에 이스라엘 대중이 보인 반응은 실망스러웠다. 거기에 대해 알론 탈은 이렇게 말했다. "다른 문제는 뭐든 다 끄집어내 이야기하는 나라에서 거론하고 싶어 하지 않는 하나의 문제가 바로 인구 과잉인 것 같습니다."[59]

2017년 11월 메릴랜드주 칼리지파크에서 알론 탈과 만나 커피를 마셨다. 그는 어떻게 하면 빡빡함-느슨함 이론을 활용해 이스라엘의 인구 증가 문제에 대처할 수 있을지 논의하고 싶어 했다. 알론 탈은 경제적인 우대책만으로는 문제를 해결할 수 없다고 직감했다. 우리는 이스라엘이 많은 영역에서 느슨하다는 점에 동의했다. 그런데 알론 탈에 따르면, 가족 수에 관해서만큼은 지나치게 빡빡했다. 2015년에 (종교가 있는 가정과 종교가 없는 가정 모두 포함한) 이스라엘의 평균 자녀 수는 3.1명이었다.[60] 이에 비해 다른 선진국들의 평균 자녀 수는 1.7명이었다. 유대교 율법을 철저하게 지키는 정통 유대인 가정은 평균 자녀 수가 7명 정도였다.[61] 대가족 규범을 따르도록 장려하는 분위기가 팽배하다. 커플들은 또래 집단으로부터 자녀를 낳으라는 압박을 엄청나게 받는다. 심지어 정부마저도 자녀를 낳으라고 부추긴다. 이스라엘 건국자이자 전 총리 다비드 벤구리온David Ben-Gurion은 이렇게 말하기까지 했다. "출산은 여성에게 달린 일인 만큼, 4명의 자식을 낳지 않은 여성은 모두 유대인의 사명을 배반하는 셈입니다."[62]

현대인들이 들으면 질색할 이야기이지만, 여기에는 역사적인 이유가 있다. 유대인 대학살로 600만 명이 목숨을 잃은 뒤, 이스라엘 사람들은 대가족을 이루어 숫자를 다시 채우는 일을 국가적 의무로 여겼다.[63] 또한 아랍계의 높은 출생률에 맞추려면 더 열심히 자식을 낳아야 한다고 느끼는 사람이 많았다.[64] 그러나 이제는 이런 압박이 약해졌다고 알론 탈은 주장한다. 전 세계 유대인 인구가 예전 수준을 회복했기 때문이다.[65] 2016년 기준, 전 세계에서 유대인으로 확인된 사람은 약 1,700만 명으로 홀로코스트 이전과 비슷해졌다.[66] 2016년에는 아랍계 이스라엘인의 출생률도 한 가정당 3명 수준으로 낮아졌다. 아이러니하게도 이스라엘이 예전 인구를 회복하게 도와준 빡빡한 규범이 이제는 이스라엘의 생존을 위협하고 있는 셈이다.

알론 탈은 지속 가능한 미래를 건설하기 위해 이러한 규범을 조정하기로 마음먹었다. 절대 쉬운 일이 아니란 걸 그도 잘 알고 있다. 대가족을 일구도록 장려하는 풍토는 국가 정신에 깊이 뿌리를 내리고 진화했고, 거기에는 그럴 만한 이유가 있었기 때문이다.

그러나 많은 나라가 결연한 노력으로 완고한 사회 현상을 굴복시켰듯이, 이를테면 흡연율을 낮추고 동성애 혐오를 퇴치하는 데 성공했듯이, 이스라엘의 고유한 문화에 맞춰 대중을 상대로 지지 운동을 시작하면 과도한 번식력도 길들일 수 있다고 알론 탈은 확신한다. "이것은 공공 정책과 문화 규범의 결과다." 전 세계 전문가들과 함께 이스라엘에서 메릴랜드대학교-텔아비브대학교 공동 워크숍을 진행한 뒤, 2018년 2월 〈예루살렘 포스트Jerusalem Post〉에 기고한 글에서 알론 탈은 이렇게 설명했다. "다비드 벤구리온은 사람들에게 자식을 많이 낳으라고 장려했다. 그러나 이제 우리는 국가 차원에서 함께 모여 대화해야 한다. 한때 이스라엘 역사에서 자식을 많이 낳는 게 애국이었던 시절이 있었지만, 지금은 공익을 해치므로 절대 애국이 아니라는 점을 대화를 통해 깨달아야 한다."[67]

문화와 손잡고 탄소 퇴치하기

오늘날 우리는 기후 변화라는 자연이 내준 가장 어려운 시험을 코앞에 두고 있다. 이 위기 역시 문화에 원인이 있으므로 문화적으로 해결할 필요가 있다.

약 1만 1,000년 전에 시작된 홀로세Holocene(약 1만 1,000년 전부터 현재까지의 지질시대를 지칭하며, 이 시기가 시작된 이후 전 지구적으로 많은 수의 종이 절멸하는 이른바 '홀로세 절멸'이 일어나는 중이다-옮긴이) 시대 중 상당한 시기 동안 지구 온도는 비교적 안정세를 유지했고, 그 덕분에 인간이라는 종도 번성할 수 있었다. 그러나 지난 수백 년간 인류가 기술 발전을 이룬 결과 이러한 환경의 균형이 깨지고 말았다.[68] 산업혁명 이후 탄소 배출량이 현저히 증가한 데 부분적인 원인이 있는 기후 변화는 우리가 다 이해하지 못하는 방식으로 막대한 피해를 초래할 수 있다.[69] 과학자들이 예측하는 미래는 암울하다. 땅은 염분이 너무 많아져서 농작물이 자라기 어려워지고, 기상 이변은 더 자주 발생할 것이라고 한다. 해수면이 약간만 상승해도 전 세계 여러 도시가 위험해진다.[70]

기후 변화는 필연적으로 전 세계 생태 위협을 재편하고, 그와 함께 사회 규범도 재편할 것이다. 역사적으로 생태계의 위협을 별로 받지 않고 편하게 살았던 어떤 나라들은 이제 광범위한 파괴의 망령을 마주하고 있다. 세계개발센터가 뽑은 '향후 기상 이변을 가장 많이 겪을 50개국' 명단에는 빡빡한 나라도 많지만(중국이 1위, 인도가 2위, 홍콩이 6위), 느슨한 나라도 있다.[71] 미국이 25위, 브라질이 36위, 오스트레일리아가 45위에 올랐다. NASA는 21세기 후반에 미국 남서부와 중부 평원에 1930년대 모래폭풍 시대보다 더 극심한 가뭄이 닥칠 것으로 예측한다.[72] 미국 동해안의 많은 도시도 해수면 상승으로 위기에 처해 있다.[73]

재난이 닥치면 더 빡빡해질 필요가 있다. 빡빡한 문화권은 이런 일에 능숙하지만, 느슨한 문화권이 심각한 기후 변화 앞에서 힘을 합치려면 더 강한 규범을 개발해야 한다. 과학기술사가 나오미 오레스케스Naomi Oreskes와 에릭 콘웨이Eric Conway가 2004년에 출간한 SF소설 《다가올 역사, 서양 문명의 몰락The Collapse of Western Civilization》의 요점 중 하나가 바로 이것이었다.[74] 2393년을 배경으로 한 이 책은 어리석은 인간들이 어떻게 기후와 관련된 종말을 불러왔는지 기록하고 있다. 흥미롭게도 서양 문명은 재앙으로 붕괴하고, 하향식 통제 시스템을 갖춘 중국만 유일하게 살아남는다. 이 책에서 서양 국가들은 이산화탄소 증가 수준을 낮추고자 엄격한 규제를 시행하려 했으나 개인의 자유를 옹호하는 반대 목소리가 강해 실패하고 만다.

물론 이 책은 소설일 뿐이다. 그렇지만 흥미로운 전조를 하나 보여준다. 기후 변화에 대처하려면 전 세계적으로 사회를 조금 더 빡빡하게 조일 필요가 있다는 사실이다. 그러나 또 한편으로는 모든 문화가 갈수록 더 빡빡해지는 세계가 어떨지도 생각해보게 한다. 빡빡함에는 많은 이점이 있지만, 외부인에 대한 반감이나 자민족중심주의가 강하다는 특성도 있다. 그리고 이런 특성은 문화 간 갈등, 과격화, 심지어 대규모 전쟁까지 초래할 수 있다. 임박한 위협과 한정된 자원에 대처하느라 모든 문화가 빡빡해진 세계는 우리 모두에게 재앙이 될 수 있다.

하지만 이를 더 낙관적으로 보는 견해도 있다. 세계가 심각해지는 자연의 위협에 공동으로 대처하면, 문화 내 협력뿐 아니라 문화 간 협력을 증진하기 위해 빡빡함-느슨함을 활용할 수 있을 것이다. 인종과 국가의 경계를 가로지르는 강력한 규범을 개발하고, 지구 차원의 위협에 대처하기 위해 더 포괄적인 '세계 정체성'을 구축하는 데 역량을 집중하면, 우리 모두를 위해 협력의 범위를 훨씬 더 넓힐 수 있다. 이런 관점에서 볼 때, 이미 협력을 매우 잘하는 종種인 우리 인간은 지구에 닥친 난제를 함께 풀어나가면서 한 걸음 더 진화할 것이다.

허황한 생각처럼 들릴지 모르지만, 이런 일은 이미 일어나고 있다. 1999년도 그리스와 터키의 '지진 외교'를 생각해보자.[75] 이웃한 양국의 관계는 오래전부터 단절되어 있었다. 그 기원을 따지자면 그리스가 오스만제국에서 독립하려고 투쟁한 1820년대까지 거슬러 올라간다. 그러나 그리스와 터키가 각각 1999년 8월과 9월에 지진으로 피해를 보았을 때 양국은 서로 원조를 주고받아 세계를 놀라게 했다. 터키에서 1만 7,000명의 사망자를 낸 첫 번째 지진[76] 이후 그리스는 비행기에 식량과 의약품을 실어 보냈다. 그 후에도 더 많은 원조가 이어졌고, 그리스의 유명 가수들은 이웃 나라 터키를 돕기 위해 자선 콘서트를 열어 기금을 모았다. 한 달도 채 지나지 않아 아테네에 지진이 발생하자 이번에는 터키가 급히 구조대를 파견해 그리스의 호의에 보답했다. 궁극적으로 상호 원조는 국경을 넘어 관광, 무역, 환경 같은 분야에서 협력을 강화해나가자는 외교적 논의로 이어졌다.[77] 보통 이런 상황에서는 빡빡한 사고방식이 발동해 외부인을 더 경계하기 마련인데, 외부인에 대한 경계가 줄어들어 집단 간 협력이 꽃을 피웠다.

마찬가지로 인도와 방글라데시는 심각한 홍수가 방글라데시와 인도 서벵골 지역을 휩쓸고 지나간 2017년 8월에 오랜 국경 분쟁을 초월하여 협력했다.[78] 방글라데시 국경수비대는 홍수를 피해 피신하는 인도인 800명이 무사히 국경을 넘을 수 있도록 허용했고, 방글라데시 가정들은 피난민을 곧장 자기 집에 들였다. "자연재해나 그 밖의 심각한 위기가 닥쳤을 때는 당연히 국경을 열어야죠." 방글라데시 랄모니르핫에 사는 주민 리줄 하크Reazul Haq의 말이다.[79] 심각한 홍수가 재발하지 않도록 억제하기 위해 양국 사이에 흐르는 강을 조절하려면 앞으로 문화 간 협력이 더 필요할 것이다.

재난은 비극을 부르되 고통이라는 보편적인 기치 아래 다양한 사람을 결속하는 힘도 가지고 있다. 위기를 계기로 공통의 인간애를 접하면, 우리는 우리네 문화 밖에 있는 사람들을 우리와 똑같은 인간으로 바라보게 된다. 그 과정에서 자연재해는 느슨함의 특징인 '외부인에 대한 연민'을 불러일으키는 한편, 생존에 필요한 빡빡함을 높이도록 촉진한다.

바닷속 물고기

2005년 케니언대학 졸업식 연설 때, 작고한 미국 작가 데이비드 포스터 월리스David Foster Wallace는 졸업생들에게 오래된 우화를 들려주었다.[80] "어린 물고기 2마리가 함께 헤엄치다가 다른 길로 헤엄치는 어른 물고기를 우연히 만납니다. 어른 물고기는 어린 물고기들에게 알은체하며 이렇게 말합니다. '안녕, 꼬마들. 바다가 맘에 드니?' 어린 물고기 2마리는 가던 길로 잠시 헤엄치다가, 결국 한 녀석이 다른 녀석을 보며 묻습니다. '근데, 바다가 대체 뭐야?'"

월리스는 이렇게 설명했다. "이 물고기 이야기의 요점은 가장 명확하고 중요한 현실을 인식하기가 가장 어렵다는 점입니다."

인류의 역사만큼이나 오래된 사회 규범은 우리가 지구라는 이 행성에서 가장 어렵고 힘든 상황에서 서로 합동하며 살아남게 도와주었다. 사회 규범은 우리를 둘러싸고, 우리가 살면서 겪는 경험을 형성하고, 우리가 매일 주고받는 상호작용에 영향을 끼친다. 그러나 자기를 둘러싼 바다를 인식하지 못하는 물고기처럼, 우리는 사회 규범이 우리 삶 어디까지 스며 있는지, 우리에게 얼마나 많은 사회 규범이 필요한지 거의 알아채지 못한다.

이 책에서 나는 독자들이 우리 삶 깊숙이 스며 있는 규범의 힘을 알아채고 이해하게 하려고 애썼다. 사회 규범이 어떻게 국가부터 뉴런까지 모든 것에 영향을 끼치는지 조명하고자 애썼다. 문화 프로그래밍의 영향을 인식하면 할수록, 우리는 비단 다른 사람들뿐 아니라 우리 자신을 더 잘 이해할 수 있고, 우리 앞에 놓인 더 중대한 문제들을 해결할 능력을 기를 수 있다. 차이의 본질, 차이가 존재하는 이유, 균형을 찾아가는 길을 파악하는 능력은 우리가 점점 세계화되는 이 세계를 잘 헤쳐나갈 수 있게 도울 것이다. 규범은 수 세기에 걸쳐 문화 안에서 변해왔다. 가끔은 극적으로 변하기도 했고 앞으로도 계속 변할 테지만, 기본 코드(빡빡한지 느슨한지)는 세월이 흘러도 변하지 않는다.

3부 적용: 변화하는 세계의 빡빡함과 느슨함

세계적 변화 앞에 숨이 턱 막히는 시대에, 우리는 문화에 재빨리 반응하는 반사 작용을 재조정할 채비를 해야 한다. 아이슬란드는 모니터링과 책임성을 영리하게 혼용하여 10대들의 음주를 줄였고, 레딧은 몹시 불쾌한 트롤링을 엄중히 단속했다. 반대로 CARE는 피임을 늘리기 위해 케냐에서 수 세기 동안 이어진 빡빡한 성별 규범을 느슨하게 하는 데 성공했다. 그리고 2017년에 무함마드 빈 살만 Mohammed bin Salman 왕세자는 사우디 사회를 느슨하게 하는 대대적인 사업을 시작했다.[81] 영화관 개장, 여성 운전 허용과 같은 조처들을 단행한 그는 문화 변화가 사우디에 절실히 필요한 경제 성장과 경제 개혁을 촉진하리라고 자신한다.[82] 너무 느슨해지면 빡빡하게 조이고, 너무 빡빡해지면 느슨하게 풂으로써 우리는 더 나은 세상을 만들 수 있다.

이 세계에서 무궁무진한 다양성을 계속 접하면서 자신에게 이 단순한 질문을 계속 던지길 바란다. "나는 빡빡한가, 느슨한가?"

감사의 말

문화를 탐험하는 개인적인 여정을 시작한 건 벌써 30년이 훌쩍 넘은 일이다. 나는 그때 내가 이 세계를 거의 알지 못한다는 사실을 새삼 깨달았다. 대학교 3학년 때 한 학기 동안 런던에서 지내기 위해 고향을 떠났다. 미국 땅을 벗어난 건 그때가 처음이었다. 롱아일랜드에서 근심 걱정 없이 자란 나는 전형적인 뉴욕 사람이었다. 뉴욕시 밖에 생명체가 존재한다는 사실도 모르는 〈뉴요커The New Yorker〉의 만평 속 주인공과 다를 바 없었다. 이상한 억양, 도로 좌측으로 달리는 자동차, 술집 풍경, 전혀 이해할 수 없는 영국식 농담에 압도당한 채 전형적인 문화 충격을 경험했다.

유학생 모임 친구들이 주말에 나를 차에 태우더니 파리에도 가고, 암스테르담에도 가고, 스코틀랜드에도 가는 희한한 일이 있었다고 아버지에게 전화해서 이야기했던 기억이 난다. 강한 브루클린 말투로 아버지는 내게 이렇게 말씀하셨다. "음, 뉴욕에서 펜실베이니아에 가는 거나 진배없다고 생각하렴." 그 은유는 내게 큰 위안이 되었고, 나는 바로 다음 날 저가 이집트 여행을 예약했다. "뉴욕에서 캘리포니아에 가는 거나 진배없잖아요"라고 아버지를 설득했다(아버지는 무척 당황하셨다!). 아버지에게 걸었던 전화 한 통이 평생 전 세계 문화를 탐험하는 열정에 불을 지핀 셈이다. 교도소에 찾아가 테러범을 연구하는 모험에 나섰을 때도 늘 나의 지적 여정을 응원해주신 아버지와 돌아가신 어머니, 그리고 오빠 래리 겔펀드와 조엘 겔펀드에게 감사한다!

의사가 되려던 계획을 접고, '학문'이라는 활용 가능한 최고의 도구를 이용해 문화를 공부하기로 마음먹었다. 짐을 챙겨서 일리노이 주 샘페인과 어배너라는 그리 매력적이지 않은 쌍둥이 도시로 향했다. 그곳에서 비교문화심리학이라는 분야를 창시한 해리 트라이안디스Harry C. Triandis 밑에서 공부했다. 해리는 내게 훌륭한 학자가 되는 법을, 무엇보다 삶에 다가서는 법을 가르쳐주었다. 나는 늘 그가 내게 해준 3가지 조언을 따르려고 노력한다. 네가 하려는 일에 열정을 다해라. 논란이 생기는 걸 두려워하지 마라. 너를 너무 중요하게 여기지 말고 네가 하는 일을 중요하게 여겨라. 수년에 걸쳐 지혜와 엄청난 지지와 현명하고 성실한 조언과 영감을 준 해리에게 죽어서도 다 갚을 수 없는 빚을 졌다.

이 책은 시간과 공간을 초월하여 지구촌이 함께 노력한 결과물이다. 내 예전 학생들, 리사 니시, 재나 레이버, 리사 레슬리, 제네타 룬, 그리고 빡빡함-느슨함 프로젝트를 함께해준 33개국의 공동 연구자들에게 감사한다. 미국 전역과 사회 계층을 대상으로 빡빡함-느슨함을 연구하고 골디락스 효과를 조사하기 위해 '아직도 가야 할 길'을 용감하게 걸어간 제시 해링턴에게 무척 고맙다. 정치, 낙인, 보복, 종교 등등에 빡빡함-느슨함 이론을 적용한 놀라운 투사 조슈아 잭슨의 노고에 경의를 표하며 진심으로 감사한다. 믿기 어려울 정도로 놀라운 일을 해낸 컴퓨터과학팀 다나 나우, 소함 데, 패트릭 루스에게 감사한다. 이들 덕분에 비교문화심리학과 진화게임이론을 한데 아우를 수 있었다. 신경과학이라는 도구를 이용해 사회 규범의 강도를 연구하기 위해 지칠 줄 모르고 수고해준 문화신경과학팀과 이 팀을 이끌어준 얀 무, 시노부 키타야마, 시휘 한에게 감사한다. 전통 사회에서 빡빡함-느슨함을 연구할 수 있도록 예일대학교 연구팀에 나를 데려가 준 캐럴 엠버에게 감사한다. 세계 도심에서 지나치게 야단스럽지 않은 방법으로 빡빡함-느슨함을 살피는 활동을 이끌어준 마리케 반 에그몬트, 빡빡한 조직과 느슨한 조직의 합병에 관하여 혁신적인 연구를 진행해준 청광 리, 빡빡함-느슨함과 국외 추방 문제를 연구해준 니컬러스 게라에르트, 렌 리, 콜린 워드, 빡빡함-느슨함과 과격화에 관한 매력적인 연구를 진행해준 세라 리옹파딜라에게 감사한다.

박사과정 학생들과 박사 후 연구원들에게도 감사를 전한다. 개리 슈테인베르크, 라이언 페르, 애슐리 풀머, 린 이마이, 키르스텐 켈러, 아누 라메시, 브랜던 크로즈비, 로라 세브란스, 엘리자베스 샐먼, 재스민 휠러, 미셸 두가스, 제시카 페르난데스, 신위에 판, 티안 리, 아멜리아 스틸웰, 레베카 무어, 그리고 그 밖의 많은 이들에게 감사한다. 몇 년간 여러분과 함께할 수 있었던 나는 참 운이 좋은 사람이다. 연구실에서 빡빡함-느슨함을 조사하느라 고생한 연구 조교들, 트레이 파커, 밀레스 애링턴, 요안나 갈라니, 브리애나 듀보스, 파열 푸비, 시트 탄, 폴 카포비안코, 루치 마투라, 누르 만수르, 모건 테일러, 세라 타엘, 줄리아 메이니, 레이철 파슨스, 노아 스미스에게도 고마움을 전한다.

환상적인 연구원들로 구성된 '드림팀'이 있었으니, 나는 정말 운이 좋은 사람이다. 나바 칼루오리, 세라 고든, 버지니아 최가 없었다면 이 책을 쓰지 못했을 것이다. 여러분이 보여준 지칠 줄 모르는 기세, 헌신, 열정은 너무도 소중했다. 어떤 역경에도 흔들리지 않았던 여러분에게 뭐라고 감사를 해야 할지 모르겠다. 늘 나를 참고 견뎌준 전·현직 메릴랜드대학교 동료들, 벤 슈나이더, 캐서린 클라인, 폴 핸지스, 캐런 오브라이언, 아리 크루글란스키, 에드워드 르메이, 찰스 스탱거, 제니퍼 위셀, 제임스 그랜드, 옌스 헤르베르홀츠에게도 감사를 전한다.

내가 이 길에 들어선 이래 우애와 격려와 조언을 아끼지 않은 하젤 마르쿠스, 제이넵 아이칸, 미람 에레즈, 마르타 풀룹, 요시 카시마와 에미코 카시마, 치 유에 치우, 잉이 홍, 로빈 핑클리, 로라 크레이, 애덤 갈린스키, 잔느 브렛, 미셸 본드, 샬롬 슈와츠, 클라우스 보엔케, 린다 밥콕, 한나 보울스, 모리스 슈바이처, 레이 프리드먼, 돈 콘론, 카르스텐 드 드류, 마이클 모리스, 로리 바인가르트, 빌 보텀, 수전

피스케, 캐럴 드웩, 마이클 투시먼, 맥스 베이저만, 제프리 에드워즈, 마이클 프레스, 게르벤 반 클리프, 아스트리드 호먼, 조슈아 그린, 데이비드 슬로안 윌슨, 피터 터친, 조 브루어, 문퀴스 다거, 압델하미드 압델라티프, 길라드 첸, 안드레이 노웍, 에이미 와서맨, 샤리 프리드먼, 한나 크루글란스키, 안토니아 카라스코, 보위 재저사이즈 회원들, 겔펀드/백스트/베테스/크롤랜드/제이콥스 식구들, 베트케/젤러만 가족들에게 감사한다.

이 책을 쓰도록 격려해주고 끊임없이 지원해준 브록만의 에이전트 카틴카 마슨에게 감사한다. 스크라이브너의 릭 호간은 아주 탁월한 편집자였다. 학술적인 글쓰기에 길든 나쁜 습관을 버리고 일반 독자도 쉽게 이해할 수 있는 글을 쓰도록 귀한 조언을 아끼지 않았고, 책을 쓰는 내내 국가부터 뉴런까지 빡빡함-느슨함이 적용되는 모든 것에 애정을 쏟아주었다. 이 책의 출간 작업을 맡아준 스크라이브너의 수전 멜도우, 낸 그레이엄, 아만다 펠티에, 에밀리 그린월드, 애슐리 길리엄을 비롯한 훌륭한 팀에게, 그리고 끊임없이 노력해준 림짐 데이와 그녀의 멋진 팀원들에게도 감사한다. 학문과 실제 사이에 다리를 놓은 진실한 중재자 데이비드 누스바움과 함께 일한 것도 큰 행운이었다.

처음부터 끝까지 장 하나하나 지혜롭게 편집해준 비범하고 열성적인 편집장 케이티 숀크, 전략가이자 비평가이며 지지자인 조쉬 뵈렉에게 신세를 많이 졌다. 어떻게 내가 이토록 재능이 뛰어난 사람들과 함께 일하는 행운을 누리게 된 걸까 자문하곤 한다. 우리가 다시 함께 일할 수 있도록 또 다른 책을 쓸 생각이다! 집필을 위해 안식년을 갖도록 후원해준 하버드 케네디 스쿨과 중동연구소, 연구를 지원해준 국립과학재단, 국방부, 알렉산더 폰 훔볼트재단에 감사한다.

마지막으로, 늘 빡빡함과 느슨함을 이야기하는 내 말을 들어주느라 고생한 남편 토드 베트케와 멋진 두 딸 지넷과 한나에게 한없이 고맙다. 골디락스 원리가 잘 작동해서 빡빡함과 느슨함이 훌륭하게 균형을 이루는 우리 가정을 보며 늘 경탄한다.

미셸 겔펀드
미국 메릴랜드주 유니버시티 파크에서

주

주

들어가는 말

1. Wachtel, K. (2010, December 15). La Dress-Code: The banker's guide to dressing and smelling like a winner. Business Insider. 다음 웹페이지에서 확인할 수 있다. http://www.businessinsider.com/ubs-dresscode-clothes-bank-2010-12.

2. Independent states in the world. (2017, January 20). U.S. Department of State. 다음 웹페이지에서 확인할 수 있다. https://www.state.gov/s/inr/rls/4250.htm.

3. *The world factbook*. (2016). Central Intelligence Agency. 다음 웹페이지에서 확인할 수 있다. https://www.cia.gov/library/publications/the-world-factbook/geos/xx.html.

4. Barrett, D. B., Kurian, G. T., & Johnson, T. M. (2000). *World Christian encyclopedia* (Vol. 3). London and New York: Oxford University Press.

5. Waterson, R. H., Lander, E. S., & Wilson, R. K. (2005). Initial sequence of the chimpanzee genome and comparison with the human genome. *Nature, 437*(7055), 69.

6. Whiten, A. (2011). The scope of culture in chimpanzees, humans and ancestral apes. *Philosophical Transactions of the Royal Society B: Biological Sciences, 366*(1567), 997-1007; Whiten, A. (2017). A second inheritance system: The extension of biology through culture. *Interface Focus, 7*(5), 20160142.

7. Huntington, S. P. (1996). *The clash of civilizations and the remaking of world order*.

New York: Simon & Schuster.

8. Gelfand, M. J., Raver, J. L., Nishii, L., Leslie, L. M., Lun, J., Lim, B. C., … & Aycan, Z. (2011). Differences between tight and loose cultures: A 33-nation study. *Science, 332*(6033), 1100-1104.

9. 같은 글.

10. Metz, E. (2015. March 28). Why Singapore banned chewing gum. BBC. 다음 웹페이지에서 확인할 수 있다. http://www.bbc.com/news/magazine-32090420.

11. Levine, R. V., & Norenzayan, A. (1999). The pace of life in 31 countries. *Journal of Cross-Cultural Psychology, 30*(2), 178-205.

12. How Brazil's relationship with time affects personal and professional relationships. (2016. May 6). *Street Smart Brazil*. 다음 웹페이지에서 확인할 수 있다. https://streetsmartbrazil.com/how-brazils-relationship-with-time-affects-personal-and-professional-relationships/.

13. 54 seconds, the average delay time of the Shinkansen. (2016. August 22). *Time Lapse Tokyo*. 다음 웹페이지에서 확인할 수 있다. http://timelapsetokyo.com/2016/08/22/shinkansen-punctual/.

14. Sorry for the one-minute delay: Why Tokyo's trains rule. (2013. September 25). *Traveller*. 다음 웹페이지에서 확인할 수 있다. http://www.traveller.com.au/sorry-for-the-one-minute-delay-why-tokyos-trains-rule-2udv1.

1 혼란의 해결책

1. Mueller, B. (2017. December 28). In wake of attacks, tighter security for Times Square on New Year's Eve. *The New York Times*. 다음 웹페이지에서 확인할 수 있다. https://www.nytimes.com/2017/12/28/nyregion/times-square-new-years-eve-security.html.

2. Koehler, J. (2012. December 31). Green grapes and red underwear: A Spanish New Year's Eve. NPR. 다음 웹페이지에서 확인할 수 있다. https://www.npr.org/sections/thesalt/2012/12/26/168092673/green-grapes-and-red-underwear-a-spanish-new-years-eve.

3. Chilean traditions for the New Year. (2016, December 31). *Traveling in Chile*. 다음 웹페이지에서 확인할 수 있다. https://www.thisischile.cl/chilean-traditions-for-the-new-year/?lang=en.

4. Hogmanay traditions old and new. BBC. 다음 웹페이지에서 확인할 수 있다. http://news.bbc.co.uk/local/taysideandcentralscotland/hi/people_and_places/arts_and_culture/newsid_8434000/8434937.stm.

5. Maclean, K. (2008). *Pilgrimage and power: The Kumbh Mela in Allahabad, 1765-1954*. Oxford, UK: Oxford University Press.

6. Hamlin, J. K., & Wynn, K. (2011). Young infants prefer prosocial to antisocial others. *Cognitive Development, 26*(1), 30-39.

7. Vaish, A., Missana, M., & Tomasello, M. (2011). Three-year-old children intervene in third-party moral transgressions. *British Journal of Developmental Psychology, 29*(1), 124-130.

8. Rakoczy, H., Warneken, F., & Tomasello, M. (2008). The sources of normativity: Young children's awareness of the normative structure of games. *Developmental Psychology, 44*(3), 875-888; 다음 책도 참고하라. Schmidt, M. F., Rakoczy, H., & Tomasello, M. (2012). Young children enforce social norms selectively depending on the violator's group affiliation. *Cognition, 124*(3), 325-333; Schmidt, M. F., Butler, L. P., Heinz, J., & Tomasello, M. (2016). Young children see a single action and infer a social norm: Promiscuous normativity in 3-year-olds. *Psychological Science, 27*(10), 1360-1370.

9. Pike, T. W., & Laland, K. N. (2010). Conformist learning in nine-spined sticklebacks' foraging decisions. *Biology Letters*, rsbl20091014.

10. Galef, B. G., & Whiskin, E. E. (2008). "Conformity" in Norway rats? *Animal Behaviour, 75*(6), 2035-2039.

11. Beecher, M. D., & Burt, J. M. (2004). The role of social interaction in bird song learning. Current Directions in Psychological Science, 13(6), 224-228.

12. Haun, D. B., Rekers, Y., & Tomasello, M. (2014). Children conform to the behavior of peers; other great apes stick with what they know. *Psychological Science, 25*(12), 2160-2167.

13. Source: Asch, S. E. (1956). Studies of independence and conformity: I. A minority of one against a unanimous majority. *Psychological Monographs: General and Applied, 70*(9), 1.

14. 같은 글.

15. *Handshake - Priest and Two Soldiers.* [Sculpture] (500 BC). Berlin: Pergamon Museum.

16. Source: DeAgostini Picture Library/Getty Images.

17. Ward, C. (1984). Thaipusam in Malaysia: A psycho-anthropological analysis of ritual trance, ceremonial possession and self-mortification practices. *American Anthropological Association.* 다음 웹페이지에서 확인할 수 있다. http://www.jstor.org/stable/pdf/639977.pdf.

18. Mellor, D., Hapidzal, F. M., Ganesan, R., Yeow, J., Latif, R. A., & Cummins, R. (2012). Strong spiritual engagement and subjective well-being: A naturalistic investigation of the Thaipusam festival. *Journal of Spirituality and Mental Health, 14*, 209-225. 다음 웹페이지에서 확인할 수 있다. http://www.tandfonline.com/doi/abs/10.1080/19349637.2012.697375.

19. Xygalatas, D., Mitkidis, P., Fischer, R., Reddish, P., Skewes, J., Geertz, A. W., ··· & Bulbulia, J. (2013). Extreme rituals promote prosociality. *Psychological Science, 24*(8), 1602-1605.

20. Foran, S. (2015). The puzzle of extreme rituals. *UConn Today.* 다음 웹페이지에서 확인할 수 있다. https://today.uconn.edu/2015/02/the-puzzle-of-extreme-rituals/.

21. Armstrong, L. (1970). Fire-walking at San Pedro Manrique, Spain. *Folklore, 81*(3), 198-214.

22. Konvalinka, I., Xygalatas, D., Bulbulia, J., Schjødt, U., Jegindø, E. M., Wallot, S., Van Orden, G.,.& Roepstorff, A. (2011). Synchronized arousal between performers and related spectators in a fire-walking ritual. *Proceedings of the National Academy of Sciences, 108*(20), 8514-8519.

23. Armstrong, L. (1970). Fire-walking at San Pedro Manrique, Spain; 다음 자료도 참고하라. UConn. [Username]. (2015, February 10). *Firewalking in San Pedro Manrique, Spain* [Video file]. 다음 웹페이지에서 확인할 수 있다. https://www.youtube.

com/watch?v=SNfgq-7VAKc.

24. Konvalinka et al. Synchronized arousal between performers and related spectators in a fire-walking ritual.

25. 같은 글.

26. Xygalatas, D., Mitkidis, P., Fischer, R., Reddish, P., Skewes, J., Geertz, A. W., ⋯ & Bulbulia, J. (2013). Extreme rituals promote prosociality. *Psychological Science, 24*(8), 1602-1605.

27. Bastian, B., Jetten, J., & Ferris, L. J. (2014). Pain as social glue: Shared pain increases cooperation. *Psychological Science, 25*(11), 2079-2085.

28. Jackson, J. C., Jong, J., Bilkey, D., Whitehouse, H., Zollmann, S., McNaughton, C., & Halberstadt, J. (in press). Synchrony and physiological arousal increase cohesion and cooperation in large naturalistic groups. *Scientific Reports.*

29. Valdesolo, P., Ouyang, J., & DeSteno, D. (2010). The rhythm of joint action: Synchrony promotes cooperative ability. *Journal of Experimental Social Psychology, 46*(4), 693-695.

30. Schroeder, J., Risen, J.,Gino, F., & Norton, M. (2014). Handshaking promotes cooperative dealmaking. *Harvard Business School Negotiation, Organizations & Markets Unit Working Paper.* 다음 웹페이지에서 확인할 수 있다. https://hbswk.hbs.edu/item/handshaking-promotes-cooperative-dealmaking.

31. Henrich, J. (2015). *The secret of our success: How culture is driving human evolution, domesticating our species, and making us smarter.* Princeton, N.J.: Princeton University Press.

32. Turchin, P. (2015). *Ultrasociety: How 10,000 years of war made humans the greatest cooperators on earth.* Chaplin, CT: Beresta Books; Richerson, P. J., & Boyd, R. (2005). *Not by genes alone: How culture transformed human evolution.* Chicago: University of Chicago Press.

2 과거와 현재, 결국 본질은 같다

1. Shenon, P. (1994, March 16). Singapore journal; a flogging sentence brings a

cry of pain in U.S. *The New York Times*. 다음 웹페이지에서 확인할 수 있다. http://www.nytimes.com/1994/03/16/world/singapore-journal-a-flogging-sentence-brings-a-cry-of-pain-in-us.html.

2. Top ten innocents abroad: Do not mess with Singapore. *Time*. 다음 웹페이지에서 확인할 수 있다. http://content.time.com/time/specials/packages/article/0,28804,1915352_1915354_1915337,00.html.

3. Shenon, P. Singapore journal; a flogging sentence.

4. 같은 글.

5. Bahrampour, F. (1994). The caning of Michael Fay: Can Singapore's punishment withstand the scrutiny of international law. *American University Journal of International Law and Policy*, 10, 1075.

6. Shenon, P. Singapore journal; a flogging sentence.

7. Time to assert American values. (1994, April 13). *The New York Times*. 다음 웹페이지에서 확인할 수 있다. http://www.nytimes.com/1994/04/13/opinion/time-to-assert-american-values.html; Safire, W. (1994, May 19). President doormat. *The New York Times*. 다음 웹페이지에서 확인할 수 있다. http://www.nytimes.com/1994/05/19/opinion/president-doormat.html.

8. Singapore's shame. (1994, May 7). *The Washington Post*. 다음 웹페이지에서 확인할 수 있다. https://www.washingtonpost.com/archive/opinions/1994/05/07/singapores-shame/a8813ab0-75fe-4ed6-b073-9c3d80 909a93/?utm_term=.d0ba55a4e8ae.

9. 다음 기사에서 발췌한 문장이다. Dark Ages: Flogging is barbaric torture; Singapore's president should grant Michael Fay clemency. (1994, April 19). *Los Angeles Times*. 다음 웹페이지에서 확인할 수 있다. http://articles.latimes.com/1994-04-19/local/me-47545_1_michael-fay-clemency; Skolnick, J. H. (1994, April 7). Perspective on corporal punishment. Would "caning" work here? No!: It's not a deterrent; it is discriminatory and cruel, and it would seriously harm our justice system. *Los Angeles Times*. 다음 웹페이지에서 확인할 수 있다. http://articles.latimes.com/1994-04-07/local/me-42956_1_corporal-punishment.

10. Von Mirbach, J. (2015, May 3). The invisible scars left by strikes of the cane. *Deutsche*

Welle. 다음 웹페이지에서 확인할 수 있다. http://www.dw.com/en/the-invisible-scars-left-by-strikes-of-the-cane/a-18298970.

11. Don't copy Singapore. (1994, April 5). *USA Today*. 다음 웹페이지에서 확인할 수 있다. http://www.corpun.com/usju9404.htm.

12. Branigin, W. (1994, April 13). American teenager awaits caning in orderly, unbending Singapore. *The Washington Post*. 다음 웹페이지에서 확인할 수 있다. https://www.washingtonpost.com/archive/politics/1994/04/13/american-teenager-awaits-caning-in-orderly-unbending-singapore/9f4d542f-00ac-452e-be4f-2d3352ba-41fa/?utm_term=.804114d0c92d.

13. Shenon, P. Singapore journal; a flogging sentence.

14. Spare the rod, spoil the child: Michael Fay's caning in Singapore (2016, August 19). *The Huffington Post*. 다음 웹페이지에서 확인할 수 있다. http://www.huffingtonpost.com/adst/spare-the-rod-spoil-the-c_b_8012770.html.

15. Population, total. The World Bank. 다음 웹페이지에서 확인할 수 있다. https://data.worldbank.org/indicator/SP.POP.TOTL?loca tions=MA.

16. Metz, E. (2015, March 28). Why Singapore banned chewing gum. *BBC News Magazine*. 다음 웹페이지에서 확인할 수 있다. http://www.bbc.com/news/magazine-32090420.

17. Environmental public health (public cleansing) regulations. *Singapore Statutes Online*. 다음 웹페이지에서 확인할 수 있다. https://sso.agc.gov.sg/SL/95-RG3?DocDate=20180611&ViewType=Advance&Phrase=Environmental+public+health&WiAl=1#pr16-.

18. Regulation of imports and exports (chewing gum) regulations. *Singapore Statutes Online*. 다음 웹페이지에서 확인할 수 있다. https://sso.agc.gov.sg/SL/272A-RG4?DocDate=20161028&ViewType=Advance&Phrase=import+chewing+gum&WiAl=1.

19. Han, L. Y. (2015, April 1). What you can or cannot do under the new alcohol law. *The Straits Times*. 다음 웹페이지에서 확인할 수 있다. http://www.straitstimes.com/singapore/what-you-can-or-cannot-do-under-the-new-alcohol-law.

20. Singapore: Executions continue in flawed attempt to tackle drug crime, despite lim-

ited reforms (2017. October 11). Amnesty International. 다음 웹페이지에서 확인할 수 있다. https://www.amnesty.org/en/latest/news/2017/10/singapore-executions-continue-in-flawed-attempt-to-tackle-drug-crime/.

21. Miscellaneous offences (public order and nuisance) act. *Singapore Statutes Online*. 다음 웹페이지에서 확인할 수 있다. https://sso.agc.gov.sg/Act/MOPONA1906?ViewType=Advance&Phrase=Miscellaneous+offences+public+order+and+nuisance+act&WiAl=1.

22. Offenses affecting the public tranquility, public health, safety, convenience, decency and morals. *Singapore Statutes Online*. 다음 웹페이지에서 확인할 수 있다. https://sso.agc.gov.sg/Act/PC1871?&ProvIds=P4XIV_267A-&ViewType=Advance&Phrase=public+tranquility%2c+public+health%2c+safety%2c+convenience%2c+decency+and+morals&WiAl=1.

23. Miscellaneous offences (public order and nuisance) act. *Singapore Statutes Online*.

24. Environmental public health (public cleansing) regulations. *Singapore Statutes Online*.

25. Arnold, W. (1999, September 19). Where the start-up dance is still hard to do. *The New York Times*. 다음 웹페이지에서 확인할 수 있다. http://www.nytimes.com/1999/09/19/business/where-the-start-up-dance-is-still-hard-to-do.html?pagewanted=all&src=pm.

26. Outrages on decency. *Singapore Statutes Online*. 다음 웹페이지에서 확인할 수 있다. https://sso.agc.gov.sg/Act/PC1871?&ProvIds=pr377A-&ViewType=Advance&Phrase=gross+indecency&WiAl=1.

27. Kelly, C. (2016, February 1). The strange case of Amos Yee: Whither free speech and children's rights in Singapore? *Oxford Human Rights Hub*. 다음 웹페이지에서 확인할 수 있다. http://ohrh.law.ox.ac.uk/the-strange-case-of-amos-yee-whither-free-speech-and-childrens-rights-in -singapore/.

28. Social Development Unit is established. (n.d.). Singapore Government. 다음 웹페이지에서 확인할 수 있다. http://eresources.nlb.gov.sg/history/events/3c520e6c-dc34-4cef-84f5-1d73062c411b#4.

29. Human Development Report 2015: Work for Human Development. (2015). United Nations Development Programme [Data file]. 다음 웹페이지에서 확인할 수 있다.

http://hdr.undp.org/sites/default/files/2015_human_development_report.pdf.

30. Bayer, K. (2013, March 6). Beer-swigging loophole unlikely to close. *The New Zealand Herald*. 다음 웹페이지에서 확인할 수 있다. http://www.nzherald.co.nz/nz/news/article.cfm?c_id=1&objectid=10869614.

31. Equaldex. (2013). LGBT rights in New Zealand. 다음 웹페이지에서 확인할 수 있다. http://www.equaldex.com/region/new-zealand.

32. Kiwi women most promiscuous in the world. (2007, October 13). *Stuff*. 다음 웹페이지에서 확인할 수 있다. http://www.stuff.co.nz/life-style/22444/Kiwi-women-most-promiscuous-in-the-world.

33. New Zealand Prostitutes' Collective: History. 다음 웹페이지에서 확인할 수 있다. http://www.nzpc.org.nz/History.

34. Pornhub (2015). 2015 year in review. 다음 웹페이지에서 확인할 수 있다. https://www.pornhub.com/insights/pornhub-2015-year-in-review.

35. Collinson, L., Judge, L., Stanley, J., & Wilson, N. (2015). Portrayal of violence, weapons, antisocial behaviour and alcohol: Study of televised music videos in New Zealand. *New Zealand Medical Journal, 128*(1410), 84-86.

36. New Zealand guide. *Commisceo Global*. 다음 웹페이지에서 확인할 수 있다. http://www.commisceo-global.com/country-guides/new-zealand-guide.

37. Whelan, M. (Host). (2015, April 8). *On the dial* [Audio podcast]. 다음 웹페이지에서 확인할 수 있다. http://thewireless.co.nz/audio_articles/on-the-dial-episode-18.

38. 다음 웹페이지를 참고하라. https://teara.govt.nz/en/public-protest/page-5; https://nzhistory.govt.nz/keyword/protest.

39. Arrests after couch burnings during Otago University's orientation week. (2016, February 24). *New Zealand Herald*. 다음 웹페이지에서 확인할 수 있다. http://www.nzherald.co.nz/nz/news/article.cfm?c_id=1&objectid=11594793.

40. The Wizard. *Christchurch City Libraries*. 다음 웹페이지에서 확인할 수 있다. https://my.christchurchcitylibraries.com/the-wizard/.

41. Brendal, S. (2017). New Zealand's national wizard [Blog post]. 다음 웹페이지에서 확인할 수 있다. https://medium.com/new-zealand-thoughts/new-zealands-national-wizard-e8acf6ed5548.

42. Gelfand et al. Differences between tight and loose cultures.

43. 자료 출처: 같은 글.

44. Janette, M. (2014, December 5). DOG: An underground fashion fantasy in Hara-juku. *IS JAPAN COOL*? 다음 웹페이지에서 확인할 수 있다. https://www.ana-cool-japan.com/columns/?p=98.

45. Rodionova, Z. (2017, May 15). Why getting drunk is a huge part of doing business in Japan. *The Independent*. 다음 웹페이지에서 확인할 수 있다. https://www.inde-pendent.co.uk/news/business/news/japan-drinking-business-culture-why-get-ting-drunk-is-so-important-a7736946.html.

46. Crowder, N. (2014, October 16). Most art forms in Iran are heavily censored. So many artists chose to perform underground. *The Washington Post*. 다음 웹페이지에서 확인할 수 있다. https://www.washingtonpost.com/news/in-sight/wp/2014/10/16/2538/?utm_term=.3539f9a75200.

47. Itkowitz, C. (2016, August 9). This Iranian activist fights for women's rights not to wear hijab. But Donald Trump has complicated her effort. *The Washington Post*. 다음 웹페이지에서 확인할 수 있다. https://www.washingtonpost.com/news/in-spired-life/wp/2016/08/09/in-era-of-trump-being-pro-women-and-anti-mus-lim-can-seem-the-same-but-its-not/?utm_term=.3792a572aa31.

48. Tal, A. (2016). *The land is full: Addressing overpopulation in Israel*. New Haven, Conn.: Yale University Press.

49. Kaplan, J. (n.d.). The role of the military in Israel. The Jewish Agency. 다음 웹페이지에서 확인할 수 있다. http://www.jewishagency.org/society-and-politics/con-tent/36591.

50. Peeters, B. (2004). "Thou shalt not be a tall poppy": Describing an Australian com-municative (and behavioral) norm. *Intercultural Pragmatics, 1*(1), 71–92.

51. Gelfand et.al. Differences between tight and loose cultures.

52. Cartledge, P. (2003). *The Spartans: The world of warrior-heroes of ancient Greece*. New York: Overlook Press.

53. Whitby, M. (2001). *Sparta*. New York: Overlook Press.

54. Plutarch. (1992). *Lives of the noble Grecians and Romans*. (J. Dryden, Trans.). A. H.

Clough (Ed.). New York: Random House.

55. Aelian, C. (1666). *Claudius Ælianus, his various history*. London: Printed for Thomas Dring.

56. Bradley, P. (2014). *The ancient world transformed*. New South Wales: Cambridge University Press.

57. Plutarch. *Lives of the noble Grecians and Romans*.

58. Powell, A. (2014). *Classical Sparta: Techniques behind her success* (Routledge revivals). New York: Routledge.

59. Plutarch. *Lives of the noble Grecians and Romans*.

60. Powell. *Classical Sparta*.

61. Plutarch. *Lives of the noble Grecians and Romans*.

62. Whitby. *Sparta*.

63. Plutarch. *Lives of the noble Grecians and Romans*.

64. Cartledge, P. (2003). *The Spartans*. New York: Overlook Press. 다음 자료도 참고하라. Spawforth, A. J. S. (2011). *Greece and the Augustan cultural revolution*. New York: Cambridge University Press.

65. Schofield, M. (Ed.). (2016). *Plato: The Laws*. New York: Cambridge University Press.

66. Frey, W. (2004). Life in two city-states: Athens and Sparta. *History Alive: The Ancient World*. Teachers Curriculum Institute. Getty Publications.

67. Thucydides. (1954). *The Peloponnesian War*. (R. Warner, Trans.). Harmondsworth, UK: Penguin; 다음 책도 참고하라. Davis, W. S. (1960). *A day in old Athens: A picture of Athenian life*. Cheshire, Conn.: Biblo & Tannen.

68. Mark, J. J. (2009). Agora. *Ancient History Encyclopedia*. 다음 웹페이지에서 확인할 수 있다. http://www.ancient.eu/agora/.

69. Frey. Life in two city-states.

70. Villing, A. (2010). *The ancient Greeks: Their lives and their world*. Teachers Curriculum Institute. Getty Publications.

71. Connolly, P., & Dodge, H. (1998). *The ancient city: Life in classical Athens and Rome*. Oxford, UK: Oxford University Press.

72. Villing. *The ancient Greeks*.

73. 펠로폰네소스 전쟁 이후, 심각한 인구 감소, 정치적 혼란, 경기 위축으로 아테네에서 반대 의견 및 태도에 대한 관용이 일시적으로 줄었다는 점에 주목해야 한다. 이는 정부 비판자로 유명한 소크라테스에게 좋은 징조가 아니었다. 스파르타로 망명한 알키비아데스나 30인 참주 중 한 명인 크리티아스와 소크라테스의 개인적인 관계를 고려하면, 특히 더 상황이 좋지 않았다. 재판을 통해 사형을 선고받은 소크라테스는 기원전 399년에 독약을 마셨다. Martin, T. R. (2018). An overview of Classical Greek history from Mycenae to Alexander. 다음 웹페이지에서 확인할 수 있다. http://www.perseus.tufts.edu/hopper/text?doc=Perseus%3Atext%3A1999.04.0009%3Achapter%3D14.

74. Lewis, O. (1951). *Life in a Mexican village: Tepoztlan restudied*. Urbana: University of Illinois Press.

75. Sandstrom, A. R. (2010). *Culture summary: Nahua*. New Haven, Conn.: Human Relations Area Files.

76. Jenness, D. (1922). "The Life of the Copper Eskimos." *Report of the Canadian Arctic expedition*, 1913-1918. Ottawa, Ont.: F. A. Acland.

77. Condon, R. G. (1983). "Inuit behavior and seasonal change in the Canadian Arctic." *Studies in cultural anthropology*. Ann Arbor, Mich.: UMI Research Press.

78. Damas, D. (1996). *Culture summary: Copper Inuit*. New Haven, Conn.: Human Relations Area Files.

79. Jenness, D. (1922). "The Life of the Copper Eskimos." *Report of the Canadian Arctic expedition, 1913-1918*. Ottawa, Ont.: F. A. Acland.

80. Damas, D. (1972). "Copper Eskimo." *Hunters and gatherers today: A socioeconomic study of eleven such cultures in the twentieth century*. New York: Holt, Rinehart and Winston.

81. Hoebel, E. A. (2009). *The law of primitive man: A study in comparative legal dynamics*. Cambridge, Mass.: Harvard University Press.

82. Damas. *Culture summary: Copper Inuit*.

83. Benedict, R. (1934). *Patterns of culture* (Vol. 8). Boston: Houghton Mifflin Harcourt.

84. Pelto, P. J. (1968). The differences between "tight" and "loose" societies. *Trans - action*, 5(5), 37-40.

85. Murdock, G. P., & White, D. R. (1969). Standard cross-cultural sample. *Ethnology*, 8(4), 329-369.

86. Gelfand, M. J., Jackson, J. C., and Ember, C. (2017, February). *Ecological threat and the transmission of cultural tightness - looseness*. 매사추세츠주 보스턴에서 열린 미국과학진흥회 연례 회의에서 발표했다.

3 빡빡함과 느슨함의 음양

1. Gelfand, M. J., Jackson, J. C., van Egmond, M., Choi, V. K., Balanovic, J., Basker, I. N., ··· & Ward, C. The strength of social norms predicts global patterns of prejudice and discrimination.

2. Keizer, K., Linden-berg, S., & Steg, L. (2008). The spreading of disorder. *Science, 322*(5908), 1681-1685.

3. Panel Questions. (2017, May 27). NPR. 다음 웹페이지에서 확인할 수 있다. https://www.npr.org/2017/05/27/530256558/panel-questions.

4. As crime dries up, Japan's police hunt for things to do. (2017, May 18). *The Economist*. 다음 웹페이지에서 확인할 수 있다. https://www.economist.com/news/asia/21722216-there-was-just-one-fatal-shooting-whole-2015-crime-dries-up-japans-police-hunt.

5. Gelfand et al. Differences between tight and loose cultures.

6. Pinker, S. (2012). *The better angels of our nature: Why violence has declined*. New York: Penguin Books.

7. Gelfand et al. Differences between tight and loose cultures.

8. Singapore: Executions continue in flawed attempt to tackle drug crime, despite limited reforms. (2017, October 11). Amnesty International. 다음 웹페이지에서 확인할 수 있다. https://www.amnesty.org/en/latest/news/2017/10/singapore-executions-continue-in-flawed-attempt-to-tackle-drug-crime/.

9. Government of the Netherlands. (n.d.). Toleration policy regarding soft drugs and cof-

fee shops. 다음 웹페이지에서 확인할 수 있다. https://www.government.nl/topics/drugs/toleration-policy-regarding-soft-drugs-and-coffee-shops.

10. Delkic, M. (2017, October 24). Recreational marijuana is legal in these states—and Maine might be next. *Newsweek*. 다음 웹페이지에서 확인할 수 있다. http://www.newsweek.com/where-recre ational-marijuana-legal-691593.

11. Cornell Center on the Death Penalty Worldwide. (2011, April 4). Saudi Arabia. 다음 웹페이지에서 확인할 수 있다. http://www.deathpenaltyworldwide.org/country-search-post.cfm?country=saudi+arabia#f43-3. 다음 자료도 참고하라. King, J. (2015, June 18). 16 things that could get you executed in Saudi Arabia. *Vocativ*. 다음 웹페이지에서 확인할 수 있다. http://www.vocativ.com/underworld/crime/saudi-arabia-execution-beheading/index.html.

12. Cacciottolo, M. (2015, October 13). Saudi Arabia drinking: The risks expats take for a tipple. BBC. 다음 웹페이지에서 확인할 수 있다. http://www.bbc.com/news/uk-34516143.

13. What you can be flogged for in Saudi Arabia. (2015, October 13). BBC. 다음 웹페이지에서 확인할 수 있다. http://www.bbc.co.uk/newsbeat/article/34513278/what-you-can-be-flogged-for-in-saudi-arabia.

14. Why does Singapore top so many tables? (2013, October 24). BBC. 다음 웹페이지에서 확인할 수 있다. http://www.bbc.com/news/world-asia-24428567.

15. Gelfand et al. Differences between tight and loose cultures.

16. Jackson, J., Gelfand, M. J., van Egmond, M., … & Caluori, N. (2018). Unobtrusive indicators of tightness-looseness from around the world.

17. 8 features of new saher cameras installed in Saudi Arabia. *Life in Saudi Arabia*. 다음 웹페이지에서 확인할 수 있다. http://lifeinsaudiarabia.net/blog/2014/12/10/5-facts-about-new-saher-cameras-of/.

18. Tokyo's robotic eyes are everywhere. *The Japan Times*. 다음 웹페이지에서 확인할 수 있다. https://www.japantimes.co.jp/news/2014/08/30/national/media-national/tokyos-robotic-eyes-every where/#.WoXkOpM-cWp.

19. Bateson, M., Nettle, D., & Roberts, G. (2006). Cues of being watched enhance cooperation in a real-world setting. *Biology Letters*, 2(3), 412-414.

20. 자료 출처: 21번과 같은 글. 왕립학회의 허락을 받아 사용했다.

21. Ernest-Jones, M., Nettle, D., & Bateson, M. (2011). Effects of eye images on everyday cooperative behavior: A field experiment. *Evolution and Human Behavior, 32*(3), 172-178.

22. Randolph-Seng, B., & Nielsen, M. E. (2007). Honesty: One effect of primed religious representations. *The International Journal for the Psychology of Religion, 17*(4), 303-315. 다음 자료도 참고하라. Mazar, N., Amir, O., & Ariely, D. (2008). The dishonesty of honest people: A theory of self-concept maintenance. *Journal of Marketing Research, 45*(6), 633-644, Study 1.

23. Norenzayan, A. (2013). *Big gods: How religion transformed cooperation and conflict.* Princeton, N.J.: Princeton University Press.

24. Jackson et al. Unobtrusive indicators of tightness-looseness from around the world.

25. City of Vienna—Municipal Department 48—Waste Management, Street Cleaning and Vehicle Fleet. (n.d.). Street cleaning in Vienna. 다음 웹페이지에서 확인할 수 있다. https://www.wien.gv.at/umwelt/ma48/service/publikationen/pdf/strassenreinigung-en.pdf.

26. Zudeick, P. (2012, December 21). Germans and hygiene. *Deutsche Welle.* 다음 웹페이지에서 확인할 수 있다. http://www.dw.com/en/germans-and-hygiene/a-16459423.

27. Rusken: How to engage citizens in keeping Oslo clean. (n.d.). Vimeo. 다음 웹페이지에서 확인할 수 있다. https://vimeo.com/55861175.

28. Best fans at World Cup? Japanese clean up stadium after team's matches (2014, June 20). *RT.* 다음 웹페이지에서 확인할 수 있다. https://www.rt.com/news/167408-japan-fans-cleaning-stadium/.

29. Aran, I. (2014, June 16). Gracious Japanese World Cup fans clean up stadium after loss. *Jezebel.* 다음 웹페이지에서 확인할 수 있다. https://jezebel.com/gracious-japanese-world-cup-fans-clean-up-stadium-after-1591298011.

30. Littering statistics. (2016, August 25). *Statistic Brain.* 다음 웹페이지에서 확인할 수 있다. https://www.statisticbrain.com/littering-statistics/.

31. Conde, M. L. (2013, April 30). Rio Lixo Zero to impose fines for littering. *The Rio*

Times. 다음 웹페이지에서 확인할 수 있다. http://riotimesonline.com/brazil-news/rio-poli tics/rio-lixo-zero-to-impose-fines-for-littering/.

32. Kitsantonis, N. (2008, June 4). Greece struggles to reduce its trash. *The New York Times*. 다음 웹페이지에서 확인할 수 있다. http://www.nytimes.com/2008 06/04/world/europe/04iht-rbogtrash.1.13452003.html?pagewanted=all.

33. 물론, 느슨한 문화라고 해서 모두 지저분한 것도 아니고, 빡빡한 문화라고 해서 아주 깨끗한 것도 아니다. 뉴질랜드는 "뉴질랜드를 아름답게 지키기" 위해 열심히 노력한다. Keep New Zealand Beautiful. (2015). About us. 다음 웹페이지에서 확인할 수 있다. https://www.knzb.org.nz/contact/about-us/. 수년간 불법으로 쓰레기를 내버리던 에스토니아는 어마어마한 쓰레기 문제를 해결하고자 노력하고 있다. Laks, H. (2017). Estonia leading a world cleanup day—staying stubborn and uniting people. Let's Do It! 다음 웹페이지에서 확인할 수 있다. https://www.letsdoitworld.org/2017/04/estonia-leading-world-cleanup-day-staying-stubborn-uniting-people/.

마찬가지로, 규범이 매우 엄격한데도 불구하고 인도에서는 거리에 똥을 싸는 건 창피한 짓임을 알리는 인식 전환 운동을 벌이기 전까지 노상 배변 문제로 골머리를 앓았다. 이런 예외가 있는 건 사실이지만, 전반적으로 무질서는 느슨함과 손을 잡고 질서는 빡빡함과 손을 잡는 경향이 있다. Doshi, V. (2017, November 5). India turns to public shaming to get people to use its 52 million new toilets. *The Washington Post*. 다음 웹페이지에서 확인할 수 있다. https://www.washingtonpost.com/world/asia_pacific/india-turns-to-public-shaming-to-get-people-to-use-its-52million-new-toilets/2017/11/03/882166fe-b41c-11e7-9b93-b97043e57a22_story.html?noredirect=on&utm_term=.0458da1f7efa.

34. Keizer et al. The spreading of disorder.

35. Hiob, R. (2006, May 18). German law tells you how. *Spiegel Online*. 다음 웹페이지에서 확인할 수 있다. http://www.spiegel.de/international/love-thy-neighbor-german-law-tells-you-how-a-416736.html.

36. Bridge, A. (1995, July 28). German dogs face rules on barking. *The Independent*. 다음 웹페이지에서 확인할 수 있다. http://www.independent.co.uk/news/world/german-dogs-face-rules-on-barking-1593699.html; Hiob. German law tells you

how.

37. (2017, February 8). Train etiquette in Japan: More of the "don'ts" than the "dos." *City-Cost*. 다음 웹페이지에서 확인할 수 있다. https://www.city-cost.com/blogs/ City-Cost/G6n8G-transportation.

38. (2016, February 17). Opruimen? Van de gekke. *De Volkskrant*. 다음 웹페이지에 서 확인할 수 있다. https://www.volkskrant.nl/opinie/-kunnen-er-ook-patatvri- je-coupes-komen~a4246020/.

39. Roth, D. (2016, September 1). New Jerusalem Light Rail video urges Israelis to adopt UK manners while traveling. *Jerusalem Post*. 다음 웹페이지에서 확인할 수 있다. http://www.jpost.com/Israel-News/New-Jerusalem-Light-Rail-video-urges-Is- raelis-to-adopt-UK-manners-while-traveling-466631.

40. Hu, W. (2017, July 19). New York Becomes the City That Never Shuts Up. *The New York Times*. 다음 웹페이지에서 확인할 수 있다. https://www.nytimes. com/2017/07/19/nyregion/new-york-becomes-the-city-that-never -shuts-up. html.

41. Buckley, C. (2012, July 19). Working or playing indoors, New Yorkers face an un- abated roar. *The New York Times*. 다음 웹페이지에서 확인할 수 있다. http://www. nytimes.com/2012/07/20/nyregion/in-new-york-city-indoor-noise-goes-unabat- ed.html?_r=1&ref=nyregion.

42. Jackson et al. Unobtrusive indicators of tightness-looseness from around the world.

43. Pikovsky, A., Rosenblum, M., & Kurths, J. (2003). *Synchronization: A universal concept in nonlinear sciences* (Vol. 12). Cambridge, UK: Cambridge University Press.

44. Walker, T. J. (1969). Acoustic synchrony: Two mechanisms in the snowy tree crick- et. *Science, 166*(3907), 891-894.

45. Strogatz, S. (2003). *Sync: The emerging science of spontaneous order*. New York: Hype- rion.

46. Levine, R. V., & Norenzayan, A. (1999). The pace of life in 31 countries. *Journal of Cross-Cultural Psychology, 30*(2), 178-205.

47. 자료 출처: 같은 글.

48. Shu, L. (2014, December 5). Want to watch the world flick by at over 200

mph? Hop on the world's fastest trains. *Digital Trends*. 다음 웹페이지에 서 확인할 수 있다. https://www.digitaltrends.com/cool-tech/traveling-be- yond-200-mph-on-worlds-fastest-trains/.

49. 54 seconds, the average delay time of the Shinkansen. (2016, August 22). *Time Lapse Tokyo*. 다음 웹페이지에서 확인할 수 있다. http://timelapsetokyo.com/2016/08/22/ shinkansen-punctual/.

50. Bleisch, R. (2015, March 17). The Swiss Railway System. 다음 웹페이지에 서 확인할 수 있다. http://jernbanekonferanser.no/jernbaneforum/jernbanefo- rum_2015/presentasjoner/content_3/text_7ef9ec7e-4065-4870-8440-9b416bd58 4b01426677868018/1426692524989/_0910_reto_bleisch_4.pdf.

51. MRT Incident Stats. (2015, March 11). Land Transport Authority of Singapore. 다음 웹페이지에서 확인할 수 있다. https://www.lta.gov.sg/content/dam/ltaweb/corp/ PublicationsResearch/files/FactsandFig ures/MRT_incident_stats.pdf.

52. Ismail, S. (2014, January 12). Revised penalties for train operators expected to be announced in Jan. *Today*. 다음 웹페이지에서 확인할 수 있다. http://www. todayonline.com/singapore/revised-penalties-train-operators-expected-be-an- nounced-jan.

53. SMRT apologises after massive three-hour train breakdown. (2015, July 9). *Intella- sia East Asia News*. 다음 웹페이지에서 확인할 수 있다. http://www.intellasia.net/ smrt-apologises-after-massive-three-hour-train-breakdown-455312.

54. Connolly, K. (2016, June 11). Why German trains don't run on time any more. *The Guardian*. 다음 웹페이지에서 확인할 수 있다. https://www.theguardian. com/world/2016/jun/11/why-german-trains-dont-run-on-time-any-more.

55. Amtrak train route on-time performance. 다음 웹페이지에서 확인할 수 있 다. https://www.amtrak.com/historical-on-time-performance. Rank of busiest train lines 다음 웹페이지에서 확인할 수 있다. https://ggwash.org/view/32108/ top-10-busiest-amtrak-routes.

56. Gelfand et al. Differences between tight and loose cultures.

57. School uniforms by country. (Accessed September 2016). Wikipedia. 다음 웹페이지에 서 확인할 수 있다. https://en.wikipedia.org/wiki/School_uniforms_by_country. 다

양한 나라의 교복에 관한 정보는 1부터 5까지 점수로 표기했다. 교복을 착용하는 학교가 하나도 없는 나라에는 '1점'을, 교복을 착용하는 학교가 거의 없는 나라에는 '2점'을, 일부 학교에서 교복을 착용하는 나라에는 '3점'을, 대다수 학교에서 교복을 착용하는 나라에는 '4점'을, 모든 학교에서 의무적으로 교복을 착용하는 나라에는 '5점'을 부여했다. 상관관계는 다음과 같다. TL (N = 21): r = .49, p = .03. 상관 분석에서 r은 상관의 강도를 가리키며 값의 범위는 −1부터 1까지다. +1은 상관관계가 작다는 뜻이고, +3은 상관관계가 중간이라는 뜻이고, +5는 상관관계가 크다는 뜻이다. p값은 0.05 신호 의미보다 작은 값으로 분석의 통계적 유의도를 가리킨다.

58. Jackson et al. Unobtrusive indicators of tightness-looseness from around the world.

59. White, K. (2017, November 3). 40 men stand in perfect square—take walking to new level with jaw-dropping routine. *Inspire More*. 다음 웹페이지에서 확인할 수 있다. https://www.inspiremore.com/shuudan-koudou/.

60. Should exercise be compulsory at work? (2017, April 5). BBC. 다음 웹페이지에서 확인할 수 있다. http://www.bbc.com/news/health-39490607.

61. Latham, K. (2007). *Pop culture China! Media, arts, and lifestyle.* Santa Barbara, Calif.: ABC-CLIO. 다음 자료도 참고하라. Sum, C. Y. (2010). An exercise for the People's Republic: Order and discipline in the morning ritual of a Chinese primary school. Paper, Boston University.

62. Hui, L. (2014, July 14). Chinese elderly favor exercise in parks. *Xinhua Net*. 다음 웹페이지에서 확인할 수 있다. http://www.xinhuanet.com/english/2017-07/14/c_136444020.htm.

63. The 5 Muslim daily prayer times and what they mean. (2017, September 18). *Thoughtco*. 다음 웹페이지에서 확인할 수 있다. https://www.thoughtco.com/islamic-prayer-timings-2003811.

64. Eun, C. S., Wang, L., & Xiao, S. C. (2015). Culture and R 2. *Journal of Financial Economics, 115*(2), 283-303.

65. Elias, N. (1978). *The civilizing process* (original work published in 1939). (Edmund Jeffcott, Trans.) New York: Urizen.

66. GNP와 키를 고려한, 빡빡함과 남성 체질량 지수의 상관관계는 다음과 같다. (N = 30): r = −.45, p = .02; GNP와 키를 고려한, 빡빡함과 여성 체질량 지수의 상

관관계는 다음과 같다. (N = 30): r = -.50, p = .007. 다음 웹페이지에서 얻은 자료다. https://www.indexmundi.com/blog/index.php/2013/04/11/body-mass-index-bmi-by-country/.

67. Dotinga, R. (2014, May 30). More than half of U.S. pets are overweight or obese, survey finds. CBS. 다음 웹페이지에서 확인할 수 있다. https://www.cbsnews.com/news/more-than-half-of-u-s-pets-are-overweight-or-obese-survey-finds/.

68. Gelfand et al. Differences between tight and loose cultures.

69. Correlation between tightness and prevalence of gambling, controlling for GNP (N = 14): r = ..80, p = .001. 다음 웹페이지에서 얻은 자료다. http://onlinelibrary.wiley.com/doi/10.1111/add.12899/full.

70. Correlation between tightness and gross savings in 2016 controlling for GNP (N = 32): r = .50, p = .004. 다음 웹페이지에서 얻은 자료다. http://databank.worldbank.org/data/reports.aspx?source=2&series=NY.GNS.ICTR.ZS&country=.

71. Lin, C. Y. Y., Edvinsson, L., Chen, J., & Beding, T. (2012). *National intellectual capital and the financial crisis in Greece, Italy, Portugal, and Spain* (Vol. 7). New York: Springer Science & Business Media.

72. Vasagar, J. (2013, July 27). What we can learn from the Germans. *The Telegraph*. 다음 웹페이지에서 확인할 수 있다. http://www.telegraph.co.uk/news/worldnews/europe/germany/10206103/what-we-can-learn-from-the-Germans.html.

73. Germany, Greece and debt: As we forgive our debtors (2015, June 16). *The Economist*. 다음 웹페이지에서 확인할 수 있다. https://www.economist.com/blogs/erasmus/2015/07/germany-greece-and-debt; Jack, S., & Clark, K. (2015, February 13). Inside the Germans' debt psyche.what makes them tick? *BBC*. 다음 웹페이지에서 확인할 수 있다. http://www.bbc.com/news/business-31369185.

74. Germans call for Greece to leave the euro zone after "no" referendum vote. (2015, July 5). *Fortune*. 다음 웹페이지에서 확인할 수 있다. http://fortune.com/2015/07/05/germans-call-for-greece-to-leave-the-euro-zone-after-no-referendum-vote/.

75. Chua, R. Y., Roth, Y., & Lemoine, J.-F. (2015). The impact of culture on creativity: How cultural tightness and cultural distance affect global innovation crowdsourcing work. *Administrative Science Quarterly, 60*(2), 189-227.

76. Vohs, K. D., Redden, J. P., & Rahinel, R. (2013). Physical order produces healthy choices, generosity, and conventionality, whereas disorder produces creativity. *Psychological Science, 24*(9), 1860-1867. 출판사의 허락을 받아 게재했다.

77. 같은 글.

78. Gelfand, M., Jackson, J. C., Taylor, M., & Caluori, N. (2017, May). *Group synchrony reduces creativity and dissent.* 매사추세츠주 보스턴에서 열린 미국 심리과학회 연례 회의 포스터 세션에서 제출된 자료다.

79. Leung, A. K. Y., & Chiu, C. Y. (2010). Multicultural experience, idea receptiveness, and creativity. *Journal of Cross - Cultural Psychology, 41*(5.6), 723-741.

80. Maddux, W., & Galinsky, A. (2009). Cultural borders and mental barriers: The relationship between living abroad and creativity. *Journal of Personality and Social Psychology, 96*(5), 1047-1061.

81. Duncker, K. (1945). On problem solving. *Psychological Monographs, 58*(5, Whole No. 270).

82. 자료 출처: Duncker. On problem solving.

83. Baumol, W. J., Litan, R. E., & Schramm, C. J. (2007). *Good capitalism, bad capitalism, and the economics of growth and prosperity.* New Haven, Conn.: Yale University Press; Schramm, C. J. (2008). Economic fluidity: A crucial dimension of economic freedom. In Holmes, K. R., Feulner, E. K., & O'Grady, M. A. (Eds.). *2008 index of economic freedom* (pp..15-22). Washington, D.C.: Heritage Foundation.

84. Gardner, H. (2011). *Creating minds: An anatomy of creativity seen through the lives of Freud, Einstein, Picasso, Stravinsky, Eliot, Graham, and Gandhi.* New York: Basic Books.

85. GNP를 고려했을 때, 사업가를 좋은 직업으로 여기는 18세에서 64세 사이 인구의 비율과 빡빡한 문화의 상관관계는 다음과 같다. (N = 18): r = -.54, p = .03; GNP를 고려했을 때, 창업에 필요한 기술과 지식을 갖추고 있다는 믿는 18세에서 64세 사이 인구의 비율과 빡빡한 문화의 상관관계는 다음과 같다. (N = 19): r = -.53, p = .02. 자료는 다음 웹페이지에서 얻었다. from http://www.gemconsortium.org/report/49480.

86. Herodotus. (1998). *The Histories* (p. 183; R. Waterfield, Trans.). Oxford, UK: Oxford

University Press. (Original work published 440 BC.)

87. 같은 글. (p. 184).

88. "다음의 지리적 집단 중에 당신이 가장 먼저 속해 있다고 생각하는 집단은 어디인 가? 그다음은?" 이 질문에 첫 번째 선택 또는 두 번째 선택으로 자기가 '세계'에 속해 있다고 말한 GNP를 고려했을 때, 사람들의 비율과 빡빡한 문화의 상관관계는 다음 과 같다. (N = 10): r = −.71, p = .03. 1994-2004 세계가치조사에서 나온 자료를 토대로 했다.

89. Gelfand et al. Differences between tight and loose cultures.

90. 같은 글.

91. 같은 글.

92. 같은 글.

93. 중국은 자기 나라를 찾은 외국인을 반가워하지 않는 태도로 유명하다. 외국인 환 영 점수가 140개국 중 130위를 기록했다. 자료는 다음 포럼에서 얻었다. Blanke, J., & Chiesa, T. (2013, May). The travel & tourism competitiveness report 2013. In the World Economic Forum (http://www3.weforum.org/docs/wEF_TT_Competitiveness_Report_2013.pdf).

94. Foreign population (n.d.). OECD (Organisation for Economic Co-operation and Development) Data. 다음 웹페이지에서 확인할 수 있다. https://data.oecd.org/migration/foreign-population.htm.

95. Osumi, M. (2017, July 2). "No foreign tenants"—and not much you can do about it. The Japan Times. 다음 웹페이지에서 확인할 수 있다. https://www.japantimes.co.jp/community/2017/07/02/issues/no-foreign-tenants-not-much-can-you-can-do/#.WleDuVQ-fVo.

96. Kikuchi, D. (2017, June 4). Tackling signs in Japan that you're not welcome. The Japan Times. 다음 웹페이지에서 확인할 수 있다. https://www.japantimes.co.jp/news/2017/06/04/national/tackling-signs-japan-youre-not-welcome/#.Wl513lQ-fVo.

97. McCurry, J. (2016, October 11). Japanese train conductor blames foreign tourists for overcrowding. The Guardian. 다음 웹페이지에서 확인할 수 있다. https://www.theguardian.com/world/2016/oct/11/japanese-train-conductor-blames-for-

eign-tourists-for-overcrowding.

98. 28 percent of Austrians answered "probably true" to six or more of the anti-Semitic stereotypes tested in the 2014 ADL Global 100: A survey of attitudes toward Jews in over 100 countries around the world (http://global100.adl.org/).

99. 2015 이민자통합정책지수 보고서에 따르면, 2014년 한 해에만 투표 연령에 해당하는 35만 명 이상의 외국인 거주자(빈 인구의 약 24퍼센트)가 오스트리아 수도 빈에서 투표에 참여하지 못했다. 이 보고서에 따르면, 오스트리아는 서유럽에서 귀화율도 가장 낮다. http://www.mipex.eu/sites/default/files/downloads/pdf/files/austria.pdf.

100. Gelfand et al. The strength of social norms predicts global patterns of prejudice and discrimination.

101. 자료 출처: 같은 글.

102. 자기가 사는 지역 또는 도시가 게이나 레즈비언이 살기 좋은 곳이 아니라고 답한 사람들의 비율과 빡빡한 문화의 상관관계는 다음과 같다. (N = 29): r = .49, p = .007. 자료는 다음 웹페이지에서 얻었다. http://news.gallup.com/poll/175520/nearly-worldwide-areas-good-gays.aspx.

103. 11 most gay friendly cities in the world. *Wonderful Odysseys Worldwide*. 다음 웹페이지에서 확인할 수 있다. http://wowtravel.me/11-most-gay-friendly-cities-in-the-world/.

104. Rodrigues, L., Grave, R., de Oliveira, J. M., & Nogueira, C. (2016). Study on homophobic bullying in Portugal using Multiple Correspondence Analysis (MCA). *Revista Latinoamericana de Psicologia, 48*(3), 191-200.

105. Fiswich, C. (2017, November 23). "It's just the start": LGBT community in Turkey fears government crackdown. *The Guardian*. 다음 웹페이지에서 확인할 수 있다. https://www.theguardian.com/world/2017/nov/23/its-just-the-start-lgbt-community-in-turkey-fears-government-crack down; 다음 자료도 참고하라. Not an illness, nor a crime: Lesbian, gay, bisexual and transgender people in Turkey demand equality. (2011). Amnesty International. 다음 웹페이지에서 확인할 수 있다. https://www.amnesty.org/download/Documents /28000/eur440012011en.pdf.

106. Cornell Center on the Death Penalty Worldwide. (2011, April 4). Iran. 다음 웹페이지에서 확인할 수 있다. https://www.deathpenaltyworldwide.org/coun-

try-search-post.cfm?country=iran; Cornell Center on the Death Penalty World-wide. (2011, April 4). Afghanistan. 다음 웹페이지에서 확인할 수 있다. https://www.deathpenaltyworldwide.org/country-search-post.cfm?country=Afghanistan.

107. Marriage, registered partnerships, and cohabitation agreements. Government of the Netherlands. 다음 웹페이지에서 확인할 수 있다. https://www.government.nl/topics/family-law/marriage-registered-partnership-and-cohabitation-agreements.

108. Share of births outside marriage. (2016, February 4). OECD—Social Policy Division—Directorate of Employment, Labour and Social Affairs. 다음 웹페이지에서 확인할 수 있다. http:// www.oecd.org/els/family/SF_2_4_Share_births_outside_marriage.pdf.

109. Gelfand et al. Differences between tight and loose cultures.

110. Gao, H. (2016, October 13). Why Chinese women still can't get a break. *The New York Times*. 다음 웹페이지에서 확인할 수 있다. https://www.nytimes.com/2016/10/16/opinion/why-chinese-women-still-cant-get-a-break.html.

111. Hu, E. (2015, May 11). South Korea's single moms struggle to remove a social stigma. NPR. 다음 웹페이지에서 확인할 수 있다. https://www.npr.org/sections/parallels/2015/05/11/405622494/south-koreas-single-moms-struggle-to-remove-a-social-stigma.

112. Schiappa, E. (2013). *Protagoras and logos: A study in Greek philosophy and rhetoric.* Columbia: University of South Carolina Press.

113. Bould, C. (Director). (1993). *Bill Hicks: Revelations* [TV special]. United Kingdom.

114. Gelfand et al. Differences between tight and loose cultures.

115. Vora, J. (2007, September 25). Debating Ahmadinejad at Columbia. *The Nation*. 다음 웹페이지에서 확인할 수 있다. https://www.thenation.com/article/debating-ahmadinejad-columbia/.

116. Gelfand et al. Differences between tight and loose cultures.

117. 같은 글.

118. Transparency report: Removal requests. Twitter. 다음 웹페이지에서 확인할 수 있다. https://transparency.twitter.com/en/removal-requests.html.

119. China employs two million microblog monitors state media say. (2013, Oc-

tober 4). BBC. 다음 웹페이지에서 확인할 수 있다. http://www.bbc.com/
news/world-asia-china-24396957.

120. China wants to give all of its citizens a score. and their rating could affect every
area of their lives. (2016. October 22). *The Independent*. 다음 웹페이지에서 확인
할 수 있다. http://www.independent.co.uk/news/world/asia/china-surveil-
lance-big-data-score-censorship-a7375221.html; Ebbighausen, R. (2018, April 1).
China experiments with sweeping Social Credit System. *Deutsche Welle*. 다음 웹페이
지에서 확인할 수 있다. http://www.dw.com/en/china-experiments-with-sweep-
ing-social-credit-system/a-42030727; Chin, J., & Wang, G. (2016, November 28).
China's new tool for social control: A credit rating for everything. *The Wall Street
Journal*. 다음 웹페이지에서 확인할 수 있다. https://www.wsj.com/articles/chi-
nas-new-tool-for-social-control-a-credit-rating-for-everything-1480351590;
State Department (2014, June 14). *Notice of the State Council on issuing the outline for
planning the construction of social credit system* (2014-2020). 다음 웹페이지에서 확인
할 수 있다. http://www.gov.cn/zhengce/content/2014-06/27/content_8913.htm.

121. Fallows, D. (2008, March 27). Most Chinese say they approve of government Inter-
net control. Pew Internet & American Life Project. 다음 웹페이지에서 확인할 수 있
다. http://www.pewinternet.org/files/old-media/Files/Reports/2008/PIP_China_
Internet_2008.pdf.pdf.

122. Gelfand et al. Differences between tight and loose cultures.

123. De, S., Nau, D. S., & Gelfand, M. J. (2017, May). Understanding norm change:
An evolutionary game-theoretic approach. In *Proceedings of the 16th Conference on
Autonomous Agents and Multi - Agent Systems* (pp. 1433-1441). International Founda-
tion for Autonomous Agents and Multiagent Systems.

124. Hadid, D. (2016, October 14). Jordan tones down textbooks' Islamic content, and
tempers rise. *The New York Times*. 다음 웹페이지에서 확인할 수 있다. https://www.
nytimes.com/2016/10/15/world/middleeast/jordan-tones-down-textbooks-islam-
ic-content-and-tempers-rise.html.

125. Azzeh, L. (2016, September 29). Teachers, parents protest changes to school curric-
ula. *The Jordan Times*. 다음 웹페이지에서 확인할 수 있다. http://jordantimes.com/

news/local/teachers-parents-protest-changes-school-curricula.

126. Hadid. Jordan tones down textbooks' Islamic content.

4 재난, 질병, 다양성

1. Sandstrom. *Culture summary: Nahua*.

2. Damas. *Culture summary: Copper Inuit*.

3. Berry, J. W. (1967). Independence and conformity in subsistence-level societies. *Journal of Personality and Social Psychology*, *7*(4p1), 415.

4. Population density (per sq. km of land area). The World Bank. 다음 웹페이지에서 확인할 수 있다. https://data.worldbank.org/indicator/EN.POP.DNST. 인구 밀도를 표시하는 도량형은 제곱킬로미터에서 제곱마일로 바뀌었다.

5. 같은 글.

6. 같은 글.

7. Sheep number falls to six for each person. (2017, January 19). *Statistics New Zealand*. 다음 웹페이지에서 확인할 수 있다. https://www.stats.govt.nz/news/sheep-number-falls-to-six-for-each-person.

8. Population density (per sq. km of land area). The World Bank.

9. 같은 글.

10. Kaur, R. (1991). *Women in forestry in India* (Vol. 714). Washington, D.C.: World Bank Publications.

11. OECD reviews of risk management policies: Japan 2009 large-scale floods and earthquakes. (2009, February 25). OECD (Organisation for Economic Co-operation and Development). OECD Publishing.

12. Arable land (% of land area). The World Bank. 다음 웹페이지에서 확인할 수 있다. https://data.worldbank.org/indicator/AG.LND.ARBL.ZS.

13. Gilman, D. C., Peck, H. T., & Colby, F. M. (1907, January 1). *The new international encyclopedia: Volume 18*. New York: Dodd, Mead.

14. Population density (per sq. km of land area). The World Bank.

15. Calhoun, J. B. (1962). Population density and social pathology. *Scientific American*,

206(2), 139-149.

16. 자료 출처: Randy Olson, National Geographic Creative.

17. Gelfand et al. Differences between tight and loose cultures.

18. Chewing gum is banned. HistorySG. 다음 웹페이지에서 확인할 수 있다. http:// eresources.nlb.gov.sg/history/events/57a854df-8684-456b-893a-a303e0041891#3 ; 다음 자료도 참고하라. Prystay, C. (2004, June 4). At long last, gum is legal in Singapore, but there are strings. *The Wall Street Journal*. 다음 웹페이지에서 확인할 수 있다. https://www.wsj.com/articles/SB108629672446328324.

19. Sale of food (prohibition of chewing gum) regulations. *Singapore Statutes Online*. 다음 웹페이지에서 확인할 수 있다. https://sso.agc.gov.sg/SL/SFA1973-RG2.

20. Kaplan, R. D. (2012). *The revenge of geography: What the map tells us about coming conflicts and the battle against fate*. New York: Random House.

21. Gelfand et al. Differences between tight and loose cultures.

22. Daley, J. (2017, June 6). Researchers catalogue the grisly deaths of soldiers in the Thirty Years' War. *Smithsonian*. 다음 웹페이지에서 확인할 수 있다. https://www.smithsonianmag.com/smart-news/researchers-catalogue-grisly-deaths-soldiers-thirty-years-war-180963531/.

23. Clodfelter, M. (2017). *Warfare and armed conflicts: A statistical encyclopedia of casualty and other figures, 1492 - 2015*. Jefferson, N.C.: McFarland.

24. Duffy, C. (2014). *Red storm on the Reich: The Soviet march on Germany, 1945* (p. 277). London: Rout-ledge.

25. Violatti, C. (2013, May 27). *Ancient history encyclopedia*. 다음 웹페이지에서 확인할 수 있다. https://www.ancient.eu/Han_Dynasty/.

26. Editorial Committee of Chinese Military History. (1985). *Tabulation of wars in ancient China*. Beijing: People's Liberation Army Press.

27. Eastman, L. E. (1986). *The nationalist era in China, 1927 - 1949* (p. 115). Cambridge, UK: Cambridge University Press.

28. Shen, W. (2012, March 1). China and its neighbors: Troubled relations. EU-Asia Centre. 다음 웹페이지에서 확인할 수 있다. http://www.eu-asiacentre.eu/pub_details.php?pub_id=46.

29. Drohan, T. (2016). *A new strategy for complex warfare: Combined effects in East Asia.* Amherst, N.Y.: Cambria Press; Ratner, A. (2014, July 4). The shrimp now has a say in the ongoing struggle for East Asian supremacy. Vice News. 다음 웹페이지에서 확인할 수 있다. https://news.vice.com/article/the-shrimp-now-has-a-say-in-the-ongoing-struggle-for-east-asian-supremacy.

30. Lee, K. B. (1997). *Korea and East Asia: The story of a phoenix.* Westport, Conn.: Greenwood.

31. Ebrey, P., & Walthall, A. (2013). *East Asia: A cultural, social, and political history* (Vol. 2). Boston: Cengage Learning.

32. Paine, S. C. (2005). *The Sino - Japanese War of 1894 - 1895: Perceptions, power, and primacy.* Cambridge, UK: Cambridge University Press.

33. Lee, H. Y., Ha, Y. C., & Sorensen, C. W. (Eds.). (2013). *Colonial rule and social change in Korea, 1910 - 1945.* Seattle: University of Washington Press.

34. Feldman, R. T. (2004). *The Korean War.* Minneapolis: Twenty-First Century Books.

35. Gershoni, I., & Jankowski, J. P. (1986). *Egypt, Islam, and the Arabs: The search for Egyptian nationhood, 1900 - 1930.* Oxford, UK: Oxford University Press on Demand.

36. Guo, R. (2011). *Territorial disputes and conflict management: The art of avoiding war* (Vol. 8, p. 68). London: Rout-ledge.

37. Brunet-Jailly, E. (2015). *Border disputes: A global encyclopedia [3 volumes]* (p. 1). Santa Barbara, Calif.: ABC-CLIO.

38. Sumner, W. G. (1906). *Folkways.* New York: Ginn.

39. Darwin, C. R. (1873). *The descent of man, and selection in relation to sex.* New York: D. Appleton & Co. 다윈에 따르면, "서로 위험을 경고해주고 서로 도와주고 지켜줄 준비가 되어 있는, 용맹함과 인정과 신의가 있는 부족원이 많을수록 (…) 다른 부족들과 싸워 이기고 세력을 넓혀 나가는 법이다"([1], p. 156).

40. 21세기 들어 과학자들은 협동을 잘하는 집단이 집단 간 경쟁에서 이길 가능성이 더 크다면서 이 주장을 한 걸음 더 진척시켰다. 이 의견에 따르면, 서로 협동하면서 규범 위반자를 처벌하려는 경향이 있는 사람들이 적과 맞닥뜨렸을 때 전멸과 예속

을 더 잘 피할 수 있다. 다음 자료를 참고하라. Choi, J. K., & Bowles, S. (2007). The coevolution of parochial altruism and war. *Science, 318*(5850), 636-640; 다음 자료도 참고하라. Henrich, J. (2015). *The secret of our success: How culture is driving human evolution, domesticating our species, and making us smarter.* Princeton, N.J.: Princeton University Press.

41. Gelfand et al. Differences between tight and loose cultures.

42. Guha-Sapir, D., Below, R., & Hoyois, P. EM-DAT: International Disaster Database—Universite Catholique de Louvain, Brussels. 다음 웹페이지에서 확인할 수 있다. http://www.emdat.be.

43. Thakurl, P. (2015, March 11). Disasters cost India $10 bn per year: UN report. *The Times of India.* 다음 웹페이지에서 확인할 수 있다. https://timesofindia.indiatimes.com/india/Disasters-cost-India-10bn-per-year-UN-report/articleshow/46522526.cms.

44. Lamoureux, F. (2003). *Indonesia: A global studies handbook* (p. 3). Santa Barbara, Calif.: ABC-CLIO.

45. Roberts, C., Habir, A., & Sebastian, L. (Eds.). (2015). *Indonesia's ascent: Power, leadership, and the regional order* (p. 134). New York: Springer.

46. Farris, W. W. (2009). *Japan to 1600: A social and economic history.* Honolulu: University of Hawaii Press.

47. Turkington, D. (n.d.). *A chronology of Japanese history.* 다음 웹페이지에서 확인할 수 있다. http://www.shikokuhenrotrail.com/japanhistory/AChronologyOfJapaneseHistory_v1.pdf.

48. Oskin, B. (2017, September 13). Japan earthquake & tsunami of 2011: Facts and information. *Live Science.* 다음 웹페이지에서 확인할 수 있다. https://www.livescience.com/39110-japan-2011-earthquake-tsunami-facts.html.

49. Millions without food, water, power in Japan. (2011, March 13). NBC News. 다음 웹페이지에서 확인할 수 있다. http://www.nbcnews.com/id/42044293/ns/world_news-asia_pacific/t/millions-without-food-water-power-japan/#.WljidFQ-fVo.

50. Shaw, R. (Ed.). (2014). *Community practices for disaster risk reduction in Japan.* Tokyo: Springer Science & Business Media.

51. Fujita, A. (2011, May 4). Japan earthquake-tsunami spark volunteer boom but system overwhelmed. ABC News. 다음 웹페이지에서 확인할 수 있다. http://abcnews. go.com/International/japan-earthquake-tsunami-spark-volunteer-boom-holiday-week/story?id=13523923.

52. Adelstein, J. (2011, March 18). Even Japan's infamous mafia groups are helping with the relief effort. *Business Insider*. 다음 웹페이지에서 확인할 수 있다. https://www. businessinsider.com.au/japan-yakuza-mafia-aid-earthquake-tsunami-rescue-efforts-2011-3.

53. Synthesis report on ten ASEAN countries disaster risks assessment. (2010, December). ASEAN Disaster Risk Management Initiative. 다음 웹페이지에서 확인할 수 있다. http://www.unisdr.org/files/18872_asean.pdf.

54. Gelfand et al. Differences between tight and loose cultures.

55. Yew, L. K. (2012). *From third world to first: The Singapore story, 1965 - 2000* (p. 3). New York: HarperCollins.

56. 같은 글. (p. 58).

57. Gelfand et al. Differences between tight and loose cultures.

58. Dunham, W. (2008, January 29). Black death "discriminated" between victims. ABC Science. 다음 웹페이지에서 확인할 수 있다. http://www.abc.net.au/science/articles/2008/01/29/2149185.htm.

59. The 10 deadliest epidemics in history. (2012, April 6). *Healthcare Business & Technology*. 다음 웹페이지에서 확인할 수 있다. http://www.healthcarebusinesstech.com/the-10-deadliest-epidemics-in-history/.

60. Goddard, J. (2012). *Public health entomology*. Boca Raton, Fla.: CRC Press. 아이티-프랑스 전쟁(1801-1803)이 발발하고 불과 2년 만에 나폴레옹 원정군 5만 명이 황열병으로 전멸하다시피 했다.

61. Rhodes, J. (2013). *The end of plagues: The global battle against infectious disease*. New York: Macmillan.

62. Taubenberger, J. K., & Morens, D. M. (2006). 1918 influenza: The mother of all pandemics. *Emerging Infectious Diseases, 12*(1), 15-22.

63. Diamond, J. (1997). *Guns, germs, and steel: The fates of human societies*. New York:

W. W. Norton.

64. Ending AIDS: Progress towards the 90-90-90 targets. (2017). *Global AIDS Update*. 다음 웹페이지에서 확인할 수 있다. http://www.unaids.org/sites/default/files/media_asset/Global_AIDS_update_2017_en.pdf.

65. Dying from TB—it can be an awful way to die. *TB Facts*. 다음 웹페이지에서 확인할 수 있다. https://www.tbfacts.org/dying-tb/.

66. Malaria fact sheet. (2017, November). World Health Organization. 다음 웹페이지에서 확인할 수 있다. http://www.who.int/mediacentre/factsheets/fs094/en/.

67. Murray, D. R., & Schaller, M. (2010). Historical prevalence of infectious diseases within 230 geopolitical regions: A tool for investigating origins of culture. *Journal of Cross - Cultural Psychology, 41*(1), 99-108. 다음 자료도 참고하라. Billing, J., & Sherman, P. W. (1998). Antimicrobial functions of spices: Why some like it hot. The *Quarterly Review of Biology, 73*(1), 3-49.

68. Faulkner, J., Schaller, M., Park, J. H., & Duncan, L. A. (2004). Evolved disease-avoidance mechanisms and contemporary xenophobic attitudes. *Group Processes & Intergroup Relations, 7*(4), 333-353; Navarrete, C. D., & Fessler, D. M. (2006). Disease avoidance and ethnocentrism: The effects of disease vulnerability and disgust sensitivity on intergroup attitudes. *Evolution and Human Behavior, 27*(4), 270-282.

69. LeVine, R. A., Dixon, S., LeVine, S., Richman, A., Keiderman, P. H., Keefer, C. H., & Brazelton, T. B. (1994). *Child care and culture: Lessons from Africa*. New York: Cambridge University Press.

70. Severe acute respiratory syndrome (SARS) outbreak, 2003. (2016, July 30). National Library Board Singapore. 다음 웹페이지에서 확인할 수 있다. http://eresources.nlb.gov.sg/infopedia/articles/SIP_1529_2009-06-03.html.

71. Legard, D. (2003, April 11). Singapore enforces SARS quarantine with online cameras. *Network World*. 다음 웹페이지에서 확인할 수 있다. https://www.networkworld.com/article/2341374/lan-wan/singapore-enforces-sars-quarantine-with-online-cameras.html.

72. Shobayashi, T. (2011). Japan's actions to combat pandemic influenza (A/H 1 N 1). *Japan Medical Association Journal, 54*(5), 284-289.

73. Gelfand et al. Differences between tight and loose cultures.

74. 표준비교문화표본(SCCS)의 186개 역사 표본에 따르면, 빡빡한 쪽으로 분류된 사회 가 기근 및 외전外戰 발생률이 훨씬 높았다. Gelfand, M. J., Jackson, J. C., & Ember, C. (2017, February). *Ecological threat and the transmission of cultural tightness-looseness*. 매사추세츠주 보스턴에서 열린 미국과학진흥회 연례 회의에서 발표했다.

75. 흥미롭게도, 종교적 신념은 빡빡한 사고방식의 근원으로 작용하기도 하지만, 신체 적 위협 앞에서 신앙심에 변화가 생기기도 한다. 다른 연구에 따르면, 위협이 신앙심 을 높여주기도 한다. 예를 들어, 한 연구에 따르면, 2011년 뉴질랜드 크라이스트처 치 지진 이후, 이 지진에 영향을 받은 지역 주민들은 신앙심이 증가했지만, 지진에 영향을 받지 않은 지역 주민들은 신앙심이 증가하지 않은 것으로 나타났다. 나바 카 로리, 조슈아 잭슨, 커트 그레이와 내가 공동으로 연구한 바에 따르면, 사람들은 테 러 공격, 이민, 외국과의 전쟁 등으로 위협을 느낄 때 신을 권력자(징벌하는 신, 분노하 는 신, 노기 등등한 신 등)로 묘사하는 경향이 강했다. 다음 자료를 참고하라. Caluori, N., Jackson, J. C., & Gelfand, M. J. (2017, September). *Intergroup conflict causes belief in more authoritarian gods*. 독일 예나에서 열린 문화진화학회 창립총회에서 발표한 내용이다. 다음 자료도 참고하라. Sibley, C. G., & Bulbulia, J. (2012). Faith after an earthquake: A longitudinal study of religion and perceived health before and after the 2011 Christchurch New Zealand earthquake. *PloS One, 7*(12), e49648.

76. Gelfand, Jackson, & Ember. *Ecological threat and the transmission of cultural tightness-looseness.*

77. Gelfand et al. Differences between tight and loose cultures.

78. Norenzayan, A. (2013). *Big gods: How religion transformed cooperation and conflict.* Princeton, N.J.: Princeton University Press.

79. Gabbatt, A., Lovering, D., & Pilkington, E. (2013, April 16). Two blasts at Boston Marathon kill three and injure more than 100. *The Guardian.* 다음 웹페이지에서 확 인할 수 있다. https://www.theguardian.com/world/2013/apr/15/boston-mara-thon-explosion-finish-line.

80. Hartogs, J. (2013, April 16). Stories of kindness amid tragedy in Boston Marathon bombing. CBS News. 다음 웹페이지에서 확인할 수 있다. https://www.cbsnews.com/news/stories-of-kindness-amid-tragedy-in-boston-marathon-bombing/.

81. Zimmer, B. (2013, May 12). "Boston Strong," the phrase that rallied a city. *The Boston Globe*. 다음 웹페이지에서 확인할 수 있다. https://www.bostonglobe.com/ideas/2013/05/11/boston-strong-phrase-that-rallied-city/uNPFaI8Mv4QxsWqp-jXBOQO/story.html.

82. 미셸 겔펀드와 엘리자베스 새먼이 수집한 자료다.

83. Gelfand, M. J., & Lun, J. (2013). Ecological priming: Convergent evidence for the link between ecology and psychological processes. *Behavioral and Brain Sciences, 36*(5), 489-490.

84. Mu, Y., Han, S., & Gelfand, M. J. (2017). The role of gamma interbrain synchrony in social coordination when humans face territorial threats. *Social Cognitive and Affective Neuroscience, 12*(10), 1614-1623.

85. Gelfand & Lun. Ecological priming.

86. 같은 글.

87. Roos, P., Gelfand, M., Nau, D., & Lun, J. (2015). Societal threat and cultural variation in the strength of social norms: An evolutionary basis. *Organizational Behavior and Human Decision Processes, 129*, 14-23.

88. Land area (sq. km). The World Bank. 다음 웹페이지에서 확인할 수 있다. https://data.worldbank.org/indicator/AG.LND.TOTL.K2. 토지 면적을 표시하는 도량형은 제곱킬로미터에서 제곱마일로 바뀌었다.

89. Population, total. The World Bank. 다음 웹페이지에서 확인할 수 있다. https://data.worldbank.org/indicator/SP.POP.TOTL.

90. Population density (people per sq. km of land area). The World Bank.

91. Tucker, S. C., & Roberts, P. (Eds.). (2008). *The encyclopedia of the Arab - Israeli conflict: A political, social, and military history [4 volumes]*. Santa Barbara, Calif.: ABC-CLIO.

92. Vital statistics: Latest population statistics for Israel. *Jewish virtual library*. 다음 웹페이지에서 확인할 수 있다. http://www.jewishvirtuallibrary.org/latest-population-statistics-for-israel.

93. Demographics of Israel. Center for Israel and Jewish Affairs. 다음 웹페이지에서 확인할 수 있다. http://cija.ca/resource/israel-the-basics/demographics-of-israel/.

94. Gelfand, M. J., Harrington, J. R., & Fernandez, J. R. (2017). Cultural tightness-looseness: Ecological determinants and implications for personality. In Church, A. T. *Personality Across Cultures*. Santa Barbara, Calif.: ABC-CLIO.

95. Central Intelligence Agency. (2018). Pakistan. In *The World Factbook*. 다음 웹페이지에서 확인할 수 있다. https://www.cia.gov/library/publications/the-world-factbook/geos/pk.html.

96. Mohiuddin, Y. N. (2007). *Pakistan: A global studies handbook*. Santa Barbara, Calif.: ABC-CLIO.

97. Adeney, K., & Wyatt, A. (2010). *Contemporary India*. New York: Palgrave Macmillan.

98. Reik, T. (1962). *Jewish Wit* (p. 117). New York: Gamut Press.

99. Senor, D., & Singer, S. (2009). *Start - up nation: The story of Israel's economic miracle*. New York: Twelve.

100. Hogenbirk, A., & Narula, R. (1999). Globalisation and the small economy: The case of the Netherlands. In Van Den Bulcke, D., & Verbeke, A. (Eds.). (2001). *Globalization and the small open economy*. Cheltenham, UK: Edward Elgar.

101. O'Malley, C. (2014). *Bonds without borders: A history of the Eurobond market*. West Sussex, UK: John Wiley & Sons.

102. Northrup, C. C., Bentley, J. H., Eckes, A. E., Jr., Manning, P., Pomeranz, K., & Topik, S. (2015). *Encyclopedia of world trade: From ancient times to the present* (Vol. 1). London: Rout-ledge.

103. Hoftijzer, P. G. (2001). Dutch printing and bookselling in the Golden Age. In *Two faces of the early modern world: The Netherlands and Japan in the 17th and 18th centuries* (pp. 59-67). Kyoto: International Research Center for Japanese Studies.

104. 1602 trade with the East: VOC. *Stichting het Rijksmuseum*. 다음 웹페이지에서 확인할 수 있다. https://www.rijksmuseum.nl/en/rijksstudio/timeline-dutch-history/1602-trade-with-the-east-voc.

105. Breck, J. (2002). *How we will learn in the 21st century*. Lanham, Md.: Scarecrow Press.

106. Europe: Netherlands. *The World Factbook*. 다음 웹페이지에서 확인할 수 있다.

https://www.cia.gov/Library/publications/the-world-factbook/geos /print_nl.html.

5 미국 주들 사이의 전쟁

1. Huang, J., Jacoby, S., Strickland, M., & Lai, R. K. K. (2016, November 8). Election 2016: Exit polls. *The New York Times*. 다음 웹페이지에서 확인할 수 있다. https://www.nytimes.com/interactive/2016/11/08/us/politics/election-exit-polls. html?mcubz=2&_r=0.

2. Partisanship and political animosity in 2016. (2016). Pew Research Center. 다음 웹페이지에서 확인할 수 있다. http://www.people-press.org/2016/06/22/partisan-ship-and-political-animosity-in-2016/.

3. Chapman, R., & Ciment, J. (Eds.). (2015). *Culture wars: An encyclopedia of issues, viewpoints and voices*. Armonk, N.Y.: M. E. Sharpe; 다음 자료도 참고하라. Hunter, J. D. (1991). *Culture wars: The struggle to define America*. New York: Basic Books.

4. Harrington, J. R., & Gelfand, M. J. (2014). Tightness-looseness across the 50 United States. *Proceedings of the National Academy of Sciences, 111*(22), 7990-7995.

5. 같은 글.

6. 같은 글.

7. Harrington & Gelfand. Tightness-looseness across the 50 United States.

8. 같은 글.

9. 같은 글.

10. U.S. unauthorized immigration population estimates. (2016, November 3). Pew Research Center. 다음 웹페이지에서 확인할 수 있다. http://www.pewhispanic.org/interactives/unauthorized-immigrants/.

11. Harrington & Gelfand. Tightness-looseness across the 50 United States.

12. Gelfand et al. Differences between tight and loose cultures.

13. Harrington & Gelfand. Tightness-looseness across the 50 United States.

14. 같은 글.

15. United States Department of Education's Office for Civil Rights. (2011-2012). Number and percentage of public school students with and without disabilities receiv-

ing corporal punishment by race/ethnicity, by state: School Year 2011-2012. 다음 웹페이지에서 확인할 수 있다. http://ocrdata.ed.gov/StateNationalEstimations/Estimations_2011_12.

16. IPS Standard School Attire Guide. Indianapolis Public Schools. 다음 웹페이지에서 확인할 수 있다. https://www.myips.org/cms/lib/IN01906626/Centricity/Domain/34/dresscode.pdf.

17. Hudson, C. (2007, October 2). IPS students suspended for not following dress code. WTHR. 다음 웹페이지에서 확인할 수 있다. http://www.wthr.com/article/ips-students-suspended-for-not-following-dress-code.

18. Appel, J. M. (2009, September). Alabama's bad vibrations. *The Huffington Post*. 다음 웹페이지에서 확인할 수 있다. http://www.huffingtonpost.com/jacob-m-appel/alabamas-bad-vibrations_b_300491.html.

19. State last to legalize tattoo artists, parlors. (2006, May 11). *Chicago Tribune*. 다음 웹페이지에서 확인할 수 있다. http://articles.chicagotribune.com/2006-05-11/news/0605110139_1_tattoo-artists-parlors-health-department.

20. Know your rights: Street harassment and the law. Stop Street Harassment. 다음 웹페이지에서 확인할 수 있다. http://www.stopstreetharassment.org/wp-content/uploads/2013/12/SSH-KYR-Mississippi.pdf.

21. Harrington & Gelfand. Tightness-looseness across the 50 United States.

22. 주의 경제력을 고려할 때 빡빡함과 외국 태생 인구 비율의 상관관계는 다음과 같다. 1860 (N = 41): r = -.42, p = .007; 1880 (N = 46): r = -.55, p = .000; 1900 (N = 48): r = -.62, p = .000; 1920 (N = 48): r = -.70, p = .000; 1940 (N = 48): r = -.67, p = .000; 1960 (N = 50): r = -.65, p = .000; 1980 (N = 50): r = -.53, p = .000; 2000 (N = 50): r = -.44, p = .002. 다음 웹페이지에서 인용한 자료다. https://www.census.gov/population/www/documentation/twps0081/twps0081.pdf.

23. Harrington & Gelfand. Tightness-looseness across the 50 United States.

24. 같은 글.

25. 자료 출처: 같은 글. 빡빡함 지수를 바탕으로 농담濃淡을 달리한 이 지도에서 실제보다 색이 좀 더 연해 보이는 주가 있을 것이다. 예를 들어, 일리노이주는 아이다호주

보다 색이 연하지만, 일리노이주가 아이다호주보다 조금 더 빡빡하다. 이는 단순한 착시 현상에 불과하다. 일리노이주는 더 어두운 주들에 둘러싸여 있어서 더 밝은 주들에 둘러싸인 아이다호보다 더 밝아 보이지만, 실제로는 일리노이주가 아이다호주보다 조금 더 어둡다.

26. 같은 글.

27. 자료 출처: 같은 글.

28. 같은 글.

29. 2018년 1월 6일, 심리학자 제이슨 렌트프로우에게 개인적으로 연락해서 얻은 자료다. 응답자들은 성실성의 기본 특성을 평가하는 진술에 얼마만큼 동의하는지에 따라 1(전혀 그렇지 않다)부터 5(정말 그렇다)까지 점수를 매겼다. 다음 자료도 참고하라. Harrington & Gelfand. Tightness-looseness across the 50 United States.

30. Wilson, C. R., Thomas, J. G., Jr., & Abadie, A. J. (Eds.). (2006). *The new encyclopedia of southern culture: Volume 4: Myth, manners, and memory*. Chapel Hill: University of North Carolina Press.

31. Batson, A. B. (1988). *Having it y'all*. Nashville: Rutledge Hill Press.

32. Mason, S. (2016, September 1). Game day in the South? No T-shirts, please. CNN. 다음 웹페이지에서 확인할 수 있다. http://www.cnn.com/2014/12/05/living/irpt-sec-football-fashion/index.html.

33. Cohen, D., Nisbett, R. E., Bowdle, B. F., & Schwarz, N. (1996). Insult, aggression, and the southern culture of honor: An "experimental ethnography." *Journal of Personality and Social Psychology, 70*(5), 945.

34. Doll, J. (2012, January 23). 55 of the rudest things rude New Yorkers do. *Village Voice*. 다음 웹페이지에서 확인할 수 있다. https://www.villagevoice.com/2012/01/23/55-of-the-rudest-things-rude-new-yorkers-do/.

35. Grynbaum, M. M. (2010, September 7). New Jersey Transit tries out quiet cars. *The New York Times*. 다음 웹페이지에서 확인할 수 있다. http://www.nytimes.com/2010/09/08/nyregion/08quiet.html.

36. Sharkey, J. (2004, June 29). Business travel: On the road; want to be unpopular? Start with a cell phone. *The New York Times*. 다음 웹페이지에서 확인할 수 있다. http://www.nytimes.com/2004/06/29/business/business-trav-

el-on-the-road-want-to-be-unpopular-start-with-a-cellphone.html?_r=0.

37. Foulk, T., Woolum, A., & Erez, A. (2016). Catching rudeness is like catching a cold: The contagion effects of low-intensity negative behaviors. *Journal of Applied Psychology, 101*(1), 50.

38. 주 경제력을 고려했을 때, 빡빡함과 무례함 순위의 상관관계는 다음과 같다(숫자가 크면 무례함 정도가 약하다는 뜻이다). (N = 40): r = .33, p = .04. 자료는 다음 웹페이지에서 얻었다. https://www.thetoptens.com/us-states-with-rudest-people/ in May 2017.

39. 주의 경제력과 빈곤을 고려했을 때, 담보 대출 평균 총액과 (자동차 할부금, 학자금 대출, 카드빚, 의료비 및 공과금 미납액을 포함한) 무담보 대출 평균 총액의 합계, 즉 총부채와 빡빡함의 상관관계는 다음과 같다. (N = 50): r = -.43, p = .003. 자료는 다음 웹페이지에서 얻었다. http://www.urban.org/sites/default/files/alfresco/publication-pdfs/413190-Debt-in-America.PDF.

40. Harrington & Gelfand. Tightness-looseness across the 50 United States.

41. 빡빡한 주는 약물 복용과 폭음 비율이 낮지만, 처방받은 오피오이드는 예외다. 2015년 기준, 옥시코돈, 하이드로코돈, 모르핀, 코데인처럼 통증 관리용 오피오이드 처방률은 빡빡한 주가 더 높았다(r = .7: CDC, 2015). 이는 이 부분에서 더 취약하다는 말이다. (예를 들면, 실업자와 장애인은 더 많고, 보험이 있는 사람은 더 적다는 것을 의미한다; 보고서 전문은 다음을 참고하라. Guy, G. P., Zhang, K., Bohm, M., Losby, J., Lewis, B., Young, R., Murphy, L., & Dowell, D. (2017). Vital signs: Changes in opioid prescribing in the United States, 2006-2015. *CDC Morbidity and Mortality Weekly Report.* 다음 웹페이지에서 확인할 수 있다. https://www.cdc.gov/mmwr/volumes/66/wr/mm6626a4.htm). 주별 처방 데이터에 관해서는 다음 자료를 참고하라. Centers for Disease Control and Prevention. (2015). *U.S. state prescribing rates, 2015.* 다음 웹페이지에서 확인할 수 있다. https://www.cdc.gov/drugoverdose/maps/rxstate2015.html.그러나 2015년도 통계상으로 전손全損과 약물 과용으로 인한 사망은 상관관계가 없었다(r = -.006). 주별 약물 과용 사망 데이터는 다음 자료를 참고하라. Centers for Disease Control and Prevention. (2015). *Drug overdose death data.* 다음 웹페이지에서 확인할 수 있다. https://www.cdc.gov/drugoverdose/data/statedeaths.html.

42. Lopez, G. (2018, April 20). Marijuana has been legalized in nine states and Wash-

ington, DC. *Vox*. 다음 웹페이지에서 확인할 수 있다. https://www.vox.com/cards/marijuana-legalization/where-is-marijuana-legal.

43. Fuller, T. (2017, April 15). Marijuana goes industrial in California. *The New York Times*. 다음 웹페이지에서 확인할 수 있다. https://www.nytimes.com/2017/04/15/us/california-marijuana-industry-agriculture.html?mcubz=2.

44. Taking the highway: Idaho sign for Mile 420 changed to 419.9. (2015, August 18). *Denver Post*. 다음 웹페이지에서 확인할 수 있다. http://www.denverpost.com/2015/08/18/taking-the-highway-idaho-sign-for-mile-420-changed-to-419-9/.

45. Harrington & Gelfand. Tightness-looseness across the 50 United States.

46. Luesse, V. F. (n.d.). Things only small town southerners know. *Southern Living*. 다음 웹페이지에서 확인할 수 있다. http://www.southernliving.com/culture/small-town-living.

47. Foster, E. K. (2004). Research on gossip: Taxonomy, methods, and future directions. *Review of General Psychology, 8*(2), 78.

48. Dunbar, R. I. (2004). Gossip in evolutionary perspective. *Review of General Psychology, 8*(2), 100.

49. Harrington & Gelfand. Tightness-looseness across the 50 United States.

50. 같은 글.

51. 같은 글.

52. 같은 글.

53. Adults in Kansas. (2014). Pew Research Center. 다음 웹페이지에서 확인할 수 있다. http://www.pewforum.org/religious-landscape-study/state/kansas/.

54. Religious landscape study: Adults in Mississippi. (2014). Pew Research Center. 다음 웹페이지에서 확인할 수 있다. http://www.pewforum.org/religious-landscape-study/state/mississippi/; Religious landscape study: Adults in South Carolina. (2014). Pew Research Center. 다음 웹페이지에서 확인할 수 있다. http://www.pewforum.org/religious-landscape-study/state/south-carolina/.

55. Weiss, J. D., & Lowell, R. (2002). Supersizing religion: Megachurches, sprawl, and smart growth. *Saint Louis University Public Law Review, 21*, 313.

56. Zaimov, S. (2016, September 8). Joel Osteen's Lakewood Church ranked America's largest megachurch with 52,000 weekly attendance. *The Christian Post*. 다음 웹페이지에서 확인할 수 있다. https://www.christianpost.com/news/joel-osteens-lakewood-church-ranked-americas-largest-megachurch-with-52k-in-attendance-169279/.

57. Kopplin, Z. (2014, January 16). Texas public schools are teaching creationism. *Slate*. 다음 웹페이지에서 확인할 수 있다. http://www.slate.com/articles/health_and_science/science/2014/01/creationism_in_texas_public_schools_undermining_the_charter_movement.html.

58. South Carolina prayer in public schools laws. Find-Law. 다음 웹페이지에서 확인할 수 있다. http://statelaws.findlaw.com/south-carolina-law/south-carolina-prayer-in-public-schools-laws.html.

59. Grammich, C. A. (2012). 2010 US religion census: Religious congregations & membership study: An enumeration by nation, state, and county based on data reported for 236 religious groups. Association of Statisticians of American Religious Bodies.

60. Stack, P. F. (2012, September 1). Mormon caffeine policy clarified, Coke and Pepsi officially OK for Latter-Day Saints. *The Huffington Post*. 다음 웹페이지에서 확인할 수 있다. http://www.huffingtonpost.com/2012/09/01/mormon-caffeine-policy-cl_n_1848098.html.

61. Maza, C. (2017, December 14). Masturbation will make you gay, warns leaked Mormon Church document. *Newsweek*. 다음 웹페이지에서 확인할 수 있다. http://www.newsweek.com/masturbation-gay-leaked-mormon-church-lgtb-religion-sex-748201.

62. The Church of Jesus Christ of Latter-Day Saints. Chastity. 다음 웹페이지에서 확인할 수 있다. https://www.lds.org/topics/chastity?lang=eng.

63. Tingey, E. C. Keeping the Sabbath day holy. The Church of Jesus Christ of Latter-Day Saints. 다음 웹페이지에서 확인할 수 있다. https://www.lds.org/ensign/2000/02/keeping-the-sabbath-day-holy?lang=eng.

64. Question: What are the worthiness requirements to enter a Mormon Temple? FairMormon. 다음 웹페이지에서 확인할 수 있다. https://www.fairmormon.org/

answers/Question：_What_are_the_worthiness_requirements_to_enter_a_Mormon_temple%3F.

65. Religious News Service. (1992, August 15). Mormon church said to be keeping files on dissenters. *The Times- News* (Idaho), 5B.

66. Haidt, J. (2012). *The righteous mind: Why good people are divided by politics and religion*. New York: Pantheon Books.

67. 빡빡함과 권위에 대한 존경심의 상관관계는 다음과 같다. (N = 50)：r = .47, p = .001；빡빡함과 고통에 대한 배려의 상관관계는 다음과 같다. (N = 50)：r = -.44, p = .001；빡빡함과 공정성 및 상호 호혜의 상관관계는 다음과 같다. (N = 50)：r = -.45, p = .001；빡빡함과 집단에 대한 충성심의 상관관계는 다음과 같다. (N = 50)：r = .34, p = .02；빡빡함과 순결성 및 신성함의 상관관계는 다음과 같다. (N = 50)：r = .60, p = .000. 모든 상관관계는 주의 경제력을 고려한 결과다. 자료는 서던 캘리포니아대학교 심리학자 제시 그레이엄에게서 얻었다.

68. Georgia Bureau of Investigation. (n.d.). CCH offense codes. 다음 웹페이지에서 확인할 수 있다. https://gbi.georgia.gov/sites/gbi.georgia.gov/files/related_files/site_page/CCH%20Offense%20Codes%20-%20Active.pdf.

69. Sturm, Melanie. (2013, September 17). Sturm：Who are we to judge? *The Aspen Times*. 다음 웹페이지에서 확인할 수 있다. http://www.aspentimes.com/opinion/sturm-who-are-we-to-judge/.

70. Harrington & Gelfand. Tightness-looseness across the 50 United States.

71. 같은 글.

72. 같은 글.

73. Alfred, R. (2008, May 16). May 16, 1960：Researcher shines a laser light. *Wired*. 다음 웹페이지에서 확인할 수 있다. https://www.wired.com/2008/05/dayintech-0516-2/.

74. Asano, S. (2011, May 9). Just the fax. Boston.com. 다음 웹페이지에서 확인할 수 있다. http://archive.boston.com/news/education/higher/articles/2011/05/09/sam_asanos_idea_led_to_first_fax_machine/.

75. Saltiel, C., & Datta, A. K. (1999). Heat and mass transfer in microwave processing. In *Advances in heat transfer* (Vol. 33, pp. 1.94). New York: Elsevier.

76. Grimes, W. (2016, March 17). Raymond Tomlinson, who put the @ sign in email, is dead at 74. *The New York Times*. 다음 웹페이지에서 확인할 수 있다. https://www.nytimes.com/2016/03/08/technology/raymond-tomlinson-email-obituary.html?mcubz=2.

77. 자료는 2018년 1월 6일에 심리학자 제이슨 렌트프로우에게 개인적으로 연락해서 얻었다. 응답자들은 개방성이라는 기본 특성을 평가하는 진술에 얼마만큼 동의하는지에 따라 1(전혀 그렇지 않다)부터 5(정말 그렇다)까지 점수를 매겼다. 다음 자료도 참고하라. Harrington & Gelfand. Tightness-looseness across the 50 United States.

78. Maxwell, L. M. (2003). *Save womens lives: History of washing machines*. Eaton, Colo.: Oldewash.

79. Bellis, M. (2016, August 13). The history of the Frisbee. *ThoughtCo*. 다음 웹페이지에서 확인할 수 있다. https://www.thoughtco.com/history-of-the-frisbee-4072561.

80. 같은 글.

81. 각 주에서 시각 예술 또는 행위 예술 행사에 참석하거나 영화관에 가는 성인의 비율과 빡빡함의 상관관계는 다음과 같다. (N = 50): r = −.48, p = .001; 각 주에서 희곡, 시, 단편 소설, 장편 소설을 포함한 문학 작품을 읽는 성인의 비율과 빡빡함의 상관관계는 다음과 같다. (N = 50): r = −.46, p = .001; 각 주에서 개인적으로 예술 작품을 공연하거나 창작하는 성인의 비율과 빡빡함의 상관관계는 다음과 같다. (N = 50): r = −.41, p = .003; 각 주에서 예술 작품 또는 예술 프로그램을 소비하기 위해 TV, 라디오, 인터넷을 사용하는 성인의 비율과 빡빡함의 상관관계는 다음과 같다. (N = 50): r = −.47, p = .001. 모든 상관관계는 주의 경제력을 고려한 자료다. 자료는 다음 웹페이지에서 얻었다. https://www.arts.gov/artistic-fields/research-analysis/arts-data-profiles/arts-data-profile-11.

82. 자료 출처: Harrington & Gelfand. Tightness-looseness across the 50 United States. 각 주의 인구 한 명당 특허 출원 건수(1963-2011)는 이 기간에 미국 특허 상표국에 출원한 전체 특허 수를 2010년 각 주의 총인구로 나눈 뒤 이 수치에 1,000을 곱해서 산출했다. 주의 경제력을 고려할 때, 빡빡함과 인구 한 명당 특허 건수의 상관관계는 다음과 같다. (N = 50): r = −.32, p = .03.

83. 주의 경제력을 고려했을 때, 재미있는 순위와 빡빡함의 상관관계는 다음과 같다. (N = 50): r = −.56, p ⟨ .01. 자료는 다음 웹페이지에서 얻었다. https://wallethub.

com/edu/most-fun-states/34665/#methodology.

84. 주의 경제력을 고려했을 때, 빡빡함과 관용(증오 범죄, 종교적 관용, 차별, 동성애자 권리를 설명하는)의 상관관계는 다음과 같다. (N = 50): r = -.40, p = .004. 자료는 다음 웹페이지에서 얻었다. http://www.thedailybeast.com/ranking-the-most-tolerant-and-least-tolerant-states.

85. Gelfand et al. The strength of social norms predicts global patterns of prejudice and discrimination.

86. 같은 글.

87. Harrington & Gelfand. Tightness-looseness across the 50 United States.

88. 같은 글.

89. 주의 경제력을 고려할 때, 보험에 대한 조치, 저렴한 양질의 보험과 치료에 대한 접근성, 특수 교육에 대한 접근성, 구직 가능성을 포함한 '정신 건강 의료 서비스'에 대한 접근성 순위와 빡빡함의 상관관계는 다음과 같다(순위가 높을수록 접근성이 떨어진다). (N = 50): r = .38, p < .01. 자료는 다음 웹페이지에서 얻었다. http://www.mentalhealthamerica.net/issues/mental-health-america-access-care-data.

90. Harrington & Gelfand. Tightness-looseness across the 50 United States.

91. U.S. Equal Employment Opportunity Commission. EEOC charge receipts by state (includes U.S. territories) and basis for 2017. 다음 웹페이지에서 확인할 수 있다. https://www1.eeoc.gov/eeoc/statistics/enforcement/charges_by_state.cfm.

92. 같은 글.

93. Park, H. (2015, March 30). Which states make life easier or harder for illegal immigrants. *The New York Times*. 다음 웹페이지에서 확인할 수 있다. https://www.nytimes.com/interactive/2015/03/30/us/laws-affecting-unauthorized-immigrants.html?mcubz=2&_r=0.

94. 2018년 3월, 대법원은 애리조나주에서 DACA(불법체류 청년 추방유예) 수혜자가 운전면허를 취득하지 못하도록 막는 것을 금지했다. 다음 자료를 참고하라. Stohr, G. (2018, March 19). U.S. Supreme Court rejects Arizona on driver's licenses for immigrants. *Bloomberg*. 다음 웹페이지에서 확인할 수 있다. https://www.bloomberg.com/news/articles/2018-03-19/high-court-rejects-arizona-on-driver-s-licenses-for-immigrants.

95. 인구 한 명당 고용 차별 고발 건수는 평등고용추진위원회가 정리한 2017년도 주별 총 고발 건수를 각 주의 총인구로 나눈 뒤, 그 수치에 1,000을 곱해서 산출했다. 주의 경제력을 고려할 때, 2017년도 기준 인구 한 명당 고용 차별 고발 건수와 빡빡함의 상관관계는 다음과 같다. (N = 50): r = .56, p 〈 .001. 다음 글에 나온 대로 2010년 자료에서도 같은 패턴이 나타났다. Harrington & Gelfand. Tightness-looseness across the 50 United States.

96. Megerian, C. (2014, August 26). Jerry Brown: Immigrants, citizen or not, "welcome in California." *Los Angeles Times*. 다음 웹페이지에서 확인할 수 있다. http://www.latimes.com/local/political/la-me-pc-mexico-president-visit-california-20140825-story.html.

97. 주의 경제력을 고려했을 때, 자기네 주가 이민자들이 살기에 좋은 곳이라고 답한 이들의 비율과 빡빡함의 상관관계는 다음과 같다. (N = 50): r = -.51, p = .000. 자료는 다음 웹페이지에서 얻었다. http://www.gallup.com/poll/189770/nevadans-likely-say-state-good-place-immigrants.aspx?g_source=states&g_medium=search&g_campaign.

98. Harrington & Gelfand. Tightness-looseness across the 50 United States.

99. Woodard, C. (2011). *American nations: A history of the eleven rival regional cultures of North America*. New York: Penguin.

100. 같은 글 (p. 270).

101. 같은 글.

102. 자주 하는 질문(FAQ). The Equal Rights Amendment: Unfinished business for the Constitution. 다음 웹페이지에서 확인할 수 있다. http://www.equalrightsamendment.org/faq.htm#q4. 빡빡한 주에는 미시시피, 앨라배마, 아칸소, 오클라호마, 루이지애나, 사우스캐롤라이나, 노스캐롤라이나, 버지니아, 유타, 미주리, 조지아가 포함된다.

103. Woodard. *American nations*.

104. McKay, B., & McKay, K. (2012, November 26). Manly honor part V: Honor in the American South. The Art of Manliness. 다음 웹페이지에서 확인할 수 있다. http://www.artofmanliness.com/2012/11/26/manly-honor-part-v-honor-in-the-american-south/.

105. Nisbett, R. E., & Cohen, D. (1996). *Culture of honor: The psychology of violence in the South*. Boulder, Colo.: Westview Press.

106. McKay & McKay. Manly honor part V.

107. Nisbett & Cohen. *Culture of honor*.

108. McKay & McKay. Manly honor part V.

109. 같은 글.

110. Nisbett & Cohen. *Culture of honor*.

111. McWhiney, G. (1989). *Cracker culture: Celtic ways in the Old South*. Tuscaloosa: University of Alabama Press; McKay & McKay. Manly honor part V.

112. Nisbett & Cohen. *Culture of honor*.

113. Woodard. *American nations*.

114. 같은 글.

115. Esbeck, C. H. (2004). Dissent and disestablishment: The church-state settlement in the early American republic. *Brigham Young University Law Review, 2004*(4), 1385-1589.

116. Bonomi, P. U. (1986). *Under the cape of Heaven: Religion, society, and politics in colonial America*. New York: Oxford University Press.

117. Esbeck. Dissent and disestablishment.

118. 같은 글.

119. Goldfield, D., Abbott, C., Anderson, V., Argersinger, J., & Argersinger, P. (2017). *American journey, the combined volume* (8th ed.). Boston: Pearson.

120. Christiano, K. J. (2007). *Religious diversity and social change: American cities, 1890- 1906*. New York: Cambridge University Press.

121. The Editors of Encyclopedia Britannica. Massachusetts. *Encyclopædia Britannica*. 다음 웹페이지에서 확인할 수 있다. https://www.britannica.com/place/Massachusetts.

122. Jaffe, D. (2007. April). Industrialization and conflict in America: 1840-1875. The Metropolitan Museum of Art. 다음 웹페이지에서 확인할 수 있다. http://www.metmuseum.org/toah/hd/indu/hd_indu.htm; Cohen, D. (1998). Culture, social organization, and patterns of violence. *Journal of Personality and Social Psychology, 75*(2),

408.

123. Wyatt-Brown, B. (1982). *Southern honor: Ethics and behavior in the Old South*. New York: Oxford University Press.

124. Paddison, J. (2005). Essay: 1848-1865: Gold rush, statehood, and the western movement. Calisphere, University of California. 다음 웹페이지에서 확인할 수 있다. https://calisphere.org/exhibitions/essay/4/gold-rush/.

125. 같은 글.

126. Chan, S. (2000). A people of exceptional character: Ethnic diversity, nativism, and racism in the California gold rush. *California History, 79*(2), 44-85.

127. Arnesen, E. (2007). *Encyclopedia of U.S. labor and working-class history* (Vol. 1). New York: Taylor & Francis.

128. Paddison. Essay: 1848-1865: Gold rush, statehood, and the western movement.

129. Ochoa, M. G. (2017, March 27). California was once a bastion of xenophobia and racism. If we can change, so can the rest of the country. *Los Angeles Times*. 다음 웹페이지에서 확인할 수 있다. http://www.latimes.com/opinion/opinion-la/la-ol-immigration-california-racism-20170327-htmlstory.html.

130. 주의 경제력을 고려했을 때, 외국 태생 인구 비율과 빡빡함의 상관관계는 다음과 같다. 1860 (N = 41): $r = -.42$, $p = .007$; 1880 (N = 46): $r = -.55$, $p = .000$; 1900 (N = 48): $r = -.62$, $p = .000$; 1920 (N = 48): $r = -.70$, $p = .000$; 1940 (N = 48): $r = -.67$, $p = .000$; 1960 (N = 50): $r = -.65$, $p = .000$; 1980 (N = 50): $r = -.53$, $p = .000$; 2000 (N = 50): $r = -.44$, $p = .002$. 자료는 다음 웹페이지에서 얻었다. https://www.census.gov/population/www/documentation/twps0081/twps0081.pdf.

131. Olson, R. (2014, April 29). U.S. racial diversity by county [Blog post]. 다음 웹페이지에서 확인할 수 있다. http://www.randalolson.com/2014/04/29/u-s-racial-diversity-by-county/.

132. 예를 들어, 캔자스, 노스다코타, 아칸소의 유대인 인구는 각각 0.9퍼센트, 1퍼센트, 0.37퍼센트에 불과하고, 아시아계 인구는 각각 3퍼센트, 2퍼센트, 2퍼센트에 불과하다. 반면에, 느슨한 주인 뉴욕, 매사추세츠, 캘리포니아의 유대인 인구는 각각 8.47퍼센트, 5.28퍼센트, 2.74퍼센트이고, 아시아계 인구는 각각 8퍼센트, 7퍼센트,

15퍼센트다. 주의 경제력을 고려할 때, 2016년 기준, 주 전체 인구 중 아시아계 비율과 빡빡함의 상관관계는 다음과 같다. (N = 50): r = - .36, p = .0.3. 자료는 다음 웹페이지에서 얻었다. https://www.kff.org/other/state-indicator/distribution-by-raceethnicity/?currentTimeframe=0&sortModel=%7B%22colId%22: %22Location%22,%22sort%22:%22asc%22%7D. 주의 경제력을 고려했을 때, 2016년 기준, 주 전체 인구 중 유대인 비율과 빡빡함의 상관관계는 다음과 같다. (N = 50): r = - .31, p = .03. 자료는 다음 웹페이지에서 얻었다. http://www.jewishvirtuallibrary.org/jewish-population-in-the-united-states-by-state.

133. Campanella, R. (2007). An ethnic geography of New Orleans. *The Journal of American History, 94*(3), 704-715.

134. New Orleans. *History.* 다음 웹페이지에서 확인할 수 있다. http://www.history.com/topics/new-orleans.

135. Durrett, C. (2015, May 21). New Orleans mayor responds to Jindal's executive order; says city is "accepting, inviting." WDSU News. 다음 웹페이지에서 확인할 수 있다. http://www.wdsu.com/article/new-orleans-mayor-responds-to-jindal-s-executive-order-says-city-is-accepting-inviting/3377488.

136. Profile of general population and housing characteristics: 2010. United States Census Bureau: American FactFinder. 다음 웹페이지에서 확인할 수 있다. https://factfinder.census.gov/faces/tableservices/jsf/pages/productview.xhtml?pid=DEC_10_DP_DPDP1.

137. Woodard. *American nations.*

138. Significant wildfire events in SC history: chronology by year. South Carolina Forestry Commission. 다음 웹페이지에서 확인할 수 있다. https://www.state.sc.us/forest/firesign.htm.

139. The deadliest, costliest, and most intense United States tropical cyclones from 1851 to 2004 (and other frequently requested hurricane facts). (2005, August). Natural Hurricane Center. 다음 웹페이지에서 확인할 수 있다. http://www.nhc.noaa.gov/pdf/NWS-TPC-4.pdf.

140. Hicken, J. (2012, August 16). See 5 of the worst droughts in the United States. *Deseret News.* 다음 웹페이지에서 확인할 수 있다. http://www.deseretnews.com/

top/920/4/1980s-drought-See-5-of-the-worst-droughts-in-the-United-States.
html.

141. Knittle, A. (2011, October 19). Oklahoma rain records show a history of long
droughts. *NewsOK*. 다음 웹페이지에서 확인할 수 있다. http://newsok.com/arti-
cle/3614753.

142. Okie migrations. Oklahoma Historical Society. 다음 웹페이지에서 확인할 수 있다.
http://www.okhistory.org/publications/enc/entry.php?entry=OK008.

143. 생태학적 취약성과 빡빡함의 관계에 흥미로운 예외가 하나 있는데, 바로 지진이
다. 우리는 50개 주의 지진 발생 빈도와 빡빡함 사이에서 유의미한 관계를 발견하지
못했다.

144. Harrington & Gelfand. Tightness-looseness across the 50 United States.

145. Livingston, I. (2016, April 6). Annual and monthly tornado averages for each state
(maps). U.S. Tornadoes. 다음 웹페이지에서 확인할 수 있다. http://www.ustorna-
does.com/2016/04/06/annual-and-monthly-tornado-averages-across-the-unit-
ed-states/.

146. Harrington & Gelfand. Tightness-looseness across the 50 United States.

147. 같은 글.

148. The deadliest, costliest, and most intense United States tropical cyclones from 1851
to 2004. Natural Hurricane Center.

149. Harrington & Gelfand. Tightness-looseness across the 50 United States.

150. 같은 글.

151. Fine particulate matter (PM2.5) (ug/m3) (2003-2011) [Data file]. Centers for Dis-
ease Control and Prevention. 다음 웹페이지에서 확인할 수 있다. https://wonder.
cdc.gov/nasa-pm.html. 초미세먼지와 빡빡함의 상관관계는 다음과 같다. (N = 50):
r = .41, p = .004.

152. Walters, D. (2015, June 25). Census Bureau shows California's diversity. *The Sac-
ramento Bee*. 다음 웹페이지에서 확인할 수 있다. http://www.sacbee.com/news/
politics-government/capitol-alert/article25485157.html.

153. Hoi, S. (2014). The meaning of the creative economy in Los Angeles. *Community
Development Investment Review, 2,* 31-34.

154. Nickum, R. (2014. July 15). The United States of fear: Which American states are the scariest? Estately Blog. 다음 웹페이지에서 확인할 수 있다. http://www.estately.com/blog/2014/07/the-united-states-of-fear-which-american-states-are-the-scariest/.

155. 주의 경제력을 고려했을 때, 곰, 허리케인, 상어 공격, 거미, 뱀, 토네이도, 번개, 화산에 관한 평균 공포 순위(순위가 낮을수록 각 주의 공포 점수는 높다)와 빡빡함의 상관관계는 다음과 같다. (N = 50): r = -.33, p = .02. 자료는 같은 글에서 얻었다.

156. Woodard. *American nations*.

157. Brundage, F. (1997). American slavery: A look back at the peculiar institution. *The Journal of Blacks in Higher Education* (15), 118-120.

158. Woodard. *American nations*.

159. Harrington & Gelfand. Tightness-looseness across the 50 United States.

160. Woodard. *American nations*.

161. Paskoff, P. F. (2008). Measures of war: A quantitative examination of the Civil War's destructiveness in the Confederacy. *Civil War History, 54*(1), 35-62.

162. 같은 글.

163. Downs, G. P. (2015). *After Appomattox: Military occupation and the ends of war*. Cambridge, Mass.: Harvard University Press.

164. 같은 글.

165. Wilson. *The new encyclopedia of southern culture: Volume 4*.

166. 같은 글.

167. 같은 글.

168. Kaleem, J. (2017. August 16). In some states, it's illegal to take down monuments or change street names honoring the Confederacy. *Los Angeles Times*. 다음 웹페이지에서 확인할 수 있다. http://www.latimes.com/nation/la-na-confederate-monument-laws-20170815-htmlstory.html.

169. Wilson. *The new encyclopedia of southern culture: Volume 4*.

170. American history: Fear of communism in 1920 threatens civil rights. (2010. December 8). *Learning English*. 다음 웹페이지에서 확인할 수 있다. https://learningenglish.voanews.com/a/americas-fear-of-communism-in-1920-be-

comes-a-threat-to-rights-111561904/116001.html.

171. Murray, R. K. (1955). *Red scare: A study in national hysteria, 1919- 1920.* Minneapolis: University of Minnesota Press.

172. 같은 글. 1918년 치안법은 '과격파'를 체포하고 강제 추방하는 데 활용되었고, 여러 주는 언론의 자유를 제한하는 과격단체운동처벌법을 통과시켰다.

173. Goldstein, R. J. (2006). Prelude to McCarthy-ism: The making of a blacklist. *Prologue Magazine.* Washington, D.C.: National Archives and Records Administration.

174. Fried, A. (1997). *McCarthyism, the great American red scare: A documentary history.* New York: Oxford University Press.

175. 같은 글.

176. 같은 글.

177. 같은 글.

178. Klinkowitz, J. (1980). *The American 1960's: Imaginative acts in a decade of change.* Iowa City: Iowa State University Press.

179. Baughman, J. L. (1993). *Television comes to America, 1947- 1957.* Illinois Periodicals Online.

180. Sheff, D. (1988, May 5). The Rolling Stone survey: On sex, drugs, and rock & roll. *Rolling Stone.* 다음 웹페이지에서 확인할 수 있다. http://www.rollingstone.com/culture/news/sex-drugs-and-rock-roll-19880505.

181. Counterculture. *Boundless.* 다음 웹페이지에서 확인할 수 있다. https://www.boundless.com/u-s-history/textbooks/boundless-u-s-history-textbook/the-sixties-1960-1969-29/counterculture-221/counterculture-1232-9277.

182. *The 9/11 commission report: Final report of the national commission on terrorist attacks upon the United States.* (2011). Washington, D.C.: Government Printing Office.

183. Villemez, J. (2011, September 14). 9/11 to now: Ways we have changed. *PBS NewsHour.* 다음 웹페이지에서 확인할 수 있다. http://www.pbs.org/newshour/rundown/911-to-now-ways-we-have-changed//.

184. Hellman, C. (2011, August 16). Has the Pentagon's post-9/11 spending spree made us safer? *The Nation.* 다음 웹페이지에서 확인할 수 있다. http://www.thenation.com/article/has-pentagons-post-911-spending-spree-made-us-safer/.

185. McCarthy, M. T. (2002). USA Patriot Act.

186. Villemez. 9/11 to now.

187. U.S. Department of Homeland Security, ENFORCE Alien Removal Module (EARM), January 2011; Enforcement Integrated Database (EID), December 2010.

188. US Supreme Court rules gay marriage is legal nationwide (2015, June 27). *BBC*. 다음 웹페이지에서 확인할 수 있다. https://www.bbc.com/news/world-us-canada-33290341.

189. Reilly, K. (2016, August 31). Here are all the times Donald Trump insulted Mexico. *Time*. 다음 웹페이지에서 확인할 수 있다. http://time.com/4473972/donald-trump-mexico-meeting-insult/.

190. Read Donald Trump's speech on trade. (2016, June 28). *Time*. 다음 웹페이지에서 확인할 수 있다. http://time.com/4386335/donald-trump-trade-speech-transcript/.

191. Kohn, S. (2016, June 29). Nothing Donald Trump says on immigration holds up. *Time*. 다음 웹페이지에서 확인할 수 있다. http://time.com/4386240/donald-trump-immigration-arguments/.

192. Johnson, J., & Hauslohner, A. (2017, May 20). 'I think Islam hates us": A timeline of Trump's comments about Islam and Muslims. *The Washington Post*. 다음 웹페이지에서 확인할 수 있다. https://www.washingtonpost.com/news/post-politics/wp/2017/05/20/i-think-islam-hates-us-a-timeline-of-trumps-comments-about-islam-and-muslims/?utm_term=.b929e970f937.

193. Diamond, G. (2016, May 2). Trump: 'We can't allow China to rape our country." CNN. 다음 웹페이지에서 확인할 수 있다. https://www.cnn.com/2016/05/01/politics/donald-trump-china-rape/index.html.

194. Appelbaum, Y. (2016, July 1). 'I alone can fix it." *The Atlantic*. 다음 웹페이지에서 확인할 수 있다. https://www.theatlantic.com/politics/archive/2016/07/trump-rnc-speech-alone-fix-it/492557/.

195. Gelfand, M. J., Jackson, J. C., & Harrington, J. R. (2016, April 27). Trump Culture: Threat, Fear, and the Tightening of the American Mind. *Scientific American*. 다음 웹페이지에서 확인할 수 있다. https://www.scientificamerican.com/article/

trump-culture-threat-fear-and-the-tightening-of-the-american-mind/.

196. Schultheis, E. (2018, January 8). Viktor Orban: Hungary doesn't want Muslim "invaders." *Politico*. 다음 웹페이지에서 확인할 수 있다. https://www.politico.eu/article/viktor-orban-hungary-doesnt-want-muslim-invaders/.

197. 2017년 3월 21일에 유발 하라리에게 개인적으로 연락했다.

6 노동자 계층과 상류 계층

1. Chappell, B. (2011, October 20). Occupy Wall Street: From a blog post to a movement. NPR. 다음 웹페이지에서 확인할 수 있다. https://www.npr.org/2011/10/20/141530025/occupy-wall-street-from-a-blog-post-to-a -movement.

2. Proctor, B. D., Semega, J. L., & Kollar, M. A. (2016). Income and poverty in the United States. United States Census Bureau Current Population Reports. 다음 웹페이지에서 확인할 수 있다. https://www.census.gov/content/dam/Census/library/publications/2016/demo/p60-256.pdf.

3. Levitin, M. (2015). The triumph of Occupy Wall Street. *The Atlantic*. 다음 웹페이지에서 확인할 수 있다. https://www.theatlantic.com/politics/archive/2015/06/the-triumph-of-occupy-wall-street/395408/.

4. Public sees strong conflicts between many groups—especially partisans. (2017, December 19). Pew Research Center. 다음 웹페이지에서 확인할 수 있다. http://www.pewresearch.org/fact-tank/2017/12/19/far-more-americans-say-there-are-strong-conflicts-between-partisans-than-between-other-groups-in-society/ft_17-12-19_politics_publicsees/.

5. Black-white conflict isn't society's largest. (2009, September 24). Pew Research Center. 다음 웹페이지에서 확인할 수 있다. http://www.pewsocialtrends.org/2009/09/24/black-white-conflict-isnt-societys-largest/.

6. Orthofer, A. (2016, October 6). South Africa needs to fix its dangerously wide wealth gap. *The Conversation*. 다음 웹페이지에서 확인할 수 있다. https://theconversation.com/south-africa-needs-to-fix-its-dangerously-wide-wealth-gap-66355.

7. Tiezzi, S. (2016, January 15). Report: China's 1% owns 1/3 of wealth. *The Diplomat*. 다음 웹페이지에서 확인할 수 있다. http://thediplomat.com/2016/01/report-chinas-1-percent-owns-13-of-wealth/; Xie, Y., & Jin, Y. (2015). Household wealth in China. *Chinese Sociological Review, 47*(3), 203-229.

8. Ibarra, A. B., & Byanyima, W. (2016, January 17). Latin America is the world's most unequal region. Here's how to fix it. World Economic Forum. 다음 웹페이지에서 확인할 수 있다. https://www.weforum.org/agenda/2016/01/inequality-is-getting-worse-in-latin-america-here-s-how-to-fix-it/.

9. 이런 평론 사례에 관해서는 다음 자료를 참고하라. Cohn, N. (2016, November 9). Why Trump won: Working-class whites. *The New York Times*. 다음 웹페이지에서 확인할 수 있다. https://www.nytimes.com/2016/11/10/upshot/why-trump-won-working-class-whites.html?mcubz=2&_r=0; Maher, R. (2017). Populism is still a threat to Europe—Here's how to contain it. *The Conversation*. 다음 웹페이지에서 확인할 수 있다. https://theconversation.com/populism-is-still-a-threat-to-europe-heres-how-to-contain-it-78821; Witte, G. (2017, February 22). In Britain's working-class heartland, a populist wave threatens to smash the traditional order. *The Washington Post*. 다음 웹페이지에서 확인할 수 있다. https://www.washingtonpost.com/world/europe/in-britains-working-class-heartland-a-populist-wave-threatens-to-smash-the-traditional-order/2017/02/22/67c5e6a8-f867-11e6-aa1e-5f735ee31334_story.html?utm_term=.411363e4b57a.

10. Mark, J. (2014). Daily life in ancient Mesopotamia. *Ancient history encyclopedia*. 다음 웹페이지에서 확인할 수 있다. https://www.ancient.eu/article/680/daily-life-in-ancient-mesopotamia/.

11. Joshi, N. (2017). Caste system in ancient India. *Ancient history encyclopedia*. 다음 웹페이지에서 확인할 수 있다. https://www.ancient.eu/article/1152/caste-system-in-ancient-india/.

12. Fairbank, J. K., & Goldman, M. (2006). *China: A new history*. Cambridge, Mass.: Harvard University Press.

13. Parr, L. A., Matheson, M. D., Bernstein, I. S., & De Waal, F. B. M. (1997). Grooming down the hierarchy: Allogrooming in captive brown capuchin monkeys,

Cebus apella. *Animal Behaviour, 54*(2), 361-367.

14. Sapolsky, R. M. (2005). The influence of social hierarchy on primate health. *Science, 308*(5722), 648-652.

15. Nagy, M., Akos, Z., Biro, D., & Vicsek, T. (2010). Hierarchical group dynamics in pigeon flocks. *Nature, 464*(7290), 890.

16. Wong, M. Y., Munday, P. L., Buston, P. M., & Jones, G. P. (2008). Fasting or feasting in a fish social hierarchy. *Current Biology, 18*(9), R372. R373.

17. Louch, C. D., & Higginbotham, M. (1967). The relation between social rank and plasma corticosterone levels in mice. *General and Comparative Endocrinology, 8*(3), 441-444.

18. Scott, M. P. (1998). The ecology and behavior of burying beetles. *Annual Review of Entomology, 43*(1), 595-618.

19. Stephens, N. M., Markus, H. R., & Phillips, L. T. (2014). Social class culture cycles: How three gateway contexts shape selves and fuel inequality. *Annual Review of Psychology, 65*, 611-634; Varnum, M. E., & Kitayama, S. (2017). The neuroscience of social class. *Current Opinion in Psychology, 18*, 147-151; Harrington, J., & Gelfand, M. (2018). *Worlds unto themselves: Tightness - looseness and social class.*

20. Williams, J. C. (2012). The class culture gap. In S. T. Fiske & H. R. Markus. (Eds.). *Facing social class: How societal rank influences interaction* (pp. 39-58). New York: Russell Sage Foundation.

21. Howell, J. T. (1973). *Hard living on Clay Street: Portraits of blue collar families.* Garden City, NY: Anchor Press.

22. Williams. The class-culture gap.

23. Varner, K. (2017). Sometimes I'm down to pennies before it's time to get paid again. *The Huffington Post.* 다음 웹페이지에서 확인할 수 있다. https://www.huffingtonpost.com/2014/07/01/working-poor_n_55 48010.html.

24. Mulero, E. (2014). If I got in a car accident, I'd be homeless. *The Huffington Post.* 다음 웹페이지에서 확인할 수 있다. https://www.huffingtonpost.com/2014/01/31/karen-wall-working-poor_n_4698088.html.

25. Gillespie, P. (2016, May 19). U.S. problem: I work three part-time jobs. CNN

Money. 다음 웹페이지에서 확인할 수 있다. http://money.cnn.com/2016/05/17/
news/economy/job-multiple-part-time/index.html.

26. Census of fatal injuries (CFOI).Current and revised data. (2015). Bureau of Labor
Statistics. 다음 웹페이지에서 확인할 수 있다. https://www.bls.gov/iif/oshcfoi1.
htm#2010.

27. Harrell, E., Langton, L., Berzofsky, M., Couzens, L., & Smiley-McDonald, H.
(2014). *Household poverty and nonfatal violent victimization, 2008 - 2012*. U.S. De-
partment of Justice, Office of Justice Programs, Bureau of Justice Statistics. 다음 웹페
이지에서 확인할 수 있다. https://www.bjs.gov/content/pub/pdf/hpnvv0812.pdf.

28. Woolf, S. H., Aron, L., Dubay, L., Simon, S. M., Zimmerman, E., &
Luk, K. X. (2015). How are income and wealth linked to health and lon-
gevity? Urban Institute. 다음 웹페이지에서 확인할 수 있다. https://www.
urban.org/sites/default/files/publication/49116/2000178-How-are-In-
come-and-Wealth-Linked-to-Health-and-Longevity.pdf.

29. Chetty, R., Stepner, M., Abraham, S., Lin, S., Scuderi, B., Turner, N., ··· &
Cutler, D. (2016). The association between income and life expectancy in the
United States, 2001-2014. *Journal of the American Medical Association, 315*(16),
1750-1766.

30. Harrington & Gelfand. *Worlds unto themselves.*

31. Chetty, R., Hendren, N., Kline, P., Saez, E., & Turner, N. (2014). Is the United
States still a land of opportunity? Recent trends in intergenerational mobility. *Ameri-
can Economic Review, 104*(5), 141-147.

32. Harrington & Gelfand. *Worlds unto themselves.*

33. Buckingham, M., & Coffman, C. (1999). *First, break all the rules: What the world's
greatest managers do differently.* New York: Gallup Press.

34. Copeland, A. (2013). *Breaking the rules & getting the job: A practical guide to getting a
great job in a down market.* Memphis, Tenn.: Copeland Coaching.

35. Harrington & Gelfand. *Worlds unto themselves.*

36. Haidt, J., Koller, S. H., & Dias, M. G. (1993). Affect, culture, and morality, or is it
wrong to eat your dog? *Journal of Personality and Social Psychology, 65*(4), 613-628.

37. Harrington & Gelfand. *Worlds unto themselves*.

38. Rakoczy, H., Warneken, F., & Tomasello, M. (2008). The sources of normativity: Young children's awareness of the normative structure of games. *Developmental Psychology, 44*(3), 875–881.

39. Kohn, M. (1977). *Class and conformity: A study in values*. Chicago: University of Chicago Press.

40. Today, research confirms that they do: Grossmann, I., & Varnum, M. E. (2011). Social class, culture, and cognition. *Social Psychological and Personality Science, 2*(1), 81–89; Stephens, Markus, & Phillips. Social class culture cycles; Varnum & Kitayama. The neuroscience of social class.

41. Harrington & Gelfand. *Worlds unto themselves*.

42. Parenting in America. (2015, December 17). Pew Research Center. 다음 웹페이지에서 확인할 수 있다. http://www.pewso cialtrends.org/2015/12/17/parenting-in-america/.

43. Lubrano, A. (2004). *Limbo: Blue-collar roots, white-collar dreams*. Hoboken, N.J.: John Wiley & Sons.

44. Bernstein, B. (1971). *Class, codes and control: Theoretical studies toward a sociology of education* (Vol. 1). London: Paladin.

45. Bernstein, B. (1960). Language and social class. *The British Journal of Sociology, 11*(3), 271–276; 같은 글.

46. Anyon, J. (1981). Elementary schooling and distinctions of social class. *Interchange, 12*(2), 118–132; MacLeod, J. (2009). *Ain't no makin' it: Aspirations and attainment in a low-income neighborhood*. Boulder, Colo.: Westview Press; Stephens, Markus, & Phillips. Social class culture cycles.

47. Anyon. Elementary schooling and distinctions of social class.

48. Stephens, N. M., Markus, H. R., & Townsend, S. S. (2007). Choice as an act of meaning: The case of social class. *Journal of Personality and Social Psychology, 93*(5), 814–830.

49. 같은 글.

50. 자료 출처: 같은 글. 미국심리학회의 허락을 받아 게재했다.

51. Galinsky, A. D., Magee, J. C., Gruenfeld, D. H., Whitson, J. A., & Liljenquist, K. A. (2008). Power reduces the press of the situation: Implications for creativity, conformity, and dissonance. *Journal of Personality and Social Psychology, 95*(6), 1450–1466.

52. Piff, P. K., Stancato, D. M., Cote, S., Mendoza-Denton, R., & Keltner, D. (2012). Higher social class predicts increased unethical behavior. *Proceedings of the National Academy of Sciences, 109*(11), 4086–4091.

53. Kraus, M. W., & Keltner, D. (2009). Signs of socioeconomic status: A thin-slicing approach. *Psychological Science, 20*(1), 99–106.

54. Piff et al. Higher social class predicts increased unethical behavior.

55. 같은 글.

56. Harrington & Gelfand. *Worlds unto themselves.*

57. Gervais, S. J., Guinote, A., Allen, J., & Slabu, L. (2013). Power increases situated creativity. *Social Influence, 8*(4), 294–311.

58. Straus, M. A. (1968). Communication, creativity, and problem-solving ability of middle- and working-class families in three societies. *American Journal of Sociology, 73*(4), 417–430.

59. Carvacho, H., Zick, A., Haye, A., Gonzalez, R., Manzi, J., Kocik, C., & Bertl, M. (2013). On the relation between social class and prejudice: The roles of education, income, and ideological attitudes. *European Journal of Social Psychology, 43*(4), 272–285.

60. Kupper, B., Wolf, C., & Zick, A. (2010). Social status and anti-immigrant attitudes in Europe: An examination from the perspective of social dominance theory. *International Journal of Conflict and Violence, 4*(2), 206.

61. Bowles, H. R., & Gelfand, M. (2010). Status and the evaluation of workplace deviance. *Psychological Science, 21*(1), 49–54.

62. Egan, M. L., Matvos, G., & Seru, A. (2017). When Harry fired Sally: The double standard in punishing misconduct. *National Bureau of Economic Research.* doi: 10.3386/w23242.

63. Editorial Board. (2016, December 17). Unequal sentences for blacks and whites. *The New York Times.* 다음 웹페이지에서 확인할 수 있다. https://www.nytimes.

com/2016/12/17/opinion/sunday/unequal-sentences-for-blacks-and-whites. html?_r=0.

64. Nellis, A. (2016). The color of justice: Racial and ethnic disparity in state prisons. The Sentencing Project. 다음 웹페이지에서 확인할 수 있다. http://www. sentencingproject.org/publications/color-of-justice-racial-and-ethnic-disparity-in-state-prisons/. 다음 자료도 참고하라. NAACP. (2018). Criminal justice fact sheet. 다음 웹페이지에서 확인할 수 있다. http://www.naacp.org/criminal-justice-fact-sheet/.

65. Ghandnoosh, N. (2015). Black lives matter: Eliminating racial inequity in the criminal justice system. The Sentencing Project. 다음 웹페이지에서 확인할 수 있다. http://www.sentencingproject.org/publications/black-lives-matter-eliminating-racial-inequity-in-the-criminal-justice-system/#I. Uneven Policing in Ferguson and New York City.

66. Stephens, N. M., Fryberg, S. A., Markus, H. R., Johnson, C. S., & Covarrubias, R. (2012). Unseen disadvantage: How American universities' focus on independence undermines the academic performance of first-generation college students. *Journal of Personality and Social Psychology, 102*(6), 1178-1197.

67. Soria, K. M., Stebleton, M. J., & Huesman, R. L., Jr. (2013). Class counts: Exploring differences in academic and social integration between working-class and middle/upper-class students at large, public research universities. *Journal of College Student Retention: Research, Theory & Practice, 15*(2), 215-242.

68. Harrington, J., & Gelfand, M. (2018). Survey of first-generation students, University of Maryland.

69. Rad-ford, A., Berkner, L., Wheeless, S., & Shepherd, B. (2010). Persistence and attainment of 2003-2004 beginning postsecondary students: After 6 years. U.S. Department of Education. 다음 웹페이지에서 확인할 수 있다. https://nces.ed.gov/pubs2011/2011151.pdf.

70. Harvard College First Generation Student Union. *About*. 다음 웹페이지에서 확인할 수 있다. http://www.hcs.harvard.edu/firstgen/index.html.

71. Hyde-Keller, O. Brown University to open first-generation college and low-income

student center. News from Brown. 다음 웹페이지에서 확인할 수 있다. https://news.brown.edu/articles/2016/03/firstgen.

72. Arizona State University. ASU program helps first-generation college students navigate path to higher ed. ASU Now. 다음 웹페이지에서 확인할 수 있다. https://asu-now.asu.edu/content/asu-program-helps-first-generation-college-students-navi-gate-path-higher-ed.

73. 미시간대학교 사례에 관해서는 다음 웹페이지를 참고하라. https://firstgen.student-life.umich.edu/our-stories/; 캘리포니아대학교 로스앤젤레스(UCLA) 사례에 관해서는 다음 웹페이지를 참고하라. https://alumni.ucla.edu/email/connect/2016/sept/first/default.htm.

74. Stephens, N. M., Hamedani, M. G., & Destin, M. (2014). Closing the social-class achievement gap: A difference-education intervention improves first-generation students' academic performance and all students' college transition. *Psychological Science, 25*(4), 943-953.

75. Eddy, S. L., & Hogan, K. A. (2014). Getting under the hood: How and for whom does increasing course structure work? *CBE - Life Sciences Education, 13*(3), 453-468.

76. United States Census Bureau. (2017). *Highest educational attainment levels since 1940.* 다음 웹페이지에서 확인할 수 있다. https://www.census.gov/library/visualiza-tions/2017/comm/cb17-51_educational_attainment.html.

77. The German Vocational Training System. (n.d.). Federal Ministry of Education and Research. 다음 웹페이지에서 확인할 수 있다. https://www.bmbf.de/en/the-ger-man-vocational-training-system-2129.html.

78. Jacoby, T. (2014). Why Germany is so much better at training its workers. *The Atlantic.* 다음 웹페이지에서 확인할 수 있다. https://www.theatlantic.com/busi-ness/archive/2014/10/why-germany-is-so-much-better-at-training-its-work-ers/381550/.

79. 같은 글.

80. Chui, M., Manyika, J., & Miremadi, M. (2016). Where machines could replace humans—and where they can't (yet). *McKinsey Quarterly.* 다음 웹페이지에서 확인할

수 있다. https://www.mckinsey.com/business-functions/digital-mckinsey/our-insights/where-machines-could-replace-humans-and-where-they-cant-yet.

81. Barabak, M. Z., & Duara, N. (2016). "We're called redneck, ignorant, racist. That's not true": Trump supporters explain why they voted for him. *Los Angeles Times*. 다음 웹페이지에서 확인할 수 있다. http://www.latimes.com/politics/la-na-pol-donald-trump-american-voices-20161113-story.html.

82. Hjelmgaard, K., & Zoroya, G. (2016). Exploding UK immigration helped drive "Brexit" vote. *USA Today*. 다음 웹페이지에서 확인할 수 있다. https://www.usatoday.com/story/news/world/2016/06/28/exploding-uk-immigration-helped-drive-brexit-vote/86424670/; *Lord Ashcroft*. (2016). How the United Kingdom voted on Thursday … and why. *Lord Ashcroft Polls*. 다음 웹페이지에서 확인할 수 있다. http://lordashcroftpolls.com/2016/06/how-the-united-kingdom-voted-and-why/.

83. White House. (2018). *Inside President Donald J. Trump's first year of restoring law and order*. 다음 웹페이지에서 확인할 수 있다. https://www.whitehouse.gov/briefings-statements/president-donald-j-trumps-first-year-restoring-law-order/.

84. Nossiter, A. (2017). Marine Le Pen echoes Trump's bleak populism in French campaign kickoff. *The New York Times*. 다음 웹페이지에서 확인할 수 있다. https://www.nytimes.com/2017/02/05/world/europe/marine-le-pen-trump-populism-france-election.html.

85. Adekoya, R. (2016). Xenophobic, authoritarian—and generous on welfare: How Poland's right rules. The Guardian. 다음 웹페이지에서 확인할 수 있다. https://www.theguardian.com/commentisfree/2016/oct/25/poland-right-law-justice-party-europe.

7 당신의 조직은 빡빡한 편인가, 느슨한 편인가

1. Vlasic, B., & Stertz, B. A. (2001). *Taken for a ride: How Daimler-Benz drove off with Chrysler*. New York: HarperCollins.

2. Andrews, E. L., & Holson, L. M. (2001, August 12). Daimler-Benz to buy Chrys-

ler in $36 billion deal. *The New York Times*. 다음 웹페이지에서 확인할 수 있다. http://www.nytimes.com/2001/08/12/business/daimlerbenz-to-buy-chrys-ler-in-36-billion-deal.html.

3. CBSNews.com Staff. (2001, January 29). Chrysler to cut 26,000 jobs. CBS News. 다음 웹페이지에서 확인할 수 있다. https://www.cbsnews.com/news/chrys-ler-to-cut-26000-jobs/.

4. Schneider, P. (2001, August 12). Scenes from a marriage. *The New York Times*. 다음 웹페이지에서 확인할 수 있다. http://www.nytimes.com/2001/08/12/magazine/scenes-from-a-marriage.html.

5. 같은 글.

6. 같은 글.

7. 같은 글.

8. 같은 글.

9. Wright, C. (2000, August 1). Taken for a ride. *Automotive News*. 다음 웹페이지에서 확인할 수 있다. http://www.autonews.com/article/20000801/SUB/8010710/.

10. The Economist Staff. (2000, July 27). The DaimlerChrysler emulsion. *The Economist*. 다음 웹페이지에서 확인할 수 있다. http://www.economist.com/node/341352.

11. Vlasic & Stertz. *Taken for a ride*.

12. Schuetze, A. (2007, October 4). Benz sidelined as Daimler gets name change. Reuters. 다음 웹페이지에서 확인할 수 있다. https://www.reuters.com/article/us-mercedesbenz-name/benz-sidelined-as-daimler-gets-name-change-idUSL0423158520071004.

13. Schneider. Scenes from a marriage.

14. CBSNews.com Staff. Chrysler to cut 26,000 jobs.

15. 같은 글.

16. Schneider. Scenes from a marriage.

17. Maynard, M. (2007, August 12). DAM-lerChrysler? If you say so, Chief. *The New York Times*. 다음 웹페이지에서 확인할 수 있다. http://www.nytimes.com/2007/08/12/business/yourmoney/12suits.html.

18. CBSNews.com Staff. Chrysler to cut 26,000 jobs; 다음 자료도 참고하라. CNN

Money Staff. (2000, November 28). Kerkorian sues Daimler. CNN Money. 다음 웹페이지에서 확인할 수 있다. http://money.cnn.com/2000/11/27/news/chrysler/.

19. Landler, M. (2007, May 14). Daimler calling it quits with Chrysler. *The New York Times*. 다음 웹페이지에서 확인할 수 있다. https://www.nytimes.com/2007/05/14/business/worldbusiness/14iht-daimler.5.5708176.html.

20. Li, C., Gelfand, M. J., & Kabst, R. (2017). The influence of cultural tightness-looseness on cross-border acquisitions. *Academy of Management Proceedings, 2017*(1), 10533.

21. Senor & Singer. *Start-up nation*; Israel Venture Capital Research Center. (n.d.). 다음 웹페이지에서 확인할 수 있다. www.ivc-online.com.

22. Koetsier, John. (2013, November 6). Website builder Wix raises $127M in largest-ever IPO for Israeli firm. *Venture Beat*. 다음 웹페이지에서 확인할 수 있다. https://venturebeat.com/2013/11/06/website-builder-wix-raises-127m-in-largest-ever-ipo-for-israeli-firm/.

23. Wix. (n.d.). About us. 다음 웹페이지에서 확인할 수 있다. https://www.wix.com/about/us.

24. Wix Blog. (2014). "Ah, the View!": Wix offices around the globe. 다음 웹페이지에서 확인할 수 있다. https://www.wix.com/blog/2014/08/wix-offices-around-the-globe/; Abrahami, A. (2016, June 6). Wix CEO: How a 10-year-old company innovates. *Medium*. 다음 웹페이지에서 확인할 수 있다. https://medium.com/@Wix.com/wix-ceo-how-a-10-year-old-company-innovates-ee173a81ae95.

25. Wix Blog. (2014). What we look like at work. 다음 웹페이지에서 확인할 수 있다. https://www.wix.com/blog/2014/10/what-we-look-like-at-work/.

26. Wix Blog. (2015). 5 things that will disqualify you from working at Wix. 다음 웹페이지에서 확인할 수 있다. https://www.wix.com/blog/2015/06/5-things-that-will-disqualify-you-from-working-at-wix/.

27. Bort, J. (2013). Hot Israel startup Wix has a gorgeous headquarters overlooking the Mediterranean Sea. *Business Insider*. 다음 웹페이지에서 확인할 수 있다. http://www.businessinsider.com/startup-wix-has-one-of-the-most-spectacular-offices-in-isreal-2013-4.

28. Abrahami. Wix CEO.

29. Wix Blog. 5 things that will disqualify you from working at Wix; Abrahami, A. (2014, July 31). An ode to transparency. *Entrepreneur*. 다음 웹페이지에서 확인할 수 있다. https://www.entrepreneur.com/article/235873; Wix Blog. (2016). Saying thanks for these 10 things. 다음 웹페이지에서 확인할 수 있다. https://www.wix.com/blog/2016/11/saying-thanks-for-these-10-things/.

30. Wix Blog. "Ah, the View!"

31. Schneider, B. (1987). The people make the place. *Personnel psychology, 40*(3), 437-453.

32. Senor & Singer. *Start-up nation*.

33. 2geeks1city (Producer). (2016, November 3). *Startup ecosystem in Israel: the documentary* [Video]. 다음 웹페이지에서 확인할 수 있다. https://www.youtube.com/watch?v=qgCcymWeKrc.

34. Rosten, L. (1968). *The Joys of Yiddish*. New York: McGraw-Hill.

35. Senor & Singer. *Start-up nation*.

36. 같은 글.

37. Rudee, E. (2016, March 10). What gives Israel the edge on marijuana? *Observer*. 다음 웹페이지에서 확인할 수 있다. http://observer.com/2016/03/what-gives-israel-the-edge-on-marijuana/.

38. Freilich, A. (Producer). (2015, August 24). *The COO of a billion dollar company Nir Zohar tells the story of Wix (Feat Nir Zohar, WIX)* [Audio podcast]. 다음 웹페이지에서 확인할 수 있다. http://startupcamel.com/podcasts/83-if-you-want-your-start-up-to-grow-10x-faster-your-personality-needs-to-grow-at-the-same-pace-feat-nir-zohar-wix/.

39. Stangel, L. (2013, April 8). Facebook's 12 most fantastic employee perks. *Silicon Valley Business Journal*. 다음 웹페이지에서 확인할 수 있다. https://www.bizjournals.com/sanjose/news/2013/04/03/facebooks-12-most-fantastic-employee.html.

40. Simoes, M. (2013, February 7). Why everyone wants to work at big tech companies. *Business Insider*. 다음 웹페이지에서 확인할 수 있다. http://www.businessinsider.com/everyone-wants-to-work-at-tech-companies-2013-1.

41. Bradford, L. (2016, July 27). 13 tech companies that offer cool work perks. *Forbes*. 다음 웹페이지에서 확인할 수 있다. https://www.forbes.com/sites/laurencebradford/2016/07/27/13-tech-companies-that-offer-insanely-cool-perks/#318a950179d1.

42. Yang, L. (2017, July 11). 13 incredible perks of working at Google, according to employees. *Insider*. 다음 웹페이지에서 확인할 수 있다. http://www.thisisinsider.com/coolest-perks-of-working-at-google-in-2017-2017-7.

43. Roy, E. A. (2017, February 19). New Zealand startup offers unlimited holiday and profit share to attract workers. *The Guardian*. 다음 웹페이지에서 확인할 수 있다. https://www.theguardian.com/world/2017/feb/20/new-zealand-startup-unlimited-holiday-profit-share-attract-workers.

44. 같은 글.

45. SBS Consulting. (2016). A comprehensive guide to Singapore work culture for new expats. 다음 웹페이지에서 확인할 수 있다. https://www.sbsgroup.com.sg/blog/a-comprehensive-guide-to-singapore-work-culture-for-new-expats/.

46. Commisceo Global. (n.d.). Singapore guide. 다음 웹페이지에서 확인할 수 있다. https://www.commisceo-global.com/country-guides/singapore-guide.

47. Schein, E. H., & Scheim, P. (2016). *Organizational culture and leadership* (5th ed.). Hoboken, N.J.: John Wiley & Sons.

48. Lai, A. (2014, September). Singapore working hours survey 2014—media coverage. Morgan McKinley. 다음 웹페이지에서 확인할 수 있다. https://www.morganmckinley.com.sg/article/singapore-working-hours-survey-2014-media-coverage.

49. Reed, J. (2014, January 2). Israel aims to grow from start-up nation to scale-up nation. *Financial Times*. 다음 웹페이지에서 확인할 수 있다. https://www.ft.com/content/56f47908-67fa-11e3-8ada-00144feabdc0.

50. Senor & Singer. *Start-up nation*.

51. De Mente, B. L. (2015). *Etiquette guide to Japan: Know the rules that make the difference!* North Clarendon, Vt.: Tuttle.

52. Magee, D. (2007). *How Toyota became #1: Leadership lessons from the world's greatest car company*. New York: Penguin.

53. Ozawa, H. (2010, February 24). Toyota crisis throws spotlight on Japan's corporate culture. *Industry Week*. 다음 웹페이지에서 확인할 수 있다. http://www.industry-week.com/companies-amp-executives/toyota-crisis-throws-spotlight-japans-corporate-culture.

54. Brooker, J. (2005, May 20). Is a salaryman without a suit like sushi without the rice? *The New York Times*. 다음 웹페이지에서 확인할 수 있다. http://www.nytimes.com/2005/05/20/business/worldbusiness/is-a-salaryman-without-a-suit-like-sushi-without-the.html.

55. De Mente. *Etiquette guide to Japan*.

56. Rigoli, E. (2007, July 10). The kaizen of Toyota recruiting. ERE Media. 다음 웹페이지에서 확인할 수 있다. https://www.ere.net/the-kaizen-of-toyota-recruiting/.

57. Unoki, K. (2012). *Mergers, acquisitions and global empires: Tolerance, diversity and the success of M&A*. New York: Routledge.

58. Economist Business Staff. (2015, November 26). Loosening their ties. *The Economist*. 다음 웹페이지에서 확인할 수 있다. https://www.economist.com/news/business/21679214-punishing-work-culture-gradually-being-relaxed-loosening-their-ties.

59. 같은 글.

60. Lee, C. Y. (2012). Korean culture and its influence on business practice in South Korea. *Journal of International Management Studies, 7*(2), 184-191.

61. Grobart, S. (2013, March 28). How Samsung became the world's no. 1 smartphone maker. *Bloomberg Businessweek*. 다음 웹페이지에서 확인할 수 있다. https://www.bloomberg.com/news/articles/2013-03-28/how-samsung-became-the-worlds-no-dot-1-smartphone-maker.

62. S'leziak, T. (2013). The role of Confucianism in contemporary South Korean society. *Rocznik Orientalistyczny*, (1).

63. Economist Business Staff. Loosening their ties.

64. Granli, T. C. (2012). *Cross-cultural adaption in Norwegian companies in Brazil*. University of Oslo. 다음 웹페이지에서 확인할 수 있다. https://www.duo.uio.no/bitstream/handle/10852/25180/ThomasCGranli-Thesis-LATAM4590.pdf.

65. De H. Barbosa, L. N. (1995). The Brazilian ˈjeitinhoˈ: An exercise in national identity. In Hess, D. J., & DaMatta, R. (Eds.). *The Brazilian Puzzle: Culture on the Borderlands of the Western World*. New York: Columbia University Press.

66. Mello, J. (2012, March 26). The Brazilian way of doing things. *The Brazil Business*. 다음 웹페이지에서 확인할 수 있다. http://thebrazilbusiness.com/article/the-brazilian-way-of-doing-things.

67. Universidade Federal Fluminense (Producer). (2010, December 16). *O Jeitinho Brasileiro Em Diversos Ambitos* [Video file]. 다음 웹페이지에서 확인할 수 있다. https://www.youtube.com/watch?v=f0sf60Rm27g.

68. Keller, K. (2013). *Portuguese for dummies*. Indianapolis, Ind.: John Wiley & Sons.

69. Kruse, K. (2016, August 29). The big company that has no rules. *Forbes*. 다음 웹페이지에서 확인할 수 있다. https://www.forbes.com/sites/kevinkruse/2016/08/29/the-big-company-that-has-no-rules/#47d6916556ad.

70. Granli. *Cross-cultural adaption in Norwegian companies in Brazil*.

71. Dieter Zetsche on sustainability. (2009). *360° Magazine*. 다음 웹페이지에서 확인할 수 있다. http://multimedia.mercedes-benz.it/gruppo/pdf/Reports_Magazine.pdf.

72. 같은 글.

73. Stephan, E., & Pace, R. W. (2002). *Powerful leadership: How to unleash the potential in others and simplify your own life*. Upper Saddle River, N.J.: Prentice Hall; Kansal, S., & Chandani, A. (2014). Effective management of change during merger and acquisition. *Procedia Economics and Finance, 11*, 208-217.

74. House, R. J., Hanges, P. J., Javidan, M., Dorfman, P. W., & Gupta, V. (Eds.). (2004). *Culture, leadership, and organizations: The GLOBE study of 62 societies*. Thousand Oaks, Calif.: Sage.

75. 같은 글.

76. 같은 글.

77. Aktas, M., Gelfand, M. J., & Hanges, P.J. (2016). Cultural tightness—looseness and perceptions of effective leadership. *Journal of Cross-Cultural Psychology, 47*(2), 294-309.

78. 같은 글.

79. Semler, R. (2014, October). *Ricardo Semler: How to run a company with (almost) no rules* [Video file]. 다음 웹페이지에서 확인할 수 있다. https://www.ted.com/talks/ricardo_semler_how_to_run_a_company_with_almost_no_rules.

80. Semler, R. (1995). *Maverick: The success story behind the world's most unusual workplace.* New York: Warner Books.

81. Fisher, L. M. (2005, November 29). Ricardo Semler won't take control. *strategy + business (s+b).* 다음 웹페이지에서 확인할 수 있다. https://www.strategy-business.com/article/05408?gko=3291c.

82. Semler. *Maverick.*

83. Semler, R. (1989, September. October). Managing without managers. *Harvard Business Review.* 다음 웹페이지에서 확인할 수 있다. https://hbr.org/1989/09/managing-without-managers.

84. Barrett, F. (2012). *Yes to the mess: Surprising leadership lessons from jazz.* Cambridge, Mass.: Harvard Business Review Press.

85. Aktas et al. Cultural tightness—looseness and perceptions of effective leadership.

86. Ngai, P., & Chan, J. (2012). Global capital, the state, and Chinese workers: The Foxconn experience. *Modern China, 38*(4), 383–410.

87. 같은 글.

88. 같은 글.

89. Statt, N. (2016, December 30). iPhone manufacturer Foxconn plans to replace almost every human worker with robots. *The Verge.* 다음 웹페이지에서 확인할 수 있다. https://www.theverge.com/2016/12/30/14128870/foxconn-robots-automation-apple-iphone-china-manufacturing.

90. Ngai & Chan. Global capital, the state, and Chinese workers.

91. 같은 글.

92. 같은 글.

93. The Occupational Information Network. (n.d.). About us. 다음 웹페이지에서 확인할 수 있다. https://www.onetcenter.org/about.html.

94. Gordon, S. M., Choi, V., & Gelfand, M.W. (2017, May). *Cultural influences on occupational structure: A tightness - looseness perspective.* 매사추세츠주 보스턴에서 열린

심리과학협회 학술회의에서 발표된 포스터.

95. Balfour Beatty Construction. (n.d.). Who we are. 다음 웹페이지에서 확인할 수 있다. https://www.balfourbeattyus.com/our-company/who-we-are.

96. Balfour Beatty Construction. (n.d.). Services. 다음 웹페이지에서 확인할 수 있다. https://www.balfourbeattyus.com/our-work/services.

97. Ward, M. (2017, January 4). The 10 most dangerous jobs for men. CNBC. 다음 웹페이지에서 확인할 수 있다. https://www.cnbc.com/2017/01/04/the-10-most-dangerous-jobs-for-men.html.

98. Balfour Beatty Construction. (n.d.). Zero harm. 다음 웹페이지에서 확인할 수 있다. https://www.balfourbeattyus.com/our-company/zero-harm.

99. Pendry, J. D. (2001). *The three meter zone: Common sense leadership for NCOs*. Novato, Calif.: Presidio Press.

100. 2017년 8월 6일, 스티브 콜리를 개인적으로 만나서 나눈 인터뷰.

101. 같은 글.

102. 같은 글.

103. 같은 글.

104. Smith, B. (2014, January 20). Getting hired: To land a job at frog, know your strengths, have a point of view and be comfortable with ambiguity. *Core77*. 다음 웹페이지에서 확인할 수 있다. http://www.core77.com/posts/26280/Getting-Hired-To-Land-a-Job-at-frog-Know-Your-Strengths-Have-a-Point-of-View-and-Be-Comfortable-with-Ambiguity.

105. 같은 글.

106. 같은 글.

107. 같은 글.

108. Lashinsky, A. (2016, March 4). Why Amazon tolerates Zappos' extreme management experiment. *Fortune*. 다음 웹페이지에서 확인할 수 있다. http://fortune.com/2016/03/04/amazon-zappos-holacracy/.

109. Parr, B. (2009, July 22). Here's why Amazon bought Zappos. *Mashable*. 다음 웹페이지에서 확인할 수 있다. http://mashable.com/2009/07/22/amazon-bought-zappos/.

110. Lashinsky. Why Amazon tolerates Zappos' extreme management experiment.

111. Bernstein, E., Bunch, J., Canner, N., & Lee, M. (2016). Beyond the holacracy hype. *Harvard Business Review, 94*(7/8), 38-49.

112. 같은 글.; Cheng, A. (2017, April 7). On holacracy, customer service and "Zappos Anything." *eMarketer Retail*. 다음 웹페이지에서 확인할 수 있다. https://retail.emarketer.com/article/zappos-ceo-tony-hsieh-on-holacracy-customer-service-zappos-anything/58e8084eebd4000a54864afc.

113. Reingold, J. (2015, March 4). How a radical shift to "self-management" left Zappos reeling. *Fortune*. 다음 웹페이지에서 확인할 수 있다. http://fortune.com/zappos-tony-hsieh-hola cracy/.

114. 같은 글.

115. Hill, A. (2011, November 25). Inside McKinsey. *Financial Times*. 다음 웹페이지에서 확인할 수 있다. https://www.ft.com/content/0d506e0e-1583-11e1-b9b8-00144feabdc0.

116. IDEO. (n.d.). About IDEO. 다음 웹페이지에서 확인할 수 있다. https://www.ideo.com/about.

117. McKinsey. (n.d.). Our mission and values. 다음 웹페이지에서 확인할 수 있다. https://www.mckinsey.com/about-us/overview/our-mission-and-values.

118. Bennett, P. (n.d.). A loosely-designed organization. IDEO. 다음 웹페이지에서 확인할 수 있다. https://lboi.ideo.com/paulbennett.html.

119. Raisel, E. M. (1999). *The McKinsey Way*. New York: McGraw-Hill Education.

120. IDEO. (n.d.). Nurturing a Creative Culture. 다음 웹페이지에서 확인할 수 있다. https://www.ideo.com/case-study/nurturing-a-creative-culture.

121. Smith, B. (2014, January 20). Getting hired: To work at IDEO, skip the suit, tell a compelling story and don't be creepy! *Core77*. 다음 웹페이지에서 확인할 수 있다. http://www.core77.com/posts/26239/getting-hired-to-work-at-ideo-skip-the-suit-tell-a-compelling-story-and-dont-be-creepy-26239.

122. Dakers, M. (2016, October 4). Deloitte overtakes PwC as world's biggest accountant. *The Telegraph*. 다음 웹페이지에서 확인할 수 있다. http://www.telegraph.

co.uk/business/2016/10/04/deloitte-overtakes-pwc-as-worlds-biggest-accoun-
tant/.

123. Naficy, M. (Ed.). (1997). *The fast track: The insider's guide to winning jobs in man-
agement consulting, investment banking, and securities trading*. New York: Broadway.

124. O'Reilly, C. A., & Tushman, M. L. (2016). *Lead and disrupt: How to solve the in-
novator's dilemma*. Stanford, Calif.: Stanford Business Books.

125. 같은 글.

126. 2017년 7월 21일, 한 제조업체 고위 관리자를 직접 만나 나눈 인터뷰.

127. 2017년 8월 21일, 밥 허볼드를 직접 만나 나눈 인터뷰; Herbold, R. J. (2002, Jan-
uary). Inside Microsoft: Balancing creativity and discipline. *Harvard Business Review*.
다음 웹페이지에서 확인할 수 있다. https://hbr.org/2002/01/inside-microsoft-bal-
ancing-creativity-and-discipline.

128. 2017년 4월 12일, 아리엘 코언을 직접 만나 나눈 인터뷰.

129. Isaac, M. (2017, February 22). Inside Uber's aggressive, unrestrained workplace cul-
ture. *The New York Times*. 다음 웹페이지에서 확인할 수 있다. https://www.nytimes.
com/2017/02/22/technology/uber-workplace-culture.html.

130. Dou, E. (2016, July 28). China clears road for Uber to operate legally. *The Wall
Street Journal*. 다음 웹페이지에서 확인할 수 있다. https://www.wsj.com/articles/
china-clears-road-for-uber-to-operate-legally-1469703991; Robertson, A. (2016,
July 22). Victory for cabbies as Uber fails in bid to roll out its cheap taxi app in Oxford
after licensed drivers and private hire firms rallied together to block the application.
Daily Mail. 다음 웹페이지에서 확인할 수 있다. http://www.dailymail.co.uk/news/
article-3703247/Uber-BANNED-setting-cheap-taxi-app-Oxford-licensed-driv-
ers-private-hire-firms-rallied-block-application.html; Hawkins, A. J. (2017, Febru-
ary 6). Uber sues Seattle over law allowing drivers to unionize. *The Verge*. 다음 웹페이
지에서 확인할 수 있다. https://www.theverge.com/2017/2/6/14524792/uber-law
suit-seattle-law-drivers-unionize.

131. Lazzaro, S. (2014, August 12). Startup sabotage: Uber employees allegedly sub-
mitted 5,560 fake Lyft ride requests. *Observer*. 다음 웹페이지에서 확인할 수 있
다. http://observer.com/2014/08/startup-sabotage-uber-employees-submit-

ted-5560-fake-lyft-ride-requests/.

132. Hawkins, A. J. (2017, January 19). Uber to pay $20 million to settle claims it misled drivers about pay, financing. *The Verge*. 다음 웹페이지에서 확인할 수 있다. https://www.theverge.com/2017/1/19/14330708/uber-ftc-settlement-20-million-driver-mislead-earn ings; Golson, J. (2017, March 3). Uber used an elaborate secret program to hide from government regulators. *The Verge*. 다음 웹페이지에서 확인할 수 있다. https://www.theverge.com/2017/3/3/14807472/uber-greyball-regulators-taxi-legal-vtos.

133. Isaac. Inside Uber's aggressive, unrestrained workplace culture.

134. Della Cava, M., Guynn, J., & Swartz, J. (2017, February 24). Uber's Kalanick faces crisis over "baller" culture. *USA Today*. 다음 웹페이지에서 확인할 수 있다. https://www.usatoday.com/story/tech/news/2017/02/24/uber-travis-kalanick-/98328660/.

135. Isaac. Inside Uber's aggressive, unrestrained workplace culture.

136. Fowler, S. (2017, February 19). Reflecting on one very, very strange year at Uber. Susanjfowler.com. 다음 웹페이지에서 확인할 수 있다. https://www.susanjfowler.com/blog/2017/2/19/reflecting-on-one-very-strange-year-at-uber.

137. Isaac, M. (2017, June 21). Uber founder Travis Kalanick resigns as C.E.O. *The New York Times*. 다음 웹페이지에서 확인할 수 있다. https://www.nytimes.com/2017/06/21/technology/uber-ceo-travis-kalanick.html.

138. Weise, E. (2017, November 22). Uber paid hackers $100,000 to hide year-old breach of 57 million users. *USA Today*. 다음 웹페이지에서 확인할 수 있다. https://www.usatoday.com/story/tech/2017/11/21/uber-kept-mum-year-hack-info-57-million-riders-and-drivers/887002001/; 다음 자료도 참고하라. Newcomer, E. (2017, November 21). Uber paid hackers to delete stolen data on 57 million people. *Bloomberg*. 다음 웹페이지에서 확인할 수 있다. https://www.bloomberg.com/news/articles/2017-11-21/uber-concealed-cyberattack-that-exposed-57-million-people-s-data.

139. Gelfand, M., & Choi, V. (2017, May 15). Why United's culture needs to loosen up to avoid more PR fiascos. *The Conversation*. 다음 웹페이지에서 확인

할 수 있다. https://theconversation.com/why-uniteds-culture-needs-to-loos-en-up-to-avoid-more-pr-fias cos-77662.

140. Leocha, C. (2017. April 11). United Airlines' incompetence bloodies passenger [Press release]. *Travelers United*. 다음 웹페이지에서 확인할 수 있다. https://www.travel-ersunited.org/policy-columns/release-united-airlines-incompetence-bloodies-pas-sengers/.

141. 2018년 1월 2일, 유나이티드 직원과 직접 나눈 서신.

142. United Airlines (2017, April 27). United Airlines announces changes to improve customer experience [News release]. 다음 웹페이지에서 확인할 수 있다. http://news-room.united.com/2017-04-27-United-Airlines-Announces-Changes-to-Im-prove-Customer-Experience.

143. Stewart, J. B. (2017. July 27). The boycott that wasn't: How United weathered a me-dia firestorm. *The New York Times*. 다음 웹페이지에서 확인할 수 있다. https://www.nytimes.com/2017/07/27/business/how-united-weathered-a-firestorm.html.

144. O'Reilly & Tushman. *Lead and disrupt*.

145. Weiss, N. (2015, February 18). Manage your time like Google invests its resources: 70/20/10. Medium. 다음 웹페이지에서 확인할 수 있다. https://medium.com/pminsider/manage-your-time-like-google-invests-its-resources-70-20-10-3bb-4d600abaa.

146. Association of Independent Colleges of Art & Design. (n.d.). Nathan Fariss: animator and illustrator. 다음 웹페이지에서 확인할 수 있다. http://aicad.org/na-than-fariss-animatorillustrator/.

147. Lane, A. (2011, May 16). The fun factory. *The New Yorker*. 다음 웹페이지에서 확인할 수 있다. https://www.newyorker.com/magazine/2011/05/16/the-fun-factory.

148. Bell, C. (2013, July 10). Monsters University: What's it like to work at Pixar? *The Telegraph*. 다음 웹페이지에서 확인할 수 있다. http://www.telegraph.co.uk/culture/film/10144531/Monsters-University-whats-it-like-to-work-at-Pixar.html.

149. Hartlaub, P. (2010, June 13). Creativity thrives in Pixar's animated workplace. SFGate. 다음 웹페이지에서 확인할 수 있다. http://www.sfgate.com/g00/bayarea/article/Creativity-thrives-in-Pixar-s-animated-workplace-3261925.php?i10c.

encReferrer=&i10c.ua=1.

150. Catmull, E. (2008, September). How Pixar fosters collective creativity. *Harvard Business Review*. 다음 웹페이지에서 확인할 수 있다. https://hbr.org/2008/09/how-pixar-fosters-collective-creativity.

151. Sosnovskikh, S. (2016). Toyota Motor Corporation: Organizational culture. 다음 웹페이지에서 확인할 수 있다. https://www.researchgate.net/profile/Sergey_Sosnovskikh/publication/308624812_Toyota_Motor_Corporation_Organizational_Culture/links/57e9128d08aed0a291301389/Toyota-Motor-Corporation-Organizational-Culture.pdf.

152. Kubota, Y. (2016, February 29). Toyota plans organizational shake-up. *The Wall Street Journal*. 다음 웹페이지에서 확인할 수 있다. https://www.wsj.com/articles/toyota-plans-shake-up-to-avoid-curse-of-the-10-million-club-1456745512; Reuters Staff. (2016, March 2). Toyota shakes up corporate structure to focus on product lines. *Reuters*. 다음 웹페이지에서 확인할 수 있다. https://www.reuters.com/article/us-toyota-management-structure/toyota-shakes-up-corporate-structure-to-focus-on-product-lines-id USKCN0W41CB.

153. Lussier, R. N. (2018). *Management fundamentals: Concepts, applications, skill development*. Thousand Oaks, Calif.: Sage; Radeka, K. (2009). Extreme Toyota: Radical contradictions that drive success at the world's best manufacturer by Emi Osono, Norihiko Shimizu, and Hirotaka Takeuchi. *Journal of Product Innovation Management, 26*(3), 356-358.

154. Takeuchi, H., Osono, E., & Shimizu, N. (2008, June). The contradictions that drive Toyota's success. *Harvard Business Review*. 다음 웹페이지에서 확인할 수 있다. https://hbr.org/2008/06/the-contradic tions-that-drive-toyotas-success.

155. Takeuchi et al. The contradictions that drive Toyota's success.

156. Shattuck, L. G. (2000). *Communicating intent and imparting presence*. Army combined arms center Fort Leavenworth KS Military Review. http://www.dtic.mil/dtic/tr/fulltext/u2/a522123.pdf.

157. Storlie, C. (2010, November 3). Manage uncertainty with Commander's Intent. *Harvard Business Review*. 다음 웹페이지에서 확인할 수 있다. https://hbr.org/2010/11/

dont-play-golf-in-a-football-g.

158. 2017년 9월 7일, 애덤 그랜트를 직접 만나 나눈 인터뷰.

159. Mozur, P. (2016, December 3). Silicon Valley's culture, not its companies, dominates in China. The New York Times. 다음 웹페이지에서 확인할 수 있다. https://www.nytimes.com/2016/12/04/technology/china-silicon-valley-cul ture.html.

160. 같은 글.

161. Kuo, K. (2013, March 29). What is the internal culture like at Baidu? *Forbes*. 다음 웹페이지에서 확인할 수 있다. https://www.forbes.com/sites/quora/2013/03/29/what-is-the-internal-culture-like-at-baidu/#5acf065f5c62.

162. Mozur. Silicon Valley's culture, not its companies, dominates in China.

163. 같은 글.

164. Personal interview with an executive in a global manufacturing firm, July 6, 2017.

165. O'Reilly & Tush-man. *Lead and disrupt*.

166. 같은 글.

167. 같은 글.

8 당신은 빡빡한 사람인가, 느슨한 사람인가

1. Lithwick, D. (2012, June 8). Chaos theory. *Slate*. 다음 웹페이지에서 확인할 수 있다. http://www.slate.com/articles/life/low_concept/2012/06/what_kind_of_muppet_are_you_chaos_or_order_.html.

2. Guidelines for employers to reduce motor vehicle crashes. United States Department of Labor. 다음 웹페이지에서 확인할 수 있다. https://www.osha.gov/Publications/motor_vehicle_guide.html.

3. Pennisi, E. (2013, September 4). Bats and dolphins evolved echolocation in same way. *Science Magazine*. 다음 웹페이지에서 확인할 수 있다. http://www.sciencemag.org/news/2013/09/bats-and-dolphins-evolved-echolocation-same-way.

4. Rosenzweig, M. R., Riley, D. A., & Krech, D. (1955). Evidence for echolocation in the rat. *Science, 121*, 600.

5. Cohen, S. B. (Producer), & Charles, L. (Director). 2006. *Borat* [Motion picture]. UK:

20th Century Fox.

6. Snyder, M. (1974). Self-monitoring of expressive behavior. *Journal of Personality and Social Psychology, 30*(4), 526-537.

7. Mill, J. (1984). High and low self-monitoring individuals: Their decoding skills and empathic expression. *Journal of Personality, 52*(4), 372-388.

8. Gelfand et al. Differences between tight and loose cultures.

9. Maguire, E. A., Gadian, D. G., Johnsrude, I. S., Good, C. D., Ashburner, J., Frackowiak, R. S., & Frith, C. D. (2000). Navigation-related structural change in the hippocampi of taxi drivers. *Proceedings of the National Academy of Sciences, 97*(8), 4398-4403.

10. Mu, Y., Kitayama, S., Han, S., & Gelfand, M. J. (2015). How culture gets embrained: Cultural differences in event-related potentials of social norm violations. *Proceedings of the National Academy of Sciences, 112*(50), 15348-15353.

11. Higgins, E. T. (1998). Promotion and prevention: Regulatory focus as a motivational principle. *Advances in Experimental Social Psychology, 30*, 1-46.

12. Gelfand et al. Differences between tight and loose cultures.

13. Mrazek, A. J., Chiao, J. Y., Blizinsky, K. D., Lun, J., & Gelfand, M. J. (2013). The role of culture-gene coevolution in morality judgment: Examining the interplay between tightness-looseness and allelic variation of the serotonin transporter gene. *Culture and Brain, 1*(2.4), 100-117.

14. Forster, J., Higgins, E. T., & Bianco, A. T. (2003). Speed/accuracy decisions in task performance: Built-in trade-off or separate strategic concerns? *Organizational Behavior and Human Decision Processes, 90*(1), 148-164.

15. Florack, A., & Hartmann, J. (2007). Regulatory focus and investment decisions in small groups. *Journal of Experimental Social Psychology, 43*(4), 626-632.

16. Mischel, W., Shoda, Y., & Rodriguez, M. L. (1989). Delay of gratification in children. *Science, 244*(4907), 933-938.

17. Wills, T. A., & Stoolmiller, M. (2002). The role of self-control in early escalation of substance use: A time-varying analysis. *Journal of Consulting and Clinical Psychology, 70*(4), 986-997.

18. "충동성을 관리하자!"라는 표어는 매사추세츠주 하버드에 있는 힐드레스초등학교 식당에 새겨진 짧은 문구 중 하나로 2017년에 친구에게 들은 이야기다.

19. Zahn-Waxler, C., Friedman, R. J., Cole, P. M., Mizuta, I., & Hiruma, N. (1996). Japanese and United States preschool children's responses to conflict and distress. *Child Development, 67*(5), 2462-2477.

20. Lan, X.,.Legare, C. H., Ponitz, C. C., Li, S., & Morrison, F. J. (2011). Investigating the links between the subcomponents of executive function and academic achievement: A cross-cultural analysis of Chinese and American preschoolers. *Journal of Experimental Child Psychology, 108*(3), 677-692.

21. Hernandez, J. C. (2017, April 25). In China, daydreaming students are caught on camera. *The New York Times.* 다음 웹페이지에서 확인할 수 있다. https://www.nytimes.com/2017/04/25/world/asia/in-china-daydreaming-students-are-caught-on-camera.html.

22. 2017년 12월 15일에 직접 연락했다.

23. OECD (2013). *PISA 2012 results: Ready to learn (volume III): Students' engagement, drive and self-beliefs.* Paris: OECD Publishing. 다음 웹페이지에서 확인할 수 있다. http://dx.doi.org/10.1787/9789 264201170-en. 국제학업성취도평가(PISA)에 참여하기 2주 전, 학교에 지각했다고 보고한 학생의 비율. 조사한 학생들의 나이는 15~16세였다.

24. 같은 글.

25. Gelfand et al. Differences between tight and loose cultures.

26. Mu, Y., Kitayama, S., Han, S., & Gelfand, M. (2018). Do we "rest" differently? Cultural variation in neural markers of self control.

27. Matsumoto, D., Willingham, B., & Olide, A. (2009). Sequential dynamics of culturally moderated facial expressions of emotion. *Psychological Science, 20*(10), 1269-1274.

28. Gelfand et al. Differences between tight and loose cultures.

29. Kruglanski, A. W., Pierro, A., Higgins, E. T., & Capozza, D. (2007). "On the move" or "staying put": Locomotion, need for closure, and reactions to organizational change. *Journal of Applied Social Psychology, 37*(6), 1305-1340.

30. Kruglanski, A. W., & Webster, D. M. (1991). Group members' reactions to opinion deviates and conformists at varying degrees of proximity to decision deadline and of environmental noise. *Journal of Personality and Social Psychology, 61*(2), 212-225.

31. Shah, J. Y., Kruglanski, A. W., & Thompson, E. P. (1998). Membership has its (epistemic) rewards: Need for closure effects on in-group bias. *Journal of Personality and Social Psychology, 75*(2), 383-393.

32. Dhont, K., Roets, A., & Van Hiel, A. (2013). The intergenerational transmission of need for closure underlies the transmission of authoritarianism and anti-immigrant prejudice. *Personality and Individual Differences, 54*(6), 779-784.

33. Geeraert, N., Li, R., Ward, C., Gelfand, M. J., & Demes, K. (2018). A tight spot: How personality moderates the impact of social norms on sojourner adaptation.

9 골디락스가 옳았다

1. Aristotle. (1953). *The ethics of Aristotle.* (J. A. K. Thompson, Trans.). London, UK: Penguin Books.

2. Plato. (1993). *Republic.* (R. Waterfield, Trans.). Oxford, UK: Oxford World's Classics. 다음 자료도 참고하라. *Plato's Euthydemus.*

3. Buddharakkhita, A. (2008). *The Dhammapada: The Buddha's path of wisdom.* Buddhist Publication Society.

4. Hutcheson, F. (1969). *Inquiry concerning moral good and evil.* Farnborough, UK: Gregg International Publishers. (Original work published in 1725).

5. Bentham, J. (1789). *An introduction to the principles of morals and legislation.*

6. Oishi, S. (2011). *The psychological wealth of nations: Do happy people make a happy society?* (Vol. 10). Malden, Mass.: John Wiley & Sons.

7. Founders Online. (n.d.). *Thomas Jefferson to Tadeusz Kosciuszko, 26 February 1810.* National Archives. 다음 웹페이지에서 확인할 수 있다. https://founders.archives. gov/documents/Jefferson/03-02-02-0211.

8. University of Pennsylvania Positive Psychology Center. (2018). *Martin E. P. Seligman.* 다음 웹페이지에서 확인할 수 있다. https://ppc.sas.upenn.edu/people/mar-

tin-ep-seligman.

9. Centre for Bhutan Studies & GNH Research (2015). *A compass towards a just and harmonious society: 2015 GNH survey report.* 다음 웹페이지에서 확인할 수 있다. http://www.grossnationalhappiness.com/wp-content/uploads/2017/01/Final-GNH-Report-jp-21.3.17-ilovepdf-compressed.pdf.

10. Simmons, A.M. (2017, March 6). UAE's minister of happiness insists her job is no laughing matter. *Los Angeles Times.* 다음 웹페이지에서 확인할 수 있다. http://www.latimes.com/world/middleeast/la-fg-global-uae-happiness-2017-story.html.

11. Hamblin, J. (2016, April 26). Harvard has a new center for happiness. *The Atlantic.* 다음 웹페이지에서 확인할 수 있다. https://www.theatlantic.com/health/archive/2016/04/harvard-center-for-happiness/479784/.

12. Davidson, R. J., Kabat-Zinn, J., Schumacher, J., Rosenkranz, M., Muller, D., Santorelli, S. F., ··· & Sheridan, J. F. (2003). Alterations in brain and immune function produced by mindfulness meditation. *Psychosomatic medicine, 65*(4), 564-570; Davidson, R. J., & Lutz, A. (2008). Buddha's brain: Neuroplasticity and meditation (in the spotlight). *IEEE Signal Processing Magazine, 25*(1), 176-174; Lutz, A., Greischar, L. L., Rawlings, N. B., Ricard, M., & Davidson, R. J. (2004). Long-term meditators self-induce high-amplitude gamma synchrony during mental practice. *Proceedings of the National Academy of Sciences, 101*(46), 16369-16373.

13. Harrington, J. R., Boski, P., & Gelfand, M. J. (2015). Culture and national well-being: Should societies emphasize freedom or constraint? *PloS One, 10*(6), e0127173.

14. 같은 글.

15. 같은 글.

16. Plato. *Republic.*

17. Confucius. (2008). *The analects.* (R. Dawson, Trans.). Oxford, UK: Oxford University Press.

18. Piering, J. (n.d.). Cynics. *Internet encyclopedia of philosophy.* 다음 웹페이지에서 확인할 수 있다. http://www.iep.utm.edu/cynics/#SH3a.

19. Hobbes, T. (1651). *Leviathan.*

20. Mill, J. S. (1859). On Liberty. London: John W. Parker and Son, West Strand.

21. Freud, S. (2005). *Civilization and its discontents*. (J. Strachey, Trans.). New York: W. W. Norton. (Original work published in 1930).

22. Harrington et al. Culture and national well-being.

23. Durkheim, E. (1984). *The Division of labor in society*. London: The Macmillan Press. (Original work published in 1893).

24. Durkheim, E. (1951). *Suicide*. (J. A. Spaulding and G. Simpson, Trans.). New York: The Free Press. (Original work published in 1897).

25. Fromm, E. (1941). *Escape from freedom*. New York: Holt, Rinehart and Winston.

26. Etzioni, A. (1996). *The new golden rule*. New York: Basic Books.

27. Schwartz, B. (2000). Self-determination: The tyranny of freedom. *American Psychologist*, 55(1), 79-88.

28. Etzioni, *The new golden rule*.

29. Aristotle's ethics. (2014). *Stanford encyclopedia of philosophy*. 다음 웹페이지에서 확인할 수 있다. https://plato.stanford.edu/entries/aristotle-ethics/#VirDefConInc.

30. Terence. (2002). *Andria*. (G. P. Shipp, Trans.). London: Bristol Classical Press.

31. The Editors of Encyclopedia Britannica. (2017). Yinyang. *Encyclopædia Britannica*. 다음 웹페이지에서 확인할 수 있다. https://www.britannica.com/topic/yinyang.

32. Southey, R. (1837). *Goldilocks and the three bears*. London: Longman, Rees, etc.

33. Cain, F. (2016). Does our galaxy have a habitable zone? Phys.org. 다음 웹페이지에서 확인할 수 있다. https://phys.org/news/2016-09-galaxy-habitable-zone.html.

34. Gino, F. (2016). Are you too stressed to be productive? Or not stressed enough? *Harvard Business Review*. 다음 웹페이지에서 확인할 수 있다. https://hbr.org/2016/04/are-you-too-stressed-to-be-productive-or-not-stressed-enough.

35. Goldilocks Principle. (2017). *Seeking alpha*. 다음 웹페이지에서 확인할 수 있다. https://seekingalpha.com/article/4084225-goldilocks-principle.

36. Harrington et al. Culture and national well-being.

37. 같은 글.

38. 같은 글.

39. 같은 글.; the Economist Intelligence Unit. (March 19, 2009). Political instabili-

ty index: Vulnerability to social and political unrest. 다음 웹페이지에서 확인할 수 있다. http://viewswire.eiu.com/index.asp?layout=VWArticleVW3&article_id=874361472.

40. Harrington et al. Culture and national well-being.

41. Turkey's failed coup attempt: All you need to know. (2017, July 15). *Al Jazeera*. 다음 웹페이지에서 확인할 수 있다. https://www.aljazeera.com/news/2016/12/tur-key-failed-coup-attempt-161217032345594.html.

42. Harrington et al. Culture and national well-being. 예를 들어, 매우 느슨한 나라들(우크라이나 7,400달러, 에스토니아 22,400달러, 베네수엘라 13,600달러)과 매우 빡빡한 나라들(파키스탄 3,100달러, 터키 15,300달러, 말레이시아 17,500달러)은 GDP가 낮았다. 반대로, 독일, 홍콩, 이탈리아는 각각 39,500달러, 52,700달러, 29,600달러로 1인당 GDP가 훨씬 높았다.

43. Harrington et al. Culture and national well-being.

44. 자료 출처: Harrington et al. Culture and national wellbeing.

45. Kameda, T., & Hastie, R. (2015). Herd behavior. In Scott, R. A., & Kosslyn, S. M. (Eds.). *Emerging trends in the social and behavioral sciences: An interdisciplinary, searchable, and linkable resource*. New York: Wiley.

46. List, C., Elsholtz, C., & Seeley, T. D. (2009). Independence and interdependence in collective decision making: An agent-based model of nest-site choice by honeybee swarms. *Philosophical Transactions of the Royal Society of London B: Biological Sciences, 364*(1518), 755-762.

47. Cavagna, A., Cimarelli, A., Giardina, I., Parisi, G., Santagati, R., Stefanini, F., & Viale, M. (2010). Scale-free correlations in starling flocks. *Proceedings of the National Academy of Sciences, 107*(26), 11865-11870.

48. Meisel, C., Storch, A., Hallmeyer-Elgner, S., Bull-more, E., & Gross, T. (2012). Failure of adaptive self-organized criticality during epileptic seizure attacks. *PLoS Computational Biology, 8*(1), e1002312.

49. Levy, R., Hutchison, W. D., Lozano, A. M., & Dostrovsky, J. O. (2000). High-frequency synchronization of neuronal activity in the subthalamic nucleus of Parkinsonian patients with limb tremor. *Journal of Neuroscience, 20*(20), 7766-7775.

50. Schnitzler, A., & Gross, J. (2005). Normal and pathological oscillatory communication in the brain. *Nature Reviews Neuroscience, 6*(4), 285-296.

51. Just, M. A., Cherkassky, V. L., Keller, T. A., & Minshew, N. J. (2004). Cortical activation and synchronization during sentence comprehension in high-functioning autism: Evidence of underconnectivity. *Brain, 127*(8), 1811-1821.

52. Stam, C. J., Montez, T., Jones, B. F., Rombouts, S. A. R. B., Van Der Made, Y., Pijnenburg, Y. A. L., & Scheltens, P. (2005). Disturbed fluctuations of resting state EEG synchronization in Alzheimer's disease. *Clinical Neurophysiology, 116*(3), 708-715.

53. Uhlhaas, P. J., Linden, D. E., Singer, W., Haenschel, C., Lindner, M., Maurer, K., & Rodriguez, E. (2006). Dysfunctional long-range coordination of neural activity during Gestalt perception in schizophrenia. *Journal of Neuroscience, 26*(31), 8168-8175.

54. Kanner, L. (1943). Autistic disturbances of affective contact. *Nervous Child, 2*, 217-250.

55. Happe, F., & Frith, U. (2006). The weak coherence account: Detail-focused cognitive style in autism spectrum disorders. *Journal of Autism and Developmental Disorders, 36*(1), 5-25.

56. Uhlhaas et al. Dysfunctional long-range coordination of neural activity during Gestalt perception in schizophrenia.

57. Grady, C. L., Furey, M. L., Pietrini, P., Horwitz, B., & Rapoport, S. I. (2001). Altered brain functional connectivity and impaired short-term memory in Alzheimer's disease. *Brain, 124*(4), 739-756.

58. Oullette, J. (2014, April 7). Sand pile model of the mind grows in popularity. *Scientific American*. 다음 웹페이지에서 확인할 수 있다. https://www.scientificamerican.com/article/sand-pile-model-of-the-mind-grows-in-popularity/.

59. Gavazzi, S. M. (1993). The relation between family differentiation levels in families with adolescents and the severity of presenting problems. *Family Relations*, 463-468.

60. Want, J., & Kleitman, S. (2006). Imposter phenomenon and self-handicapping: Links with parenting styles and self-confidence. *Personality and Individual Differences,*

40(5), 961-971.

61. LeMoyne, T., & Buchanan, T. (2011). Does "hovering" matter? Helicopter parenting and its effect on well-being. *Sociological Spectrum, 31*(4), 399-418.

62. Reed, K., Duncan, J. M., Lucier-Greer, M., Fixelle, C., & Ferraro, A. J. (2016). Helicopter parenting and emerging adult self-efficacy: Implications for mental and physical health. *Journal of Child and Family Studies, 25*(10), 3136-3149; Young, J. L. (2017, January 25). The Effects of "Helicopter Parenting." *Psychology Today*. 다음 웹페이지에서 확인할 수 있다. https://www.psychologytoday.com/blog/when-your-adult-child-breaks-your-heart/201701/the-effects-helicopter-parenting; LeMoyne & Buchanan. Does "hovering" matter?

63. Richardson, J. L., Radziszewska, B., Dent, C. W., & Flay, B. R. (1993). Relationship between after-school care of adolescents and substance use, risk taking, depressed mood, and academic achievement. *Pediatrics, 92*(1), 32-38.

64. Luyckx, K., Tildesley, E. A., Soenens, B., Andrews, J. A., Hampson, S. E., Peterson, M., & Duriez, B. (2011). Parenting and trajectories of children's maladaptive behaviors: A 12-year prospective community study. *Journal of Clinical Child & Adolescent Psychology, 40*(3), 468-478.

65. Richardson et al. Relationship between after-school care of adolescents and substance use, risk taking, depressed mood, and academic achievement.

66. Hamilton, L. T. (2016). *Parenting to a degree: How family matters for college women's success.* Chicago: University of Chicago Press. 다음 자료도 참고하라. Hamilton, L. (2016). The partnership between parents and helicopter parents. *The Atlantic*. 다음 웹페이지에서 확인할 수 있다. https://www.theatlantic.com/education/archive/2016/05/the-partnership-between-colleges-and-helicopter-parents/482595/.

67. Iyengar, S. S., & Lepper, M. R. (2000). When choice is demotivating: Can one desire too much of a good thing? *Journal of Personality and Social Psychology, 79*(6), 995-1006.

68. Iyengar, S. S., Huber-man, G., & Jiang, G. (2004). How much choice is too much? Contributions to 401 (k) retirement plans. In Mitchell, O. S., & Utkus, S. P.

(Eds.). *Pension design and structure: New lessons from behavioral finance* (pp. 83-96). Oxford, UK: Oxford University Press.

69. Iyengar, S. S., Wells, R. E., & Schwartz, B. (2006). Doing better but feeling worse: Looking for the "best" job undermines satisfaction. *Psychological Science, 17*(2), 143-150.

70. Schwartz, B. (2004). *The Paradox of Choice*. New York, NY: Harper Perennial.

71. 같은 글.

72. Caneel, J. K. (2009). The blank page: Effects of constraint on creativity. Electronic Theses and Dissertations, UC Berkeley.

73. Healy, P. M., & Palepu, K. G. (2003). The fall of Enron. *Journal of Economic Perspectives, 17*(2), 3-26.

74. Carr, L. P., & Nanni, A. J., Jr. (2009). *Delivering results: Managing what matters*. New York: Springer Science & Business Media.

75. Petrick, J. A., & Scherer, R. F. (2003). The Enron scandal and the neglect of management integrity capacity. *American Journal of Business, 18*(1), 37-50.

76. Nelson, K. K., Price, R. A., & Rountree, B. R. (2008). The market reaction to Arthur Andersen's role in the Enron scandal: Loss of reputation or confounding effects? *Journal of Accounting and Economics, 46*(2-3), 279-293.

77. 예를 들어, 2016년 미국 대선에서 공화당 경선 후보였던 젭 부시는 이렇게 말했다. "우리는 시민의 자유를 보호한다. 그러나 [애국자법]은 이러한 기술들을 사용하여 우리를 안전하게 지키는 데 대단히 중요한 프로그램이다." 공화당 상원 의원이자 2016년 대선의 또 다른 경선 후보였던 마르코 루비오는 "미국 국민을 안전하게 지키기 위해 우리 정보기관이 의존하는 대테러 수단을 영구적으로 연장하는 방안을 고려합시다"라고 다른 상원 의원들을 설득했다. Peterson, A. (2015, April 23). Here's where the presidential candidates stand on the NSA scooping up Americans' phone records. *The Washington Post*.

78. 반대편에는 콜로라도 하원 의원을 지낸 마크 유달과 같은 정치인들이 있다. 마크 유달은 사람들에게 NSA의 첩보 활동을 더 많이 알리기 위해 "내 힘으로 할 수 있는 모든 일"을 했다고 말했다. Weiner, R. (2013, June 6). Mark Udall: I tried to expose NSA program. *The Washington Post*. 다음 웹페이지에서 확인할 수 있

다. https://www.washingtonpost.com/news/post-politics/wp/2013/06/06/mark-udall-i-tried-to-expose-nsa-spying/?utm_term=.ea40b22e7995. 2016년 미국 대선 때 민주당 후보였던 힐러리 클린턴은 "정보기관, 그리고 자유와 안보의 균형에 관해 어려운 질문을 던졌다"면서 마크 유달을 칭찬했다. Peterson. Here's where the presidential candidates stand on the NSA scooping up Americans' phone records.

79. 많은 미국 시민이 자유와 안보 사이에서 균형을 맞출 필요성을 놓고 논의를 계속했다. 2015년에 미국인의 61퍼센트가 애국자법 갱신을 지지했지만, 일반 시민들의 자료를 수집하는 정부 능력에 이상이 없는지 충분히 살펴보지 못하고 있다고 생각하는 사람도 65퍼센트나 되었다. Kurtzleben, D. (2015, June 1). Americans say they want the Patriot Act renewed … but do they, really? NPR. 다음 웹페이지에서 확인할 수 있다. https://www.npr.org/sections/itsallpolitics/2015/06/01/411234429/americans-say-they-want-the-patriot-act-renewed-but-do-they-really. 마찬가지로, 2014년에는 미국인의 74퍼센트가 안전을 위해 프라이버시와 자유를 포기해서는 안 된다고, 개인을 희생시키지 않고 안보를 지킬 다른 방도가 있어야 한다고 생각했다. Gao, G. (2015, May 29). What Americans think about NSA surveillance, national security and privacy. Pew Research Center. 다음 웹페이지에서 확인할 수 있다. http://www.pewresearch.org/fact-tank/2015/05/29/what-americans-think-about-nsa-surveillance-national-security-and-privacy/.

80. Cameron, D. (2006). Speech to the Center for Policy Studies. 다음 웹페이지에서 확인할 수 있다. https://www.theguardian.com/politics/2006/jun/26/conservatives.constitution.

10 문화 보복과 세계 (무)질서

1. Fleishman, J. (2011, February 11). Mubarak's end came quickly, stunningly. *Los Angeles Times*. 다음 웹페이지에서 확인할 수 있다. http://articles.latimes.com/2011/feb/11/world/la-fg-egypt-revolution-2011 0212.

2. Hammond, J. (2011, February 7). Egyptian women play vital role in anti-Mubarak protests. Radio Free Europe/Radio Liberty. 다음 웹페이지에서 확인할 수 있다. https://www.rferl.org/a/egypt_women_protests/2300279.html.

3. Fleishman. Mubarak's end came quickly, stunningly.

4. Asser, M. (2011, February 11). Q&A: Egyptian protests against Hosni Mubarak. BBC. 다음 웹페이지에서 확인할 수 있다. http://www.bbc.com/news/world-middle-east-12324664.

5. Arafa, M., & Armstrong, C. (2016). "Facebook to mobilize, Twitter to coordinate protests, and YouTube to tell the world": New media, cyberactivism, and the Arab Spring. *Journal of Global Initiatives: Policy, Pedagogy, Perspective, 10*(1), 6.

6. Egypt Revolution: 18 days of people power. (2016, Jan 25). Al Jazeera. 다음 웹페이지에서 확인할 수 있다. http://www.aljazeera.com/indepth/inpictures/2016/01/egypt-revolution-160124191716737.html.

7. Hammer, J. (2012, December 7). Understanding Mohamed Morsi. *New Republic.* 다음 웹페이지에서 확인할 수 있다. https://newrepublic.com/article/110866/understanding-mohammad-morsi.

8. Abdel Fattah el-Sisi Fast Facts (2018, April 5). CNN. 다음 웹페이지에서 확인할 수 있다. https://www.cnn.com/2014/07/01/world/africa/abdel-fattah-el-sisi-fast-facts/index.html; 다음 자료도 참고하라. Ketchley, N. (2017, July 3). How Egypt's generals used street protests to stage a coup. *The Washington Post.* 다음 웹페이지에서 확인할 수 있다. https://www.washingtonpost.com/news/monkey-cage/wp/2017/07/03/how-egypts-generals-used-street-protests-to-stage-a-coup/?utm_term=.4b3d231f7a55.

9. Hammer, J. (2017, March 14). How Egypt's activists became "generation jail." *The New York Times.* 다음 웹페이지에서 확인할 수 있다. https://www.nytimes.com/2017/03/14/magazine/how-egypts-activists-became-generation-jail.html.

10. 같은 글.

11. Fantz, A. (2016, April 27). CNN. 다음 웹페이지에서 확인할 수 있다. http://www.cnn.com/2016/04/27/middleeast/egypt-how-we-got-here/index.html.

12. Mohamed ElBaradei: People have to be in control. (2011, February 11). CNN. 다음 웹페이지에서 확인할 수 있다. http://cnnpressroom.blogs.cnn.com/2011/02/11/mohamed-elbaradei-people-have-to-be-in-control/.

13. Whitlock, C. (2011, February 12). Mubarak steps down, prompting jubilation in

Cairo streets. *The Washington Post*. 다음 웹페이지에서 확인할 수 있다. https://www.
washingtonpost.com/national/mubarak-steps-down-prompting-jubilation-in-cai-
ro-streets/2011/02/11/ABEcAqF_story.html?utm_term=.462f7e67c26e.

14. Heineman, B. W. (2011, December 12). Why Egypt's economy matters. *The Atlantic*.
다음 웹페이지에서 확인할 수 있다. https://www.theatlantic.com/international/
archive/2011/12/why-egypts-economy-matters/249718/.

15. Torbey, J. (2011, November 24). The future of the Arab world in light of recent
transitions. Annual Arab Banking Summit. 다음 웹페이지에서 확인할 수 있다.
http://www.josephmtorbey.com/admin/docs/translated_uab_speech_english.pdf.

16. Egypt: crime soars 200 per cent since Hosni Mubarak was ousted. (2011,
April 5). *The Telegraph*. 다음 웹페이지에서 확인할 수 있다. http://www.
telegraph.co.uk/news/worldnews/africaandindianocean/egypt/8430100/
Egypt-crime-soars-200-per-cent-since-Hosni-Mubarak-was-ousted.html.

17. Kirkpatrick, D. D. (2011, May 12). Crime wave in Egypt has people afraid, even the
police. *The New York Times*. 다음 웹페이지에서 확인할 수 있다. http://www.ny-
times.com/2011/05/13/world/middleeast/13egypt.html.

18. Habashi, G. (2011, October 27). Egypt—after the revolution is before the revolution.
Transform! Europe. 다음 웹페이지에서 확인할 수 있다. https://www.transform-net-
work.net/en/publications/yearbook/overview/article/journal-092011/egypt-af-
ter-the-revolution-is-before-the-revolution/.

19. Meltz, D. (2016). Civil society in the Arab Spring: Tunisia, Egypt, and Libya. Un-
dergraduate honors thesis, University of Colorado Boulder.

20. Kingsley, P. (2014, June 3). Abdel Fatah al-Sisi won 96.1% of vote in Egypt pres-
idential election, say officials. *The Guardian*. 다음 웹페이지에서 확인할 수 있다.
https://www.theguardian.com/world/2014/jun/03/abdel-fatah-al-sisi-presiden-
tial-election-vote-egypt.

21. Vick, K. (2014, May 29). Al-Sisi wins Egypt's presidency but is stumbling already.
Time. 다음 웹페이지에서 확인할 수 있다. http://time.com/124449/egypt-elec-
tion-president-al-sisi-low-voter-turnout/.

22. Eltantawi, S. (2014, May 28). Why Egyptians voted for Sisi. Reuters. 다음 웹페이지

에서 확인할 수 있다. https://www.reuters.com/article/idUS122710170920140528.

23. Moaddel, M., & Gelfand, M. J. (Eds.). (2017). *Values, political action, and change in the Middle East and the Arab Spring*. New York: Oxford University Press.

24. Fromm. *Escape from freedom*.

25. Friedman, L. (2013). *The lives of Erich Fromm: Love's prophet*. New York: Columbia University Press.

26. Kierkegaard, S. (1844). *The concept of anxiety: A simple psychologically orienting deliberation on the dogmatic issue of hereditary sin*.

27. Gelfand, M. J. (2012). Survey of autocratic recidivism.

28. Russia's weakened democratic embrace. (2006, January 5). Pew Research Center. 다음 웹페이지에서 확인할 수 있다. http://www.pewglobal.org/2006/01/05/russias-weakened-democratic-embrace/.

29. Chapter 6. Individualism and the Role of the State. (2011, December 5). Pew Research Center. 다음 웹페이지에서 확인할 수 있다. http://www.pewglobal.org/2011/12/05/chapter-6-individualism-and-the-role-of-the-state/.

30. Russia's weakened democratic embrace. Pew Research Center.

31. Russians back protests, political freedoms. (2012, May 23). Pew Research Center. 다음 웹페이지에서 확인할 수 있다. http://www.pewglobal.org/2012/05/23/russians-back-protests-political-freedoms-and-putin-too/.

32. Chapter 6. Individualism and the role of the state. (2011, December 5). Pew Research Center. 다음 웹페이지에서 확인할 수 있다. http://www.pewglobal.org/2011/12/05/chapter-6-individualism-and-the-role-of-the-state/.

33. Johnston, M. (2016, January 21). The Russian economy since the collapse of the Soviet Union. *Investopedia*. 다음 웹페이지에서 확인할 수 있다. https://www.investopedia.com/articles/investing/012116/russian-economy-collapse-soviet-union.asp.

34. Lowy, D. M. (1994). *Understanding organized crime groups in Russia and their illicit sale of weapons and sensitive materials* (Doctoral dissertation, Monterey, California. Naval Postgraduate School).

35. Lazear, E. P. (Ed.). (1995). *Economic transition in Eastern Europe and Russia: Realities of reform*. Stanford, Calif.: Hoover Press.

36. Bhattacharji, P. (2010, April 8). Chechen terrorism (Chechnya, separatist). Council on Foreign Relations. 다음 웹페이지에서 확인할 수 있다. https://www.cfr.org/back-grounder/chechen-terrorism-russia-Chechnya-separatist.

37. Fedun, S. (2013, September 25). How alcohol conquered Russia. *The Atlantic*. 다음 웹페이지에서 확인할 수 있다. https://www.theatlantic.com/international/archive/2013/09/how-alcohol-conquered-russia/279965/.

38. Paoli, L. (2002). The development of an illegal market: Drug consumption and trade in post-Soviet Russia. *The British Journal of Criminology, 42*, 21-39; 다음 자료도 참고하라. Paoli, L. (n.d.). Drug trafficking and related organized crime in Russia. Max Planck Institute for Foreign and International Criminal Law. 다음 웹페이지에서 확인할 수 있다. https://www.mpicc.de/en/forschung/forschungsarbeit/kriminologie/archiv/drug_trafficking.html. 1999년에 주 정부가 운영하는 약물 중독 치료 센터에 등록된 마약 복용자는 35만 9,067명이었다. 그러나 전문가들은 실제 마약 복용자의 수는 그보다 8배에서 10배 이상일 거라고 말한다.

39. Notzon, F. C., Komarov, Y. M., Ermakov, S. P., Sempos, C. T., Marks, J. S., & Sempos, E. V. (1998). Causes of declining life expectancy in Russia. *Jama, 279*(10), 793-800.

40. Keating, J. (2017, January 2). How Vladimir Putin engineered Russia's return to global power, and what he'll do next. *Slate*. 다음 웹페이지에서 확인할 수 있다. http://www.slate.com/articles/news_and_politics/cover_story/2017/01/how_vladimir_putin_engineered_russia_s_return_to_global_power.html; 다음 자료도 참고하라. Ostrovsky, A. (2017). *The invention of Russia: From Gorbachev's freedom to Putin's war*. New York: Penguin.

41. Latypova, Sasha. (2014, October 17). What was it like to be in the Soviet Union just after it collapsed? *The Huffington Post*. 다음 웹페이지에서 확인할 수 있다. https://www.huffingtonpost.com/quora/what-was-it-like-to-be-in_1_b_5998002.html.

42. Koshkin, P. (2016). Interview with Lev Gudkov: Russia's national identity through the lens of the Kremlin's foreign policy. *Russia Direct, 4*(6), 14-17.

43. Bohlen, C. (2000, January 1). Yeltsin resigns: The overview; Yeltsin resigns, naming

Putin as acting president to run in March election. *The New York Times*. 다음 웹페이지에서 확인할 수 있다. http://www.nytimes.com/2000/01/01/world/yeltsin-resigns-overview-yeltsin-resigns-naming-putin-acting-president-run-march.html.

44. Poll shows Putin's approval skyrockets to record high for 2017. *Russia Beyond*. 다음 웹페이지에서 확인할 수 있다. https://www.rbth.com/news/2017/03/02/poll-shows-putins-approval-skyrockets-to-record-high-for -2017_711993; 다음 자료도 참고하라. Taylor, A. (2018, March 16). 9 charts that lay out Russia's uncertain future.with or without Putin. *The Washington Post*. 다음 웹페이지에서 확인할 수 있다. https://www.washingtonpost.com/news/worldviews/wp/2018/03/16/9-charts-that-lay-out-russias-uncertain-future-with-or-without-putin/?noredirect=on&utm_term=.954dad577b48.

45. Ioffe, J. (2016, December). Why many young Russians see a hero in Putin. *National Geographic*. 다음 웹페이지에서 확인할 수 있다. https://www.nationalgeographic.com/magazine/2016/12/putin-generation-russia-soviet-union/.

46. Herszenhorn, D. M. (2012, June 8). New Russian law assesses heavy fines on protesters. *The New York Times*. 다음 웹페이지에서 확인할 수 있다. https://www.nytimes.com/2012/06/09/world/europe/putin-signs-law-with-harsh-fines-for-protesters-in-russia.html.

47. Maida, A. (2017, July 18). Online and on all fronts: Russia's assault on freedom of expression. Human Rights Watch. 다음 웹페이지에서 확인할 수 있다. https://www.hrw.org/report/2017/07/18/online-and-all-fronts/russias-assault-freedom-expression.

48. Russia profile—media. (2017, April 25). BBC. 다음 웹페이지에서 확인할 수 있다. http://www.bbc.com/news/world-europe-17840134.

49. Websites of Putin critics blocked in Russia. (2014, March 14). BBC. 다음 웹페이지에서 확인할 수 있다. http://www.bbc.com/news/technology-26578264.

50. Boghani, P. (2015, January 13). Putin's legal crackdown on civil society. PBS. 다음 웹페이지에서 확인할 수 있다. https://www.pbs.org/wgbh/frontline/article/putins-legal-crackdown-on-civil-society/.

51. Chalabi, M. (2014, April 4). A look at journalists killed, by country. *FiveThirtyE-*

ight. 다음 웹페이지에서 확인할 수 있다. https://fivethirtyeight.com/features/
a-look-at-journalists-killed-by-country/.

52. Freedom in the world: Russia. Freedom House. 다음 웹페이지에서 확인할 수 있다.
https://freedomhouse.org/report/freedom-world/2017/russia.

53. Hook, S. (1989). Knowing the Soviet Union: The ideological dimension. In *The
USSR: What do we know and how do we know it?* Boston: Boston University Institute
for the Study of Conflict, Ideology, and Policy.

54. Higgins, A. In expanding Russian influence, faith combines with firepower.
The New York Times. 다음 웹페이지에서 확인할 수 있다. https://www.nytimes.
com/2016/09/14/world/europe/russia-orthodox-church.html.

55. Ellis, G., & Kolchyna, V. Putin and the "triumph of Christianity" in Russia. (2017,
October 19). *Al Jazeera*. 다음 웹페이지에서 확인할 수 있다. http://www.aljazeera.
com/blogs/europe/2017/10/putin-triumph-christianity-russia-171018073916624.
html.

56. Rankin, J. (2017, June 20). Russian "gay propaganda law" ruled discriminatory by
European court. *The Guardian*. 다음 웹페이지에서 확인할 수 있다. https://www.
theguardian.com/world/2017/jun/20/russian-gay-propaganda-law-discriminato-
ry-echr-european-court-human-rights.

57. Elder, M. (2013, June 11). Russia passes law banning "gay" propaganda. *The
Guardian*. 다음 웹페이지에서 확인할 수 있다. https://www.theguardian.
com/world/2013/jun/11/russia-law-banning-gay-propaganda.

58. Kolstø, P., & Blakkisrud, H. (2016). *The new Russian nationalism*. Edinburgh:
Edinburgh University Press; 다음 자료도 참고하라. Arnold, R. (2016, May 30). Sur-
veys show Russian nationalism is on the rise. This explains a lot about the country's
foreign and domestic politics. *The Washington Post*. 다음 웹페이지에서 확인할 수
있다. https://www.washingtonpost.com/news/monkey-cage/wp/2016/05/30/
surveys-show-russian-nationalism-is-on-the-rise-this-ex-
plains-a-lot-about-the-countrys-foreign-and-domestic-politics/?utm_ter-
m=.33e239ac2ac8.

59. Philippines' Rodrigo Duterte recommends death penalty. (2016, May 16). Al Jazeera.

다음 웹페이지에서 확인할 수 있다. http://www.aljazeera.com/news/2016/05/phil-ippines-rodrigo-duterte-backs-capital-punishment-160516041658959.html.

60. Bueza, M. (2016, September 13). In numbers: The Philippines "war on drugs." *Rap-pler*. 다음 웹페이지에서 확인할 수 있다. https://www.rappler.com/newsbreak/iq/145814-numbers-statistics-philippines-war-drugs.

61. Berehulak, D. (2016, December 7). "They are slaughtering us like animals." *The New York Times*. 다음 웹페이지에서 확인할 수 있다. https://www.nytimes.com/interac-tive/2016/12/07/world/asia/rodrigo-duterte-philippines-drugs-killings.html.

62. "License to kill": Philippine police killings in Duterte's "war on drugs." Human Rights Watch. 다음 웹페이지에서 확인할 수 있다. https://www.hrw.org/re-port/2017/03/02/license-kill/philippine-police-killings-dutertes-war-drugs.

63. Goldman, R. (2016, September 30). Rodrigo Duterte's most contentious quotes. *The New York Times*. 다음 웹페이지에서 확인할 수 있다. https://www.nytimes.com/interactive/2016/09/30/world/asia/rodrigo-duterte-quotes-hitler-whore-philip-pines.html.

64. Bearak, M. (2016, September 21). Potty-mouthed Philippine president Duterte gives E.U. the middle finger. *The Washington Post*. 다음 웹페이지에서 확인할 수 있다. https://www.washingtonpost.com/news/worldviews/wp/2016/09/21/pot-ty-mouthed-philippine-president-duterte-gives-e-u-the-middle-finger/?utm_term=.6119e40f55eb.

65. Yap, D. J. (2016, March 18). 12 M Filipinos living in extreme poverty. *Inquirer*. 다음 웹페이지에서 확인할 수 있다. http://newsinfo.inquirer.net/775062/12m-filipi-nos-living-in-extreme-poverty.

66. Gonzalez, Y. V. (2016, May 24). PH has worst unemployment rate despite high GDP growth.Ibon. *Inquirer*. 다음 웹페이지에서 확인할 수 있다. http://business.inquirer.net/210532/ph-has-worst-unemployment-rate-despite-high-gdp-growth-re-search.

67. Sanidad-Leones, C. (2006). The current situation of crime associated with urbaniza-tion: Problems experienced and countermeasures initiated in the Philippines. *Resource Material Series*, (68).

68. Jenkins, N. (2016, May 10). Why did the Philippines just elect a guy who jokes about rape as its president? *Time*. 다음 웹페이지에서 확인할 수 있다. http://time.com/4324073/rodrigo-duterte-philippines-president-why-elected/.

69. Mirasol, J. D. B. (2017, May). Cooperation with China on Philippines' war on drugs. Foreign Service Institute. 다음 웹페이지에서 확인할 수 있다. http://www.fsi.gov.ph/cooperation-with-china-on-the-philippines-war-on-drugs/.

70. Jenkins. Why did the Philippines just elect a guy who jokes about rape as its president?

71. Bevins, V. (2017, April 17). Duterte's drug war is horrifically violent. So why do many young, liberal Filipinos support it? *The Washington Post*. 다음 웹페이지에서 확인할 수 있다. https://www.washingtonpost.com/world/asia_pacific/dutertes-drug-war-is-horrifically-violent-so-why-do-many-young-liberal-filipinos-support-it/2017/04/16/9d589198-1ef1-11e7-be2a-3a1fb24d4671_story.html?utm_term=.fed69194c3c4.

72. Aquino, N. P. (2017, September 21). Broad support for Duterte's drug war in Philippines, Pew finds. *Bloomberg*. 다음 웹페이지에서 확인할 수 있다. https://www.bloomberg.com/news/articles/2017-09-21/duterte-approval-ratings-stands-at-86-pew-research-center-poll.

73. Callimachi, R. (2014, October 25). The horror before the beheadings. *The New York Times*. 다음 웹페이지에서 확인할 수 있다. https://www.nytimes.com/2014/10/26/world/middleeast/horror-before-the-beheadings-what-isis-hostages-endured-in-syria.html.

74. Williams, J. (2017, June 22). What has ISIS destroyed? Al-Nuri Mosque and other historical sites Islamic State has ruined. *Newsweek*. 다음 웹페이지에서 확인할 수 있다. http://www.newsweek.com/al-nuri-mosque-iraq-mosul-isis-628447.

75. What to do with Islamic State's child soldiers. (2017, June 17). *The Economist*. 다음 웹페이지에서 확인할 수 있다. https://www.economist.com/news/middle-east-and-africa/21723416-cubs-caliphate-are-growing-up-what-do-islamic-states-child.

76. Gerges, F. (2016). *ISIS: A history*. Princeton, N.J.: Princeton University Press.

77. Shuster, M. (2007, February 15). Iraq War deepens Shia-Sunni divide. NPR. 다음 웹페이지에서 확인할 수 있다. https://www.npr.org/2007/02/15/7411762/iraq-war-deepens-sunni-shia-divide.

78. Woertz, E. (2017, June). Food security in Iraq: Politics matter. Barcelona Centre for International Affairs. 다음 웹페이지에서 확인할 수 있다. https://www.cidob.org/en/publications/publication_series/opinion/seguridad_y_politica_mundial/food_security_in_iraq_politics_matter.

79. Smith, J. (2013, March 15). The failed reconstruction of Iraq. *The Atlantic*. 다음 웹페이지에서 확인할 수 있다. https://www.theatlantic.com/international/archive/2013/03/the-failed-reconstruction-of-iraq/274041/.

80. Cordesmon, A. H. (2015, October 5). Trends in Iraqi violence, casualties, and impact of war: 2003.2015. Center for Strategic and International Studies. 다음 웹페이지에서 확인할 수 있다. https://csis-prod.s3.amazonaws.com/s3fs-public/legacy_files/files/publication/150914_Trends_in_Iraqi_Violence_Casualties.pdf.

81. Jasko, K., Kruglanski, A. W., Rijal bin Hassan, A. S., & Gunaratna, R. (in press). ISIS: Its history, ideology, and psychology. In *Handbook of contemporary Islam and Muslim lives*. New York: Springer.

82. Stone, O., & Kuznick, P. (2012). *The untold history of the United States*. New York: Simon & Schuster.

83. Boghani, P. (2014, October 28). In their own words: Sunnis on their treatment in Maliki's Iraq. *Frontline Journalism*. 다음 웹페이지에서 확인할 수 있다. http://www.pbs.org/wgbh/frontline/article/in-their-own-words-sunnis-on-their-treatment-in-malikis-iraq/.

84. Moyar, M. (2014). *A question of command: Counterinsurgency from the Civil War to Iraq*. New Haven, Conn.: Yale University Press. 다음 자료도 참고하라. West, B. (2009). The strongest tribe: War, politics, and the endgame in Iraq. New York: Random House.

85. Dagher, M. (2017, October 30). *Iraqi public opinion on the rise, fall, and future of ISIS*. Presentation given at the Center for Strategic and International Studies in Washington, D.C.

86. Chulov, M. (2014, December 11). ISIS: The inside story. *The Guardian*. 다음 웹페이지에서 확인할 수 있다. http://www.theguardian.com/world/2014/dec/11/-sp-isis-the-inside-story.

87. Revkin, M., & McCants, W. (2015, November 20). Experts weigh in: Is ISIS good at governing? Brookings Institute. 다음 웹페이지에서 확인할 수 있다. https://www.brookings.edu/blog/markaz/2015/11/20/experts-weigh-in-is-isis-good-at-governing/.

88. Covarrubias, J., Lansford, T., & Pauly, R. J., Jr. (2016). *The new Islamic State: Ideology, religion and violent extremism in the 21st century*. Abingdon, UK: Routledge.

89. Gerges. *Isis: A history*.

90. Collard, R. (2014, June 19). Life in Mosul gets back to normal, even with ISIS in control. *Time*. 다음 웹페이지에서 확인할 수 있다. http://time.com/2901388/mosul-isis-iraq-syria/.

91. McCulloh, I., Newton, S., & Dagher, M. Strain theory as a driver of radicalization processes. Working paper.

92. Callimachi, R. (2016, December 12). For women under ISIS, a tyranny of dress code and punishment. *The New York Times*. 다음 웹페이지에서 확인할 수 있다. https://www.nytimes.com/2016/12/12/world/middleeast/islamic-state-mosul-women-dress-code-morality.html; "We feel we are cursed": Life under ISIS in Sirte, Libya. (2016, May 18). Human Rights Watch. 다음 웹페이지에서 확인할 수 있다. https://www.hrw.org/report/2016/05/18/we-feel-we-are-cursed/life-under-isis-sirte-libya.

93. Medina, G. (2017). Samer. The Raqqa diaries: Escape from "Islamic State."

94. Perry, M., Chase, M., Jacob, J., Jacob, M., & Von Laue, T. H. (2012). *Western civilization: Ideas, politics, and society, Volume II: From 1600*. Boston: Cengage Learning.

95. Karam, Z. (2015). *Life and death in ISIS: How the Islamic State builds its caliphate*. AP Editions.

96. Hall, R. (2016, November 18). ISIS jailed and beat up this Iraqi barber for giving the wrong haircut. Public Radio International. 다음 웹페이지에서 확인할 수 있다. https://www.pri.org/stories/2016-11-18/isis-jailed-and-beat-iraqi-barber-giv-

ing-wrong-haircut.

97. Porter, T. (2015, August 21). Isis in Syria: Islamic State bans TV and smashes up satellite dishes. *International Business Times*. 다음 웹페이지에서 확인할 수 있다. http://www.ibtimes.co.uk/isis-syria-islamic-state-bans-tv-smashes-satellite-dishes-1516525.

98. Hawramy, F., & Shaheen, K. (2015, December 9). Life under ISIS in Raqqa and Mosul: "We're living in a giant prison." *The Guardian*. 다음 웹페이지에서 확인할 수 있다. https://www.theguardian.com/world/2015/dec/09/life-under-isis-raqqa-mosul-giant-prison-syria-iraq.

99. Saul, H. (2015, February 13). Life under Isis in Raqqa: The city where smoking a cigarette could see you publicly flogged, imprisoned and even decapitated. *The Independent*. 다음 웹페이지에서 확인할 수 있다. http://www.independent.co.uk/news/world/middle-east/life-under-isis-in-raqqa-the-city-where-smoking-a-cigarette-could-see-you-publicly-flogged-10043969.html.

100. Hawramy & Shaheen. Life under ISIS in Raqqa and Mosul.

101. Cigarette smuggler skirts edge of ISIS ban. (2015, June 19). *New York Post*. 다음 웹페이지에서 확인할 수 있다. https://nypost.com/2015/06/19/cigarette-smuggler-skirts-edge-of-isis-ban/.

102. Winsor, M. (2015, February 12). ISIS beheads cigarette smokers: Islamic State deems smoking "slow suicide" under Sharia law. *International Business Times*. 다음 웹페이지에서 확인할 수 있다. http://www.ibtimes.com/isis-beheads-cigarette-smokers-islamic-state-deems-smoking-slow-suicide-under-sharia-1815192.

103. ISIS, many of their enemies share a homicidal hatred of gays. (2016, June 13). CBS News. 다음 웹페이지에서 확인할 수 있다. https://www.cbsnews.com/news/isis-orlando-shooting-gays-execution-torture-ramadan/.

104. Female ISIS member paid £35 per month to lash "immodest women" with ropes and sticks. (2017, March 9). *International Business Times*. 다음 웹페이지에서 확인할 수 있다. http://www.ibtimes.co.uk/female-isis-member-paid-35-per-month-lash-immodest-women-ropes-sticks-1610479.

105. Moubayed, S. (2015). *Under the black flag: At the frontier of the new jihad*. London

and New York : IB Tauris.

106. Harmon, C. C., & Bowdish, R. G. (2018). *The terrorist argument: Modern advocacy and propaganda*. Washington, D.C. : Brookings Institution Press.

107. Hassan, M. H. (2015, August 12). A wolf in sheep's clothing : An analysis of Islamic State's takfir doctrine. *Eurasia Review*. 다음 웹페이지에서 확인할 수 있다. https://www.eurasiareview.com/12082015-a-wolf-in-sheeps-clothing-an-analysis-of-islamic-states-takfir-doctrine/.

108. Revkin, M. (2016, January 10). ISIS' social contract. *Foreign Affairs*. 다음 웹페이지에서 확인할 수 있다. https://www.foreignaffairs.com/articles/syria/2016-01-10/isis-social-contract.

109. Schmitt, E., & Sengupta, S. (2015, September 26). Thousands enter Syria to join ISIS despite global efforts. *The New York Times*. 다음 웹페이지에서 확인할 수 있다. https://www.nytimes.com/2015/09/27/world/middleeast/thousands-enter-syria-to-join-isis-despite-global-efforts.html.

110. 2017년 12월 19일에 스콧 애트란에게 직접 연락했다.

111. Webber, D., Babush, M., Schori-Eyal, N., Vazeou-Nieuwenhuis, A., Hettiarachchi, M., Belanger, J. J., ⋯ & Gelfand, M. J. (in press). The road to extremism : Field and experimental evidence that significance loss-induced need for closure fosters radicalization. *Journal of Personality and Social Psychology*.

112. Swann, S., & Corera, G. (2011, September 30). A decade on for the "American Taliban." BBC. 다음 웹페이지에서 확인할 수 있다. http://www.bbc.com/news/magazine-15101776.

113. Thomas, E. (2001, December 16). A long, strange trip to the Taliban. *Newsweek*. 다음 웹페이지에서 확인할 수 있다. http://www.newsweek.com/long-strange-trip-taliban-148503.

114. Gaffey, C. (2017, November 2). Bin Laden and Shakespeare : How a visit to the British playwright's home contributed to al-Qaeda leader's radicalization. *Newsweek*. 다음 웹페이지에서 확인할 수 있다. http://www.newsweek.com/osama-bin-laden-william-shakespeare-699318.

115. Qutb, S. (2000). The America I have seen : In the scale of human values. In Ab-

del-Malek, K. (Ed.). *America in an Arab mirror: Images of America in Arabic travel literature—an anthology.* New York: Palgrave Macmillan.

116. The 12 October 2002 Bali bombing plot. (2012, October 11). BBC. 다음 웹페이지에서 확인할 수 있다. http://www.bbc.com/news/world-asia-19881138.

117. 2017년 9월 1일에 알리 임론과 했던 인터뷰.

118. Roberts, E. (2017, April 25). From economic woes to terrorism, a daunting to-do list for France's next president. CNN. 다음 웹페이지에서 확인할 수 있다. http://www.cnn.com/2017/04/25/europe/problems-facing-france-president/index.html.

119. Nowack, M., & Branford, B. (2017, February 10). France elections: What makes Marine Le Pen far right? BBC. 다음 웹페이지에서 확인할 수 있다. http://www.bbc.com/news/world-europe-38321401.

120. Gelfand, M., & Jackson, J. C. (2017, May 1). The cultural division that explains global political shocks from Brexit to Le Pen. *The Conversation.* 다음 웹페이지에서 확인할 수 있다. http://theconversation.com/the-cultural-division-that-explains-global-political-shocks-from-brexit-to-le-pen-76962.

121. King, L. (2017, July 5). In Poland, a right-wing, populist, anti-immigrant government sees an ally in Trump. *Los Angeles Times.* 다음 웹페이지에서 확인할 수 있다. http://www.latimes.com/world/la-fg-poland-trump-2017-story.html.

122. Lowe, J. (2017, October 16). Another far-right party has won voters' hearts in Europe with anti-Islam message. *Newsweek.* 다음 웹페이지에서 확인할 수 있다. http://www.newsweek.com/freedom-party-austria-far-right-marine-le-pen-685567.

123. German election: How right-wing is nationalist AfD? (2017, October 13). BBC. 다음 웹페이지에서 확인할 수 있다. http://www.bbc.com/news/world-europe-37274201.

124. Inglehart, R., & Norris, P. (2016). Trump, Brexit, and the rise of populism: Economic have-nots and cultural backlash. *Harvard Kennedy School Faculty Research Working Paper Series.*

125. 2017년 1월 8일에 로널드 잉글하트에게 직접 연락했다.

126. Dick, W. (2016. October 22). From Anti-Antifa to Reichsburger : Germany's far-right movements. *Deutsche Welle*. 다음 웹페이지에서 확인할 수 있다. http://www.dw.com/en/from-anti-antifa-to-reichsb%C3%BCrger-germanys-far-right-movements/a-36122279.

127. Struyk, R. (2017. August 15). By the numbers : 7 charts that explain hate groups in the United States. CNN. 다음 웹페이지에서 확인할 수 있다. http://www.cnn.com/2017/08/14/politics/charts-explain-us-hate-groups/index.html.

128. Strickland, P. (2017. August 13). Unite the right : White supremacists rally in Virginia. Al Jazeera. 다음 웹페이지에서 확인할 수 있다. http://www.aljazeera.com/news/2017/08/unite-white-supremacists-rally-virginia-170812142356688.html.

129. Robles, F. (2017. August 25). As white nationalist in Charlottesville fired, police "never moved." *The New York Times*. 다음 웹페이지에서 확인할 수 있다. https://www.nytimes.com/2017/08/25/us/charlottesville-protest-police.html.

130. Deconstructing the symbols and slogans spotted in Charlottesville. (2017. August 18). *The Washington Post*. 다음 웹페이지에서 확인할 수 있다. https://www.washingtonpost.com/graphics/2017/local/charlottesville-videos/?utm_term=.f20cf350df15.

131. Green, E. (2017. August 15). Why the Charlottesville marchers were obsessed with Jews. *The Atlantic*. 다음 웹페이지에서 확인할 수 있다. https://www.theatlantic.com/politics/archive/2017/08/nazis-racism-charlottesville/536928/.

132. Forscher, P..S., & Kteily, N. S. (2017). A psychological profile of the alt-right. 다음 웹페이지에서 확인할 수 있다. https://psyarxiv.com/c9uvw.

133. Nardelli, A. (2015. August 6). Immigration viewed negatively by half of developed world's population. *The Guardian*. 다음 웹페이지에서 확인할 수 있다. https://www.theguardian.com/world/datablog/2015/aug/06/immigration-viewed-negatively-half-developed-world-population.

134. Chapter 4 : U.S. public has mixed views of immigrants and immigration. (2015. September 28). Pew Research Center. 다음 웹페이지에서 확인할 수 있다. http://www.pewhispanic.org/2015/09/28/chapter-4-u-s-public-has-mixed-views-of-immigrants-and-immigration/.

135. Lyons-Padilla, S., Gelfand, M. J., Mirahmadi, H., Farooq, M., & van Egmond,

M. (2015). Belonging nowhere : Marginalization & radicalization risk among Muslim immigrants. *Behavioral Science & Policy, 1*(2), 1-12.

136. Lyons, S. L. (2015). T*he psychological foundations of homegrown radicalization: An immigrant acculturation perspective* (Doctoral dissertation. University of Maryland, College Park).

137. 244 million international migrants living abroad worldwide, new UN statistics reveal. United Nations. 다음 웹페이지에서 확인할 수 있다. http://www.un.org/sustainabledevelopment/blog/2016/01/244-million-international-migrants-living-abroad-worldwide-new-un-statistics-reveal/.

138. Seligman, A. B., Wasserfall, R. R., & Montgomery, D. W. (2016). *Living with difference: How to build community in a divided world* (Vol. 37). Oakland : University of California Press.

139. The language of neighborhood and practices of public life. CEDAR. 다음 웹페이지에서 확인할 수 있다. http://www.cedarnetwork.org/programs/past-programs/2009-united-kingdom/. 아프리카에서 분쟁을 줄이는 데 성공한 개입 작전에 관해서는 다음을 참고하라. Paluck, E. L. (2009). Reducing intergroup prejudice and conflict using the media : A field experiment in Rwanda. *Journal of Personality and Social Psychology, 96*(3), 574-587. 실제 규범 변화와 정책 개입에 관한 더 광범위한 논의는 다음을 참고하라. Bicchieri, C. (2016). *Norms in the wild: How to diagnose, measure, and change social norms.* New York : Oxford University Press.

140. Jackson, J. C., Gelfand, M., Ayub, N., & Wheeler, J. (2017). Together from afar : Using a diary contact technique to reduce conflict across cultures.

141. Samuels, R. (2017, September 22). A showdown over Sharia. *The Washington Post.* 다음 웹페이지에서 확인할 수 있다. http://www.washingtonpost.com/sf/national/2017/09/22/muslims-and-anti-sharia-activists-meet-armed-at-a-dairy-queen-to-talk-fears-about-americas-future/?utm_term=.f089d7ebba4a.

11 사회 규범의 힘을 활용하라

1. Lewis, M., Yarats, D., Dauphin, Y. N., Parikh, D., & Batra, D. (2017, June 16). Deal or no deal? End-to-end learning for negotiation dialogues. *arXiv preprint arXiv:1706.05125;* McKay, T. (2017, July 31). No, Facebook did not panic and shut down an AI program that was getting dangerously smart. Gizmodo. 다음 웹페이지에서 확인할 수 있다. https://gizmodo.com/no-facebook-did-not-panic-and-shut-down-an-ai-program-1797414922.

2. Berman, V. (2017, September 6). The secret language of chatbots. *TechCrunch*. 다음 웹페이지에서 확인할 수 있다. https://techcrunch.com/2017/09/06/the-secret-language-of-chatbots/.

3. Young, E. (2017). How Iceland got teens to say no to drugs. *The Atlantic*. 다음 웹페이지에서 확인할 수 있다. https://www.theatlantic.com/health/archive/2017/01/teens-drugs-iceland/513668/.

4. Kenny, R. (2017). How one country persuaded teens to give up drink and drugs. BBC News. 다음 웹페이지에서 확인할 수 있다. http://www.bbc.com/news/av/stories-41973296/how-one-country-persuaded-teens-to-give-up-drink-and-drugs; see also Sorrel, C. (2017). Iceland fixed its teen substance-abuse problem by giving them something better to do. *Fast Company*. 다음 웹페이지에서 확인할 수 있다. https://www.fastcompany.com/3067732/iceland-fixed-its-teen-substance-abuse-problem-by-giving-them-something-better-to-do.

5. Young. How Iceland got teens to say no to drugs.

6. Alcohol facts and statistics. (2017). National Institute of Alcohol Abuse and Alcoholism. 다음 웹페이지에서 확인할 수 있다. https://www.niaaa.nih.gov/alcohol-health/overview-alcohol-consumption/alcohol-facts-and-statistics.

7. Johnson, A. W., & Earle, T. K. (2000). *The evolution of human societies: From foraging group to agrarian state*. Stanford, Calif.: Stanford University Press.

8. Davidson, J. (2015, May 26). Here's how many Internet users there are. *Time*. 다음 웹페이지에서 확인할 수 있다. http://time.com/money/3896219/internet-users-worldwide/.

9. Digital in 2017: Global overview. (2017, January 24). We Are Social. 다음 웹페이지에

서 확인할 수 있다. https://wearesocial.com/special-reports/digital-in-2017-global-overview.

10. Davidson, L. (2015, May 17). Is your daily social media usage higher than average? *The Telegraph*. 다음 웹페이지에서 확인할 수 있다. http://www.telegraph.co.uk/finance/newsbysector/mediatechnologyandtelecoms/11610959/Is-your-daily-social-media-usage-higher-than-average.html.

11. 같은 글.

12. Digital in 2017. We Are Social.

13. Dean, D., DiGrande, S., Field, D., Lundmark, A., O'Day, J., Pineda, J., & Zwillenberg, P. (2012). The internet economy in the G-20. Boston Consulting Group. 다음 웹페이지에서 확인할 수 있다. https://www.bcg.com/publications/2012/technology-digital-technology-planning-internet-economy-g20-4-2-trillion-opportunity.aspx.

14. Friedman, T. L. (2017). *Thank you for being late: An optimist's guide to thriving in the age of accelerations*. New York: Farrar, Straus and Giroux.

15. Graham, L. (2017, September 20). The number of devastating cyberattacks is surging.and it's likely to get much worse. CNBC. 다음 웹페이지에서 확인할 수 있다. https://www.cnbc.com/2017/09/20/cyberattacks-are-surging-and-more-data-records-are-stolen.html; Duggan, M. (2014, October 22). Online harassment. Pew Research Center. 다음 웹페이지에서 확인할 수 있다. http://www.pewinternet.org/2014/10/22/online-harassment/.

16. Duggan, M. Online harassment; Cyber bullying: Statistics and tips. (n.d.). i-SAFE foundation. 다음 웹페이지에서 확인할 수 있다. https://www.isafe.org/outreach/media/media_cyber_bullying. 다음 자료도 참고하라. http://archive.ncpc.org/resources/files/pdf/bullying/cyberbullying.pdf.

17. Duggan. Cyber bullying. i-SAFE foundation.

18. Gurak, L. J. (2001). *Cyberliteracy: Navigating the Internet with awareness*. New Haven, Conn.: Yale University Press.

19. Suler, J. (2004). The online disinhibition effect. *Cyberpsychology & Behavior, 7*(3), 321-326.

20. Kiesler, S., Zubrow, D., Moses, A. M., & Geller, V. (1985). Affect in comput-er-mediated communication: An experiment in synchronous terminal-to-terminal discussion. *Human - Computer Interaction, 1*(1), 77-104.

21. Gosling, S. D., & Mason, W. (2015). Internet research in psychology. *Annual Review of Psychology, 66,* 877-902.

22. Rose-Stockwell, T. (2017, July 14). This is how your fear and outrage are being sold for profit. *Medium.* 다음 웹페이지에서 확인할 수 있다. https://medium.com/the-mission/the-enemy-in-our-feeds-e86511488de.

23. 같은 글.

24. Harris, T. (2017, April 11). The eyeball economy: How advertising co-opts independent thought. *big think.* 다음 웹페이지에서 확인할 수 있다. http://bigthink.com/videos/tristan-harris-the-attention-economy-a-race-to-the-bottom-of-the-brain-stem.

25. Marchant, J. (2000). Out of the shadows. *New Scientist, 167*(2253), 40-43.

26. Shea, V., & Shea, C. (1994). *Netiquette.* San Francisco: Albion Books.

27. Malone, K. (2017, June 29). Change My View on Reddit helps people challenge their own opinions. NPR. 다음 웹페이지에서 확인할 수 있다. https://www.npr.org/2017/06/29/534916052/change-my-view-on-reddit-helps-people-challenge-their-own-opinions. 다음 자료도 참고하라. Moderation standards and practices. 다음 웹페이지에서 확인할 수 있다. https://www.reddit.com/r/changemyview/wiki/modstandards.

28. Kantrowitz, A. (2017, June 16). Violence on Facebook Live is worse than you thought. *BuzzFeed.* 다음 웹페이지에서 확인할 수 있다. https://www.buzzfeed.com/alexkantrowitz/heres-how-bad-facebook-lives-violence-problem-is.

29. Tsukayama, H. (2017, May 3). Facebook adds 3,000 employees to screen for violence as it nears 2 billion users. *The Washington Post.* 다음 웹페이지에서 확인할 수 있다. https://www.washingtonpost.com/news/the-switch/wp/2017/05/03/facebook-is-adding-3000-workers-to-look-for-violence-on-facebook-live. 다음 웹페이지도 참고하라. https://www.facebook.com/communitystandards/.

30. 같은 글.

31. Constine, J. (2018). Facebook feed change sacrifices time spent and news outlets for "well-being." *Tech - Crunch*. 다음 웹페이지에서 확인할 수 있다. https://techcrunch.com/2018/01/11/facebook-time-well-spent/.

32. Twitter PublicPolicy (2018, January 31). Update on Twitter's review of the 2016 U.S. election. Twitter Blog. 다음 웹페이지에서 확인할 수 있다. https://blog.twitter.com/official/en_us/topics/company/2018/2016-election-update.html.

33. Crowell, C. (2017, June 14). Our approach to bots & misinformation. Twitter Blog. 다음 웹페이지에서 확인할 수 있다. https://blog.twitter.com/official/en_us/topics/company/2017/Our-Approach-Bots-Misinformation.html.

34. Guynn, J. (2017, March 16). Google starts flagging offensive content in search results. *USA Today*. 다음 웹페이지에서 확인할 수 있다. https://www.usatoday.com/story/tech/news/2017/03/16/google-flags-offensive-content-search-results/99235548/. 다음 웹페이지도 참고하라. https://www.facebook.com/communitystandards/.

35. 같은 글.

36. Thompson, N. (2017, August 14). Instagram's Kevin Systrom wants to clean up the &#%$@! internet. *Wired*. 다음 웹페이지에서 확인할 수 있다. https://www.wired.com/2017/08/instagram-kevin-systrom-wants-to-clean-up-the-internet/.

37. Shu, L. L., Mazar, N., Gino, F., Ariely, D., & Bazerman, M. H. (2012). Signing at the beginning makes ethics salient and decreases dishonest self-reports in comparison to signing at the end. *Proceedings of the National Academy of Sciences, 109*(38), 15197-15200.

38. 2017년 12월 23일에 맥스 베이저만에게 직접 연락했다.

39. 같은 글.

40. Sternberg. *Misbehavior in cyber places*.

41. 같은 글.

42. Worldometers. (2018). Current world population. 다음 웹페이지에서 확인할 수 있다. http://www.worldometers.info/world-population/.

43. Population estimates: Year one through 2050 A.D. (n.d.). Ecology Global Network. 다음 웹페이지에서 확인할 수 있다. http://www.ecology.com/population-estimates-year-2050/.

44. Sauter, M. B. (2011). The countries with the fastest growing populations. *24/7 Wall St.* 다음 웹페이지에서 확인할 수 있다. http://247wallst.com/investing/2011/08/02/the-countries-with-the-fastest-growing-populations/3/.

45. Zero hunger. (2018). World food programme. 다음 웹페이지에서 확인할 수 있다. http://www1.wfp.org/zero-hunger.

46. Democratic Republic of the Congo. (2017). World Food Programme. 다음 웹페이지에서 확인할 수 있다. http://www1.wfp.org/countries/democratic-republic-congo.

47. Sauter. The countries with the fastest growing populations.

48. Why population matters to water resources. (2011). Population Action International. 다음 웹페이지에서 확인할 수 있다. https://pai.org/wp-content/uploads/2012/04/PAI-1293-WATER-4PG.pdf.

49. How much water does the average person use at home per day? (2016). United States Geological Survey. 다음 웹페이지에서 확인할 수 있다. https://water.usgs.gov/edu/qa-home-percapita.html.

50. Why population matters to water resources. Population Action International.

51. Wegs, C., Creanga, A. A., Galavotti, C., & Wamalwa, E. (2016). Community dialogue to shift social norms and enable family planning: An evaluation of the family planning results initiative in Kenya. *PloS One, 11*(4), e0153907.

52. 같은 글.

53. CARE initiative almost doubles family planning rate in Ethiopia. (2013). CARE. 다음 웹페이지에서 확인할 수 있다. http://www.care.org/work/health/family-planning/care-initiative-almost-doubles-family-planning-rate-ethiopia.

54. Tal, A. (2016). *The land is full: Addressing overpopulation in Israel.* New Haven, Conn.: Yale University Press.

55. Tal, A. (2016). Israel's looming demographics crisis. *The New York Times.* 다음 웹페이지에서 확인할 수 있다. https://www.nytimes.com/2016/07/23/opinion/israels-looming-demographic-crisis.html.

56. Population, total. The World Bank. 다음 웹페이지에서 확인할 수 있다. https://data.worldbank.org/indicator/SP.POP.TOTL.

57. Projection of population in Israel for 2020.2065, by population group, sex and age.

(2017). Central Bureau of Statistics. 다음 웹페이지에서 확인할 수 있다. http://www.cbs.gov.il/reader/shnaton/templ_shnaton_e.html?num_tab=st02_10&CYear=2017.

58. Tal. *The land is full*.

59. Tal. Israel's looming demographics crisis.

60. Fertility rates. (2018). Organization for Economic Cooperation and Development. 다음 웹페이지에서 확인할 수 있다. https://data.oecd.org/pop/fertility-rates.htm.

61. Total fertility rates in Israel by religion and level of religiosity and their impact on public expenditure. (2016). Department of Budgetary Control, Research and Information Center, The Knesset. 다음 웹페이지에서 확인할 수 있다. https://www.knesset.gov.il/mmm/data/pdf/m03735.pdf.

62. Tal. *The land is full*.

63. 같은 글.

64. Tal. Israel's looming demographics crisis.

65. 같은 글.

66. Fertility rates, average age of mother and sex ratio at birth, by selected characteristics of the mother. Central Bureau of Statistics, Israel. (2017). 다음 웹페이지에서 확인할 수 있다. http://www.cbs.gov.il/shnaton68/st03_14x.pdf.

67. Eisenbud, D. (2018). Current Israeli birth rates unsustainable, says expert. *The Jerusalem Post*. 다음 웹페이지에서 확인할 수 있다. http://www.jpost.com/Israel-News/Current-Israeli-birth-rates-unsustainable-says-expert-543209.

68. Climate Analytics. (2015). Global warming reaches 1°C above preindustrial, warmest in more than 11,000 years. *Climate Analytics*. 다음 웹페이지에서 확인할 수 있다. http://climateanalytics.org/briefings/global-warming-reaches-1c-above-preindustrial-warmest-in-more-than-11000-years.html.

69. Monroe, B. (2015). What does this number mean? Scripps Institution of Oceanography. 다음 웹페이지에서 확인할 수 있다. https://scripps.ucsd.edu/programs/keelingcurve/2015/05/12/what-does-this-number-mean/. 다음 자료도 참고하라. Kahn, B. (2017). We just breached the 410 PPM threshold for CO_2. *Scientific American*. 다음 웹페이지에서 확인할 수 있다. https://www.scientificamerican.com/article/we-just-breached-the-410-ppm-threshold-for-co2/.

70. The consequences of climate change. (n.d.). National Aeronautics and Space Administration. 다음 웹페이지에서 확인할 수 있다. https://climate.nasa.gov/effects/.

71. Mapping the impacts of climate change. (2011). Center for Global Development. 다음 웹페이지에서 확인할 수 있다. https://www.cgdev.org/page/mapping-impacts-climate-change.

72. Shirah, G., & Zheng, C. (2015). Megadroughts in U.S. west predicted to be the worst of the millennium. National Aeronautics and Space Administration. 다음 웹페이지에서 확인할 수 있다. https://svs.gsfc.nasa.gov//cgi-bin/details.cgi?aid=4270.

73. Brennan, P. (2017, November 13). Greenland melt speeds East Coast sea level rise. National Aeronautics and Space Administration. 다음 웹페이지에서 확인할 수 있다. https://climate.nasa.gov/news/2651/greenland-melt-speeds-east-coast-sea-level-rise/.

74. Oreskes, N., & Conway, E. M. (2014). *The collapse of Western civilization: A view from the future*. New York: Columbia University Press.

75. Kinzer, S. (1999). Earthquakes help warm Greek-Turkish relations. *The New York Times*. 다음 웹페이지에서 확인할 수 있다. http://www.nytimes.com/1999/09/13/world/earthquakes-help-warm-greek-turkish-relations.html?mcubz=3; Smith, H., & Freely, M. (1999). Greek missions of mercy melt ancient hatred. *The Guardian*. 다음 웹페이지에서 확인할 수 있다. https://www.theguardian.com/world/1999/aug/29/turkeyquakes.turkey1.

76. The Editors of Encyclopedia Britannica. (n.d.). Izmit earthquake of 1999; Turkey. *Encyclopædia Britannica*. 다음 웹페이지에서 확인할 수 있다. https://www.britannica.com/event/Izmit-earthquake-of-1999.

77. Kinzer (1999). Earthquakes help warm Greek-Turkish relations. *The New York Times*.

78. Ahmed, K. A. (2017). In Bangladesh, a flood and an efficient response. *The New York Times*. 다음 웹페이지에서 확인할 수 있다. https://www.nytimes.com/2017/09/01/opinion/bangladesh-floods.html.

79. Lalmonirhat, M. H. (2017). When natural disaster wipes out man-made borders. *Dhaka Tribune*. 다음 웹페이지에서 확인할 수 있다. http://www.dhakatribune.com/

bangladesh/2017/08/15/natural-disaster-breaks-borderline-issues/.

80. Sullivan, J. (2013). *This is water. full version.David Foster Wallace commencement speech* [Video file]. 다음 웹페이지에서 확인할 수 있다. https://www.youtube.com/watch?v=8CrOL-ydFMI&t=136s.

81. Music, movies, women drivers: 11 ways how Crown Prince Salman is transforming Saudi Arabia. (2017). *India Times*. 다음 웹페이지에서 확인할 수 있다. https://www.indiatimes.com/news/india/music-movies-women-drivers-11-ways-how-crown-prince-salman-is-transforming-saudi-arabia-332577.html.

82. Hubbard, B. (2017). Saudi Arabia agrees to let women drive. *The New York Times*. 다음 웹페이지에서 확인할 수 있다. https://www.nytimes.com/2017/09/26/world/middleeast/saudi-arabia-women-drive.html.

선을 지키는 사회,
선을 넘는 사회

2020년 6월 18일 초판 1쇄 인쇄
2020년 6월 25일 초판 1쇄 발행

지은이 | 미셸 겔펀드
옮긴이 | 이은진
발행인 | 윤호권 박헌용
책임편집 | 최안나
마케팅 | 조용호 이재성 임슬기 정재영 문무현 서영광 이영섭 박보영

발행처 | (주)시공사
출판등록 | 1989년 5월 10일(제3-248호)

주소 | 서울시 서초구 사임당로 82(우편번호 06641)
전화 | 편집 (02)2046-2861 · 마케팅 (02)2046-2894
팩스 | 편집 · 마케팅 (02)585-1755
홈페이지 | www.sigongsa.com

ISBN 979-11-6579-084-4   03300

이 도서의 국립중앙도서관 출판예정 도서목록(CIP)은 서지정보유통지원시스템 홈페이지
(http://seoji.nl.go.kr)와 국가자료종합목록 구축시스템(http://kolis-net.nl.go.kr)에서 이용하실
수 있습니다.
(CIP제어번호 : CIP2020023156)